MEMÓRIAS DE MINHA VIDA

AGASSIZ ALMEIDA

MEMÓRIAS DE MINHA VIDA

DO MENINO CRIADOR DE POMBOS-CORREIO A
MEMBRO DA ASSEMBLEIA NACIONAL CONSTITUINTE

SÃO PAULO, 2023

Memórias de minha vida – Do menino criador de pombos-correio a membro da Assembleia Nacional Constituinte
Copyright © 2023 by Agassiz Almeida
Copyright © 2023 by Novo Século Ltda.

EDITOR: Luiz Vasconcelos
COORDENAÇÃO EDITORIAL: Silvia Segóvia
REVISÃO: João Campos
        Silvia Segóvia
DIAGRAMAÇÃO: Manoela Dourado
CAPA: Ian Laurindo
IMAGEM DA CAPA: Shutterstock / Zurijeta

Texto de acordo com as normas do Novo Acordo Ortográfico da Língua Portuguesa (1990), em vigor desde 1º de janeiro de 2009.

Dados Internacionais de Catalogação na Publicação (CIP)
Angélica Ilacqua CRB-8/7057

Almeida, Agassiz
    Memórias de minha vida : do menino criador de pombos-correio a membro da Assembleia Nacional Constituinte / Agassiz Almeida. -- Barueri, SP : Novo Século Editora, 2023.
    368 p.

ISBN 978-65-5561-588-3

1. Almeida, Agassiz – Autobiografia 2. Advogados – Brasil – Biografia 3. Políticos – Brasil – Biografia I. Título

23-4365   CDD 923.4

Índice para catálogo sistemático:
1. Advogados – Biografia

Alameda Araguaia, 2190 – Bloco A – 11º andar – Conjunto 1111
CEP 06455-000 – Alphaville Industrial, Barueri – SP – Brasil
Tel.: (11) 3699-7107 | E-mail: atendimento@gruponovoseculo.com.br
www.gruponovoseculo.com.br

MENSAGEM AOS MEUS FILHOS E NETOS

Ao ultrapassar os umbrais dos 80 anos, concluí esta obra de minhas Memórias, na qual lanço um olhar retrospectivo das décadas que vivi e olho serenamente para o futuro. Quando, no amanhã dos tempos, perguntarem o que deixei de legado na minha passagem pela Terra, então responderei: lutei sempre contra as injustiças sociais.

Visualizo serenamente a eternidade e antevejo as pessoas que entrecruzaram comigo na encruzilhada da vida. Quem foram elas, que sonhos e esperanças embalaram? Paro um pouco esta reflexão. Ouço o rumor das gerações através dos tempos, as de ontem e as de hoje, e entre elas estão os meus filhos Agassiz Filho, Gardênia e Gizele e meus netos Antônio Agassiz, Tibério Agassiz, Pedro Murilo e Otavio Agassiz.

É a grandeza da vida no perpassar dos séculos. E neste turbilhão humano procuro encontrar os meus passos que marquei na minha existência.

Que caminhos ides percorrer nos novos mundos norteados por este fantástico desenvolvimento da ciência e da tecnologia? Na evolução histórica permeada de momentos épicos e de pequenez, de vitórias e derrotas, de paz e ódio. E, assim, salta-me esta preocupação: que será do amanhã deles?

Acreditai que, por mais longa que seja a noite, haverá sempre um alvorecer. Acreditai que, quando tudo se perder, restarão a cultura e o saber que carregais. Em 1964, o golpe militar me despojou do mandato de deputado, das funções de promotor de justiça e de professor universitário e até me negou o direito de advogar. Arrancaram tudo de mim, menos o saber e a dignidade. Acreditai nos estudos e na sabedoria, pois, dessa forma, conquistareis o respeito da sociedade.

Olho o tempo passar. Ontem me embalava a juventude com as suas utopias e esperanças e hoje me interrogo diante dos tempos que hão de vir. Percorri caminhos pela vida e alguns à beira de abismos e agora recolhido nos meus pensamentos acompanho, passo a passo, a jornada dos meus filhos e netos.

Creio na força evolutiva da História. E, afinal, quando na voragem das épocas, uma chama perene tremulará: só o amor constrói para a eternidade.

• SUMÁRIO •

Esclarecimento ao leitor 9
Por que escrevi estas memórias...11
A infância..15
Primeiro impacto, segregação racial 18
João Pessoa, novo destino..26
A campanha "O petróleo é nosso"..33
Elejo-me vereador por Campina Grande...36
Fundei cooperativas, rompi segregação racial 46
    Eleições em 1958..46
Formatura em Ciências Jurídicas 52
1958 – Eleições, novos desafios 55
Primeiro júri: Conceição de Piancó 61
Despertamos o país para a reforma agrária 66
Criação das faculdades de Economia, de Direito e do
Teatro de Campina Grande 76
Ingresso no Ministério Público..86
Golpe militar de 64. Perda das funções e do mandato de deputado 92
    Cassação do mandato e perda das funções...99
Prisão na ilha de Fernando de Noronha e o imprevisível..............................103

Da ilha de Fernando de Noronha à Fortaleza das Cinco Pontas 115
   A Ordem dos Advogados do Brasil (OAB) da Paraíba me nega inscrição 129
   Desafio: a descoberta do minério bentonita 130

A advocacia e a pressão militar 138

Por imperiosas circunstâncias deixo a Paraíba 142
   Viajo a Salvador 148
   Viagem inesperada ao Rio de Janeiro 157
   Viagem a Vitória da Conquista 164

Filiação ao Movimento Democrático Brasileiro (MDB) 203

De volta à Paraíba 214

Assumo o mandato de deputado federal 228
   Comissão Parlamentar de Inquérito para apurar as causas do empobrecimento do Nordeste 235
   Projeto de Lei nº 4118/80 242

As funções de promotor de justiça e professor da UFPB 246

Reassumo o processo mineralógico 257

Campanha pelas Diretas Já e a Assembleia Constituinte 262
   Dia 1 de fevereiro de 1987, tomo posse na Assembleia Nacional Constituinte 280

Um novo ideal a se alcançar: ser escritor 317

Em busca por novos mares 338
   Não podia calar 350

Homenagens recebidas 358

Adeus ao menino que fui 365

ESCLARECIMENTO AO LEITOR

Estas Minhas Memórias retratam um pouco a aventura de uma vida, no enorme anfiteatro, no qual somos atores e circunstantes, a ouvir a mesma linguagem dos viventes e dos eternizados. Sob este prisma, os personagens que passaram pelas páginas desta obra, ou comigo interagiram, eu lhes dei vida, paixões, sonhos e esperanças. Nessa construção de ideais, conceitos e mensagens, procurei interpretar, o mais próximo possível, as suas visões de mundo. Fugi da fria catalogação de nomes, datas e fatos.

Nestas minhas memórias, mesmo nos seus erros e atropelos, pulsa vida. Esforço maior foi, contudo, nos idos tempos de minha adolescência, reconstruí diálogos com professores e colegas de bancos escolares. Revolvi recordações, algumas de tocante nostalgia, que me levam a clamar quão inexorável é o tempo, este implacável coveiro dos pequenos mundos que erigimos no curso da vida.

Adentremos nas páginas destas Minhas Memórias e naveguemos pelas nossas reminiscências, à sombra do velho umbuzeiro, a ouvir Luiz Gonzaga, Nelson Gonçalves e Roberto Carlos.

Enfim, desculpem se não interpretei alguns personagens à altura de suas ideias.

POR QUE ESCREVI ESTAS MEMÓRIAS

Ao atravessar os umbrais dos 80 anos, varar dois séculos, quando criança ouvir o rugir do nazismo a aterrorizar a humanidade, interrompo a minha exaustiva caminhada, olho o longo percurso do tempo e me interrogo: o que fiz de minha vida? Onde estão os meus 20 anos com os seus sonhos e utopias, os meus cariris a ouvir o gorjeio da asa-branca e os cantos do sabiá ao alvorecer do dia? E o velho e impávido umbuzeiro, em cuja sombra por horas e horas me perguntava sobre o destino humano?

Conheci a fantástica evolução do desenvolvimento científico e tecnológico, que transformou a forma de vida da humanidade em mundos tão diferentes! Antes e depois da internet; antes e depois do aparelho celular com as suas fantásticas ferramentas digitais; antes a datilografia com a máquina Olivetti, hoje a digitação computadorizada em diversas plataformas.

Vivi a travessia desses mundos. Vim de passadas épocas que me legaram lições de vida a moldar a minha personalidade e lastrear a educação e cultura que adquiri. Em 1946, ainda criança, vi o alvorecer da democracia. Em abril de 1964, o golpe militar cravou na nação as garras de uma ditadura, que me atingiu violentamente. Conheci o fel da baba de ódio do fanatismo político com suas caras mais degradantes. Mesmo jovem, transpus altivo a enxurrada da bestialidade lançada contra mim. Lembro-me de um poema de Pablo Neruda sobre o albatroz – ave marinha que atravessa as tempestades sem perder a firmeza do voo.

Venho de uma geração que sonhou reformar o Brasil, e nesta quimera construí ídolos e erigi heróis. Da história, recebi grandes lições, nas epopeias dos revolucionários, a derrubar tiranias, abater déspotas e vencer oligarquias. Foram eles que redirecionaram o curso da história humana; sem eles, seríamos um rebanho humano conduzido sob chicote.

E os pensadores? Neles encontrei os luminares do pensamento humano, nas palavras dos filósofos, nos cânticos dos poetas, na arte criadora de monumentais obras da literatura universal, decantada em Victor Hugo, Leon Trotsky, Dostoiévski e Dante Alighieri. Nela contemplei a altura da vida.

A inquietude que me impulsiona levou a interrogações sobre o porquê dos fatos e das coisas. Ainda adolescente, abalou-me este impacto social: por que os negros em muitas cidades moram em bairros separados dos brancos, não estudam nas escolas deles nem frequentam os mesmos clubes sociais? Debrucei-me em reflexões. Era a infame segregação racial, marca do preconceito e racismo no país.

Desde o verdor dos anos, como uma chama a flamejar em minha mente, a vida pública me atraía. Nos meados da década de 50 do século passado, ouvi o ruído de uma mobilização popular, a se alastrar pelo país, sob o lema "O petróleo é nosso". Abracei a causa com arrebatada paixão. Empolguei-me. A cruzada libertadora marcava o meu batismo na vida pública. Desse momento em diante a voragem política me conduzia e os acontecimentos iam disseminando os rumos de minha vida. Assim, fiz-me escravo dessa fascinante megera que provoca ódios, aplausos e glória.

Em meio aos entreveros, em defesa do petróleo, elegi-me vereador por Campina Grande, aos 19 anos. Imaturo, ainda trazia o calor dos folguedos da infância. O menino homem carregou estes fardos: o mandato parlamentar e o curso jurídico na Faculdade de Direito da Paraíba. Dois anos depois, ingressava na legião dos iconoclastas contra o coronelismo e o latifúndio. Como enfrentar essas hidras de quatro séculos? Fundei cooperativas e associações, criei ginásios, inaugurei faculdades e idealizei teatros; e contra o latifúndio escravizador despertei consciências. A história mais tarde consagrou o nosso trabalho.

Forças poderosas se conjugam, inclusive norte-americanas, contra o novo Brasil em marcha. Abril de 1964, desaba sobre a nação o golpe militar, arrastando o país a uma longa ditadura de 21 anos. Rebeldes idealistas foram atingidos violentamente. Iria conhecer a longa noite da estupidez triunfante. Despojaram-me das minhas funções de promotor de justiça, professor da UFPB e do mandato de deputado estadual. A Medusa militarista, incensada por civis acovardados, desterrou-me à ilha de Fernando de Noronha, à época, presídio de segurança máxima.

Conheci a chaga infame da condição humana. Em obra, Emile Zola retrata essa bestialidade. Serenado o furor, precisava sobreviver. Com que me deparei? Um tipo sórdido a encarnar Javert, personagem de "Os miseráveis", de Victor Hugo, o major Hans, do exército, desencadeou contra mim perseguição implacável. O idiota, pela incapacidade de pensar, revolta-se contra os que pensam. Encurralado pela ira de um militar hidrófobo, deixei a Paraíba, e aí repeti um retirante nordestino ao deixar a sua gleba: botei a viola no saco, o matulão nas costas, calcei sandálias de cigano, meti os pés no mundo e daí, só Deus sabe o meu destino.

O braço amigo de Lourival Torreão me levou às terras da Bahia. Em Vitória da Conquista, armei a tenda da advocacia. Poucos meses depois, o inesperado irrompe! Numa certa noite, nove horas, recebo um telefonema me solicitando um encontro por trás da catedral de Vitória da Conquista. Uma menina-adolescente de 17 anos, bonita, fala-me num tom de sacerdotisa:

– Companheiro Agassiz, precisamos ter você ao nosso lado, conhecemos a sua história de luta. Sou Lena, o comandante Lamarca está à frente do MR8, Movimento para levantar os camponeses contra a ditadura. A sua palavra tem força e confiança junto a eles, precisamos ter você como nosso companheiro nesta luta.

Aquele rosto reluzia um misto de energia, ternura e beleza. Que impacto! Pensei partir para a aventura e abraçar incertezas. E a minha companheira Gizeuda, que preço tão doloroso pagaria! E a minha valente mãe, que em mim deposita tanta esperança! Fraquejei. Olhei aquela menina, mensageira de ilusões, e disse:

– Transmita ao comandante Lamarca que um dia nos encontraremos numa mesma trincheira.

Despedimo-nos sob forte emoção. Poucos anos depois, a sanha militarista a matou, mas ficou a aura de rebeldia a povoar a juventude de todos os tempos.

Esse drama revolucionário sempre impregnou a minha vida. Aquele encontro deixou em mim um significado e, ao mesmo tempo, uma reflexão. Que grandeza naquela juvenil alma de revolucionária! Terei sido apequenado na recusa? Transporto-me às páginas destas Minhas Memórias para encontrar a resposta.

As incertezas nos fazem fortes e frágeis, e a mais profunda delas, o enigmático mistério após a morte. Quantas vezes me perguntei sobre a contradição do nosso viver! Descortinar o ser humano na sua fenomenal capacidade de criar, descobrir nas áreas da ciência e da tecnologia e, ao mesmo tempo, quedar-se fragilizado em face das incertezas do outro dia. Outra enorme contradição. Desde milhares de anos, o corpo humano biológica e anatomicamente se mantém o mesmo, variando, apenas, o tamanho da cabeça, altura e outros mínimos aspectos físicos contrastantemente, que fantástica a sua evolução intelectiva e energia mental: do homem da caverna, Idade da Pedra, às naves espaciais!

Revolvi recordações lá no âmago do meu eu, e as lancei nestas Minhas Memórias, do menino dos pombos-correio aos proscênios da Assembleia Nacional Constituinte, e, finalmente, construí uma obra de pensamento condensada em quatro volumes.

A INFÂNCIA

Na tarde noite de 25 de setembro de 1935, no casarão da avenida Getúlio Vargas, 828, Campina Grande, Paraíba, cheguei ao mundo trazendo o DNA dos pais Antônio Pereira de Almeida e Josita Amorim Almeida, embalado nas primeiras horas nos braços da mãe-preta Suruba e de Inácia Madureira, que ouviram os meus primeiros choros. Carrego na ancestralidade a genética de Teodósio de Oliveira Ledo, fundador de Campina Grande e desbravador dos sertões nordestinos. Com o peso e altura abaixo do normal, tive aos dois anos infecção por pneumonia, da qual fui salvo pela coragem e determinação da minha mãe. De uma energia própria dos valentes, ela decidiu por uma extrema solução: emplasto de arnica num pano altamente quente, pôs no meu raquítico tórax. Bradava antes da decisão dolorosa: "Preciso de força, meu filho não vai morrer". Saio desse primeiro embate com cicatrizes que carrego até hoje.

Primogênito de uma família de sete irmãos, fui uma criança cercada de mimos e atenção. Embalava o meu sono ouvindo estas músicas cantadas por minha mãe: *Ciranda cirandinha*, *Atirei o pau no gato*, *Meu limão meu limoeiro*, como tantas outras. Gostava de escutar estas histórias: *Chapeuzinho vermelho*, *O pica-pau amarelo*, *Branca de Neve e os sete anões*. Queria frequentar a escolinha infantil, tive em Francisquinha Leite a professora que me ensinou as primeiras letras. Aos seis anos se abria o mundo do saber onde iria encontrar o fascínio da vida. Por volta dos nove anos, o fenômeno da criação dos seres me atraía.

No quintal da minha casa, durante a floração das fruteiras, enxame de insetos sobrevoava as árvores. Um tipo delas me chamou atenção: os maribondos. Ferozes, os machos disputavam o domínio das colmeias, em pugnas que se iniciavam nas copas das árvores e dali caíam travados com ferroadas. Por horas, eu e meu irmão Langstein assistíamos inebriados àqueles pugilatos. Como domesticar esses valentes selvagens? Por dias, discutíamos a forma de criá-los. Quando eles caíam lutando, nós os separávamos e cortávamos suas asas, colocando numa caixa de madeira, com frutas picadas para alimentá-los. Mesmo com o crescimento das asas, eles não abandonaram o cortiço improvisado.

Criamos entre nós e eles uma convivência pacífica. Não nos ferroavam. Chegamos a criar uns vinte machos, cada um no seu caixote. Quando acontecia alguma ferroada, era de alguma mariposa estranha àquele criatório. Dominava-me uma ânsia constante para descobrir novas espécies. E, na leitura que fazia sobre os bípedes voadores, do canário belga ao condor dos Andes, um deles fixou minha atenção: o pombo-correio. Por que, interrogava-me, a capacidade de essa ave se deslocar por mais de 1.000 quilômetros e retornar ao seu pombal? Fascinei-me com as histórias dessa ave mensageira, sobretudo nas frentes de batalha. Os comandantes militares das legiões romanas, nas suas estratégias, tinham como peça relevante essa ave. Em meio à satisfação que as leituras iam me oferecendo, saltou-me a impressão de que esse voador de longas distâncias possuía excepcionalidade.

Queria explicação para este alto condão diretivo do pombo-correio. Mergulhei em estudos. Encontrei esta resposta: um acúmulo de átomos de ferro do cérebro do pombo fornecia como uma bússola natural conectada ao centro magnético da terra. Dominou-me a emoção de um grande descobridor, irradiando entusiasmo aos meus companheiros de peraltices, Hélio Soares, Manoel Cassiano, Carlos Chefe, Djalma Rocha Maia.

No quintal da casa dos meus pais, montei um pombal bastante seguro contra a ameaça de gatos, afugentados e algumas vezes atingidos, com pedradas disparadas por estilingues. Alguns meninos, companheiros das aventuras infantis, entusiasmados, adquiriram esses voadores. Que emocionante! Levamos os pombos a uma certa distância e assistimos eles chegarem aos pomares. Iniciamos a escalada de voos. Soltamos em São José da Mata, distante de Campina Grande, depois em Boa Vista. Certa vez, pedi à tia Honorina, que viajava para João Pessoa, para levar seis pombos e os soltar naquela cidade. Que empolgante assistir em Campina à chegada deles aos seus pomares! Um dos pombos não voltou. Segundo um veterinário, faltou raça ou preparo físico.

Tocado por essas aventuras e, em meio a peladas no campo da Ladeira, banhos no açude de Bodocongó, a vida se descortinava para mim numa permanente descoberta, no exemplo dos nossos pais, no descortino de suas palavras na visão do mundo, nas circunstâncias e fatos marcantes, dos companheiros na jornada dos dias; todos vão plasmando a nossa formação e personalidade. Desse circunstancial somos prisioneiros aliados a uma genética, cujas luzes da ciência muito avançaram.

Nesse repassar de lembrança pelos idos dos tempos, estes acontecimentos muito me envolvem: o ingresso no curso ginasial, no Colégio Pio XI, em Campina Grande, aos 11 anos, e a primeira corrida a cavalo por caminhos tortuosos em meio a marmeleiros, juremas-pretas e palmatórias. Na propriedade Lages, do meu pai, em Boa Vista, em que vivenciava nas minhas férias escolares e nos fins de semana, perplexo, surpreendia-me com a resistência dos homens, mulheres e animais enfrentarem inclementes secas, crestados de sol. Naqueles chãos empedrados, eles construíam os seus mundos. Que paisagem ressequida!

Este mundo é o "meu cariri", no canto saudoso de Luiz Gonzaga, onde iria acalentar tantos sonhos e me calejar para os desafios da vida. Tudo ali tão contrastante em face da vida urbana me atraía, impulsionado pela carga genética dos meus antepassados desbravadores de terras e criadores de gado, como os "Oliveira Ledo" estiveram na linha de frente ao lado de Vidal de Negreiros na luta contra os invasores holandeses. Os olhares da História ainda não mergulharam por esses meandros seculares.

Nessa mesma época, descortinava para mim um processo de vida ao qual iria me jungir pelos anos afora: estudos, deveres escolares, horários determinados, provas, convivência com professores e colegas, desfile no dia 7 de setembro sob olhares cuidadosos das mães. Que antagônicos mundos! A paz bucólica da vida rural nos envolve com a natureza e compõe uma sinfonia em que homens, animais e plantas interagem numa mesma harmonia.

Aluno tímido e mediano, às fronteiras da indolência, eu não acompanhava com atenção o estudo das disciplinas escolares. Mas fui sempre, desde criança, um observador atento da cena do mundo. Chocavam-me as injustiças no borbulhar do despertar infantil, procurava me aproximar dos colegas que comigo se identificavam, entre eles, Paulo Cruz, Luizito Mota, Evaldo Gonçalves, os irmãos Carvalho e o taciturno Cícero.

Os entreveros do mundo foram nos distanciando. Guardei certos episódios, alguns me nortearam até hoje. Minha mãe viajou ao Rio de Janeiro e passou um mês ausente. De volta, examinando nossos boletins escolares, meu e de meu irmão Langstein, surpreendeu-se com as altas notas, 9 e 10, e nos perguntou sobre as matérias, conferindo o resultado dos nossos estudos e as notas. Pouco respondemos. Pegou-nos pelos braços e foi ter uma conversa com o Pe. Emídio Corrêa, diretor do colégio Pio XI. Expôs a sua surpresa e a disparidade das notas e o nosso despreparo.

Padre, disparou, não admito ser lograda. A aferição de notas dos meus filhos deve ser verdadeira, e não um engodo, para agradar aos pais.

O padre, atordoado, curvou-se à verdade dessa valente. Aprendi e compreendi esse episódio nas suas contradições.

Em 2012, já calejado de anos, publiquei a obra *O fenômeno humano*. Compreendi que cada indivíduo se vocaciona para determinada área do conhecimento, daí sua fantástica polivalência.

PRIMEIRO IMPACTO, SEGREGAÇÃO RACIAL

Chegavam os anos da adolescência e tudo me parecia surpreendente e, ao mesmo tempo, vejo-me tão distante das brincadeiras da criança de ontem, dos jogos de bola de gude, de soltar pipas, da temerosa criação de maribondos. Percebo uma constante mutação dos fatos no transcorrer do tempo, o ontem vai se distanciando como miragem no deserto, deixando-nos lembranças. Tudo me chegava tocado de surpresas, fatos e atitudes humanas iam norteando a minha personalidade como couraça para os entreveros que hão de vir. Certo dia, rico comerciante se encontra com minha mãe e, num impulso de vontade incontida, falou:

– Dona Josita, a senhora precisa conhecer a Mercedes Benz de Alvino Pimentel; é linda, dona Josita, vá, vá ...

Surpresa, minha mãe reagiu:

– Deixe de ser besta, não quero saber de riqueza de ninguém, para mim o que vale é a cultura.

Não transigia com a idiotia, e abominava o subserviente. Talhada por princípios rígidos, assim norteou a educação dos filhos.

– Estudem, meninos, estudem, só o saber abre os caminhos da vida. A riqueza é passageira, sustenta-se na vaidade e na futilidade.

Inspirado nessas concepções de mundo e nas longas horas de leitura, aliadas a uma constante inquietude, procurei conhecer pessoas e as circunstâncias em torno das quais viviam. Das Lages, fazenda do meu pai, andando a cavalo, na companhia do vaqueiro Simão e, algumas vezes, com meu irmão Langstein, varava quilômetros e quilômetros, conhecendo cidades, vilas e pessoas de quem ouvia histórias que muito aprendi.

– De quem são estas terras, Simão?

– Do coronel João Mota.

– E aquela alcançando o rio Paraíba?

– Do seu avô, coronel Miguel Pereira de Almeida, e lá para o lado de São Domingos ficam as terras do coronel Simão Almeida.

Observei as propriedades dos coronéis margeando rios e riachos com fontes d'água. Simão adiantou:

– Esses coronéis foram coiteiros do cangaceiro Antônio Silvino.

De pequenos proprietários e empregados, um relato dramático das secas dos anos de 1915 e 1932; um deles falou:

– Vi dezenas de famílias passarem por aqui, esfarrapadas.

Na seca de 32, um homem, com a sua família, parou em minha casa e me disse:

– Vosmicê sabe que eu assei palma para os meus filhos comerem?

– Qual o destino do senhor?

– Vou para a fazenda do coronel José Barbosa.

Nessas minhas cavalgadas, estarrecido, ouvi testemunhos dolorosos de retirantes mortos pela fome. Na descrição dessas tragédias humanas, saltaram-me à mente os personagens Fabiano, Sinhá Vitória, Soldado Amarelo e a cachorra Baleia, da obra *Vidas secas*, de Graciliano Ramos. Das grandes cheias do Paraíba, contou Miguel, o morador com quem conversava. Ele falou:

– Vi, levados pelas águas, pessoas, animais e árvores.

Despedi-me, mas antes nos serviram café e queijo de coalho. Do Riacho Fundo, onde estávamos, tocamos para Barra de São Miguel, distrito de Cabaceiras. Ali, apeando-me numa mercearia, o dono perguntou:

– Você é filho de doutor Antônio?

Cobriu-me de atenção e disse:

– Devo um favor àquele doutor, salvou o meu filho da morte.

Logo, formou-se uma roda de pessoas a conversar sobre secas e política. Um coronel aqui perto possui mais de cinco mil hectares de terras, a cada seca ele fica mais rico. Tem mais de dois mil hectares plantados de palma. Nos períodos de longas estiagens, compra centenas de cabeças de gado magro nos sertões do Ceará e Pernambuco, e aqui solta nos cercados de palmas. Ele tem um curtume em Campina, o Santo Adélia e outro em Caruaru. Estendemos as conversas por mais tempo, e depois disse a Simão:

– Prepare os animais, vamos retornar por Cabaceiras.

Iniciamos a jornada. Nessa cidade, na rua principal, longa e comprida, morava uma tia minha, Amélia, irmã do meu pai e dona de um cartório. Nessa cidade dormimos. No outro dia, fomos a um restaurante com bom aspecto de higiene e móveis estilo colonial.

– Bom dia, a senhora é a dona deste restaurante?
– Sou. Temos galinha de capoeira e carne de bode e, por sinal, fiz uma buchada.
Sentamos.
– Doutorzinho, daqui, para onde os senhores vão?
– Vamos para o Alto Comprido e Alto Fechado e de lá à Ribeira, onde existe plantação de alho, à margem do rio Taperoá.
– Me desculpe, seu rapaz, eu sou da Ribeira, e meu irmão Arnaud é plantador de alho.
– Qual é o seu nome?
– Tereza, às suas ordens.
Nessa ocasião, passavam pela rua três negros. Disse:
– Olhe, Simão, vá chamá-los aqui.
– Não – disse Tereza –, no meu restaurante não entram negros, e em nenhuma das casas desta cidade.
Surpreso, perguntei:
– Por quê?
– Eles são uns verdadeiros bichos. Moram aqui por trás em casebres de palha e de barro.
Prosseguiu:
– Não frequentam escolas dos brancos e nem também o Guarany, um clube nosso.
– Qual a razão dessa separação?
– Esses negros carregam muitas pestes, sarampo, catapora e sífilis. Os pais deles foram escravos e, segundo sabemos, vieram fugidos dos engenhos lá das bandas da capital. Alguns têm até marcas de ferro nos braços e nas costas.
Espantado e chocado com o relato indaguei:
– Ferro de ferrar boi?
– Sim.
– Não me disseram.
Dominou-me um impacto brutal. Baixei a cabeça e falei comigo mesmo:
– Essa selvageria é possível?
Atordoado, parecia ter levado uma pancada na cabeça. Petrifiquei-me. Continuou a falante interlocutora:
– Essas pestes – referia-se aos negros –, brigam muito e aí a polícia vai lá e baixa o pau. Eu sei que lá nos engenhos de Sapé eles são amarrados num tronco e castigados.
– Olhe, seu doutorzinho, eles não falam direito, ruminam, e alguns até grunhem. Na fazenda "Charneca", do seu avô, trabalham alguns deles.
– Quanto eles ganham por dia?

– A comida do patrão.
– Isso é escravidão – eu disse.
– Não, não, Deus fez assim.
– Quando adoecem têm alguma assistência médica?
– O que, moço, quem vai entrar naquele mundo de sujeira? Eles moram para lá e são enterrados e enrolados em sacos de estopa.

Ouvindo aquelas palavras crispadas de horror, atordoei-me. Transportei-me para uma chusma infernal de almas perdidas, descrita pelo padre Mariano. Não queria acreditar que a condição humana se brutalizasse tão selvagemente. Será que existe o infernal mundo dos satanases aqui na terra? Aquela torrente de estupidez e barbaridade me fez rodopiar mentalmente. Por um momento, perdi a própria lógica. Comecei a ouvir gritos lancinantes de negros amontoados e chicoteados.

Levantei-me, fui até à porta do restaurante, olhei a longa rua, vi gente passando e uma mulher tangendo e chicoteando um jumento, magro, com marcas de sangue no espinhaço. Na confusão das ideias, vieram-me à mente bandos de jumentos e negros que rolam num enorme caldeirão. Encostei-me na parede, gritos ecoavam num coro infernal. Saravá, meu pai, Saravá, Exu. Será que eu estou numa casa de horrores onde dançavam a macabra dança dos condenados ao inferno? Nessa voragem tudo resvalava num enorme abismo, a levar multidões de bichos e negros a um mundo de noites infindas. Ouvia história dos crematórios nazistas, onde judeus, homossexuais e negros se transformaram em pó. Ouvi passos de Olga Benário, vem à mente a imagem de uma heroína, que se fez mártir da liberdade, arrancada dos calabouços da ditadura e entregue à Gestapo nazista. Vargas carrega esse fardo pelos séculos. Tudo me sacode um terrível pesadelo. Em meio a gritos de terror, vejo centenas de negros amontoados nos porões do navio, a navegar nas águas do rio Paraíba. Silêncio. Lá de bem longe, das costas marítimas africanas, levanta-se uma voz forte e solitária:

– Deus, oh Deus, onde estás que não respondes, há 2.000 anos Te mandei meu grito, que embala desde então, corre o infinito. Onde estás, senhor Deus? Bradava Castro Alves, o libertador da raça negra.

Inebriava-me de uma sensação que não sei descrever. Tereza se aproxima de mim e pergunta:

– Rapaz, quer uma rede para descansar?

Pareceu-me um bálsamo de alívio me deitar numa rede. Dormi. Salto da rede como se tivesse emergindo de um longo passado. Olhei dentro de mim e vi arrancarem a criança que existia em mim, das peladas de futebol no campo da Ladeira, da criação de maribondos e pombos-correio, dos banhos temerários no açude de Bodocongó, e a lançarem na implacável realidade da vida. As cenas de horror relatadas por Tereza chegaram a mim como golpes cortantes no menino dos maribondos. Assim me fiz um adolescente-homem.

– Vamos partir, "velho" – disse.

Nas costas da burra de Simão, ia um matulão com paçocas de feijão e farinha, carne-assada, queijo de coalho e uma lata de doce de goiaba. Um abraço de despedida em Tereza, agradeci a coalhada. Fomos para o Alto Fechado, próximo à Ribeira. Passamos por lá, e ali conheci a família dos Massau, plantadores de alho. Mais adiante, alguns quilômetros, chegamos à Ribeira, um lugarejo bem habitado. Cavalgamos para as margens do rio Taperoá, onde estavam uns cinquenta produtores de alho. Um deles falou:

– O filho do doutor Antônio chegou.

– Qual é o seu nome? – perguntei.

– Arnaud. – Alguns anos mais tarde, seria meu correligionário e amigo.

Poços d'água afloravam no leito do rio, e dali eles levavam em galões para irrigação.

– Para onde vocês vendem esses legumes?

– Compradores do Recife vêm apanhar aqui – respondeu Arnaud.

Aquele trabalho a sol a pino, de homens, mulheres e crianças, muito me impressionou. Vi naqueles produtores um futuro que não sabia entender. Interroguei-me: por que não trabalham com motores de combustão a diesel? A minha presença ali despertou certo interesse naquela pequena comunidade. Algumas pessoas se movimentaram em minha direção. Com afetiva espontaneidade, recebi abraços dos irmãos de Júlio e Nino Amaral. Nino gritou:

– Cizenando, venha conhecer o doutorzinho.

E aí fui ao encontro dele, já de braços abertos, e falei:

– Cizenando, eu queria muito te conhecer. O pessoal diz que você é um bom fabricante de arreios para animais.

Emocionado, respondeu:

– É bondade do povo.

Tornamo-nos amigos por longos anos. De caráter forte e leal, a sua escoliose não abateu a sua personalidade. Desde o nascimento a sua espinha dorsal se envergava para frente num ângulo aproximado de 60 a 70 graus. Poucos anos depois, ele esteve ao meu lado em memoráveis pugnas políticas. Destemido, jamais o vi fraquejar. Com palavras de afeto, ia recebendo os que chegavam. De surpresa, uma jovem se aproximou estampando no rosto um olhar de ternura, um riso de quem vivia de bem com a vida. Irradiante, abraçou-me com afeto.

– É Agassiz, rapaz bonito. Sou Maria Simões.

– Oh, Maria, meu pai gosta muito de você.
– Eu tinha uma queimadura no estômago e doutor Antônio me curou.
– Aquela casa ali é um grupo escolar?
– Aqui não tem escola, posto médico nada – respondeu Maria e continuou:
– Vivemos abandonados, jogados às traças. A estrada que vai daqui para a estrada de Boa Vista, Cabaceiras, de seis quilômetros, faz mais de dois anos que não passa nenhuma máquina. O prefeito vive na sua propriedade "Fazenda Nova", raramente vem a Cabaceiras.
– Como ele se chama?
– Coronel Ernesto do Rego. É muito poderoso e tem muitos capangas. Manda dar surra em gente.

Com exaltação Cizenando falava:
– Ele é primo do coronel Chico Heráclio, lá de Limoeiro e que todos conhecem por suas truculências.

Umas quinze pessoas ouviram essa acusação e concordaram. Todos estes fatos dramáticos me atordoavam.

– Vamos – disse Arnaud, pegando-me pelo braço – conhecer os canteiros de alho, próximos ao rio.
– Como se planta? – perguntei.
– Prepara-se o terreno com esterco de animal, e da cabeça de alho se tira um dente que é plantado. Temos que fazer aguação duas vezes por dia, seis meses depois está pronto para ser vendido.
– Agassiz – disse Maria Simões –, vamos lá em casa, que preparei uma rede para você descansar.
– Vamos.

Pedindo licença ao pessoal, atendi.
– Maria, estou esgotado. Vivenciei nesses últimos dias resistentes homens crestados de sol, em meio a uma paisagem de xixe-xique, palmatórias, cardeiros, coroas-de-frade, marmeleiros e juremas-pretas. Desfilavam em minha mente como um pugilato de heróis ante uma natureza implacável. Vi um retirante esquálido e esfarrapado alimentando os seus filhos com palma assada, vi negros ferrados como bichos e lançados num tumbeiro a navegar por oceanos chegando no rio Paraíba. Vi um coronel e três capangas a chicotear um homem amarrado num tronco. Vi com alegria homens e mulheres e crianças a plantarem. Vi o rosto de uma morena, olhos de amêndoa e cabelo da cor de craúna e esbelta, a rir, um riso espontâneo. Era Maria Simões. Acordei. Despertei de um sonho em que tudo parecia tão contrastante e contraditório: a dor, o sofrimento, a paz laboriosa num trabalho comum.

— Agassiz, o almoço está pronto, não sei se você gosta, é feijão, bode e farinha.

— Oh! Maria, não pode ser melhor.

— Venha conhecer meus pais e meus irmãos.

Almoçamos.

— Simão, vamos dormir nas Lages.

— Maria, muito obrigado! — E me despedi dela e de sua família, com um aperto de mão em cada um daqueles calejados plantadores de alho. Levo comigo a lembrança desse momento, com a certeza de que iremos nos encontrar na caminhada da vida. Cinco anos mais tarde, nossos destinos se cruzaram em memoráveis contendas eleitorais. Foi aqui, nessa Ribeira, que comecei a acreditar no esforço do trabalho e da capacidade humana. Iniciamos a volta, passamos pelo Bravo, e dali seguimos para as Lages, onde chegamos ao anoitecer. No outro dia, às cinco horas da manhã, o meu pai, num tom alegre, pergunta:

— Como foram estes andarilhos por este mundo de meu Deus?

— Muito aprendi — relatei os fatos com acentuada emoção e destaquei a situação dos negros de Cabaceiras.

Levantou-se da rede e pôs a mão no meu ombro:

— Meu filho, não fique impressionado com isso, a vida é assim mesmo, comandada por uma força criadora.

Desviando-se do assunto disse:

— Hoje, no almoço, tem buchada preparada por Dina.

No outro dia, eu e Langstein fomos caçar, com estilingue, preás e rolinhas. Corria o mês de outubro de 1949. A Lages se situa a seis quilômetros de Boa Vista, para onde viajei no domingo. Lá me informaram que dona Francisquinha Leite, minha primeira professora, era a diretora do grupo escolar Teodósio de Oliveira Ledo, construído no governo Osvaldo Trigueiro, por solicitação do meu pai, então deputado estadual constituinte.

Tocado de incontida emoção, fui, às pressas, para a sua residência. De braços abertos e os olhos lagrimejantes, balbuciou:

— Oh, meu menino, como cresceste e ficaste tão bonito. Que tempo passageiro! Parece que foi ontem, a criança de cinco anos, hoje um rapaz.

Que impacto! Um turbilhão de sentimentos. Remontei à criança que fui nos meus cinco anos, a ouvir as letras a b c d e, de dona Francisquinha.

Procurando me descontrair, ela falou:

— Vamos, Agassizinho, fazer um lanche. Ainda estás muito observador? Sua mãe me disse que você acompanha o noticiário da Segunda Guerra Mundial pelas rádios Nacional e Tupi. Fiquei profundamente chocado quando soube dos campos de concentração de Treblinka, Auschwitz e Sobibor.

Na Segunda Guerra Mundial, uma batalha decisiva foi a invasão da Normandia pelas forças aliadas, em que os alemães foram derrotados, ocorrida em 1944. Dona Francisquinha me ouvia com satisfação e, ao mesmo tempo, com certo orgulho. Com um olhar de ternura, fitou-me e disse:

– Meu querido aluno, você vai longe.

Dela recebi muitas informações acerca da região e costumes da comunidade. Perguntei:

– Meninos negros frequentam o grupo escolar?

– Não.

Tocados de emoção, despedimo-nos e ouvi estas palavras:

– Recomende-me ao doutor Antônio e à dona Josita.

Em 2018, a Câmara Municipal de Boa Vista comemorou o centenário de seu nascimento, ocasião em que, em nome dos ex-alunos, pronunciei discurso exaltando as suas qualidades de educadora.

JOÃO PESSOA, NOVO DESTINO

1950. Poucos anos atrás. Após um almoço, minha mãe nos chamou, a mim, Langstein, Anleida e Ana Lucia, e nos disse:

– Antônio deixou o exercício da medicina e doou os instrumentos do consultório a José Santos, médico otorrinolaringologista. Vamos nos preparar, tempos difíceis virão.

Anos mais tarde, raciocinei sobre a decisão do meu pai. É a força da genética que cada um de nós carrega e vem de longes ancestrais, os genes lá no âmago do eu de cada um, que nos dominam. Imperativo que jogateia com a condição humana. Dizia meu pai muitas vezes:

– Eu não suporto passar a vida toda cascaviando bocas.

Deixou a medicina e construiu na fazenda Lages o seu mundo bucólico. Ali, ele se encontrava com as raízes dos seus antepassados, os "Oliveira Ledo", que, no século XVII, deixaram Portugal e embarcaram numa caravela de 25 metros de comprimento por 8 metros de largura, numa temerosa aventura que só os bravos abraçam e vararam mares, tempestades e calmarias. No curso dessa epopeia, os "Oliveira Ledo" se fizeram criadores de gado nas margens do rio São Francisco. Daí, apoiados por Vidal de Negreiros, de quem receberam sesmarias, vieram para a Paraíba. Aceitei a decisão do meu pai; o seu DNA disparou um chamamento.

Estamos em 1950. No colégio Pio XI, em Campina, concluí o curso ginasial. Guardo lembranças de alguns colegas e professores. O inexorável da vida nos dispersou. No Campinense Clube se realizou a festa de nossa formatura. As músicas "Minha linda normalista" e "Maria bonita", de Agostinho Lara, embalavam os meus sonhos de adolescente. Num certo dia, no casarão da Getúlio Vargas, minha mãe chamou os quatro filhos e, com voz trêmula e fisionomia tensa, falou:

– Meus filhos, vamos nos mudar para João Pessoa, aluguei uma casa, na rua das Trincheiras.

Nesse momento, tia Honorina chegava e ouviu a decisão tomada.

– Olhe, Honorina, Campina está se desenvolvendo e tem muito futuro, mas não é o lugar certo para eu educar meus filhos. Aqui, ganha-se dinheiro, mas se perde a educação.

Numa certa manhã de março, logo cedo, fizemos a viagem a João Pessoa por uma estrada de terra, esburacada e poeirenta, em alguns trechos, a partir do rio Paraíba, enlameada. Naquela época, não existia asfalto. Nostálgico, deixava em Campina tantas recordações do mundo dos folguedos da minha infância. Tocou-me a saudade da despedida, e lá se foram os meus anos de menino. A emoção da partida calou o adeus.

Logo, em alguns meses, comecei a compreender a nova forma de viver. Matriculei-me no Liceu Paraibano, cujo aspecto de linhas arquitetônicas lembrava um estilo colonial do Ateneu, dos filósofos, pensadores e oradores gregos. Um misto de fascínio e temor me dominou. Aquelas salas espaçosas, com mesas e cadeiras talhadas em madeira jatobá, retratavam tempos em que os mestres impunham o saber pelo temor. A palmatória pendurada na parede marcava um significado.

Iniciaram-se as aulas. Estudante dispersivo face aos estudos didáticos e um rebelde a um método decorativo. Negava-se o pensamento criativo e se abria espaço a condicionar o jovem a livros elaborados por mentes retrógradas. Na escala do aprendizado didático, fiquei entre os alunos medianos. Conheci colegas com quem caminhei pelos anos afora. Um irrequieto sertanejo, lá de Patos, Osvaldo Duda, Aluízio Bonavides, estatura de bom caráter, Lineu Borges, um dos estudiosos da classe. Eu carregava uma rebeldia ante as injustiças sociais e políticas. Dos professores lá estão na minha lembrança: Valter Rabelo, Geraldo Beltrão, Olivina Carneiro da Cunha. Absorvia-me uma voracidade para compreender o mundo. Das bibliotecas do Liceu e da pública, situada na rua General Osório, fiz uma ponte de leituras.

Em alguns dias ia ao hotel Globo, no Varadouro, e lá de um alpendre e debaixo de frondosa mangueira, contemplava o rio Sanhauá. Dali fui conhecer onde vivem algumas espécies de crustáceos, moluscos e peixes, num ecossistema em que predominavam samambaias, bromélias e hibiscos. Os manguezais se fazem berço e santuário de caranguejos, alimentação e subsistência das comunidades humanas que habitam os litorais da extensa costa brasileira, em torno de uns 7.500 quilômetros. Naquele histórico hotel, à sombra de uma centenária mangueira, eu lia de romances à história, da filosofia à poesia. Em certas passagens pelo universo dos pensadores, dos revolucionários que marcaram a vitória da liberdade contra a tirania, dos corifeus da ciência e da tecnologia, eu fazia reflexões sobre a condição humana. Quem somos nós? Que destino teremos após a morte? Estava condenado a pensar e, ao mesmo tempo, dominava-me uma espécie de rebeldia contra o imponderável.

Aquela vegetação de um verde sombrio dos manguezais, entrelaçada densamente por árvores, arbustos e bromélias, retratava um pugilato de bárbaros em busca de oxigênio. Numa certa manhã, eu e Linduarte Noronha, companheiro na viagem pelo mundo dos pensamentos, fomos ao Porto do Capim, distante uns oitocentos a mil metros do hotel Globo. Ali, conheço um lameiro que retirava de uma pequena canoa uns oito sacos de caranguejo.

– Bom dia, companheiro, uma boa pescaria.

– Podia ter sido melhor, seu moço.

– De onde você vem?

– Venho lá da foz do rio Sanhauá. Pesco caranguejos desde os meus dez anos de idade.

– Como é o seu nome?

– Severino.

– Severino de Maria!

– Não, Severino de Pretinha.

Saltou-me à memória o Severino retratado por João Cabral de Melo Neto, na sua obra *Morte e Vida Severina*. Refleti: como se irmanavam num mesmo mundo de ignorância inocente os dois Severinos. O da caatinga caçava preás e mocós em rochedos e serrotes, em meio a cascavéis e jararacas. O Severino de Pretinha pesca caranguejos nos manguezais onde vivem lacraus, caramujos africanos, morcegos e cobras-d'água. O Severino de Maria, no seu mundo de chão empedrado e sol inclemente, desafia longas estiagens, irmanado na resistência ao lado dos xiquexiques, cardeiros, macambiras, juremas-preta e facheiros. O Severino de Pretinha dos manguezais cravou a sua vida num lamaçal lodoso ensombreado por uma mataria densa de samambaias, bromélias e cipós de todo os tipos, que se entrelaçam numa cortina de ramos e raízes. A esquistossomose o ataca, mas ele peleja. O Severino de Maria, o retirante da seca, fez do Capiberibe o seu companheiro de esperança. O Severino de Pretinha encerra o seu mundo quando a Paraíba se encontra com o oceano.

Fiz uma pausa nas reflexões sobre os dois Severinos. Olhei para o trapiche; neste local, há 437 anos, nascia a cidade de João Pessoa, que recebeu no batismo o nome de Nossa Senhora das Neves. Que valentes lusitanos deixavam as suas terras e, em caravelas, varavam milhares e milhares de milhas oceânicas, enfrentando tempestades e calmarias, chegando até aqui em 1585, carregando sonhos e esperanças! São essas têmperas de homens que impulsionam a humanidade.

– Este varadouro, companheiro Linduarte, onde pisamos, carrega e embala histórias dos nossos antepassados.

Dois anos mais tarde, ingressamos no curso de Direito e, a partir daí, tornamo-nos companheiros identificados por uma mesma visão ideológica do mundo. Na faculdade Linduarte me fala:

– Não conheceste a Serra do Talhado, onde vive uma comunidade de ex-escravos. Vamos conhecer.

Numa certa madrugada de outubro, partimos para o Seridó, município de Santa Luzia, Paraíba. Pouco antes das sete horas, chegamos ao Talhado, onde habitavam em torno de umas duzentas pessoas. Tocou-me um sentimento de surpresa e espanto, parecia que estávamos a descobrir novas terras onde habitavam pessoas com novos costumes e hábitos, estampando na face marcas de vidas sofridas. Logo, chamou a nossa atenção grupos de mulheres a bater com pilão argila e amassar com as mãos, a fim de preparar panelas, jarros e diversas peças de barro. Procuramos nos informar como viviam aqueles resistentes aos sóis e cheios de esperança. Nós nos dirigimos a um grupo de quatro mulheres e três crianças.

– De onde vocês vieram?

– Vosmicê, os nossos avós foram escravos, eles vieram de um engenho lá de Sapé. O senhor do engenho era muito ruim.

– Onde vendem estas peças tão bem preparadas?

– Negociamos na feira de Santa Luzia, levadas em carga de jumento.

Ao cair da tarde, voltamos para João Pessoa. Tocado de sensibilidade, Linduarte desabafou:

– Agassiz, farei todo o esforço, mas vou filmar aquela comunidade.

– Companheiro, este país tem vários Brasis: o do caranguejo, o da caatinga, o do barro e o dos seringais.

Milhares de Talhados existem por este país. Que elite perversa esta do Brasil! Durante a viagem, fomos conversando sobre as leituras de os *Os Sertões, Casa-Grande e Senzala, Vidas Secas*, e, neste romance, focamos em Fabiano e na cachorra Baleia, personagens de Graciliano Ramos. Olhamos *Os Sertões*, de Euclides da Cunha, numa visão geopolítica, antropológica e sociológica, a se projetar no pensamento latino-americano numa obra épica, em que a terra, o homem e a luta se entrelaçam num cenário de miséria e ignorância. Os condenados da vida, os sertanejos, abandonados como párias nos rincões do país, se transformam em retirantes de periódicas secas, em meio a vastos latifúndios fincados nas margens dos rios e dos vales férteis. É o coronel, dono de terras, mulheres e servos. Da casa-grande ele contempla o seu domínio, que se perde nas frondas do horizonte.

Das páginas da obra euclidiana emergiu um personagem talhado num longo camisolão preto, cabelos compridos e barba longa, no rosto um aspecto místico, na mão direita um bastão; seu nome Antônio Conselheiro, nascido nas bandas de Quixeramobim, sertão do Ceará, na década de 30 do século XIX.

Esses tipos de personagens estão presentes em todos os tempos e chegam até hoje, aproveitadores dos desesperados da vida e dos ignorantes sem rumo, eles estão na política e na religião, campos férteis de suas sociopatias. Fiz uma pausa. Linduarte me ouvia com atenção. Falou:

– E Castro Alves, o maior poeta latino-americano; suas palavras parecem chicotear os traficantes e donos de escravos. Um libertador a quebrar os grilhões dos oprimidos. Sua poesia sobrepaira nos proscênios onde abriga aqueles que vivem para além do seu tempo. – Peregrinando pelo universo dos pensadores, chegamos a João Pessoa.

Debatia-me na interrogante fase da adolescência, do porquê das coisas, dos iniciais impactos da energia sexual, do afloramento das ideias a revolutear a mente, da inconstância das decisões e da vontade incontida de romper preconceitos sociais. A juventude carrega a flama da inquietude e da rebeldia; quando ao passar dos anos a chama da vida começa a se apagar, principiamos a envelhecer. O jovem desprovido do impulso da renovação, nasceu velho. A busca por novas ideias, o encontro e desencontro com os fatos, vai forjando o seu caráter. Domina-me uma ânsia de abraçar novos mundos, mergulhar no tempo e participar do processo revolucionário francês em 1789, estar na Assembleia Nacional Constituinte francesa ao lado de Danton, Robespierre, empunhando a baderna dos jacobinos; queria quebrar as oligarquias e vencer as tiranias.

Acordei dos meus sonhos e reflexões. Precisava cumprir os estudos didáticos. Vesti a farda do colégio e demandei ao Liceu. Assim que cheguei, Osvaldo Duda falou:

– Agassiz, vamos, eu, você e Aluízio, tomar banho na praia de Tambaú, no sábado pela manhã.

– Certo, colega.

Osvaldo trazia uma garrafa de cachaça brejeira, limões e um rolo de salame. Mergulhamos, já tocados pelo etílico, Osvaldo disparou a sua voz de barítono, e discursou:

– Companheiros, eu sou Cícero e estou no Senado Romano, há 2.000 anos acusando Catilina e citando frases em latim.

– Aluízio – eu gritei –, vá você agora. Lembre-se de que você está no "Ateneu", em Atenas, há 300 anos a.C., encarnando Demóstenes no seu famoso discurso, "Oração da coroa", contra Alexandre, o Grande. – Aluízio Bonavides era um estudioso e conhecia a literatura greco-romana.

— Atenienses, o furor da tirania ameaça nossa democracia. O dever patriótico nos convoca, e todos nós seremos soldados a defender Atenas.

— Vá, Agassiz – disse Osvaldo.

— Companheiros, visto-me daquele personagem de cabeça grande, testa larga, olhar flamejante, voz potente a disparar fagulhas. Estou em 1785, na Assembleia Nacional Constituinte francesa, em Paris, onde aqui cheguei pela força e vontade dos revolucionários. Renunciei ao Ministério da Justiça do rei para estar aqui, conduzindo a bandeira da Revolução. Sou Danton e falo para a história. Franceses, o dever revolucionário nos convoca a todos nós, os inimigos internos e externos ameaçam o futuro da nossa pátria. O sangue derramado pelos que tombaram em defesa da liberdade, igualdade e fraternidade, não será em vão. Esta Assembleia Constituinte norteada pelos ideais da Revolução definirá os direitos fundamentais dos homens, e terá como testemunha a história e, pelos tempos afora, a defesa vigilante daqueles que não se curvam ao furor dos tiranos.

Algumas pessoas paravam para ouvir. Um deles gritou:

— Vocês são uns doidos.

Os anos se sucedem. 1953 abre a minha jornada acadêmica com o ingresso no curso de Ciências Jurídicas e Sociais da Faculdade de Direito da Paraíba, funcionando num antigo prédio construído pelos jesuítas há mais de 400 anos, situado ao lado do Palácio da Redenção, na praça João Pessoa. Que sensação me envolveu ao contemplar aquele templo do saber, cuja fachada retrata uma linha arquitetônica colonial semelhante às antigas igrejas de Lisboa. Ao adentrar no centenário casarão, algo pareceu me lançar nos longínquos 2.300 anos atrás, pensamentos me levam a Atenas, centro por onde passaram pensadores e filósofos, entre eles Sócrates, Platão e Aristóteles. Dali, irradiaram-se as linhas mestras da cultura ocidental.

Subi até a alta torre do prédio da faculdade, onde, de lá, contemplei a parte baixa da cidade, o Varadouro, o rio Sanhauá, e, ao nascente, descortina-se o Atlântico. Vi a Lagoa, o cassino, o meu velho Liceu. Voltando o olhar, vi a rua Maciel Pinheiro, que abrigava as boates dos amores furtivos de Hozana e Irene, em cujos salões se ouviam, em meio a farras etílicas, músicas de Nelson Gonçalves, Vicente Celestino e Dalva de Oliveira. Vi o hotel Globo. Oh! Quantas reflexões fiz debaixo do velho sombreiro. Somos passageiros da aeronave chamada tempo, cujo destino desconhecemos. Os dias fluíam em meio a estudos durante a semana, e, aos sábados, farras homéricas.

Tudo chegava de maneira surpreendente à minha mente. Novos colegas com alguns dos quais me identifiquei, professores que nos descortinaram o fascinante mundo do Direito. Lá está, na galeria da minha juventude, a palavra altaneira de um mestre que sabia olhar o mundo e me ensinou a pensar, Mário Moacir Porto.

Anos mais tarde, fomos golpeados, em 1964, pela estupidez humana de uma ditadura. E Paulo Bezerril? Sabia manejar o Direito com independência sem se atrelar a correntes jurídicas. O humanismo de Afonso Pereira. Oscar de Castro carregava uma juventude pujante nas suas palavras. A anatomia do corpo humano ele dissecava nos apontando a espiritualidade face à matéria.

Fui me identificando com alguns colegas a quem me vinculei por laços de amizade pela vida afora, dentre eles, Noaldo Dantas, Linduarte Noronha, Nereu Pereira dos Santos, Evaldo Gonçalves, Aluízio Bonavides, Artur Gonçalves, Nilton Soares, Lineu Borges. Eu lia muito e com a sofreguidão de um beduíno por água no deserto. Mergulhei na reflexão dos pensadores da *República*, de Platão, passando na Idade Média por Santo Agostinho, a Descartes, *Discurso do Método*, Rousseau, no *Contrato Social*, a Kant e Kelsen. Em algumas passagens dessas obras, perdi-me principalmente na *Crítica da Razão Pura*, de Kant. Quase todas as noites as madrugadas me encontravam debruçado nas minhas reflexões.

A diretriz das aulas do professor Flóscolo da Nóbrega me chamou a atenção e também a de Linduarte. Ele fazia referência a Sócrates, filósofo grego e mestre de Platão, acentuando que o regime democrático leva à anarquia, e exaltava Miguel Reale, por sua Teoria Tridimensional do Direito. Enfim, lastreava quase todo o seu pensamento na obra de Kelsen, a *Teoria pura do direito*. Certa vez, questionei-o:

– Professor Flóscolo, se a norma jurídica emana do poder e ela se legitima por si, como o senhor afirma, no entanto, Rousseau no seu *Contrato Social* e Kant direcionam o pensamento no sentido de que os homens, ao deixarem o estado selvagem, em certo momento, organizam-se por decisão da maioria num pacto social a que todos devem obedecer. Portanto, quem legitima essa norma é a sociedade organizada num contrato social. Com a devida "vênia", professor. O senhor disse que a democracia pode gerar anarquia. As leis, segundo Sócrates, servem para deter a anarquia. O homem se investe de liberdade até os limites da liberdade do outro. Com vasta cultura jurídica, ele procurou justificar a sua interpretação pela hermenêutica.

Como a encruzilhada da vida jogateia com o destino dos homens! Anos à frente, o golpe militar de 1964 iria desvendar a postura ideológica de cada um de nós, sobretudo nos meandros do poder. O reitor interventor Guilardo Martins, da UFPB, nomeou Flóscolo da Nóbrega para presidir a Comissão, a fim de apurar atos subversivos no âmbito dessa universidade. Desabou por todo o país a ira enfurecida do militarismo, que atingiu a mim, Mário Moacir Porto, Emilio Farias, Assis Lemos, Ronaldo Queiroz e dezenas de professores, decisão referendada pelo então ditador Castelo Branco.

A CAMPANHA "O PETRÓLEO É NOSSO"

Em célebre reunião no Automóvel Clube do Rio de Janeiro, em setembro de 1949, da qual participaram personalidades representativas das forças nacionalistas do país, entre as quais Monteiro Lobato, generais Leônidas Cardoso e Horta Barboza, conhecido como o "general do petróleo", João Neves da Fontoura, Batista Luzardo e Osmi Duarte Pereira, deflagrou-se a campanha "O petróleo é nosso", com o objetivo de defender o monopólio estatal na prospecção, refino e transporte do óleo combustível.

Em fevereiro de 1953, recebi um telefonema de Ariano Suassuna, informando de uma conferência do escritor Alceu de Amoroso Lima, no auditório da Faculdade de Direito do Recife. Lá chegando, encontrei-me com companheiros de geração: Marcos Freire, Osvaldo Lima Filho, Egídio Ferreira, Paulo Cavalcante, Abelardo da Hora. Voz pausada e a palavra fluente, o pensador católico, de vasta cultura filosófica e humanística, fez uma análise do processo civilizatório do homem, desde as antigas civilizações, egípcia e mesopotâmica, chegando até a II Guerra Mundial, desfechando-se no Holocausto, a mais selvagem infâmia da espécie humana. Concluída a inteligente exposição, o auditório em peso se levantou e aplaudiu o palestrante. Presidido pelo professor Pinto Ferreira, abre-se o debate para as perguntas. Marcos Freire, detentor de aguda lógica, exaltou a obra humanística do conferencista. Francisco Julião e Paulo Cavalcante expuseram suas ideias. Levantei-me, nervoso e um pouco desarticulado com a palavra. Diante daquela plateia intelectualizada recifense, encaminhei estas indagações:

– Mestre Alceu, na visão de Sartre a morte é um absurdo. Pouco entendido do mundo filosófico, acredito que o ser humano é imortal. Esta outra indagação: a norma jurídica emana da sociedade organizada?

Que profundidade na resposta! Olhei inebriado aquele vulto como um Platão redivivo a ouvir Sócrates. Pacientemente, o grande pensador ia esclarecendo os questionamentos. Encerra-se aquele importante encontro. Nesse momento, Marcos Freire vem ao meu encontro e me parabeniza pelos questionamentos:

– Agassiz, vai haver, na próxima quarta-feira, um comício na praça do Diário de Pernambuco de apoio à campanha "O petróleo é nosso".

– Marcos, eu estarei presente.

Saí daquela conferência tocado de uma sensação de que estava descobrindo novos caminhos na minha vida. Tudo aquilo envolvia uma aura magnética do saber, o vulto do doutor Alceu, a inquietude dos debatedores, e, afinal, pelos corredores pareciam ecoar vozes de vultos que por aqui passaram, com os seus sonhos e inquietações, e deixaram na história a grandeza de suas ideias e coragem cívica, a desfilarem egressos de passadas décadas as legendas de um Castro Alves, Rui Barbosa, Tobias Barreto e Epitácio Pessoa.

Debatia-me na ânsia de chegar a quarta-feira. Finalmente estava ali na praça do Diário de Pernambuco, palco de memoráveis concentrações de multidões, a carregar esperanças e, muitas vezes, indignações. Subimos no palanque. A campanha "O petróleo é nosso" empolgava o país, num sentimento de patriotismo. De vasta cabeleira a emoldurar a cabeça de um verdadeiro Apolo grego, Marcos Freire arrebatou a multidão. Tremi, ataca-me um nervosismo. Oradores se sucedem. Com um vozeirão de locutor de rodeio, o meu nome foi anunciado.

– Em nome dos universitários paraibanos, esta juventude que a Paraíba nos manda, Agassiz Almeida.

– Patriotas da grande causa que o povo brasileiro abraçou. No subsolo da nossa pátria pulsa o sangue negro, cuja extração e refino dependem do nosso esforço. Para tanto, impõe-se o monopólio estatal da prospecção, refino e transporte do petróleo. Ou seguiremos por este caminho ou seremos condenados ao atraso.

– Voltei a João Pessoa, na mesma noite.

Tudo aquilo me envolvia num sonho. As vozes dos oradores pareciam ecoar na praça da Bastilha, em Paris. Os personagens que marcaram a Revolução Francesa desfilavam na minha mente. Cheguei a João Pessoa. No outro dia, ingressei na maratona de comícios em várias cidades. Em fins de março de 1953, num domingo à noite, multidão em torno de umas vinte mil pessoas acorre à praça da Bandeira, em Campina Grande; palavras de jovens oradores retumbam embaladas de calor cívico. Lá estavam no palanque: o ardoroso poeta de *O carrossel da vida*, Felix Araújo, Ronaldo Cunha Lima, Agassiz Almeida, Noaldo Dantas, Raimundo Asfora. Nessa cidade, laços telúricos me prendiam ao meu berço natal e dos folguedos da infância. A concentração popular em prol da campanha "O petróleo é nosso" adquiriu ampla força, irradiando-se por todo o interior do Nordeste.

A partir daquele momento, a flama magnética da vida pública me atraía. Os últimos acontecimentos rodopiaram na minha consciência, a forte lógica dialética do doutor Alceu Amoroso Lima, o comício na praça do Diário de Pernambuco, a multidão a aclamar: "O petróleo é nosso". De surpresa, o locutor me anuncia:

– Fala a teu povo, Agassiz Almeida.

– Conterrâneos de Campina, sou peregrino de uma causa que o povo brasileiro abraçou e cuja bandeira todos nós carregamos: "O petróleo é nosso". Chego na minha terra, nesta Campina, que há menos de 300 anos, às margens do Açude Velho, o bandeirante Teodósio de Oliveira Ledo, em mensagem ao rei de Portugal, disse: aqui nesta confluência de regiões, cariri, agreste e brejo, será berço de um povo que saberá descortinar o futuro e não temerá desafios. Aqui, deste alto da Borborema, Campina manda este recado ao Brasil: se a causa é justa, lutemos com altivez.

Encerrei a minha participação na campanha. Retornei ao universo dos meus estudos e reflexões. Em 3 de outubro de 1953, através da Lei nº 2004, de 3 de outubro de 1953, criou-se a empresa, "Petróleo Brasileiro S.A." (Petrobras). Momento histórico; a nação abraçava o futuro e caminhava rumo ao desenvolvimento.

ELEJO-ME VEREADOR POR CAMPINA GRANDE

Ano 1954. Retorno das aulas e reencontro colegas e professores. O olhar sereno e as palavras meticulosas do secretário Basílio Pordeus, a atenção prestimosa do bedel Simeão. Aquele ambiente acadêmico me atraía para novos estudos e reflexões. Vivia a vida impulsionado por um ardor da juventude. Ao atravessar a praça João Pessoa e olhar aquele centenário prédio construído pelo labor dos jesuítas havia mais de quatro séculos, portões pesados, largas paredes semelhantes às de uma fortaleza, alta torre apontando para o futuro, a faculdade me transportava para a Grécia antiga dos filósofos e pensadores. Envolvia-me a sensação de que estava diante do "Ateneu", em Atenas. E lá dentro do templo ouvia palavras de Sócrates nos seus diálogos com Platão.

Naquele retorno às aulas, tocava-me a impressão de que carregava um troféu outorgado pela campanha "O petróleo é nosso". Relembrava com alegria juvenil as inesquecíveis concentrações dos oradores, o frenesi das multidões e, para além do indescritível, o sentimento de um dever cívico cumprido. Entre abraços e apertos de mãos, palavras atenciosas de Noaldo, Nereu, Linduarte, Lineu, Evaldo e Nancy, a nossa musa.

Os diálogos entre nós e os professores, em parte, envolviam os acontecimentos recentes ocorridos no mundo e no Brasil. Noaldo Dantas acompanhou a marcha da Segunda Guerra Mundial pelas emissoras Nacional e Tupi em seus grandes momentos. Linduarte perguntou:

– Noaldo, quantos meses durou a batalha de Stalingrado?

– De 7 de julho de 1942 a 2 de fevereiro de 1943.

Acrescentou:

– Vocês sabiam que o que mais marcou aquela resistência do exército soviético foi a luta pela tomada da "Casa de Palov", prédio de três andares, defendido por vinte e dois homens, contra o avanço nazista durante cinquenta e dois dias? Não se renderam, tombaram cravados de balas e punhaladas – eu disse:

– Noaldo, e o momento épico da batalha da Normandia, quando ocorreu?
– Em 6 de fevereiro de 1944 – aduzi.
– Vocês sabem que as tropas norte-americanas, em face de não fazerem levantamento correto do terreno da praia, sofreram as maiores baixas? No trecho onde eles desembarcaram, a área da praia é movediça, penetrando até o joelho. Imaginem tanques e blindados pesados.

Linduarte Noronha ressaltou:
– O Holocausto retratou a monstruosidade do nazismo. Degrada a própria raça humana. Nos campos de concentração de Auschwitz, Treblinka e Sobibor, mergulha-se no inferno.

Eu pontuei:
– O indescritível da tragédia nazista empurrou a humanidade para a noite dos tempos. Dante, na sua obra *A Divina Comédia*, descrevendo o inferno, jamais poderia dimensionar o tamanho da monstruosidade que desabou sobre o povo judeu.

Uma pausa. Era um fim de semana. À noite, eu, Noaldo e Linduarte fomos para o aconchego das mariposas da Maciel Pinheiro, onde nos salões de Hozana e Irene, de bolsos vazios e com tesão juvenil, dançamos ao som das músicas de Nelson Gonçalves e Bienvenido Granda. Segunda-feira. Ressacados das noites de farras do sábado e domingo, chegamos à faculdade.

Tornou-se comum para nós, ao término das aulas, reunirmos um grupo de 8 a 10 colegas para debater acontecimentos ocorridos no país e no mundo. Nereu Pereira dos Santos, taciturno e fechado na sua integridade férrea, dirigiu-se a Evaldo Gonçalves.

– Evaldo, e a criação da ONU?

Meticuloso e estudioso, Evaldo respondeu:
– Após a rendição incondicional dos nazistas, em 1945, as potências vitoriosas se reuniram em Potsdam, em julho de 1945, e definiram os rumos de um acordo, a fim de administrar a Alemanha; em 6 e 9 de agosto, os EUA lançaram bombas atômicas sobre Hiroshima e Nagasaki, provocando a morte de quase trezentas mil pessoas.

– Um momento, Evaldo, foi uma traição dos norte-americanos às potências aliadas. Naquela altura dos tempos, os povos estavam esgotados, sobretudo os europeus, em face das duas grandes guerras que ceifaram milhões de vidas e enfraqueceram a economia de muitos países.

Agassiz disse:
– Linduarte, fale sobre a participação da Força Expedicionária Brasileira na Segunda Guerra Mundial.

– Existem certos acontecimentos marcados pela insensatez, que provocam consequências graves com perdas de vida. As forças do Eixo, Alemanha e Itália, estavam praticamente derrotadas, tanto assim que, em 8 de maio de 1945, a Alemanha se rendeu incondicionalmente às tropas aliadas. Já no final de fevereiro daquele ano, portanto, a dois meses da rendição, o marechal Mascarenhas de Morais, comandante dos expedicionários brasileiros, determinou a tomada do Monte Castelo, posição altamente estratégica ocupada pelos alemães. Que trágico desfecho! O marechal aspirante ao troféu de uma vitória diante de um inimigo desesperadamente derrotado buscou a glória que lhe veio ensanguentada com a morte de mais de mil soldados brasileiros. O silêncio dos mortos de Pistoia condena a bravata insana; no entanto, os que tombaram merecem reconhecimento da pátria.

Este é o caminhar da história de bravos e vilões, fora das redomas acadêmicas. Acontecimentos se sucedem. A guerra na Coreia atemoriza o mundo e sobressalta os povos, temerosos de uma guerra nuclear. As superpotências EUA e União Soviética assumem posições confrontantes no teatro da guerra coreana.

Estamos em agosto de 1945. Em 1951, Getúlio Vargas retorna à chefia da nação por meio de eleições democráticas. Com que perfil podemos dimensionar Vargas? O caudilho da década de 20, o revolucionário de 1930, o ditador de 1937/45 ou o estadista de 1951. Que polivalente vulto! Olhemos o Getúlio democrata, o implantador das leis trabalhistas, o construtor de Volta Redonda e da Vale do Rio Doce, o criador da Eletrobras, do BNDES, do Banco do Nordeste, e o seu ponto mais alto e desafiador, a criação da Petrobras, afrontando poderosos grupos internacionais e seus sequazes no Brasil.

Golpistas articulados numa ampla frente e instrumentalizados por uma imprensa comprometida desencadeiam violenta campanha para o derrubar, comandada pelo jornalista Carlos Lacerda. Rádios e jornais despejavam infâmias inomináveis. Dispararam o bordão caluniador: o mar de lama no palácio do Catete. Em 5 de agosto, o atentado da rua Tonelero e o tiro que abateu o major Vaz atingiram em cheio o governo Vargas. O cerco ao presidente se fecha e se agrava, os cevados nas tetas do poder o abandonam. No dia 24 de agosto, pela manhã, o desenlace fatal: um tiro no coração. Getúlio Vargas deixa a vida para entrar na História. Remontemos aos finais de maio de 1954. Assistia à aula de Economia Política, ministrada pelo professor Cláudio Santa Cruz, quando, ao término, ele me chamou e adiantou:

– Olhe, Agassiz, ontem à tarde, recebi um telefonema de Clodomir Moraes me solicitando que eu o convidasse para ingressar na Frente Popular Nacionalista e, se possível, se filiasse a um partido de linha progressista.

— Professor Cláudio, para mim é uma honra participar dessa frente de luta. Transmita ao companheiro Clodomir, a quem muito admiro, que me faço convocado para as relevantes causas.

— O que objetiva a Frente Nacionalista? – perguntei.

— Defender e apoiar o programa nacionalista da criação de empresas que abram espaços ao desenvolvimento do nosso país, renovando o arcaico sistema agrário. E, por outro lado, incentivar jovens lideranças como você a ingressar na vida pública, candidatando-se na próxima eleição de 3 de outubro a prefeito ou vereador.

— Agassiz, o PSB está de braços abertos para o receber.

— Doutor Cláudio, à tarde vou ao seu escritório assinar a ficha de ingresso e receber instrução.

O escritório se localizava na rua Cardoso Vieira. A fundação da Frente Popular teve a participação de lideranças acadêmicas e sindicais, sob a coordenação de Clodomir Morais, que, anos mais tarde, tornou-se um importante ideólogo e doutrinador da reforma agrária no país e na América Latina. Em João Pessoa, Cláudio Santa Cruz representava o movimento nacionalista. Mais tarde, ele assumia a presidência do Partido Socialista Brasileiro (PSB), na Paraíba. Filiei-me ao PSB. Uns dez dias depois, estava em Campina, quando Lúcio Vilar Rabelo me procurou e logo falou:

— O nosso pessoal em Recife o admira muito. Olhe, Agassiz, eu, você e Benedito Mota, um de nós, somos cogitados para compor a chapa de Severino Cabral, como candidato a vice-prefeito de Campina.

— Companheiro Lúcio, que surpresa, não estou sabendo de nada.

— Quem me transmitiu essa informação foi o médico Antônio Cabral, irmão de Severino. Olhe, caso você não seja o escolhido, candidate-se a vereador.

— Vou estudar, Lúcio.

Comecei a ouvir ex-professores e alunos do Pio XI, militantes da campanha "O petróleo é nosso", amigos da infância, familiares e, por fim, o meu pai. Relatei para ele os fatos ocorridos nos últimos dias. Olhou-me, pensou um pouco e disse:

— Olhe, meu filho, a política vai lhe causar muitas adversidades e desafios. Boa Vista (distrito que à época pertencia a Campina e onde ele era muito estimado, principalmente por sua ação humanista como médico) está ao seu lado, conte com o seu pai. – Dois dias depois, Aldino Gaudêncio, em nome de Severino Cabral, convidou-me a me candidatar a vereador.

— Posso aceitar, contanto que receba apoio para a campanha.

No outro dia, Cabral me telefonou e disse:

— Olhe, Agassiz, vai haver lá em casa no sábado pela manhã uma reunião e te convido.

Lá fui eu. Ao chegar, dona Anita, esposa de Cabral, abraçando-me, falou:

– Gostamos muito de Tonho (seu pai), vocês são nossos parentes.

– Que honra ser parente da senhora.

Em torno de uns vinte candidatos a vereador estavam lá. Na cabeceira de uma mesa comprida, Cabral, tendo ao seu lado Maria do Japão, abre a reunião, após os convidados tomarem assento. Num jeitão de matuto desabusado, desembucha:

– Sou candidato a prefeito de Campina e o meu vice é Lúcio Vilar Rabelo. Os meus adversários estão espalhando que sou analfabeto e não sei falar. Eu sei de uma verdade, não sei roubar. Estou pronto para ajudar vocês na campanha. Maria tem os cheques já prontos e vai chamando cada um.

Ela começou a chamada: Fulano, Beltrano, Sicrano, Agassiz Almeida.

– Seu Cabral, muito obrigado, mas não aceito a ajuda – disse.

Carregou-se o ambiente; os participantes se entreolham:

– Continue, Maria – disse Cabral.

Terminado o encontro, Cabral me pegou pelo braço e reservadamente falou:

– Você não quer ser candidato?

– Quero. Eu não vim aqui pedir ajuda financeira, eu quero me eleger.

– Do que você precisa?

– Um jipe emprestado, mesmo de segunda mão, motorista, e ordem para abastecer de gasolina durante os dois últimos meses das eleições.

– Aceito, fale com Maria para ela tomar providências.

Aprendi. Nas horas de decisão, não tenha medo de decidir. Pior é fraquejar. Mergulhei na campanha noite e dia, impelido por uma sede de vitória como um beduíno por água no deserto. Falei com lideranças estudantis, sindicais, familiares. Jovem, desconhecia o cansaço. A campanha para prefeito tomou um rumo apaixonante, em que concorrem Severino Cabral e Elpídio de Almeida. Os movimentos de esquerda abraçam "Pé de chumbo", assim os adversários chamavam Cabral. Em 3 de outubro, saiu das urnas derrotado o nosso candidato. Elejo-me um dos mais votados candidatos a vereador. As rádios Borborema e Cariri, em noticiários extraordinários, anunciam:

– Agassiz Almeida, o mais novo vereador da Paraíba, e talvez do país, elege-se com consagradora votação.

Festas comemorativas se realizaram nos bairros da Liberdade, do 40, do Cruzeiro e em Boa Vista. Entre abraços esfuziantes que recebia, em meio a olhares lampejantes de brilho e risos que estampavam alegria, inebriou-me a sensação: a glória do poder.

Em 1 de janeiro de 1955, a Câmara de Vereadores de Campina, situada no segundo pavimento do Centro de Saúde, realiza sessão de abertura da legislatura de 1955/1959 e a eleição de sua mesa diretora. Por consenso, o vereador Manoel Figueiredo é eleito presidente, calejado nos embates da vida. Lá estavam Aldino Gaudêncio, Raimundo Asfora, Noaldo Dantas, Mário Araújo, Benedito Mota, Zacarias Ribeiro, Oliveira Oliveiras, Euclides Ribeiro. Palavras de saudação à nova legislatura e à diretoria eleita ressoaram nas vozes de Mário Araújo, Oliveira Oliveiras e Raimundo Asfora, de eloquente força verbal, a paralisar o auditório. Manoel Figueiredo, sereno na conceituação dos fatos, e com longa cultura jurídica, sensibilizado agradeceu a sua escolha para presidir a Casa.

Que impacto aquele momento me causava! Vozes dos oradores refletiam vaidades. Um revolutear de ideias dominava o meu cérebro. Queria me levantar, mas algo me prendia na cadeira. Cumprimentos e abraços se entrecruzam e eu maquinalmente respondia. De soslaio, como se fugisse de um fantasma, deixei aquele ambiente festivo, contrastante com as minhas reações pessoais. Fui para o hotel. Ali, procurei reencontrar a tranquilidade. Relembrei a memorável campanha "O petróleo é nosso" e a consagradora votação que recebi para vereador. Peguei a máquina Olivetti e datilografei requerimento dirigido ao Poder Executivo de Campina solicitando a construção de postos de saúde. Memorizei o discurso que faria de improviso. No outro dia, à noite, encaminhei o requerimento ao presidente da Casa e pedi a palavra para discursar tropeçando nas ideias, me esquecendo de algumas partes do pronunciamento. Terminei a obra oratória mal-acabada. Sentei-me. Na tribuna oradores esbravejavam e eu não os ouvia. Tempestade emocional me sacudia. Interrogo-me como um condenado aflito. Vozes longínquas retumbam. Por que estou aqui? Um tipo fardado berrou: cale-se. Um silêncio me petrificou. Pensamentos desfilam na minha consciência. Quem sou eu? Preciso me reencontrar. Assalta-me a interrogação: *to be or not to be*? A sombra de Hamlet me acompanha. Tive medo. Pensamentos me trouxeram para o plenário da Câmara. Senti o peso da responsabilidade. Que fardo! Hoje integro um poder como legislador, elaboro leis e voto orçamento. Onde está o menino dos maribondos, dos pombos-correio, das pipas e das peladas do campo da Ladeira, na rua Siqueira Campos? Na voragem da vida. Onde está a minha infância, que sonhou tantos sonhos juvenis, inspirados no infinito amor materno? Onde estão os meus 18 anos, que deixei há poucos meses? Recuso essa responsabilidade que arrancou de mim tão cedo o mundo que me fazia feliz. Danem-se essas amarras políticas e sociais. Quero a liberdade de ser livre novamente. Alguém me bateu nos ombros.

– Agassiz.

Olhei, é Noaldo que fala.

– Estás com uma cara de ressaca danada. Fizeste farra ontem? Pegaste alguma mariposa por aí? Vamos saborear um churrasco em Paizinho, ali no Edifício Esial. Daqui a gente vai a pé. – Subimos pela Floriano Peixoto. Paizinho, num jeitão atencioso, abraçou-nos e disse:

– Vereadores, a casa é de vocês. Este cabra aqui – referindo-se a mim –, o conheço, desde moleque, na Getúlio Vargas. Lá em casa, eu dividi os votos entre vocês dois.

Fui me recompondo emocionalmente.

– Paizinho, Noaldo me disse que ninguém faz na Paraíba um churrasco igual ao seu.

Com um ar de satisfação, respondeu:

– É bondade de Noaldo – E logo gritou:

– Garçom, traga um litro de Chivas.

Falamos sobre política, estudos e mulheres. Noaldo era um dos mais prestigiados apoiadores do prefeito Elpídio de Almeida. Já descambando da meia-noite, tomamos rumo ao Eldorado (o mais luxuoso cabaré da Paraíba). Noaldo falando baixo, no seu estilo discreto:

– Aquelas duas morenas ali vieram de Maria Boa (o mais famoso cabaré de Natal).

No outro dia, às 11 horas, acordei nos braços da morena Tetê. Ressurgia daquela noite como uma Fênix renovada. Nestas minhas memórias, deixo essas palavras em homenagem a Noaldo Dantas, cuja passagem pela vida foi breve. Não teve pressa de viver, mas a morte teve de levá-lo. Dois dias depois, viajei a João Pessoa. Precisava compatibilizar os estudos na faculdade com os trabalhos na Câmara. Logo ao chegar, parabéns e abraços me cobriam pela vitória. Emocionava-me o afeto dos colegas e professores. Doutor Mário Moacir Porto me estendeu as mãos e numa voz pausada, pontuou:

– Jovem, você vai longe.

Essas palavras me tocaram como um chamamento. Tinha por ele especial admiração e estima.

Uma década depois, pagamos pesado tributo à estupidez. Desaba sobre a nação o golpe militar de 1964. Procurei Brandão, o bedel. Negão prestimoso, tipo Toni Tornado. Ao me ver, lá vinha ele, de braços abertos:

– Vereador, que alegria para mim a sua eleição.

– Muito obrigado, Brandão, eu preciso me ausentar da faculdade dois dias da semana, a fim de comparecer às sessões da Câmara.

– Fique tranquilo, não é por isso que você vai perder o ano.

– Muito obrigado, você traz a sensibilidade do seu povo.

–Tenho orgulho da minha raça. Das senzalas e da cana-de-açúcar vieram os meus avós. Contavam eles que os seus pais eram criadores de gado no Congo, na África, e tinham influência política na região.

Despedi-me. Fiquei tranquilo. Fui para casa na rua das Trincheiras. Disse comigo: preciso estudar e ler muito para compensar os dias que dediquei à campanha política. Varava até altas horas da noite em estudos e reflexões. À Filosofia do Direito, suporte e alicerce das ciências jurídicas e sociais, preciso me dedicar prioritariamente. Do idealismo de Platão, em *A República*, passando por Santo Agostinho, na Idade Média, por Santo Tomás de Aquino, na *Suma Teologia*, Descartes, *Discurso de método*, Kant, *Crítica da razão pura*, Hegel, *Fenomenologia do espírito*, até, finalmente, a obra monumental de Karl Marx, erigida em *O capital* e o *Manifesto comunista*, em 1848. De cada um desses pensadores, procurava absorver as linhas mestras das suas ideias. Partindo de Platão e Hegel, pontuei:

– É pela força da ideia que a evolução humana ocorre possibilitando ao homem pela liberdade o poder da criação. Sob a visão de Rousseau, os seres humanos se organizam num pacto social. Mais tarde Kant acentua: é através da razão que a ideia se limita por si e aí por essa premissa se encontra a viga mestra do materialismo histórico de Karl Marx. A doutrina marxista admite a dialética hegeliana: tese, antítese e síntese. Estendendo essa interpretação, o desenvolvimento humano se baseia nas relações econômicas por meio do capital e trabalho.

Faltava-me maturidade filosófica para compreender com profundidade a vastidão dessas obras. No entanto, começava a despertar em mim a visão do mundo e assentar os alicerces da minha construção ideológica. Não admitia a tese defendida pelo professor Flóscolo da Nóbrega, de que a norma jurídica emana do poder e se legitima por si. Não estou contestando essa ideia, simplesmente não a aceito, disse a Linduarte, que apoiou a minha argumentação. Muitas vezes, para relaxar das reflexões que as obras profundas me impunham, ia ler história das revoluções, sobretudo, francesa e russa. Fascinavam-me aqueles desbravadores que iniciaram a construção dos primeiros passos da nossa colonização, principalmente os heroicos navegantes a vararem milhas e milhas de mares "nunca dantes navegados", como bradou Camões nos *Lusíadas*, deixaram as suas terras para a aventura ao desconhecido. Olhava a obra educadora dos jesuítas como algo a se sobrepor às suas próprias forças. Assim, são esses acontecimentos humanos a dignificar a própria razão da existência.

A epopeia da "Coluna Prestes", cuja marcha alcançou quase 25 mil quilômetros, a maior do mundo, irrompendo pelos rincões interioranos do país, comandada por Luiz Carlos Prestes, foi decantada por Jorge Armado, no livro *Cavaleiro da esperança*. No heroísmo martirológico dos "18 do Forte de Copacabana", via a rebeldia indômita do revolucionário pelas calendas dos tempos.

Os estudos do Direito Civil projetavam a inteligência e a dedicação do nordestino Clóvis Beviláqua, na elaboração da sua grande obra, o *Código Civil*, fruto de estudos jurídicos, filosóficos, sociológicos e antropológicos. Mesmo hoje, com a vigência do novo Código Civil, em 2002, as suas linhas mestras permanecem vinculadas ao direito romano, há quase 2.000 anos. Suas raízes da sabedoria me lembram as do umbuzeiro, a árvore secular do Nordeste. E Mário Moacir Porto? Suas aulas, verdadeiras lições de vida, do mesmo naipe do cearense Beviláqua. De ampla visão ideológica do mundo, descortinava a vida para além do seu tempo. Terminadas as aulas, vou para casa, onde relato à minha mãe os últimos fatos que ocorreram comigo. Serenamente ela me ouvia, pôs as mãos nos meus ombros, olhou-me com um olhar de ternura e energia, fala pausada e disse:

– Meu filho, na vida olhe sempre para o alto e com firmeza, faça como Castro Alves: eu sou pequeno, mas só fito os Andes.

Daí em diante, investi-me de um imperativo chamamento ao meu eu. Lancei fora as sandálias do tímido pescador e me encorajei para os embates que haveriam de vir. No outro dia, viajei a Campina. Na Câmara dos Vereadores, assumi o bastão altivo no exercício do mandato. Participava dos debates e discutia as matérias em pauta. Quase toda semana abordava, em discursos, matérias de ordem econômica e social, necessárias ao desenvolvimento de Campina. Alertava o gestor municipal e os seus secretários para a condução atrasada da administração, reduzida a um apequenado assistencialismo eleitoreiro. Campina clamava por desenvolvimento, como o maior centro de exportação de algodão e de sisal do país, aliada a uma nascente e pujante indústria de beneficiamento de couro, do sisal e do caroço de algodão.

Tornou-se o eldorado do Nordeste, para onde homens e mulheres corriam de todos os recantos do país, talhados ao trabalho, e alguns, à aventura da vida, na mesma coragem dos navegantes lusitanos. E nesse caldeirão de migrantes, estavam os tropeiros da Borborema simbolizados neste verdadeiro hino à Rainha da Borborema, "Os tropeiros da Borborema", na voz de Luiz Gonzaga e letra de Rosil Cavalcante e Raimundo Asfora. Meus antepassados vieram das terras ibéricas flamejados na epopeia do bandeirante Teodósio de Oliveira Ledo, fundador de Campina Grande e desbravador dos sertões nordestinos.

Meus pais partiram dos cariris, calejados nas intempéries das secas. Ele veio da "Charneca", Cabaceiras, divisou o mundo, e desafiando graves adversidades, por meio de burros, trem e navio, chegou ao Rio de Janeiro, e aí se formou em Medicina, em 1929. Foi, acima de tudo, um humanista telúrico. Em Boa Vista ergueu o seu templo, onde depositou ilusões e esperanças. Minha mãe, uma valente, não temia as tempestades da vida, enfrentava-as. Carregava o destemor do albatroz, ave que desafia as tormentas oceânicas. Dela aprendi imorredouras lições, sobretudo a capacidade de decidir. Dizia:

– Olhe, quero que vocês – eu e meu irmão Langstein – aprendam a Marselhesa, hino revolucionário francês.

Ainda hoje guardo na memória este texto, que transcrevo:

> '*Allons enfants de la Patrie,*
> *Le jour de gloire est arrivé,*
> *Contre nous de la tyrannie*
> *L'étendard sanglant est levé,*
> *Entendez-vous dans les campagnes*
> *Mugir ces féroces soldats!*
> *Ils viennent jusque dans vos bras.*
> *Égorger vos fils et vos compagnes.*

Admirava Vitor Hugo e Castro Alves. Dos *Miseráveis* e da *Espumas flutuantes*, por alguns meses, livros de cabeceira. Ali se dizia:

– Honesto é uma obrigação e não uma virtude. As qualidades morais, coerência, gratidão, lealdade, não tergiversar ante as injustiças e nem calar a verdade, elevam e dignificam o ser humano.

FUNDEI COOPERATIVAS, ROMPI SEGREGAÇÃO RACIAL

ELEIÇÕES EM 1958

O suicídio de Getúlio Vargas, em 24 de agosto de 1954, provocou verdadeiro terremoto emocional no país, redirecionando novos rumos e provocando ondas de revoltas contra aqueles que levaram o presidente Vargas ao gesto extremo, destacadamente Carlos Lacerda, jornalista, cujo poder, da palavra e da pena, carregava-se de ferinas calúnias e difamações. O "mar de lama" de que acusavam Vargas, tramado nas antessalas da Aeronáutica por civis e militares golpistas. Mais tarde a História, à luz da verdade e da justiça, escancarou esta grande farsa. Em 24 de agosto, Café Filho assume a presidência da República, exercendo o mandato por pouco tempo, por motivo de saúde, licencia-se do cargo. Assume Carlos Luz, presidente da Câmara dos Deputados, que, logo em poucos dias, foi deposto por tentar impedir a posse de Juscelino Kubitschek, eleito em pleito democrático. Sufocado o golpismo, articulado por forças lacerdistas, ligadas ao capital estrangeiro, iria rebentar, dez anos depois, em 1964, o golpe militar. Investe-se na presidência Nereu Ramos, presidente do Senado, a quem coube dar posse ao eleito.

A vida pública me fascinava e me atraía como força magnética. Procurava entender esse circunstancial de fatos que se desenrolavam nesses últimos anos: a ascensão de Getúlio Vargas ao poder, seu trágico suicídio e as circunstâncias que o envolveram, a Carta Testamento, mensagem épica em que o gesto do estadista retrata um passo para a eternidade e deixou um legado à História para todas as gerações. De mãos ensanguentadas, os golpistas, vivandeiras de quartéis, pululavam. Interrogava-me. Como conciliar este mundo de ódio, de difamação e de tragédia a definir os destinos da nação, com a paz silenciosa e de reflexões em que por horas e horas dialogo com pensadores e criadores do mundo das artes, por onde trafegam filósofos, romancistas, poetas, juristas e ensaístas? O outro, a magia das palavras nas praças públicas e os aplausos; o mundo dos criadores da arte possui o condão de apontar o futuro, de abrir caminhos e construir a catedral do saber. O dilema hamletiano me desafiava e perturbava. Com entusiasmo, abracei estes dois mundos, tão contraditórios: o das letras e o da política. No correr dos anos, ao atravessar os umbrais dos 60 anos, a vida pública, esta feiticeira de mil disfarces, abandona-me. Praza aos deuses! Expressão dos gregos antigos.

Na vida pública, investi-me de um revolucionário democrático. Insurgir-me contra velhas estruturas que asfixiavam o desenvolvimento do país. Tão cedo, ainda no verdor dos anos, carreguei nos costados pesados fardos da responsabilidade. A juventude tem uma áurea de energia que se revitaliza sempre. Desconheci as alegres travessuras que envolvem os jovens.

Meu pai, impelido pela força genética dos seus antepassados, os "Oliveira Ledo", criadores de gado às margens do rio São Francisco, recolheu-se na fazenda "Lages", redoma onde ergueu um verdadeiro santuário, em que a natureza adusta de cactos, marmeleiros e juremas-pretas moldou o seu destino. Nesse cenário ia tocando a vida como um jovem-homem, numa ponte constante entre Campina e João Pessoa.

Numa certa tarde, lá na Câmara de Vereadores, chegou um cidadão ainda jovem e me cumprimentou:

– Sou Abdias Aires, e venho lhe fazer um convite.

– Pois não, Abdias, estou à sua disposição.

– Olhe, Agassiz, Manoel Farias, meu sogro, tabelião em Cabaceiras, mandou lhe fazer este convite para você proferir uma palestra sobre a importância da palma forrageira no cariri.

– Estou pronto para lhe atender. Apenas quero lhe pedir para falar também sobre cooperativismo e que esta reunião seja em espaço público.

– Está atendido.

Vinte dias depois, numa segunda, dia da feira naquela cidade, pisava no chão por onde passaram meus pais. No mercado público subi num tablado grande e largo, com umas vinte e cinco pessoas, entre eles Farias e Abdias. Abri a palestra, ressaltando a importância da palma na alimentação do gado na época das secas, como também para as vacas leiteiras em mistura com o resíduo, produto extraído do óleo de algodão. A seguir, falei sobre o cooperativismo. Disse que uns dez anos antes tinha conhecido os plantadores de alho da Ribeira e me revoltei contra os atravessadores, que os exploravam oferecendo dinheiro adiantado e assim os condicionavam.

– Senhores, vamos fundar uma Cooperativa de Crédito Agrícola aqui em Cabaceiras e, dessa forma, seremos livres dos usurpadores.

Olhei, entre as últimas pessoas da reunião, um negro ouvia atento as minhas palavras. Perguntei:

– Como é o nome daquele moreno, lá no fundo.

Abdias respondeu:

– Antônio Merenso.

Pedi licença aos ouvintes e gritei:

– Antônio Merenso... Antônio Merenso... venha para cá, perto de mim aqui na mesa.

O silêncio dominou o ambiente. Continuei a locução sobre a cooperativa.

– Não faltará recurso financeiro para quem quiser trabalhar, brancos e pretos, ricos e pobres.

Aplausos ressoaram por todo o mercado público. O meu gesto de romper com a segregação racial e a ideia da criação da cooperativa para todos repercutiu em toda a região do Cariri. Mais três palestras sobre o cooperativismo proferi nos dias de feira. Em 1957, fundamos a Cooperativa de Crédito Agrícola de Cabaceiras, da qual fui o presidente e Manoel Farias o secretário-tesoureiro. Fundei também nessa época a "Associação dos plantadores de alho" da Ribeira, cuja direção coube a Arnaud Duarte. Em 1960, no exercício do mandato de deputado, criei o "Colégio Felix Araújo". A diretoria ficou a cargo de Terezinha Aires, esposa de Abdias Aires. Integrei os quadros de professores dessa instituição. Cabaceiras iria assistir espantoso desenvolvimento, rompendo os grilhões que o coronelismo impunha pelo medo. Pequenos produtores, quando precisavam de recurso financeiro, iam à cooperativa e lá assinavam promissórias, que, ao alcançar certo valor em torno de uns 500 mil reais, eu levava ao Banco do Nordeste, em Campina Grande, onde as descontava.

Que tempos tão diferentes dos dias atuais! Os recursos financeiros eram colocados num saco de lona e fechados com um cadeado, de que só eu possuía a chave, e o levava no banco traseiro do Fusca. Eu mesmo ia dirigindo até Cabaceiras, onde Manoel Farias guardava num cofre com três metros de altura, e fortemente garantido.[1] A pequena cidade, até então sem vida e encurralada pelo atraso, vestiu-se com nova roupagem. Empanturrado de votações arrancadas pelo temor e por um assistencialismo mercenário, o coronelismo escancarou as suas garras. Apelou para a solidariedade corporativista que irmanava os grandes latifundiários. Meu pai me mandou chamar. Abracei o meu velho pai, que disse do que se tratava.

– Olhe, Ernesto do Rego está muito preocupado, o que está acontecendo em Cabaceiras?

– O progresso, meu pai. Não tenho nada contra ele. Não transijo com o atraso e a ignorância. Os nossos parentes e os seus conterrâneos de Cabaceiras não

---

1 O projeto de lei e toda a documentação acerca desta matéria se encontra no "Memorial Agassiz Almeida".

merecem a sangria que sofrem nas suas vidas simples. Cada um tem a sua cidadania. Urge respeitá-la.

– Eu tenho – disse ele – uma longa amizade com a família de Ernesto e você vai jogar tudo isso fora.

Pressenti que o diálogo já tomava rumos imprevisíveis. Duas gerações com valores diferentes se chocavam, pensei. Uma descortinava o futuro, a outra movia-se no conservadorismo.

Meu pai, abracei-o e disse:

– Amanhã voltarei para conversar. O senhor tem muita experiência e eu preciso ouvi-lo.

Compreendi: o processo cultural sedimenta as convicções dos homens nas suas devidas épocas. Calejado e vitorioso, ele rompeu as amarras das suas origens coronelescas e partiu para o mundo, arrancando com esforço e obstinação o galardão de médico pela Faculdade de Medicina do Rio de Janeiro, em 1929, à época, uma verdadeira maratona de centauros. Eu olhava com respeito aquele vulto paterno, mas repudiava as estruturas sociais e econômicas e políticas que garroteavam a sociedade. Abominei um sistema agrário semifeudal implantado nas várzeas férteis do Nordeste, de espoliações infames dos camponeses; abominei a segregação racial e o preconceito contra pobres, negros e homossexuais. Abominei o coronelismo, que fazia das comunidades pobres e ignorantes currais eleitorais e as mercadejava em épocas de eleição, ou então, negociava o esquartejamento do poder para filhotes e agregados.

Comecei a compreender que cada ser humano, após formar a sua personalidade, tem a sua ideologia, ou seja, a própria visão de mundo. Numa certa tarde, estava na livraria Pedrosa, em Campina, quando me encontro com o doutor João Santa Cruz, marxista convicto e homem de muita fibra.

– Doutor João, satisfação em vê-lo. Muito obrigado.

– Olhe, Agassiz, vai haver em Recife, na próxima semana, no auditório da Faculdade de Direito, conferência sobre o tema "Desenvolvimento e desafios" e estarão presentes Caio Prado Junior e Osni Duarte Pereira.

– Estarei lá. Depois doutor João me informe o dia e a hora.

Numa sexta-feira, à noite, estava lá com o meu colega Noaldo Dantas.

No horário aprazado, chega Caio Prado Junior, esbelto e com passos largos. Têmpera de muita fibra, a ditadura Vargas o golpeou com prisão e perseguições. Não cedeu nas suas convicções e nem se curvou aos poderosos. Acreditava num Brasil livre dos grupos econômicos usurpadores. Sem ódio, analisava o suicídio de

Vargas, sob a visão de um pensador a se projetar acima do seu tempo. Com falhas de memória que o passar do tempo nos impõe, resumo a sua palestra.

A formação econômica do Brasil, desde o Período Colonial, assentou-se nestas condições: o ciclo do extrativismo baseado na exportação do pau-brasil e a exploração do trabalho indígena; a partir do século XVII, o ciclo do açúcar, apoiado na plantação da cana-de-açúcar, predominante nas várzeas férteis do Nordeste, com o sistema feudal de sangria do trabalho escravo. O ciclo da mineração, com destaque para o ouro, e sobre os costados do trabalho escravo. A partir dos finais do século XVIII, o cultivo do café, lastreado na plantação em vastos latifúndios nos estados de São Paulo e Minas Gerais, inicialmente. E se estendeu até os finais da primeira metade do século XX. Permeando esses ciclos econômicos, o couro, o algodão e a borracha, todos destinados à exportação. Toda a nossa produção agropastoril, e, posteriormente, agroindustrial, destinou-se a atender à demanda do mercado externo. O país sempre desconheceu o mercado interno, salvo pequenos grupos de traficantes, mercadores, comerciantes e funcionários. No curso de quase 400 anos até hoje (falava nos fins de 1957) a economia do país se assentou nesta disparidade: uma ínfima minoria de oligarcas, do açúcar, do ouro, do café, do algodão e do couro detinha todo o lucro advindo da exportação agrícola e agroindústria; contrastantemente, a força do trabalho, representada pelos trabalhadores, apenas sobrevivia nos limites de uma subnutrição crônica. Que eufemismo falar que formamos uma nação.

Terminada a exposição, abrem-se os debates. Perguntas e formulações se sucedem. Francisco Julião, deputado estadual por Pernambuco, interpela.

– Doutor Caio, li a sua obra e sei da sua ampla visão do mundo expressa em *A formação econômica do Brasil*, *Formação do Brasil contemporâneo* e *Revolução brasileira*. Estou executando junto aos camponeses uma revolução agrária no campo, fundamos a "Associação dos Trabalhadores Rurais", na Galileia, Vitória de Santo Antão. Abracei a causa campesina como um imperativo de justiça.[2]

Agassiz Almeida:

– Doutor Caio, pensador de um Brasil que luta e quer se desenvolver. Este é o Brasil que estamos construindo. O outro é um Brasil assaltado por uma elite, que mercadeja os interesses da nação junto a grandes grupos financeiros. A sua obra *Formação do Brasil contemporâneo* estampa a face de como nós fomos sangrados, desde o Período Colonial. Não se formou um mercado interno, porque toda a nossa produção agrícola e agroindustrial se destinava aos países ricos. Doutor

---

2 Na obra *A república das elites*, analisei a matéria e o intelectualismo no país, em trabalho com mais de 500 páginas.

Caio, esta pergunta: como podemos romper esse modelo perverso implantado pelas classes dominantes? O seu livro *Revolução brasileira* faz clara análise dessa matéria. Os oligarcas do café, o mais inoperante ciclo econômico do país, com as suas relações de trabalho escravagistas retardaram o nosso desenvolvimento.
– Com ampla desenvoltura na sua argumentação, Caio Prado respondeu a todas as perguntas. Um pau mandado dos Siqueira, latifundiário nas várzeas do Capiberibe, tentou perturbar o ambiente, mas foi logo repelido.

Terminado o encontro, abraços e cumprimentos saudavam o palestrante. Lá estavam Gregório Bezerra, Paulo Cavalcante, Marcos Freire, Clodomir Morais e um punhado de jovens com quem me encontraria no futuro, nas frentes de luta por um novo Brasil. Francisco Julião se aproxima de mim e fala: preciso conversar com você, e marcou um encontro, no outro dia, no gabinete dele. Estava lá, às 11 horas, faces pálidas, corpo de um peregrino de longas caminhadas, parecia um pregador emergindo das páginas do Velho Testamento, a doutrinar do Monte Sinai. Dialogava gesticulando, levantou-se, pegou um algodão e aspirou.

– Oh, eu sofro de asma.

Pensei comigo: este homem acredita no que diz. Relatou:

– Estou enfrentando um latifúndio agressivo que se abate sobre o país com ira escravagista há quatro séculos – falou da criação da Liga Camponesa da Galileia, em Vitória de Santo Antão, e da resistência dos latifundiários, sobretudo de José Siqueira.

– Olhe, Agassiz, os camponeses são arrastados ao ciclo da cana como animais e suportam fardo de trabalho que excede a 14 horas diárias. A remuneração do trabalho paga-se por meio de produtos alimentares, num barracão do próprio empregador. Mortos são enrolados em redes e sepultados em covas rasas. O cambão é uma indecência para a condição humana; o camponês se obriga a trabalhar dois dias na semana gratuitamente. Moram em casebres de palha em chão batido. Sobrevivem nas fronteiras da fome. Aos 12 anos, a estupidez humana o faz um homem. Aos 18 anos, já trôpego e alquebrado por pesados e insidiosos trabalhos, queda-se num envelhecimento precoce.

Ouvia Julião com toda a atenção. Exaltava-se, argumentava, citava grandes pensadores. Homem culto, doou-se à causa camponesa com uma paixão apostolar. Não temia os arreganhos do latifúndio.

– Companheiro Agassiz, você está convocado a abraçar esta causa, que é do Brasil e do Nordeste.

Ouço vozes de libertadores a me chamar para a luta. Serenamente falei:

– Vou pensar, Julião.

Despedi-me. Na viagem de volta a João Pessoa, dialoguei com Noaldo Dantas sobre o convite de Julião.

FORMATURA EM CIÊNCIAS JURÍDICAS

Chegamos aos finais de 1958. Carregava a nossa geração a flama da inquietude e da rebeldia numa ânsia de abraçar o futuro e romper com as peias do passado. Que bela utopia! Só os jovens detêm esse condão, sem o qual nasceriam envelhecidos. Embalado pelo sentimento de uma conquista tão sonhada, aproxima-se a data da colação de grau de nossa turma. Marcou-se reunião a fim de preparar as festividades, como também a escolha dos nomes a serem homenageados. O Prof. Paulo Bezerril, por sugestão de Linduarte Noronha, teve aprovação unânime dos colegas. Para paraninfo, sugeri o nome do Prof. Mário Moacir Porto. Lineu Borges e Vicente Claudino apontaram o usineiro Odilon Ribeiro Coutinho. Argumentei sustentando a minha indicação.

– O paraninfo, caros colegas, é tradição das universidades brasileiras que a sua escolha deva recair num benemérito da instituição. Mário Moacir Porto, juntamente com José Américo de Almeida e Abelardo Jurema, se empenhou na criação da Universidade Federal da Paraíba (UFPB) e sua visão de mundo o projeta como um grande humanista, engrandecendo a nossa vida acadêmica.

Posto em votação, a quase totalidade dos colegas escolheu o usineiro Odilon Ribeiro Coutinho, com os votos contrários de Linduarte Noronha, Noaldo Dantas, Agassiz Almeida e mais outros dois. O patrono, escolhido por aclamação, recaiu no nome do governador Pedro Gondim. Com efusivos aplausos, escolhemos o colega Evaldo Gonçalves como orador oficial da turma. A mim, por delegação unânime dos colegas, coube a abertura da solenidade, em nome do corpo docente. O paraninfo ofereceu à turma uma viagem a Buenos Aires, com passagem e hospedagem pagas por ele. Eu não participei dessa turnê à Argentina. No outro dia, iria ouvir as últimas aulas tocadas pela sentimentalidade de Oscar de Castro e Paulo Bezerril. Transmitiram a mensagem de despedida do mundo acadêmico, onde, por cinco anos, flamejei utopias e formei convicções.

Comecei a compreender o fenômeno da vida nas suas contradições e o ser humano na sua complexidade polivalente. Olhei com olhar nostálgico aquele casarão construído 400 anos antes pelo fervor apostólico dos jesuítas. Os largos paredões, separando amplas salas, o piso de madeira, aquelas colunas gregas, tudo aquilo parecia me falar a linguagem dos séculos. Lacrimejei. Fui para casa dialogar com os meus pensamentos. Aproximava-se o dia da colação de grau.

Numa certa tarde de um sábado de dezembro de 1958, atravessava os umbrais de outro monumento secular: o teatro Santa Rosa, onde a solenidade de entrega dos diplomas ia se realizar. Vislumbrei um auditório com mais de quatrocentas cadeiras, circundado por camarotes de madeira e, ao fundo do palco, um cortinado avermelhado. Acompanhado dos meus pais e irmãos, parei um pouco. A história daquele templo da dramatologia chegava à minha mente nas vozes apaixonantes e vibrantes na sessão legislativa de 20 de novembro de 1930, na qual se aprovou e se idealizou o pavilhão vermelho e preto e a insígnia "Nego" da nossa bandeira. Naquela mesma sessão, substituiu-se o nome Paraíba, da nossa capital, pelo de João Pessoa, o imortal vulto tombado em defesa das nossas liberdades. O gaúcho Batista Luzardo deixou no seu sepultamento estas palavras imortais: o homem como João Pessoa se enterra de pé. Criadores de mundos das artes falaram nesse anfiteatro. Entre outros, Graciliano Ramos, que transportou a realidade das secas inclementes para as páginas pungentes da sua obra, dos personagens Fabiano, cachorra Baleia, Sinhá Vitória e soldado Amarelo.

Inicia-se a solenidade, com a composição da mesa, presidida pelo Prof. João Gonçalves Medeiros, reitor da UFPB, formada pelo diretor da Faculdade de Direito, Hélio de Araújo Soares, pelo patrono, governador Pedro Gondim e pelo paraninfo Odilon Ribeiro Coutinho. Com a palavra, Odilon Ribeiro. Mãos trêmulas ao sustentar os papéis do discurso, face pálida num corpo agitado, deitou falação. Analisou a relevante importância do advogado na construção da nossa incipiente democracia, garroteada por 15 anos de ditadura. A liberdade do advogado não é uma dádiva do Estado, mas um direito de uma sociedade livre, emanada da miscigenação, segundo a visão do antropólogo Gilberto Freyre, que faz do brasileiro um homem adaptado à realidade. Ocorreu um equilíbrio harmonioso entre as três raças: portuguesa, negra e indígena. Anunciado, Agassiz Almeida subiu ao púlpito.

> Excelentíssimo Reitor e demais integrantes da mesa. Num momento de tanta relevância para nós, apóstolos do Direito, que palavras poderei proferir entrecortadas de nostalgia e alegria, em que o ontem dos anos acadêmicos

e o futuro enigmático se olham e se interrogam: que país queremos para nós e que povo almejamos formar? Uma nação livre. Poucos anos atrás, o presidente Vargas, acossado por poderosas forças apátridas e estrangeiras, preferiu deixar a vida, para entrar na história, legando-nos uma carta-testamento, que nos impõe reflexões nesses anos atribulados que vivemos e os amanhãs que hão de vir. A nossa geração, caros mestres, tem pressa em descortinar horizontes e abrir novos caminhos, vencer o atraso de uma estrutura agrária implantada por um elitismo egoísta. Norteados por lições que recebemos de vós, caros mestres, nesta hora estamos recebendo de vossas mãos os passaportes para a vida. Ergamos este galardão e proclamemos: somos homens livres para escolher caminhos. Não nos curvaremos aos chicotes dos tiranos e nem aos arreganhos dos poderosos.

Ides, caros colegas, no decorrer dos anos que hão de vir, construir novos templos do Direito, tendo por fanal a Justiça. O Direito deve ser uma força que ordena e renova a sociedade, e não apenas um mero ornamento de cartas constitucionais. O Código Penal elaborado nas antessalas e corredores do regime autoritário, sem consultar a sociedade, direciona-se a punir os pobres e negros. Ultraja-se o Direito. Somos, caros colegas, construtores do futuro e não cúmplices do passado. Somos revolucionários dos novos tempos, sem violência, mas com o bastão das ideias e altivez de abrir novos horizontes.[3]

Evaldo Gonçalves, que perfil de Evaldo Gonçalves! Na face as marcas de um incansável estudioso, assoma a tribuna. Vindo de Zarabater, rincão das caatingas de São João do Cariri, seu discurso se lastreou numa sólida erudição acadêmica. Nas suas palavras, um misto de sabedoria e prudência em face dos poderes da República constituídos. Os entreveros da vida nos distanciaram. Em alguns momentos, nossos destinos se encontraram, mesmo em campos opostos.

Encerra-se a solenidade. Cerram-se as cortinas, um toque nostálgico e enigmático nos envolve. Apagam-se as "Luzes da Ribalta" dessa nossa etapa da vida.

---

3 Este discurso povoou a minha imaginação pelo curso dos anos. Descortinou esta fascinante e desafiadora aventura da vida. As palavras que proferi, carregadas de paixão, debito à minha juventude.

1958 – ELEIÇÕES, NOVOS DESAFIOS

IMPELIDO PELA ENERGIA DO VIGOR DOS ANOS, PRÓPRIA DA IDADE, IRREQUIETO em abraçar novas ideias, redescobri novas formas de olhar o mundo. Nesse afã, não temi adversidades, nem desafios. Incansável, fui um criador de cooperativas, associações, colégios e, anos depois, de faculdades, descobridor de minérios e inspirador de teatros. Abalei as bases atrasadas do coronelismo e assim despertei consciências. O mais desafiador: a fundação de Ligas Camponesas. Além de todo esse esforço, sobrecarregavam-me ainda os trabalhos legislativos na Câmara de Vereadores e as leituras e os estudos, que jamais abandonei.

A partir das festas juninas de 1958, ouvia, entremeado por sentimentos sinceros, em todas as camadas sociais, apelos: seja candidato a deputado estadual. Surpreendiam-me esses apelos. Pensei comigo, naquele momento em que a consciência dialoga com a razão: não tenho experiência ainda para abraçar tamanho desafio. Os meus conhecimentos se ampliam com estudos e leituras. Esta interrogação me sobressaltava: quais as causas do subdesenvolvimento do país?

A realidade me apontava uma sociedade cercada de miséria e ignorância. Somos uma ilha num mar de párias. Poucos levantavam a voz contra esse infortúnio social. Dos cariris, especialmente de Cabaceiras e Boa Vista, chegavam-me ecos de chamamento vindos dos Farias, dos Aires, dos Pombos, dos Almeida e da comunidade Ribeira, de Antônio Merenso, líder dos negros. Boa Vista se levantou num coro fraterno liderado pelo meu pai, médico Antônio Almeida.

A força do chamamento se transformou em convocação e disparou: precisamos de sua voz na Assembleia Legislativa. Ecos nostálgicos me abalavam. Visitei o meu velho Pio XI, de salas amplas e longos corredores. De passos firmes, olhar de um conquistador medieval, encorpado numa batina preto-graúna, o padre Emídio Viana Correia se dirigiu a mim e, numa voz de barítono, abraçou-me e falou:

– Você é o nosso deputado.

– Muito obrigado. Neste chão, padre Emídio, iniciei a minha caminhada para os embates do mundo. Iam chegando meus antigos professores: William Tejo, Almeida, Nilton Paiva, José Maria Viana, João Viana, irmão do padre Emídio, e Raimundo Gadelha. De cada um ouvi ensinamentos e, de alguns, lições de vida que guardei comigo.

Dois dias depois, estava na Câmara de Vereadores, quando Brandão, o bedel, me telefona:

– Agassiz, o doutor Cláudio vai falar com você.

– Olhe, eu preciso lhe falar com certa urgência. O meu escritório fica na rua Cardoso Vieira.

– Pois não, professor.

No outro dia, estava lá. De voz baixa e gestos de um diplomata, o Prof. Cláudio me falou:

– Olhe, Agassiz, Julião, deputado estadual de Pernambuco pelo PSB, e outros correligionários me transmitiram este apelo para que eu o convidasse para disputar o mandato de deputado estadual.

– Mestre, muito me toca esse seu convite, sobretudo conhecendo a sua capacidade. Solicito que conceda alguns dias para a resposta.

– Certo, Agassiz.

Os fatos iam me conduzindo para enfrentar esses desafios. A palavra final veio daquela que desconhecia as fronteiras do medo: a minha mãe. Relatei os contatos que tive e as circunstâncias. Olhou-me, num olhar que lampejava ternura e brilho.

– Meu filho, você tem um destino que ultrapassa estas horas melancólicas em que vivemos. Você aprendeu a olhar as alturas.

Que surpresa para mim!

– Vá conhecer o ódio dos idiotas e a ira dos derrotados da vida. Vá conhecer a sabujice dos imorais e a envergadura dos fortes. Vá conhecer o fel da ingratidão e a lealdade dos dignos. Vá conhecer abismos e desventuras; muitas vezes, meu filho, ficará solitário diante da covardia humana, ouvirá aplausos e conhecerá a glória. Há algo que a estupidez não arrancará de você: o saber e a cultura. Quando fraquejar, lembre-se de que é um ser humano. Olhar o futuro é construir história, escrita pelos que pensam além do seu tempo. O dia a dia da realidade é tacanho e apequenado, mas urge enfrentá-lo, sem eiva de campanário e prazeres fúteis. Leia o sermão de Quarta-Feira de Cinzas, do padre Antônio Vieira.[4]

---

[4] Possuía a antevisão das tempestades. Quando desabou sobre mim o golpe militar de 1964, que me desterrou à ilha de Fernando de Noronha, quase todos de mim fugiam, lá estava ela ao meu lado, enfrentando a truculência do general Justino Alves Bastos. Intemerata sem conhecer

Com escassos recursos financeiros, parti para a luta. Fiz da palavra instrumento, e das ideias, bandeira. Peregrinei por casas, sítios e granjas. Um Fusca vermelho, de segunda mão, verdadeiro burro de carga, empoeirado e com som ruidoso, rompia madrugadas. Setores católicos de João Pessoa e Campina Grande me apoiavam. O padre Mariano, que me batizou, tornou-se um entusiasta da minha causa. Integrantes do Centro Estudantil Campinense se incorporaram na campanha. Bradava em cima de palanque ou em tamboretes:

– Vamos construir escolas, que são o futuro, e não cadeias, que abrigam vingança.

Na região dos cariris, dizia:

– Com poços artesianos e palma forrageira venceremos a seca.

Precisava conversar com Cláudio Santa Cruz para comunicar que aceitei o seu convite e discutir diretrizes da campanha, para tanto viajei a João Pessoa. Quando estava no seu escritório, chega um cidadão esbelto, passos largos e olhar de domador, que ao me ver foi logo perguntando a Cláudio:

– Quem é este jovem?

– É Agassiz, Osmar.

– Oh, eu soube que você é candidato a deputado estadual. Convido-te a formar comigo dobradinha na região do Brejo e de Guarabira. Já formei também com Assis Lemos, leal companheiro.

– Mestre Osmar de Aquino.

Dei-lhe um abraço e disse:

– É uma honra lutar ao seu lado. Acompanho a sua corajosa trajetória desde a Constituinte de 1946, quando você integrava a esquerda progressista.

– Olhe, Agassiz, tem um comício em Guarabira, no próximo domingo, posso anunciá-lo?

– Toque os clarins, e eu estarei lá.

---

fronteiras, consagrei para ela homenagens com nomes de ruas e praça de Barra de Santana, sua terra natal, João Pessoa e Recife. Ela acreditava no poder das palavras. Quando a ignorância não te ouvir, fala aos peixes. Padre Vieira, em certos momentos, falou: tudo se movimenta impulsionado pela força competitiva, universo, galáxias, planetas, estrelas, homens, animais e plantas. Jamais desistas quando abraçares uma grande causa e os propósitos e fins forem justos. Não te embriagues com aplausos fáceis, nem temas a horda raivosa dos medíocres. Quando um dia conheceres o pó da derrota e quase todos te abandonarem, eu estarei ao teu lado. Lacrimejando e me abraçando falou: a sua vocação de lutador o chama, que Deus o proteja. – Mamãe, comunique ao meu pai que eu espero contar com o apoio dele. Domingo, vou à fazenda Lages conversar com o meu velho.

Pediu licença e foi reservadamente conversar com Cláudio. Retirando-se, disse Osmar:

– Tenho compromisso, razão por que não posso demorar.

– Prof. Cláudio, eu aceito o seu convite para ingressar no Partido Socialista Brasileiro (PSB).

– Oh! Agassiz, você com a sua altivez vai engrandecer o nosso partido.

– Qual a posição do partido na candidatura de senador?

– Olhe, o PSB se reuniu há seis dias e, por unanimidade, resolveu apoiar a candidatura de Rui Carneiro. Mandei um convite lhe avisando dessa decisão.

– Os nossos adversários formam grupos de um conservadorismo agressivo.

– Quer conhecer o Rui Carneiro – perguntou Cláudio?

– Sim.

Pegou o telefone e falou:

– Rui, Agassiz, nosso candidato pelo PSB, quer conhecer você.

– Diga que eu o estou esperando de braços abertos, a qualquer hora.

À tarde, fui à residência de Efigênio Barbosa, casado com dona Mirtes, irmã de Rui, acompanhado de um ex-colega do Liceu, José Lins. Irradiando uma simpatia espontânea, e com gestos simples e gentis, dona Alice nos recebeu.

– É o Agassiz?

– Este eu já conheço, é o Lins, filho do nosso compadre. Fique à vontade, Rui chega já.

Estampava no rosto alegria contagiante e gestos que transmitiam confiança. Rui Carneiro nos abraça e diz:

– Jovens, que alegria os receber. Acredito nesta nova geração. Alice (sua esposa), já mandou servir um cafezinho aos jovens?

Aquela senhora transmitia uma magia de confiança e simplicidade. Personagem de raízes sertanejas e educação carioca.

– Doutor Rui – falei –, vim até aqui por estas razões: admiro a sua postura de homem público atrelado aos problemas da nossa terra. Tenho esta preocupação: a tragédia climática que mais uma vez se abate sobre o Nordeste, os cariris de Boa Vista, Cabaceiras, Boqueirão, Barra de Santana e Barra de São Miguel se engolfam no flagelo da fome desencadeada pela seca. Será que somos condenados a esse ciclo infame de miséria? Doutor Rui, desculpe ter me exaltado.

– Olhe, Agassiz, ouvi com atenção as suas preocupações movidas de espírito público, o meu compadre José Lins (diretor do DNOCS) tem a chave dos problemas. Vamos resolver.

Parou um pouco e perguntou ao meu colega:

– Como vai o seu pai?

Dirigindo-se ao secretário, disse:

– Ligue, por favor, para o doutor José Lins.

Foi ao telefone e, ao voltar, falou:

– Amanhã, vá ao DNOCS receber ordem de serviço para abrir frentes de trabalho, contanto que seja no Cariri.

Poucos dias depois, acompanhado de um engenheiro deste departamento, abri uma frente de trabalho no município de Cabaceiras, da qual participavam uns trezentos homens, e outra frente no distrito de Boa Vista, com uns cem homens. Remuneração condigna aos trabalhadores e boa alimentação, construímos três médios açudes. Agradeci e me despedi. No outro dia, o secretário de Cláudio Santa Cruz liga para mim, confirmando presença de Rui Carneiro no domingo, em Guarabira. Precedendo preocupante expectativa, chego à noite a Guarabira e me adentro pela avenida principal larga, que se engalanava de bandeirolas, faixas e cartazes. Que cenário de festa democrática! Domina-me a sensação de estar em uma grande cidade europeia.

Na residência de Osmar de Aquino, dona Miriam (sua esposa) me recebe gentilmente. Lá estavam Arnaldo Lafaiete, Humberto Lucena, Assis Lemos, Geraldo Camilo e outros líderes da região. Debaixo de aplausos e ovações, dirigimo-nos ao palanque. O locutor anuncia, abrindo o comício com a palavra Humberto Lucena. Discurso moderado, exaltando as qualidades cívicas de Rui Carneiro e Osmar de Aquino. Em seguida, discursa Arnaldo Lafaiete, com palavras entrecortadas de calor telúrico (ressalto que passou na vida como um justo). Logo em seguida, o locutor exclama:

– Vamos ouvir a voz de Agassiz Almeida.

– Guarabirenses! Nesta hora, que força cívica se rompe em vossos corações, embalada pelos tocantes sentimentos que nos levam a acreditar no futuro. Somos o porvir a estender as mãos aos peregrinos da fé, santificados nos passos do padre Ibiapina e de frei Damião, que passaram por esta terra e atravessaram o piemonte da Borborema norteados pelos caminhos que levam ao bem. É este Osmar de Aquino, movido de tempestades e de grandeza cívica. Como podemos compreendê-lo? Um homem que fez de Guarabira o seu mundo e a ergueu no pedestal das suas esperanças. Quando aqui cheguei, li esta legenda: "Nesta terra, exaltam-se os fortes e se condenam os covardes". Que lições recebi da universidade da vida, dos Aquino, dos Paulino, dos Benevides, dos Lucena!

Exaltado, o locutor anuncia:

– Com a palavra o filho de Guarabira Osmar de Aquino.

Debaixo de calorosa ovação, discursou Osmar de Aquino:

– Guarabira, minha terra querida e berço dos meus antepassados. Nesta noite, Guarabira diz ao Brasil que aqui, no chão nordestino, a democracia se investiu da couraça da luta sob o pavilhão verde e amarelo. Em 1946, jovem ainda, Guarabira me alçou aos proscênios da Assembleia Nacional Constituinte, desde essa época, aprendi a compreender a imensidão de sentimentos que povoa o coração dos guarabirenses.

Ovacionado e debaixo de frenéticos aplausos, falou Rui Carneiro:

– Paraibanos de Guarabira. Por onde passo por esta minha Paraíba, venho recebendo apoios que muito me sensibilizam. Lá no Rio de Janeiro, onde resido, estou sempre de braços abertos para servir aos paraibanos, independente de votar em mim ou não. Este tem sido o meu lema e a minha vocação. Os meus pensamentos estão voltados para a nossa Paraíba. O meu partido, PSD, abriga homens bons, como os nossos aliados do Partido Social Democrático. Por esta carinhosa manifestação, pude compreender por que os guarabirenses têm por Osmar de Aquino um afeto especial. O meu adversário diz por aí que eu não sei falar. Agora, o que eu não sei é guardar ódio. A Paraíba me conhece e não me faltará.

Rui Carneiro, encerrando, olhou para Assis Lemos e disse:

– Assis, diga algumas palavras a este povo querido.

Voz de um pregador evangélico e firme, Assis Lemos exaltou a força da democracia naquela manifestação, em que a liberdade dita os caminhos da verdade. Denunciou o abandono do homem no campo, desamparado dos direitos trabalhistas e previdenciários. Defendeu a reforma agrária como necessária ao desenvolvimento do país. Concluindo, exaltou as qualidades de Osmar de Aquino, homem público que sabe compreender os problemas do seu povo.

Em 3 de outubro, realizam-se as eleições. Recebi expressiva votação em Guarabira, no entanto, fiquei na primeira suplência de deputado estadual. Transcorrido um ano e meio, assumi o mandato.[5]

---

5 Esclarecimento: sempre fiz anotações dos fatos e personagens que marcaram a minha vida, inclusive discursos. Nestas "Minhas Memórias", procuro me aproximar do que dissemos, eu e os interlocutores. Alguns gravei, mas se perderam no curso dos anos.

PRIMEIRO JÚRI: CONCEIÇÃO DE PIANCÓ

Recentemente formado, instalei o escritório de advocacia no edifício Esial, em Campina Grande, próximo ao do meu tio, Otávio Amorim, experimentado e renomado causídico. Trabalhava comigo como colega no escritório o esforçado advogado Severino Domingos. Detendo relativa bagagem jurídica, aliada a uma visão humanística e filosófica do mundo, sentia-me preparado para as lides forenses. Ledo engano. As filigranas dos atos processuais, as amarras burocráticas de uma máquina judicante emperrada por certos magistrados indolentes e prepotentes obrigaram-me a um longo esforço de adaptação. Urge encontrar uma forma para romper com esse círculo vicioso. Toda aquela máquina judicante se movia lentamente, do escrivão a um oficial de justiça, azeitada por um corporativismo apequenado. Não temia enfrentar essas barreiras forenses. Essa cultura estava fincada secularmente, desde as Ordenações Manuelinas. Que cenário esse em que alguns de incompetência agressiva se pavoneiam da boçalidade dos incapazes. Deleguei a Gilson, jovem e hábil acadêmico, à paciente proeza de conviver com esse mundo do poder judicante. Numa certa manhã de setembro, chegam ao meu escritório três cidadãos, aparência bem-posta, semblantes de preocupação, sobretudo a do mais baixo, e se identificam:

– Somos de Conceição de Piancó.

E declararam os seus nomes: Chico Franco, guarda da Polícia Rodoviária Federal, Nivaldo Almeida e Joaquim Mangueira.

– Satisfação em conhecê-los – disse.

– Olhe, doutor – falou Nivaldo –, alguns advogados recusaram a nossa causa, mas sabemos que o senhor tem a fibra de caririzeiro, por isso viemos procurá-lo.

Relataram a causa. A criminosa Constância Valões, irmã do sargento Valões, mandou o seu filho Juarez matar Valdeci Franco, porque ele estava namorando Terezinha, sua sobrinha e filha adotiva. O crime ocorreu num domingo de Carnaval, à noite, quando todos se divertiam em um bar, momento em que, de surpresa e à traição, o criminoso assassinou Valdeci com disparos de revólver.

– Amanhã, às 10 horas, darei a vocês a resposta. Vocês têm cópias do processo?

– Temos.

– Deixem comigo.

À noite, mergulhei na leitura das peças processuais, estudando e analisando cada uma, partindo da premissa da forte influência dos Valões na região, vinculados aos Bragas. Já no cair da tarde, veio à minha memória histórias que li e as informações que ouvi da criminalidade no sertão, as mortes de tocaia, a pistolagem mercenária.

Conceição se transformou na Meca dos valentões, aventureiros e pistoleiros no Vale do Piancó, que disputavam as terras férteis das margens do rio Piancó, a "ferro e fogo". Por instantes, comecei a temer tamanho desafio. Pensei: será que posso, com os meus vinte e dois anos, abraçar causa de tamanha gravidade? Contrastantemente, o tribunal da minha consciência apontava o juramento que fiz de não recusar causa, a não ser por foro íntimo. Não era o caso. Recusar seria negar o dever profissional a que me impus. Vou aceitar. Debrucei-me na leitura do processo até altas horas da noite. Comecei a descortinar os personagens, o fato delituoso e as circunstâncias desencadeadoras. Aqueles sertões, retratados nas páginas geniais euclidianas, imortalizados em *Os sertões*. A seca inclemente, pincelada na pena realística de Graciliano Ramos, personagens retratados em Fabiano, Sinhá Vitoria e na cachorra Baleia, impunha-me esta interrogação: em que país vivemos? Nascemos em dois Brasis, um deles, debatendo-se no século XIX, do coronelismo, do mandonismo e da lei do mais forte a dominarem a sociedade. E este outro em que nós vivemos, de educação metodizada, de colégios e faculdades e das benesses governamentais. Na hora acertada, eu estava no escritório aguardando os clientes chegarem.

– Nossos cumprimentos, doutor Agassiz. – Olhei para eles e vi estampada a marca de homens calejados nas pugnas sertanejas. Vamos à luta. A justiça não será derrotada.

Numa madrugada, partimos num veículo Ford-V8 preto, eu, Nivaldo, Franco e Mangueira. Varamos quase 500 quilômetros de estrada empoeirada, salvo um trecho asfaltado. Vidros abertos, a poeira rodopiava dentro do veículo – naquela época não existia ar-condicionado nos carros. Cada um contava histórias de valentes, de cornos e de covardes.

– Doutor, eu conheci um cabra macho, o Zé Pretinho, da Serra do Roncador, que brigou com três meganhas (policiais), matou um e os dois correram.

Riam muito de um delegado de Ibiara que era tão corno que ficava esperando o urso sair, para ele entrar. A uns 15 quilômetros da cidade de Soledade, a paisagem se cobre de um cinzento triste, árvores desnudas de folhagens, caules ressequidos, rochas reverberam raios solares, cujas ondas de miragens se perdiam no horizonte.

Em meio a este adusto cenário, lá estavam eles, eretos e verdejantes, impávidos pugilistas vencedores da natureza: os umbuzeiros, os juazeiros, as aroeiras, e juntos com eles, centenas de legionários resistiam: os xiquexiques, os cardeiros, as coroas-de-frade e as macambiras. Ao cair da tarde, por volta das 4h30 chegamos a Conceição. Logo descortinei uma avenida larga e extensa, com canteiros arborizados no meio, e linhas arquitetônicas bem definidas, estilo europeu. Tocou-me um ar de simpatia por aquela paisagem urbana. Falou Franco:

– É a rua Solon de Lucena. O senhor vai ficar na residência de Manoel Rodrigues.

Paramos. De sorriso largo, Rodrigues me abraçou com satisfação e disse:

– Doutor, sinta-se em casa. Desculpe as nossas acomodações.

– Manoel, sou do Cariri, gosto de cachaça, rapadura, queijo assado e buchada de bode.

Soltei esta:

– Eu soube em Campina que, depois desse bárbaro crime, os Bragas estão acuados como bode com bicheira.

Foi uma risadagem só.

– Quer ficar aqui na sala?

– Não. Doutor, quer tomar um banho para tirar a poeira?

– Quero.

Umas oito pessoas ficaram sentadas na frente da casa, em cadeiras de palhinhas e duas de balanço. Em meio a conversas e tira-gostos, ouvi um cidadão se aproximar de Manoel Soares, ao meu lado, e dizer baixinho:

– Seu Manoel, foram encontrados na sua propriedade dois homens mortos, com as orelhas e as línguas cortadas.

– Depois eu cuido disso – falou Soares friamente.

Esse fato me chocou. Pensei:

– Aqui é o meu batismo de fogo.

Nesse momento, Franco se aproxima do grupo:

– Senhores, com licença, o doutor juiz quer falar com o doutor Agassiz.

– Pois não.

Dirigi-me ao grupo Escolar José Leite, onde ia funcionar o Tribunal do Júri. O doutor Inácio Machado me aguardava.

– Doutor, satisfação em conhecê-lo.

– Olhe, o júri da ré Constância está marcado para as 8h30, porque tem outro júri após este. Quero saber se o senhor concorda que o júri da ré fique para as 11h30.

– De acordo.

Assinei o termo de inversão de pauta dos julgamentos. Por volta das 11 horas se instala o Tribunal do Júri e Constância, de cabeça baixa, se senta no banco dos réus. Presidindo, o juiz Inácio Machado; na acusação, o promotor de justiça Firmino Gayoso e, na assistência da acusação, Agassiz Almeida; na defesa o doutor Genival Matias, ex-juiz federal. O corpo de jurados era formado por seis homens e uma mulher. Intensa expectativa envolvia a cidade. Repleto o auditório, umas mil pessoas se aglomeraram em torno do prédio. Num canteiro da rua Sólon de Lucena, um veículo Kombi com serviço de som irradiava o esperado julgamento.

O escrivão toca a campainha. O magistrado abre a sessão com as recomendações de praxe. Inicia-se o drama que sempre dominou os povos em todos os tempos: o direito de exercer a justiça. Com a palavra o doutor Firmino Gayoso. Ele pautou o discurso permeado de citações doutrinárias e jurisprudências e chavões acusatórios, monstra, assassina, covarde, mandante de um homicídio bárbaro. Sentava-se e se levantava, agitado ia de um canto a outro numa ira apoplética e disparou:

– Dante te levaria para queimar no fogo do inferno. Senhores jurados, olhem este rosto de cujos lábios saíram as palavras criminosas: Juarez, meu filho, mate o Valderi, ele fez mal à minha filha Terezinha. – Citou um versículo da Bíblia: só Deus pode tirar a vida humana.

O advogado de defesa Genival Matias interveio:

– Excelência, vá para os autos, é neles que V. Exª. encontrará a verdade, não na Bíblia. Continuou o Promotor:

– Olhem aí, senhores jurados, a defesa nega os mandamentos de Jesus Cristo.

Encerrando a locução, pediu para a ré a pena máxima de 30 anos. Com a palavra, o assistente de acusação, o doutor Agassiz Almeida.

– Varando quase 500 quilômetros por estes sertões em que mourejam têmperas de homens fortes, chego a Conceição, princesa do Vale do Piancó. Aprendi cedo que uma comunidade se conhece por sua história. Conceição, no teu sangue pulsa a coragem dos Coremas, bravos índios que resistiram ao truculento invasor Domingos Jorge Velho, morto neste Vale do Piancó. Pela altivez dos fortes se erguem cidades, vilas e fazendas; os covardes e traiçoeiros rastejam as migalhas do festim de Salomé, passagem bíblica de profundo significado. Ides, senhores jurados, conhecer por estas ruas da nossa Conceição, num domingo de Carnaval, lá no bar do Zuquinha de Deda, a covardia travestida na mais infame traição que a bestialidade humana vomita, o sicário Juarez, filho da mandante ora julgada, de surpresa disparou com arma de fogo tiros à queima-roupa, assassinando Valderi. Analisemos, na visão de Eurico Ferri, penalista italiano, os motivos para tão traiçoeiro homicídio.

Quais, senhores jurados? O amor, este sentimento que move a humanidade e todos os seres. É pela comunhão do amplexo amoroso que as gerações se sucedem. Esta hidra do mal de cabeça baixa e olhares de víbora que ides julgar, deteve a paixão dos jovens Terezinha Brasil e Valderi, com sangue e traição. Um deles tombou morto, levando para a eternidade o amor infinito, a jovem se tornou morta-viva, embatendo-se no mundo de nostalgia e saudades. Oh! Mulher-cascavel, que amor destruíste, que jovem mandaste matar, quais os propósitos de tão infame homicídio? Esta nossa Conceição, nascida nas margens do rio Piancó, nela mourejam e vivem no seu solo homens valentes, que não temem desafios. Aceita a morte no combate aberto, mas abomina a covardia, repudia o traiçoeiro e condena a mandante fria, que, pelas mãos de outro, abateu vida tão juvenil. Em nome da justiça levanta, oh mulher de mil perversidades e crimes, falai ao tribunal da vossa consciência: mereço a condenação dos maus.

Anuncia o juiz, em nome da defesa:

– Com a palavra o doutor Genival Matias.

Ouvi atentamente as palavras da acusação, construídas com talento, no entanto, desprovidas de verdade e longe dos fatos. Na sua imaginação, falou em covardia e valentia. Onde e como ocorreram os fatos que só os autos apontam?

– Esta pobre mulher carregada de anos suporta contra ela tamanha calúnia. Sabemos que os autos foram manipulados por interesses políticos para atingir a pacata família Valões. Não se pode lançar contra alguém tão imensa responsabilidade sem uma robusta e convincente prova. Onde estão as provas?

Encerrada a sessão, o juiz explicou aos jurados os quesitos formulados e ordenou ao oficial de justiça levar os jurados a um recinto separado. Concluída a votação, comunicou o *veredictum*: quatro votos favoráveis à ré e três contras. Eu e o promotor Firmino nos retiramos para uma sala anexa. O promotor me disse:

– Não vou apelar da decisão.

Respondi:

– Se você não apelar, vou preparar o recurso de apelação.

Diante da minha decisão ele concordou.

DESPERTAMOS O PAÍS PARA A REFORMA AGRÁRIA

Na minha vida, fui sempre surpreendido pelo inesperado e, algumas vezes, até pelo imponderável. Algo me arrebatava para os embates e os desafios, alguns deles às fronteiras do lunático. Nas mãos dos psiquiatras, a resposta. Ainda na pré-adolescência, aos 12 e 14 anos, nas viagens que fazia com os meus pais, de Campina Grande a João Pessoa e desta cidade a Recife e Natal, algo me prendia a atenção: o azul resplandecente das ondas do mar e as ondas verdejantes do oceânico canavieiro. Pensava: que prodígio da natureza em criar belezas! Olhando do alto, margeando as estradas ou em meio ao denso verde-escuro, pequenos casebres de manchas cinzas-preta, parecendo morcegos. Eram palhoças respingando naquela amplidão. Quem habitava aqueles casebres? Fui conhecê-los. Que impacto! Eram esquálidos seres humanos, egressos da morte. Não quis acreditar. Que causas os arrastaram e os lançaram naquela miséria?

O passar dos anos foi sedimentando as minhas ideias e lastreando as minhas convicções. A visão ideológica do mundo começou a se delinear para mim. A ambição humana, a estupidez, o egoísmo, a ânsia da riqueza e do poder construíram estes dois templos: os condenados à miséria e à ignorância e, na contraface, os privilegiados e bem-nascidos da vida. As leituras que fazia, sobretudo de história e filosofia, aliadas ao pragmatismo do dia a dia, impeliram-me a participar da linha de frente contra essa selvageria social. Silenciar, eu seria cúmplice do meu próprio destino. Não! Não iria carregar esse fardo violentando o meu temperamento. Enfrentei o coronelismo atrasado dos cariris paraibanos e vi florescer uma nova Cabaceiras e romper uma segregação racial infame. O negro Antônio Merenso e os seus companheiros se libertaram do gueto. Receberam uma nova carta de alforria. Os seres humanos se diferenciam por suas qualidades morais, jamais pela cor da pele. O mau-caratismo abriga o racismo e o preconceito.

Fevereiro de 1958. Assis Lemos e João Santa Cruz me convidam para participar da criação da Liga Camponesa de Sapé, Paraíba. Força magnética me atraía. Num sábado, à tarde, lá estavam João Pedro Teixeira, Maria do Carmo Aquino, Pedro Fazendeiro, Nego Fuba, Bolinha, ex-prefeito de Rio Tinto, Ivan Figueiredo, Elizabeth Teixeira e uns duzentos participantes. Aberta a sessão sob a presidência de João Pedro Teixeira, ele destaca, em linguagem simples, a importância de reunir numa associação dos trabalhadores rurais de Sapé, para defender os direitos dos trabalhadores do campo, produtores de alimentos para abastecer as populações urbanas. Que direitos nós temos, companheiros? Nenhum. Não somos contra ninguém. Falou em seguida Ivan Figueiredo:

– Temos o dever de defender os nossos direitos. Vamos criar uma associação.

Usou do microfone Pedro Fazendeiro.

– Temos as mãos calejadas no cabo da enxada e trabalhamos quase sem descanso. Somos desamparados de qualquer lei. Ou nos reunimos numa associação ou ficaremos entregues ao Deus dará.

Vários participantes falaram na mesma linha de ação. Encerrados os discursos, Pedro Fazendeiro propôs o nome da entidade sindical como Associação dos Trabalhadores Rurais de Sapé. Eleitos por aclamação como Presidente: João Pedro Teixeira, vice-presidente: Pedro Inácio de Araújo e secretário: João Alfredo Dias. Concluído o encontro, me fiz legionário de uma justa causa: arrancar do submundo da miséria e da semiescravidão condenados a suportar nos seus costados os privilégios de alguns poucos abençoados da sorte. Não serei copartícipe pela omissão dessa brutal afronta à condição humana. Assumi comigo mesmo: não serei protagonista dessa causa, caberia aos próprios camponeses conduzirem a luta e a nós orientá-los em algumas estratégias políticas, sobretudo nas horas graves. Revigorei-me, na convicção de que não seríamos vencidos. Saltaram-me à mente como um lampejo de alerta as palavras expressas por Pierre Proudhon, na sua obra: *A propriedade é um roubo,* e as do brasileiro Passos Guimarães, *Quatro séculos de latifúndio*. Ao mesmo tempo, olhava estarrecido aquela enorme serpente verde-escura de mil tentáculos a penetrar nos quintais das humildes casas, de Santa Rita, Alagoa Grande, Mulungu, Pedra de Fogo, Itabaiana e Mamanguape, sustentados nos esquálidos e esfomeados ombros de milhões de camponeses, condenados da vida. Isso não é nação, é um enorme feudo de casas-grandes e milhões de senzalas. Investi-me no condão de um samaritano a despertar a consciência dos camponeses para os seus direitos. A CLT, "Consolidação das leis trabalhistas", conferiu aos trabalhadores urbanos amplos direitos: diária de oito horas de trabalho, salário-mínimo, férias remuneradas, décimo terceiro, aviso prévio, repouso semanal remunerado etc. Milhões de trabalhadores rurais viviam e trabalhavam numa semiescravidão, sem as mínimas condições para a sobrevivência.

A libertação dos quatro milhões de escravos nos EUA, ocorrida em primeiro de janeiro de 1863, possibilitou aos escravos libertos uma gleba de terra de quatro hectares. A partir daí, estabeleceu-se a reforma agrária naquele país. Na Europa, França, em finais de 1789, com a Revolução Francesa, implantou-se a reforma agrária, nas terras da monarquia, da Igreja e de senhores feudais. Aqui no Brasil, desde o período colonial, todo o processo de formação econômica, sobretudo da ocupação das terras, direcionou-se à concentração nas mãos de uma minoria privilegiada. Iniciou-se com a doação, pelo rei D. João III, de capitanias hereditárias, a quatorze apaniguados despreparados para enfrentar tamanho desafio. Todos fracassaram, com exceção de Duarte Coelho e Martim Afonso de Souza. Anos depois, a monarquia portuguesa adotou a carta de sesmarias, documento por meio do qual o beneficiário recebia doação de terras do próprio rei, ou dos governadores das províncias. Sob esses critérios, terras eram distribuídas por interesses políticos ou pessoais. A partir de setembro de 1850, entra em vigência a Lei de Terras, que conferia ao governo o domínio de vastas extensões de terras devolutas, que eram vendidas por preços inacessíveis a pequenos proprietários, ex-escravos e imigrantes. A que se assistia? O afilhadismo se sobrepunha ao desenvolvimento e se relegava o critério da produtividade. Instala-se no país o império afrontoso do latifúndio, que perdura até hoje. Escancarou-se e assim se formou a maior concentração de terras do mundo, gerando esta abissal desigualdade social, situando o Brasil no segundo lugar do planeta nesse infame *ranking*.

Encerrando, João Pedro Teixeira conclamou os companheiros a se fazerem apóstolos da causa libertadora. Aqueles homens simples e rústicos, a quem ia cumprimentando, transmitiam confiança e empatia. Semblantes e olhares que transpareciam firmeza e sinceridade representavam algo ainda indefinido para mim. Eram filhos de gerações que carregaram séculos de exploração do latifúndio. Relatavam as injustiças que sofriam, as aviltantes remunerações pagas em alimentos nos barracões, o policiamento humilhante dos capitães do mato, montados em possantes cavalos, que logo de madrugada gritavam ao som de um búzio:

– Vamos, cambada, trabalhar.

A qualquer desobediência, eram lançados nas cafuas, no meio dos canaviais, onde muitos morriam de fome ou de infecções por picadas de inseto. Falavam do cambão, ou seja, dois dias de graça que trabalhavam por semana. Habitavam miseráveis casebres de palha, chão batido, de um só vão, onde se atulhavam adultos e crianças. Um deles, com humilde expressão de dor, relatou.

– Os nossos entes queridos são enterrados no fundo dos casebres, em covas rasas e, algumas vezes, os cachorros e abutres revolvem os corpos apodrecidos.

Lacrimejei.

– O companheiro conhece o tronco? – perguntou-me Pedro Fazendeiro.

– Não!

– São troncos de madeira enterrados verticalmente no chão, onde se amarram homens ou mulheres e os chicoteiam.

O rosário da estupidez humana se sequenciava. Movido por forte emoção e profunda revolta, falei a uns quinze camponeses, que me ouviam:

– Companheiros! Com a coragem e a união de todos vocês, com confiança nas suas forças, um dia essas injustiças terão fim e vocês vão ter um pedaço de terra para trabalhar e produzir. A terra é para quem produz. Terra improdutiva não tem dono. Se o operário da cidade tem direitos, por que vocês não podem ter? Vamos lutar unidos! Confiem em João Pedro Teixeira, é um leal companheiro. Não tenham medo. Saibam que o latifúndio avança como uma fera para deter os seus direitos.

Nesse momento, João Pedro Teixeira me chama:

– Companheiro Agassiz, preciso falar com você. Pode ser na residência de Ivan Figueiredo?

– Sim. Olhe, João, vamos ampliar esse encontro chamando Assis Lemos e Pedro Fazendeiro, você concorda?

– Certo, companheiro, daqui a uma hora.

Lá nos encontramos e Ivan nos recebeu com muita alegria.

– Oh, companheiros! – falou João Pedro. – Eu estive em Recife na semana passada com Julião e Cleomir Morais. Elogiaram a postura do companheiro Agassiz, assegurando que, caso nós precisássemos de apoio jurídico para a nossa luta, poderíamos contar com o companheiro. Ele disse que está à disposição dos trabalhadores.

Prosseguiu João Pedro:

– Precisamos criar Ligas Camponesas nesta região abrangida pelos canaviais.

Assis falou:

– Boa ideia.

Eu acrescentei:

– Antes da criação é preciso doutrinar o camponês proferindo palestras em sítios, granjas e até engenhos, a fim de conscientizá-los.

– Também podemos criar junto às ligas, associações para comercializar inhame, macaxeira e mandioca. Assim eu fiz em Cabaceiras e está dando bom resultado.

A produção dos filiados é depositada na associação, que revende diretamente no mercado comprador, afastando o atravessador.

– Muito boa ideia – Pedro Fazendeiro falou. – Com a criação das diversas ligas camponesas, devemos criar a Federação das Ligas Camponesas da Paraíba.

João Pedro sugeriu:

– É melhor Federação dos Camponeses da Paraíba.

– Bom nome – ressaltei. – Aproveito o ensejo para indicar como presidente dessa nossa Federação o companheiro Assis Lemos.

Todos aprovaram. Começamos um trabalho de intensa mobilização e preparo para criação de Ligas Camponesas em Santa Rita, Espírito Santo, Mari, Guarabira, Campina Grande, Rio Tinto e Mamanguape.

Os proprietários rurais, sobretudo os grandes, agitaram-se e reagiram, comandados por Agnaldo Veloso Borges e Renato Ribeiro Coutinho. Na resistência ao movimento camponês, os latifundiários lançaram mão da força e da violência, provocando medo e temor nos filiados das Ligas.

Cevados, os proprietários por quatro séculos de exploração do trabalho escravo dos camponeses, desencadeou-se reação instrumentalizada na polícia. O então governador Pedro Gondim assumiu uma postura de Pilatos. Pelo trabalho persistente e de dedicação sacerdotal de João Pedro Teixeira, a Liga Camponesa de Sapé cresceu, ultrapassando um quadro de associados de mais de dez mil filiados. Tornou-se a maior do país, com repercussão em amplos setores da sociedade, destacadamente entre jornalistas, professores e intelectuais em geral.

A miséria selvagem e a ignorância, abafadas por séculos, nós escancaramos aos olhos estarrecidos da nação. Tinha-se a impressão, para quem desconhecesse a realidade rural do Nordeste, de uma ressureição de legiões de mortos, impulsionados por uma força sobrenatural. Homens e mulheres esquálidos a tropeçar no próprio andar, faces de uma palidez etérea, pescoços curtos, pernas desmusculadas a arrastarem chinelos de couro cru. Formavam caravanas e levavam sobre os cansados ombros os seus instrumentos de trabalho: enxadas e foices. Como surgiram? Irrompiam como titãs dos novos tempos naqueles massapés engolfados de canaviais cujos tentáculos sugavam as últimas resistências de milhões de condenados da vida. Novos davis que renasciam das páginas da Bíblia para abrir caminhos a uma nova ordem de justiça social. Desafiavam as garras da hidra latifundiária raivosa, cevada em 400 anos nas tetas do Estado e na exploração de milhões de braços mirrados.

Enquanto a Medusa de mil tentáculos estremecia, crescia o contingente dos trabalhadores rurais na formação de novas Ligas Camponesas. Desperta a Igreja

Católica de sua letargia social. O padre Melo, da paróquia do Cabo, de Pernambuco, convoca a mim, Assis Lemos e Pedro Fazendeiro para participarmos da criação da Liga Camponesa do Cabo. Lá estavam Francisco Julião e Zezé da Galileia e o padre Crespo, organizador das Ligas Camponesas de Carpina e Ipojuca. Alastram-se e se fortalecem por todo o Nordeste as organizações dos trabalhadores rurais. Levantou-se a força dos oprimidos, até então numa passividade bovina. A nação, por suas forças vivas e pensantes, desperta para a desafiadora problemática nordestina. Jornais e revistas estampam em páginas inteiras o drama dos camponeses. Emissoras fazem cobertura *in loco* da diáspora dos nordestinos, atulhados em caminhões pau de arara, expulsos por inclementes secas para São Paulo, então a "terra da promissão". Jornais mundiais de grande circulação, o *El mundo*, de Paris, o *El país*, da Espanha, e o *Washington Post* do EUA abrem largos espaços para a tragédia humanitária nordestina. O bispo Dom Helder Câmara, com o apoio do presidente Juscelino Kubitschek, organiza o encontro dos bispos do Nordeste, em Campina Grande, a fim de estudar soluções para a grave problemática que aflige o semiárido do Nordeste. A visão humanista de Helder Câmara rasga a máscara da hipocrisia e ele aponta as raízes da verdadeira causa, a política, principalmente.

– Quem são os beneficiários do atraso, que a seca provoca? Os usineiros, latifundiários, senhores de engenho, grandes proprietários rurais, que fazem dos retirantes das estiagens condenados a trabalhos escravos; políticos oportunistas que alimentam currais eleitorais e se investem de coronéis de votos e do mandonismo explorativo. Nessa ocasião eu ressaltei:

– Senhores, as regiões do Texas nos EUA, Israel e o Sudoeste da Espanha são menos chuvosas e mais áridas do que o semiárido do Nordeste e atualmente se transformaram em florescentes terras produtivas através da irrigação. Façamos a integração do rio São Francisco com várias bacias hidrográficas de rios do Nordeste e aí encontraremos o caminho da redenção do nosso povo. Apontei o embuste que alimenta a corrupção e a politicagem coronelesca, as oligarquias familiares que sangram o desenvolvimento e corroem a capacidade criativa das comunidades e das gerações.

Conclusão do histórico encontro: definiram a criação de um organismo regional para estudar e debelar as causas que provocam o subdesenvolvimento do Nordeste, por outro lado fomentar o seu desenvolvimento. Vozes de apoio à solução proposta pelos prelados católicos ecoam por toda a nação. Enquanto o país se levanta clamando por soluções para a problemática nordestina, as oligarquias do açúcar, os latifúndios que se espalham pelas terras mais férteis da região, apoiados nos coronéis dos currais eleitorais e dos donos do poder, movem-se e avançam na sangria dos recursos públicos e de empréstimos arrancados à sombra do apadrinhamento. Nesse ritmo de organização, o Instituto do Álcool e Açúcar (IAA) cria o programa Proálcool, com o objetivo de fomentar e financiar os produtores de açúcar no Nordeste, tendo como fiador o governo federal.

Com as burras escancaradas do tesouro nacional aos empanturrados e privilegiados usineiros, o que se assistiu? Engoliram os pequenos engenhos, como verdadeiras sucuris. Adquiriam e grilavam terras e mais terras. Nessa avalanche as pequenas propriedades foram tragadas. Agiganta-se ainda mais a monocultura da cana-de-açúcar, *pari passu* gerando mais miséria e a ignorância assume a cara do horror. E, desse infame festival de sangria dos cofres públicos, as portas do Banco do Nordeste e do Banco do Brasil se abrem aos grandes proprietários rurais, empréstimos com juros subsidiados, longos prazos de pagamento e precárias garantias. Que paradoxo inominável! Anunciaram novas medidas para o enfrentamento do subdesenvolvimento do Nordeste e, ao mesmo tempo, escancaram os cofres públicos às poderosas oligarquias e latifundiários da região. Na contraface desse tripé, terra-capital-trabalho, que condições de melhorias se concederam aos milhões de trabalhadores rurais? Agiganta-se ainda mais o trabalho semiescravo, aí vão engrossar contingentes humanos de condenados à diáspora para o sul do país. Em Pernambuco, trabalhadores rurais da Zona da Mata, liderados pelas lideranças das Ligas Camponesas, deflagram greve geral por melhores salários e condições de trabalho.

Essa mobilização grevista terminou numa caminhada pelas ruas do Recife e num campo de futebol, contando aproximadamente com uns dez mil trabalhadores. Lá estavam e discursaram Francisco Julião, Zezé da Galileia, Paulo Cavalcante, Agassiz Almeida, Assis Lemos, Pedro Fazendeiro, João Pedro Teixeira, Padre Melo e outras lideranças. Ao término do memorável encontro, ouviu-se o hino das Ligas Camponesas acompanhado do coral do Movimento da Cultura Popular. A multidão dos trabalhadores em delírio cantava exaltando esse hino; letra de Francisco Julião e música de Geraldo Menucci. Ampla repercussão em todo o país do inusitado movimento paredista. Emissoras de rádio fizeram cobertura ao vivo da concentração.

Jornais e revistas de circulação nacional estamparam manchetes. As forças vivas do país se levantam impondo uma solução. O presidente Juscelino Kubitschek determina para o dia 15 de dezembro de 1959 reunião do seu Ministério no Palácio do Catete, no Rio de Janeiro, e a convocação dos governadores do Nordeste, tendo como convidado especial o economista Celso Furtado. Na abertura, o presidente define a pauta da reunião, exclusivamente para debater e definir um plano de amplo alcance para enfrentar o secular drama da população nordestina. Esse plano terá metas a alcançar: desenvolvimento e justiça social.

Na ocasião, anunciou a criação da Superintendência do Desenvolvimento do Nordeste (Sudene) e como superintendente o competente economista Celso Furtado, que, em poucas palavras, traçou as linhas mestras do órgão: fomentar o desenvolvimento da região tendo o ponto de partida no homem que nela habita. Incentivar a implantação de projetos agropecuários e industriais por meio de recursos provenientes de cotas do imposto de renda das pessoas jurídicas; enfim, oferecer condições básicas de vida aos trabalhadores rurais e reformular as relações de trabalho agroaçucareiro na região. Quatro dias depois do anúncio da criação da Sudene, Julião marcou reunião em seu gabinete na Assembleia Legislativa de Pernambuco, na qual participaram Paulo Cavalcante, Abelardo da Hora, Agassiz Almeida, os economistas Adalberto Arruda e Leonardo Alves, a fim de analisarmos o plano de metas da Sudene.

Conclusão: os objetivos definidos no plano deixaram à margem os milhares de trabalhadores rurais, portanto, aumentando as possibilidades para maior concentração de renda, numa região com alta desigualdade social. Como poderá se fortalecer um mercado consumidor, deixando ao abandono do processo de desenvolvimento, agricultores e trabalhadores rurais? O tempo e os fatos irão comprovar os nossos vaticínios. Não temos alternativa, vamos continuar a luta de mobilização dos camponeses.

Um momento, saltemos para abril de 1962. Com forte impacto na Paraíba e ampla repercussão nacional, em 2 de abril de 1962, ao cair da tarde, sicários dos latifundiários assassinaram na rodovia Café do Vento – Sapé o líder camponês João Pedro Teixeira. No dia seguinte, 3 de abril, eu requeri, na condição de deputado, à Assembleia Legislativa da Paraíba, Comissão Parlamentar de Inquérito (CPI) a fim de apurar os executores e mandantes do covarde homicídio, justifiquei o requerimento com inflamado pronunciamento em que clamava:

– Não mataram um líder, plantaram, para a história, um mártir; não assassinaram um camponês, construíram um panteão para o amanhã dos tempos, fanal de inspiração a todos que abraçarem as grandes causas. Que mãos assassinaram e fizeram tombar no chão da história um intimorato? Herói como milhares dos seus companheiros que labutam nos massapês das várzeas férteis do Nordeste. A morte de João Pedro não será em vão. Legionários aos milhares surgirão como zumbis, dos canaviais, e continuarão a sua luta.[6] A lenta morte pela fome de milhares de

---

6 Os documentos, inclusive o requerimento para a constituição da Comissão Parlamentar de Inquérito e outras matérias referentes ao assassinato de João Pedro Teixeira, bem como o

trabalhadores rurais, em seus casebres de palha espalhados por este Nordeste, tem um nome e uma cara: a infame injustiça social, em que o senhor todo-poderoso empanturrado de privilégios, violência e crimes. Utilizar-se das terras e produzir exclusivamente para exportar ao exterior o que gera: concentração de riquezas nas mãos de uns poucos e milhões de esfomeados.

Dez dias após a ocorrência desse fato delituoso, o deputado Arnaldo Lafayette telefona para mim e Assis Lemos solicitando a nossa presença em Brasília. O presidente João Goulart pretendia ter um encontro comigo e Assis Lemos. Viajamos, dois dias depois o presidente nos recebe no Palácio do Planalto. Simpático, e um ar de quem transpira confiança no falar, disse num tom de descontração:

– Arnaldo, e estes jovens e valorosos companheiros?

– São cabras bons, presidente.

Pesando as palavras, ele disse:

– Vou comemorar o próximo primeiro de maio em João Pessoa e Campina Grande.

– Arnaldo, peço que você vá pessoalmente convidar o governador Pedro Gondim para as solenidades.

Ressaltou o presidente:

– Companheiros, comunico a vocês que a minha assessoria está estudando mensagem a ser enviada ao Congresso Nacional com o objetivo de criar um Estatuto do Trabalhador Rural que conceda aos operários rurais os mesmos direitos trabalhistas dos trabalhadores urbanos.

Já se encontra avançado o estudo. Um ano depois, em 18 de março de 1965, foi promulgado, de acordo com a Lei nº 4.214, o Estatuto do Trabalhador Rural. Enquanto o país avançava nas suas conquistas sociais, visando a integrar ao mercado consumidor vasto contingente de brasileiros, a superpotência norte-americana se sobressalta temendo que o Brasil se transforme numa potência desenvolvimentista, por sua enorme potencialidade de recursos naturais e uma crescente população com capacidade produtiva.

Vigorosa elite pensante definindo planos e almejando metas, com a criação da Sudene, universidades formando bons quadros técnicos de pesquisadores e cientistas, além da forte mobilização camponesa, com capacidade e objetivo de preparar cidadãos altivos, e a fundação de novos campos universitários e escolas profissionalizantes. O que levou os EUA a redefinirem novas estratégias referentes ao nosso país. O temor de o Brasil se fazer grande nação dominou o império

---

processo-crime, encontram-se no "Memorial Agassiz Almeida", na praça João Pessoa, no prédio da antiga Faculdade de Direito da Paraíba.

norte-americano. Que estratégia cretina adotou a fim de aterrorizar as classes dominantes do Brasil?

Poderosa mídia mercenária, comandada pelos Diários Associados, estampava por jornais e revistas vias expressas ou por ondas radiofônicas: o Brasil vai se transformar num satélite de Moscou. Que campanha sórdida! Empresas norte-americanas, aliadas a testas de ferro do Brasil, criaram o Instituto Brasileiro em Defesa da Democracia (IBAD), com objetivo de corromper políticos e financiar campanhas eleitorais. O golpe militar, desfechado em abril em 1964, estava sendo gestado. Esses fatos que relatei são apenas mera ponta de um *iceberg* civil-militar.

Conforme foi acertado entre o presidente João Goulart e o deputado federal Arnaldo Lafaiete, em abril de 1962, em 1° de maio o chefe da nação chega à Paraíba e comemora essa data com grande concentração popular no Parque da Lagoa, à qual compareceram mais de oitenta mil camponeses. Falaram o governador Pedro Gondim, Assis Lemos, em nome da Federação das Ligas Camponesas, Roberto Moreno, em nome da Central Geral dos Trabalhadores (CGT). Encerrando os discursos, o presidente João Goulart anunciou:

– Camponeses, nestes próximos meses, em vossas mãos tereis o condão das suas conquistas, os vossos direitos serão iguais aos dos operários urbanos, vossos irmãos das cidades.

Paremos nossa reflexão e lancemos um olhar retrospectivo. Olhemos os primeiros passos de uma marcha desafiadora, em que muitos companheiros tombaram assassinados; muitos clamavam por justiça. Eis, afinal, em vossas mãos o Estatuto do Trabalhador Rural. Os libertos das trevas da caverna de Platão encontraram o sol dos seus direitos.

CRIAÇÃO DAS FACULDADES DE ECONOMIA, DE DIREITO E DO TEATRO DE CAMPINA GRANDE

Carregado de planos, sonhos e intrepidez, precedida de jornada de desafios, ingressava na centenária Assembleia Legislativa da Paraíba, criada nos primeiros passos do Regime Imperial, em 5 de abril de 1835. Tocava-me uma aura de vaidade e temor em face do fardo da responsabilidade que pesava sobre mim. Olhava com certo espanto aqueles vetustos senhores a integrarem aquela Casa Legislativa. Alguns deles com perfis e marcas do coronelismo prepotente, a exibir acintosamente armas de fogo. Chegavam ali urgidos pelos votos de cabresto. Não discursavam, sempre em grupos a cochichar. Desde o Período Imperial se moviam e se agitavam quando contrariados nos seus interesses pessoais e de seus apaniguados. Constavam nos anais da Assembleia e nas páginas dos jornais *Diário de Pernambuco* e *Jornal do Recife* discursos de acusações contra a polícia por não ter encontrado escravos fugitivos.

– Olhem, senhores – dizia um deles – estas características do fujão; uma orelha cortada, marcas de surras nos costados, entroncados e de pescoço curto. Mesmo com tudo isso o delegado, irresponsavelmente, não pegou o infame.

Essa era a tônica, variando apenas o tipo dos interesses contrariados, que predominou por décadas e décadas naquela Assembleia Legislativa da Paraíba. Como romper esta barreira cultural sedimentada por séculos? Somos apenas um punhado de audaciosos, eu, Assis Lemos, Langstein e Figueiredo Agra, a desafiar poderosos latifundiários fartos de poder e de privilégios.

Vozes no Brasil e no mundo ecoaram contra o estado de miséria em que se debatia o Nordeste. O coronelismo e o latifúndio estavam encurralados; um dos seus líderes, Agnaldo Veloso Borges, a Justiça o condenou. Pensava comigo: precisamos encerrar essa necrosada cultura secular do lenga-lenga, da eiva de campanário, de exaltação à violência e à pistolagem, da bajulação canina ao poder, por fim, a cumplicidade silenciosa em face de milhões de trabalhadores rurais oprimidos nos eitos da cana-de-açúcar, nas colheitas do algodão, bem como na intoxicação pelo formol na curtição do couro. Infortunados, desamparados de direitos e de segurança. Urge vencer essa junção de interesses. Só vejo um caminho: a educação. Lembrei-me de Cabaceiras, que arranquei do atraso. Analisava o Nordeste, seus problemas e desafios, diferenciado das demais regiões do país. Labuta no seu solo, lado a lado, uma miséria agressiva e, contrastantemente, baronatos privilegiados. Olhei em especial a Paraíba. Sub-regiões bem caracterizadas marcam a sua geopolítica: faixa litorânea, com índice pluviométrico acima de 1.600 mm por ano, chuvas espaçosas e clima tropical. O agreste, e no alto planalto da serra da Borborema, o Curimataú, Cariri e Sertão, nessas três sub-regiões o índice pluviométrico varia de 300 a 600 mm por ano, atingidas por estiagem em ciclos periódicos; o brejo, índice de chuva de 800 a 1.000 mm por ano.

A educação liberta o homem. Não a educação elitizada em que o educando é um mero repositório de conhecimento para atender ao mercado consumidor e ao chamado do primeiro patrão. O educando deve ser partícipe da construção da sociedade. Os seres humanos são condicionados por fatos e circunstâncias. Estamos em constante mutação de aprendizagem e ideais. Temos que ter uma consciência crítica em face do processo dialético da história. Educar é despertar o homem a olhar o mundo e, dessa forma, ele vai se inserindo na sociedade em que vive. Se você mora no Nordeste, tem que compreender a problemática da região; portanto, a educação tem que partir de uma microvisão da nossa realidade para um amplo olhar do mundo.

Comecei a analisar Campina Grande, fundada por este valente desbravador dos sertões nordestinos, Teodósio de Oliveira Ledo. Polo de correntes migratórias que se deslocavam de várias regiões do Nordeste, por sua força de trabalho, a rainha da Borborema disparava num vertiginoso progresso. Carregados de esperanças e no peito a vontade indômita do trabalho, legiões de homens e mulheres, muitos deles conhecidos como tropeiros da Borborema, chegavam à capital do ouro branco, o algodão. Essa epopeia está decantada na música "Os tropeiros da Borborema", que é também fundo musical do vídeo "Homenagem de Campina Grande a Agassiz Almeida".

Caminhões, trens, burros chegavam de todas as regiões, carregados de fardos de algodão, outros com sisal e muitos com couro, depois descarregados em armazéns da cidade. Esse feito extraordinário transcorreu nas décadas de 1940 a 1950. Tornou-se o segundo centro exportador de algodão e sisal do mundo, apenas superado pelo de Liverpool, na Inglaterra. Profissionais liberais recém-formados desembarcavam na capital do algodão, trazendo nas mãos um canudo e na consciência a fé no futuro. Nas madrugadas se ouvia o apito do trem a anunciar mais um comboio de produtos para o porto de Cabedelo.

Assistia-se a um desenvolvimento fantástico. Vivia-se um frenesi de progresso. Multidões de gente irrompiam de todas as partes do Nordeste, homens calejados no trabalho, e no meio dessa voragem, aventureiros de todas as espécies, valentões, poetas, mercadores de ilusões, versejadores de embolada, mariposas da noite e os malandros da vida, personificados em Moacir Tier. As noites tinham um toque de magia no El Dourado, a famosa boate de ilusões perdidas. Isso me inebriava e me atraía e, ao mesmo tempo, me lançava em reflexões preocupantes. Olhava o lento desenvolvimento educacional e cultural. Debatia-me em busca de uma ideia renovadora. Faremos o mutirão da educação e, ao lado de punhados de idealistas, arquitetamos a criação das faculdades de Direito e de Ciências Econômicas.

Procurei os professores Mário Moacir Porto, Demeval Trigueiro e Milton Paiva, meus ex-mestres. Articulei-me com o governador Pedro Gondim. Expus a minha ideia de fundar uma Faculdade de Direito em Campina Grande. E eles logo me apoiaram. O governador pontuou: vou ouvir setores da Secretaria de Educação. Dois dias depois, apresentei projeto de lei criando a Faculdade de Direito de Campina Grande. As emissoras de rádio, Borborema, Caturité e Cariri, interpretando o regozijo dos campinenses, abriam vasto noticiário acerca dessa matéria. Epitácio Soares, em seus comentários na rádio Borborema, salientava:

– No esforço e dedicação de Linaldo Cavalcante, Campina tem a sua Politécnica, faculdade de alto padrão. Neste momento, pela ideia oportuna do deputado Agassiz Almeida, a nossa terra abre as portas à Ciência do Direito.

Era um irrequieto com os meus planos e ideias. Entusiasmava o trepidante desenvolvimento da cidade, que se projetava por todo o Nordeste. Por outro lado, entristeciam-me os morosos passos nas áreas de educação e da cultura. Insustentável desenvolvimento sem educação, sobretudo técnica e científica. Urge despertar as forças vivas e pensantes para um mutirão educacional. O pioneirismo ousado e desprovido de vaidade e de protagonismo egocêntrico de Linaldo Cavalcante apontava os caminhos: um burocrático de ampla visão pedagógica. Procurei Amir Gaudêncio, secretário da Educação de Campina Grande, com quem mantinha afetivos laços de amizade, que vinham desde o senador José Gaudêncio com o meu pai. Falei:

– Amir, precisamos fundar em Campina uma Faculdade de Ciências Econômicas e você terá papel decisivo nesse projeto. É acreditar e lutar. O potencial desenvolvimentista de Campina comporta novas escolas superiores. Onde irão estudar os filhos dessas legiões de imigrantes que aqui chegam?

Serenamente, olhou para mim e disse:

– Agassiz, você é um sonhador iluminado.

– Não, Amir, eu sou um pragmático que procura ver além do meu tempo.

– Agassiz, você tem o meu total apoio. Vou falar com Cabral (prefeito Severino Cabral) e levar para ele esse seu oportuno plano.

Despedimo-nos. No outro dia, procurei me articular com Linaldo Cavalcante e marquei com ele um encontro na Politécnica, em Bodocongó.

Alto, educado, porte de um anglo-saxão, recebeu-me com efusiva alegria.

– Estou acompanhando a sua atuação parlamentar. Ontem, estive com o doutor Mário Moacir e ele fez ótimas referências a seu respeito.

– Nesta oportunidade, quero agradecer os elogios que você faz ao meu trabalho. São justos, Linaldo.

– De que se trata, Agassiz?

Expus o projeto da criação da Faculdade de Ciências Econômicas, que já levei ao conhecimento do prefeito Severino Cabral.

– Vou seguir os seus passos quando fundou a Politécnica, atualmente referência nacional.

– Você já pensou no nome que vai cuidar da papelada? É uma burocracia danada.

– Estou pensando em Edvaldo do Ó.

– Bom nome, ajudou-me muito na organização da Politécnica.

Dialogamos um pouco. Ele tinha uma sólida base educacional. Falamos dos grandes pensadores Paulo Freire, Jean Piaget, Johann Pestalozzi, José Pacheco, Maria Montessori, Darcy Ribeiro. Chegamos a esta conclusão: o professor precisa interagir com o educando, e não empurrar goela abaixo conhecimentos enlatados. Ora, o progresso está sempre em mutação, razão pela qual o educador e o aluno precisam ter uma visão crítica dos fatos e do próprio mundo. Despedimo-nos. No outro dia, Amir Gaudêncio me liga:

– Agassiz, Cabral quer falar com você e comigo, amanhã, no gabinete da prefeitura.

Às 10h30 estávamos lá. Após eu relatar o projeto da criação da faculdade, falou Cabral:

– Precisamos preparar todo os documentos e levar ao Conselho Nacional da Educação, no Rio de Janeiro. Porém necessitamos de um funcionário de alta categoria, um burocrata.

– Seu Cabral – falou Amir –, o nome para aguentar este rojão é o de Edvaldo do Ó.

Cabral era um homem inteligente e honesto, mas de um acentuado conservadorismo. Levantou-se:

– Este eu não aceito em meu gabinete. Tem uns comentários contra ele que não são bons.

– Seu Cabral, é inveja dessa gente porque o rapaz é muito competente e trabalhador.

Com muita insistência, Cabral aceitou o nome indicado por nós. Edvaldo acolheu o convite e pediu dez dias para preparar a documentação. Viajamos ao Rio de Janeiro, eu, Amir e Edvaldo. Hospedamo-nos no hotel Novo Mundo, um dos melhores do Rio, à época. Na recepção do hotel, Amir me chama e diz:

– Eu não durmo com Edvaldo no mesmo apartamento.

De amável convivência, ele concordou em ficar em quarto separado. Durante o dia, íamos para o Conselho de Educação acompanhar o andamento do projeto, fazendo amizades com funcionários do alto ao baixo escalão. Preenchíamos a noite, eu e Amir, nas boates dos hotéis, Ok e Serrador, farreando. Decorridos dez dias, Cabral telefona: olhe, as despesas estão altas, voltem em dois dias.

– Não podemos deixar a tramitação do processo sem acompanhamento. Edvaldo admite ficar numa pousada simples perto do Conselho. Hoje, seria uns setenta reais, a diária.

Cabral concordou. Após uns dois meses, o processo foi encaminhado ao Ministério da Educação, em Brasília. Coube a mim, por decisão de Cabral, o papel, na condição de deputado, de articular em Brasília a aprovação do processo de criação da faculdade. Pensei comigo: que iniciativa deveria tomar para alcançar esse objetivo tão idealizado por mim e de relevante importância para os destinos educacionais de Campina Grande? Procurei ouvir as palavras do mestre Mário Moacir Porto e do humanista do Direito Emilio Farias. De ambos, recebi apoio e encorajamento. Fui ao encontro do senador Rui Carneiro, que chegaria à tarde a Brasília. Afetivamente, abraçou-me e disse:

– Vamos comigo no meu carro.

Durante o trajeto para o Congresso relatei a tramitação do processo e lhe fiz este pedido. Queria que me recomendasse a Darcy Ribeiro, então reitor da Universidade de Brasília, da qual foi o seu fundador, juntamente com Anísio Teixeira.

– Pois não, Agassiz, logo que chegar ao Senado entrarei em contato com Darcy Ribeiro, grande educador. Admiro, jovem, a intrepidez de suas iniciativas e a idealização dos seus projetos.

Darcy Ribeiro, antropólogo e indianista vocacionado a olhar os povos nativos com ampla visão de brasilidade, redivivo em um Cândido Rondon. Senador e um educador na dimensão de um Paulo Freire e um Jean Piaget. Deixo essas palavras. Paulo Freire, lá do pequeno Angicos, Rio Grande do Norte, revolucionou a alfabetização de adultos, hoje consagrada no mundo. Darcy Ribeiro criou a primeira universidade no país a olhar e estudar os vários Brasis. Os Brasis das caatingas nordestinas, dos povos indígenas, das grandes metrópoles e os da fome, de Josué de Castro. Marcamos encontro no seu gabinete da reitoria na Universidade de Brasília. De um espantoso poder de comunicação, irradiando uma personalidade a se projetar além do seu tempo, Darcy Ribeiro me recebeu de braços abertos, transparecendo confiança no seu interlocutor.

– Eu já conheço a sua história de zumbi dos latifundiários do Nordeste – e riu.

– Oh, mestre, eu não sei se estou conhecendo o indianista das tribos Ticuna, Macuxi e Yanomami, ou o criador de uma universidade com os pés no chão do verdadeiro Brasil.

– Eu sou um misto disto tudo. Sou um brasileiro à procura de problemas. Estou aqui, para lhe ouvir.

Aproveitei a ocasião e falei acerca do projeto de lei criando a Faculdade de Direito de Campina Grande e relatei a sua tramitação. Ele me ouvia como se devorasse as minhas palavras.

– Mestre, o nosso principal objetivo é criar a Universidade Livre do Nordeste, com sede em Campina Grande.

Espantado, tirou os óculos, e disparou:

– Isto é um absurdo.

– Não! O senhor criou a Universidade de Brasília para olhar o mundo, nós estamos criando a Universidade Livre do Nordeste para olhar o Brasil.

Levantou a cabeça e serenamente me fitou com um ar de espanto e admiração. Daquele momento em diante eu me fiz discípulo de suas ideias.

– Diga aos campinenses que essa faculdade está criada. A Universidade Livre do Nordeste é um grande projeto. Vou estudar essa matéria com calma. Procure Paulo Freire e diga que esteve comigo.

Despeço-me de um vulto de ampla grandeza. Em setembro de 1961, o Diário Oficial da União publica a criação da Faculdade de Ciências Econômicas de Campina Grande, com a nomeação dos primeiros professores: Agassiz Almeida, Amir Gaudêncio, Edvaldo do Ó, José Paulino, Kleber Marques e William Arruda.

Segundo o estatuto da Faculdade recém-criada, aprovado pelo MEC, Ministério de Educação e Cultura, nós – professores fundadores – investimo-nos na condição de prover o preenchimento de docentes das séries seguintes por meio de concurso de provas e títulos. Depois, encaminhar os seus nomes para a nomeação ao Presidente da República.

Entre outros, este episódio me marcou. Para preenchimento da cadeira de Sociologia, da 2ª turma, publicamos edital, segundo critérios estatutários. Coube a mim a relatoria da mesa examinadora, presidida por José Paulino, e Edvaldo do Ó o outro componente. Entre vários candidatos, coube a mim arguir e examinar o professor Rogério Rosemberg, do Recife. Com vasto *curriculum* acadêmico e alguns livros publicados, ele se apresentou à mesa examinadora portando arrogância de um vencedor. Antes expliquei que essa faculdade tem por base principal da sua criação o homem nordestino, o meio, seus costumes e valores, a potencialidade da região e, sobretudo, suas riquezas e recursos naturais, sua flora e fauna, a capacidade hídrica e mineralógica do seu subsolo, enfim, o homem do Nordeste. Formulei estes questionamentos:

Quais as causas da gritante desigualdade social do Nordeste, muito superior à média nacional?

Qual a principal falha do projeto da Sudene?

Qual a potencialidade da flora nordestina, sobretudo, do semiárido?

Por que ocorreu a concentração de terras férteis no Nordeste nas mãos de uma minoria?

As secas no Nordeste são fatores impeditivos para o seu desenvolvimento?

O fator político é causa relevante do subdesenvolvimento nordestino?

O examinado, irritado, meio trêmulo, face avermelhada, levantou um pouco a voz e se contorcendo todo disparou:

– Desconheço esse tipo de formação universitária, que se diferencia dos demais padrões acadêmicos.

– Olhe, professor – falei. – Temos uma formação educacional, que vem desde os jesuítas, no Período Colonial, de empurrar conhecimentos no educando, goela abaixo, totalmente distorcidos da realidade onde ele está inserido. Aqui, o estudante é ponto de partida desta instituição.

Ele, se atropelando nas respostas, elogiou o projeto da Sudene de implantação de indústrias.

– Professor – disse – instala-se a indústria apoiada em recursos governamentais e incentivos fiscais, e o mercado consumidor onde está? Ora, quase a metade da população sobrevive nas fronteiras da pobreza.

Com respostas evasivas, procurando explicar o inexplicável, descambou em longas citações de Max Weber, Augusto Comte, Sorokin, e assim procurava impressionar a mim e a mesa examinadora com sua erudição. Finalmente, detonou esta:

– As causas do atraso do Nordeste são as secas.

– Basta, professor.

Três foi a nota que lhe conferi. Ele estava totalmente desinformado sobre a problemática do Nordeste. De volta ao Recife, revoltado ele desabafa um besteirol contra mim e a faculdade. – Aquilo ali, em Campina Grande, não é uma faculdade, mas uma escola de formação marxista. – Não dei resposta a sua vaidade ferida.

Inebriava-me o fascinante desenvolvimento de Campina, em várias áreas da economia. Instalavam-se fábricas de aproveitamento de óleo de algodão, curtumes, tecelagem, fabricação de sabão e, nesse ritmo, metalúrgicas e oficinas mecânicas de alta resolução tecnológica. Em meio a esse frenético progresso, ergue-se no coração da cidade um fanal aos amantes e aos aventureiros das noites, o Eldorado, a mais sedutora boate do Nordeste, templo onde belas mariposas e espertos varões dançavam ao ritmo das canções de Augustin Lara, Carlos Gardel, Nelson Gonçalves e Ângela Maria.

Embalou, como diria um seresteiro campinense, a ilusão das noites, vestida de sonhos e amores vãos. Que magia o Eldorado de sonhadoras madrugadas, em que amantes ébrios de paixões em meio de cetins, *lingeries* e sedas se aconchegam nas alcovas. Moacir Tier, um dançarino boêmio, abraçou esse templo como um inveterado malandro das frias noitadas da Rainha da Borborema.

Na inquietude imanente da minha personalidade, fiz-me um Ashaverus ansiava encontrar novos mundos, interagir com personalidades, desafiar velhas e espoliativas estruturas econômicas e políticas. Tudo isso me acompanhou olhando sempre a grandiosidade dos acontecimentos, as revoluções que mudaram o curso da humanidade, a genialidade dos grandes criadores da arte, da ciência e da tecnologia, o poder renovador das gerações, admirava os vultos que deixaram legados de exemplos e lições de vida.

Em certo dia de outubro de 1963, fui assistir no Teatro Municipal do Rio de Janeiro a grandiosidade do balé de Bolshoi, com dançarinos em ritmos sintonizados que pareciam abraçar o infinito, na bela representação da peça *Lago do Cisne*, de Tchaikovsky. Envolto nesse cenário de sensibilidade cultural, transporto-me para muito além do apequenado dia a dia.

No outro mês fui a Recife, no Teatro Santa Isabel, onde assisti uma peça em que Castro Alves clamou em poemas imortais a libertação dos escravos: Deus, oh Deus! Onde estás que não respondes? ...

Assisti nesse teatro recifense Luciano Pavarotti, o tenor de belas canções, nos tocando a sensibilidade, ao vocalizar *Sole mio*. Na ânsia de compreender o complexo fenômeno humano, presenciei peças teatrais de tragédias, comédias e dramas históricos. *Tartufo*, de Molière, marcou-me pela ação abominável do impostor. Em todos os tempos, os tartufos da vida pululam por cínicos, indecentes, oportunistas, desprovidos de qualquer senso de dignidade. Esse personagem de Molière, transvestido de um devoto beato, logra uma família de justos, pessoas de boa-fé.

Na hora sombria do meu ostracismo político, eu conheci a cara desses tipos sórdidos. Vivem como lacraus. Neste trabalho de escafandrista das minhas memórias, quero patentear a importância, para a dramaturgia brasileira, das peças teatrais *Deus lhe pague,* de Juracy Camargo, e *Pagador de promessa*, de Dias Gomes.

A partir dessas obras teatrais, a nossa arte cênica projetou uma nova visão de mundo, mesmo negada por uma elite burra e egoísta, que, desde o Período Colonial, jamais se integrou ao povo brasileiro. Nunca quiseram ver esta evidência: desenvolvimento de um país se faz com o fortalecimento do mercado interno.

No somatório das minhas experiências, vivência e leituras, procurei sempre abrir espaço para o processo educacional e cultural de Campina Grande, berço dos meus antepassados. Antes de apresentar projeto de lei no objetivo de criar um teatro, em Campina, ouvi opiniões de Mário Moacir Porto, do teatrólogo Altimar Pimentel e de Durmeval Trigueiro. Fizeram objetivas ponderações. Concluí, portanto, sobre a importância do projeto que iria apresentar. Desfilava na imaginação o fascinante crescimento da Rainha da Borborema, e me assustava o seu lento processo de avanço educacional e cultural. A volúpia do enriquecimento podia criar guetos de ricos e oligarquias políticas. Nessa maratona, desfigurou-se a história. Certa vez, disse a Severino Cabral, prefeito da cidade:

– É um escárnio homenagear o fundador de Campina, Teodósio de Oliveira Ledo, com o seu nome numa escondida travessa, no lugar conhecido como rua das Buninas. Isso depõe contra a história.

Ressaltou Cabral:

– Olhe, Agassiz, no próximo 11 de outubro, dia do aniversário de Campina, vamos resgatar esse erro histórico, minha mulher Anita é da família dos "Oliveira Ledo".

Até os dias de hoje, paira sobre o bandeirante fundador de Campina o silêncio dos anos e a ingratidão do seu povo. Se a tumba do grande morto falasse, ele clamaria: será que a antiga Vila Nova da Rainha nasceu do acaso?

Em setembro de 1961, apresentei à Assembleia Legislativa da Paraíba projeto de lei criando o Teatro Municipal, em convênio com o estado.[7] Uma peça teatral se projeta muito além da arte; ensina o homem a compreender e olhar o mundo e

---

7 Documento referente a este projeto de lei se encontra no "Memorial Agassiz Almeida", Universidade Federal da Paraíba (UFPB), praça João Pessoa, no prédio da antiga Faculdade de Direito da Paraíba. Neste memorial também se encontra o projeto de lei de Agassiz Almeida criando a Faculdade de Direito de Campina Grande.

os seus circunstantes. Não é só entretenimento; orienta a pensar, razão da essência do ser humano, sem a qual seríamos irracionais. Em 30 de novembro de 1963, foi inaugurado o Teatro Municipal Severino Cabral, sem nenhuma referência à minha iniciativa, apenas alguns jornalistas e Altimar Pimentel lembraram do meu projeto de lei. A vida me calejou logo cedo diante da pequenez humana. O furacão militarista de abril de 1964, que desabou sobre a nação, destruiu esses projetos e ideias, paralisando o desenvolvimento do país.

INGRESSO NO MINISTÉRIO PÚBLICO

Domina-me uma inquietude e perplexidade. Chegamos ao mundo desconhecendo o lugar, o tempo e quem nos gerou. Que livre arbítrio é esse? O que me levava a essas interrogações? A instabilidade e insegurança política do país. Os acontecimentos recentes nos assustam. No labirinto de um jogo político infame, manipulado por uma mídia mercenária e subserviente a poderosos grupos estrangeiros, e ante a humilhação de se ver degradado em público, o presidente Vargas se suicida. A sua sucessão desencadeia um golpismo em que generais e coronéis acumpliciados com Carlos Lacerda procuram ditar os rumos da política nacional fazendo de Café Filho, Carlos Luz e Nereu Ramos marionetes. O general Henrique Teixeira Lott pôs um basta na bandalheira golpista.

Vitorioso nas urnas, o presidente Juscelino Kubitschek assumiu o mandato e o exerceu por cinco anos, um estadista que despertou o Brasil da sonolência burocrática e obrigou a mediocridade a pensar. As vivandeiras dos quartéis se moviam nas sombras, tecendo intrigas, babando de inveja. Épico construtor de Brasília, Juscelino Kubitschek apontou ao mundo um novo Brasil. Apedrejado e difamado pela ira dos reacionários, a história o engrandece. Oh, que cretinice dos seus inimigos! Ele deixou, apenas, um pequeno sítio perto de Brasília e um apartamento na avenida Vieira Souto, no Rio de Janeiro. O seu sucessor, Jânio Quadros, numa passagem relâmpago pela presidência, renunciou.

A investidura do vice-presidente João Goulart fez levantar a horda de golpistas contra a sua posse na presidência. Em face da legalidade constitucional ameaçada, a nação, por suas forças vivas e democráticas, se mobilizou contra um fascismo apoiado nas armas. Das coxilhas rio-grandenses se ouviu o rugir de um bravo, na palavra inflamada de Leonel Brizola, se antepondo ao avanço do golpismo fardado. Agiganta-se patrioticamente a nação abraçando a "Campanha da legalidade". Não faltei a essa convocação. Lá estava ao lado de milhares de brasileiros em defesa da legalidade. Assumi a vanguarda da resistência. Pertencia a uma geração inebriada de sonhos e de justas indignações. Vitoriosa a campanha, João Goulart se investe na presidência da República.[8]

A instabilidade dos fatos políticos e as incertezas dos futuros rumos do país, com uma horda de abutres tentando deter o desenvolvimento da nação, levaram-me a reflexões. Fascinavam-me os entreveros dos desafios, sobretudo de romper velhas e carcomidas estruturas agrárias e educacionais. O meu DNA de revolucionário social me arrebatava aos entrechoques, como o albatroz para as tempestades. Reli as páginas da história; quantos lutadores pagaram o preço do desamparo financeiro na velhice.

Direcionei-me a procurar uma função com carreira de Estado independente, que não se subordinasse a ordens de burocratas ou chefetes. Debatia-me entre a magistratura e o Ministério Público. Inclinei-me pelo exercício desta função: *fiscal legis*. A minha constante ansiedade se incompatibilizava com a magistratura. Revolvi as raízes históricas do Ministério Público, desde as civilizações, Mesopotâmia, Egito e a Grécia. Encontrei agentes do poder – serviçais de reis e faraós – investidos no papel acusatório.

Na Idade Média, os senhores feudais detinham enormes poderes, inclusive de imprimir moedas e exercer função punitiva e aplicar castigos. Nos finais desse período, os reis começaram a avocar para eles o poder de criar tribunais e designar, para representá-los, procuradores, que ficaram conhecidos como procuradores do rei, cujo principal encargo era acusar criminosos e infratores da Coroa. É a partir dessa linha do tempo que podemos encontrar os primeiros contornos do atual Ministério Público.

Com as revolucionárias codificações napoleônicas revolvendo e decepando velhas estruturas feudais, eclesiásticas e monárquicas, iriam se definir os primeiros passos do atual modelo do Ministério Público. Ressalte-se: em Portugal as Ordenações Afonsinas, Manuelinas fazem referências ao procurador do rei.

Para ingressar numa instituição, faz-se mister conhecer as suas origens, história, suportes institucionais e, sobretudo, as suas prerrogativas constitucionais. Analisei a Constituição Federal de 1824. Não fez referência expressa ao Ministério Público. A Carta Constitucional de 1891 apenas se refere à escolha do Procurador-Geral da República. A Constituição democrática de 1934 insere o Ministério Público no capítulo "Órgãos de cooperação". A Constituição outorgada de 1937

---

8 No "Memorial Agassiz Almeida" (UFPB) se encontra documentação referente a este período da vida nacional, inclusive homenagem que Agassiz Almeida prestou a Leonel Brizola, na Assembleia Legislativa.

ignora o Ministério Público, apenas aborda a escolha do Procurador-Geral da República e o quinto constitucional.

Com a queda da ditadura Vargas, realizou-se a Assembleia Nacional Constituinte de 1946, da qual participaram com destaque os paraibanos Osmar de Aquino, João Agripino, Argemiro de Figueiredo, Samuel Duarte, Plinio Lemos e Janduí Carneiro. A Constituição Federal de 1946, emanada dessa Assembleia Constituinte, abriu um capítulo especial para o Ministério Público nos arts. 125 a 128. E, a partir desse Poder Constituinte, o Ministério Público se investe de carreira de Estado, com definidas prerrogativas constitucionais.

Telefonei para Plínio de Arruda Sampaio, com quem mantinha estreitos laços de amizade e ideologia, então promotor de justiça, em São Paulo. O seu pai, João Batista de Arruda Sampaio, atuou fortemente na Assembleia Nacional Constituinte de 1946. Relatei para Plínio a minha disposição de ingressar no MP.

– Oh, Agassiz, você vai honrar a instituição.

Depois de ler os comentários à Constituição Federal de 1946, de Pontes de Miranda, pensei comigo: esse órgão ministerial tem independência e ampla perspectiva de futuro. Decidi: vou fazer o concurso marcado para o dia 18 de outubro de 1961. Estava em junho desse ano. Requeri licença à Assembleia Legislativa. Comuniquei a decisão aos meus pais, e minha mãe me pediu: inscreva também o seu irmão Langstein. Aproveitei o ensejo e inscrevi também o meu amigo Eudes Nunes. Poucos dias depois, já inscrito, encontrei-me com Antônio Mariz e Ronaldo Cunha Lima, no Cassino da Lagoa. Mariz me perguntou:

– Você não quer fazer o concurso de promotor? Eu já me inscrevi.

– Mariz, vou fazer, e Ronaldo já se inscreveu.

Tornei-me um obsessivo no estudo, varando dias e noites, impulsionado pelo psicotrópico Pervitin. Como um beduíno sedento por água no deserto, fiz-me um ávido por conhecimento. Jovem, a energia mental a se mover em alta intensidade, e os bilhões de neurônios a operarem numa fantástica máquina. Tudo sincronizado numa lógica aristotélica. O Direito Penal, a Criminologia, a Psicologia Criminal, a Sociologia Criminal, a Antropologia e outras ciências afins lastreavam as bases para um seguro exercício das funções do *fiscal legis*.

A mente se concentrou obsessivamente nos estudos e nos livros, fugindo da própria realidade. Pouco me alimentava. Nesse estágio o organismo repele alimentos. Emagrecia. As noites se tornaram efêmeras. Por quantas e quantas madrugadas encontrei o amanhecer. Desconhecia o cansaço. O leite puro cedo da manhã me desintoxicava e me renovava. Nesse afã buscava encontrar o porquê das coisas, ou a essência dos fatos, segundo Spinoza. O vigente Código Penal de 1940, base da legislação punitiva, quem foram os seus elaboradores e que escola criminalista o influenciou? Emanado da ditadura do Estado Novo, pelas mãos de Nelson Hungria, Vieira Braga e Roberto Lira, o estatuto penal se inclinou para a escola clássica italiana. Esse é o perfil criminológico e sociológico do Código Criminal. Sob essa visão o Estado se investiu de um leviatã; o ser humano, um apequenado. Por essa construção jurídica, condena-se o criminoso a bárbaros padecimentos. Num vasto tratado com mais de dez volumes sobre o Código Penal, Nelson Hungria assume o protagonismo de um iluminado na elaboração da codificação criminal. Lastreado na escola clássica italiana, o Código Penal de 1940 se norteou, principalmente, nas ideias do penalista italiano Cesare Beccaria, expressas na obra *Do direito e das penas*, a tipificar o criminoso como um indivíduo violador do ordenamento jurídico, portanto, ato consequente do seu livre arbítrio.

Analisando a parte geral dessa codificação criminal, sua base estrutural, nela se concentra a teoria da pena, a teoria do crime, o dolo, a culpa, o concurso de agentes, a lei penal no espaço e no tempo, as qualificadoras, agravantes e atenuantes. E o ser humano que comete o delito, como podemos situá-lo? Onde estão as causas sociológicas, psicológicas, antropológicas que impulsionam o indivíduo à prática do delito, seu ambiente, sua formação educacional desde a infância? Esses fatores ficaram à margem da codificação penal. Ao julgador coube se situar neste tripé: agente-nexo causal-resultado.

Por onde me posicionei na reflexão dessa matéria? Na Criminologia. A ciência que estuda o crime e o delinquente. Li as obras *Discurso de acusação*, de Enrico Ferri; *Discurso do Método*, de Descartes; *As misérias do processo penal*, de Cavalcanti. Na obra *A lógica das provas*, de Malatesta, pude encontrar os meandros para a persecução do crime, por meio de provas objetivas, corretas e legítimas.

No momento em que o agente do Ministério Público manipula fatos, distorce resultados, pratica torturas, a fim de forjar provas, ou, o pior, mancomuna-se com o juiz instrutor do processo, no escuso *desideratum* de condenar o acusado, esse membro do MP está incorrendo *em* crime contra a administração da justiça.

Tocou-me o sentimento de brasilidade quando li a obra *O direito de calar*, oferecida a mim por seu autor, o criminalista Serrano Neves. Fiz rápida leitura do *Tratado da prova em matéria criminal*, por Mittermaier.

Pela manhã, às 5 horas, minha mãe trazia copos de leite sem açúcar para mim e Langstein e dizia:

– Tomem para desintoxicar.

Submetemo-nos a concurso em março de 1962, no qual foram aprovados, entre outros, Antônio Mariz, Agassiz Almeida, Antônio Torreão Braz, Nereu

Pereira dos Santos, Ronaldo Cunha Lima, Lineu Borges, Artur Gonçalves, Nilton Soares e Eudes Nunes.

Em revide à posição que tomei no exercício do mandato de deputado estadual contra o seu governo, Pedro Gondim desconsiderou a minha colocação em terceiro lugar e me nomeou, em abril de 1962, para a Comarca de Bonito de Santa Fé, limite com o Ceará. Não temi sacrifício; a vida nos impõe desafios.

Revivi a epopeia de 1958, do júri de Conceição de Piancó. Varei os sertões por estradas empoeiradas, a fim de tomar posse, àquela época, perante o juiz da comarca. Num jipe alugado em Cajazeiras, escalei, por uma estrada pedregosa, a serra de 600 metros de altitude onde se localiza a cidade de Bonito de Santa Fé. Logo ao chegar, dirigi-me à residência do magistrado Antônio de Pádua Magalhães. Fato ridículo e preocupante me sobressalta.

– Excelência! Excelência!

Bati à porta da sua residência. De revólver em punho, olhares esbugalhados, a tremer num corpo franzino e baixo, cabeça avantajada para o seu tipo, olho esquerdo vesgo e disforme, dando-me a impressão de um fantasma da ópera perdido num drama shakespeariano.

– O que é isto, doutor juiz – falei apreensivo. – Sou o promotor da Comarca e vim me investir no cargo.

Pálido, estampando na face um aspecto de medo e atropelando as palavras inaudíveis, balbuciou envergonhado:

– Doutor promotor, ontem à noite, cagaram aqui, na minha porta. (Contive o riso diante daquela figura patética e amedrontada.)

Pensei comigo. Estou numa terra nas fronteiras da barbárie e da desmoralização. Num tom solene, procurei confortá-lo.

– Doutor Antônio de Pádua Magalhães, o senhor é um magistrado digno e honrado. Esse canalha que praticou essa indecência é um vândalo da indignidade. Vamos punir esse bandido.

Dirigimo-nos ao cartório para assinar o termo de posse.

– Senhor escrivão, traga-me os inquéritos e processos com vista à promotoria.

Repassando os autos, fui tomando conhecimento rapidamente: brigas de comadres, furto de um frango, um corno acusando a mulher, um bêbado proferindo palavrões. Olhei para o escrivão e ia despachando:

– Arquive-se, arquive-se... este amontoado de inquéritos só tem piabas, eu quero saber onde estão os peixes graúdos.

Olhou para mim espantado e trêmulo. Antevi a cara da corrupção. Voltamos à casa do magistrado.

– Doutor juiz, qual a sua segurança aqui na cidade?
– Um cabo e dois soldados.

Nessa ocasião redigi um telegrama ao governador do estado e ao presidente do Tribunal de Justiça relatando a insegurança no exercício das nossas funções e solicitando uma guarnição policial comandada por um capitão.

– Doutor juiz, leia esta mensagem que assinaremos conjuntamente.

Com faces avermelhadas, fitou-me.

– Não vou assinar este telegrama.

Olhei para ele e ressaltei:

– Ou se exerce a função com altivez ou seremos desmoralizados e desacreditados. Não existe outro caminho.

Aquele infortunado vulto compunha a triste condição humana.

GOLPE MILITAR DE 64. PERDA DAS FUNÇÕES E DO MANDATO DE DEPUTADO

Na madrugada do dia 31 de março de 1964, na pensão Pedro Américo, onde me hospedava, próxima ao prédio da Assembleia Legislativa, ouço nervosas batidas na porta do quarto.

– Deputado... deputado.

Levanto-me atordoado e sonolento:

– O que aconteceu, Eusébio (o gerente da pensão)?

– Deputado, a rádio Inconfidência de Minas Gerais está noticiando constantemente mensagem do governador Magalhães Pinto convocando a população a lutar pela democracia e acusando o governo João Goulart de corrupto. Com poucos minutos notícia de caráter extraordinário da Rádio Nacional, tropas do exército comandadas pelo general Olímpio Mourão se deslocam de Juiz de Fora para o Rio de Janeiro.

Atordoado, como se um pesadelo me lançasse em meio daqueles surpreendentes fatos, procuro mentalmente me encontrar. Não queria acreditar naquele noticiário que ouvia. Será que é uma quartelada? Será? A lógica me fugia da mente, e pensamentos atônitos se entrecruzam. Eusébio, leal companheiro dos meus entreveros em alguns momentos, trouxe um copo d'água.

– Muito obrigado, companheiro.

Fui recompondo as minhas forças intelectivas. Um golpe está em marcha. A rádio Tupi noticiou a adesão de Ademar de Barros, governador de São Paulo.

– Eusébio, por favor, telefone para Assis Lemos, Osmar de Aquino, José Gomes, Arnaldo Lafaiete, Lindbergh Farias (pai), Pedro Fazendeiro, Paulo Cavalcante e Marcos Freire.

Dei os telefones deles. Consigo falar com Lafaiete:

– Agassiz, a situação está sob controle no Rio e Brasília. Os fuzileiros navais (comandados pelo Almirante Aragão) se deslocaram.

Lindbergh, então vice-presidente da UNE – União Nacional dos Estudantes, esclarece:

– Agassiz, o primeiro exército está mobilizado. Lacerda levantou barricadas de frente ao palácio da Guanabara. Tenho notícias desencontradas sobre os fuzileiros navais...

Consigo falar com Paulo Cavalcante, em Recife.

– Olhe, Agassiz, o Justino (comandante do Exército, Justino Alves Bastos) covardemente tergiversa.

Em poucos minutos, apareceram Pedro Fazendeiro e duas lideranças camponesas.

– Deputado Agassiz, vamos lutar e convocar os camponeses de Sapé. Tem armas, deputado?

– Apenas este revólver 45.

– Deputado, eu tenho a solução. Vou procurar uns vinte companheiros e conseguir armas assaltando este quartel (o quartel da polícia, próximo onde nós estávamos).

– Pedro, vamos aguardar o desenrolar dos acontecimentos.

Olhou com um olhar de valente.

– Deputado Agassiz, esses bandidos não vão nos vencer.

Poucas letras, mas com uma ampla visão de mundo, Pedro Fazendeiro trazia consigo a flama de um revolucionário nato. A covardia dos golpistas o abateu traiçoeiramente. Apreensivos e exaltados, começaram a chegar ao hotel vários companheiros, entre eles Arroxelas, José Gomes, Araújo, líder universitário, um dirigente do CGT de nome Soares. Depois de umas propostas discutidas, prevaleceu esta: impedir a movimentação dos transportes coletivos e fechar o comércio.[9]

A cada um coube uma tarefa. A mim e a Araújo levantar a população para a resistência contra o golpe militar. Araújo providenciou rapidamente uma caminhonete com serviço de som. Fomos para o cruzamento das ruas Beaurepaire Rohan e da República. Ânimos se agitavam, palavras de ordem ecoavam: vamos resistir, vamos lutar, os golpistas não nos vencerão, o nosso país não será quintal dos americanos. Oradores se sucediam. Até o popular Manoel Caixa d'Água fez o seu desabafo: os golpistas não vencerão. Um rastilho de indignação contagiava a todos. Crescia a multidão. Em solidariedade à resistência democrática, pequenos e médios comerciantes engrossaram a legião dos combatentes. Ouve-se o grito de um lojista:

---

[9] Pedro Inácio de Araújo, Pedro Fazendeiro, foi assassinado e tornado desaparecido em setembro de 1964, após ter sido solto da prisão no quartel do 15 RI, em João Pessoa. Pesa sobre o major Cordeiro, subcomandante desta guarnição, de ter participado desta trama criminosa. Fomos homenageados eu e Pedro Fazendeiro no IV Congresso latino-americano pela anistia Disponível em: https://www.youtube.com/watch?v=yvarykoa7Yc.

— Vão trabalhar, canalhas. — Petardo disparado de um estilingue espatifou as vidraças de sua loja. A voz da insensatez calou.

Seguimos em direção à praça João Pessoa e, ao dobrarmos a rua Duque de Caxias, um golpista pagou o mesmo preço por sua estupidez contra uma multidão de quase dez mil pessoas. Nessa ocasião, lideranças estudantis, sindicais e professores marcavam a sua posição em face da grave ameaça às liberdades democráticas. Subi num veículo e, cansado por uma noite indormida, pronunciei palavras de exaltação em defesa da democracia[10]. Eis alguns trechos desta peça oratória.

— Resistentes companheiros! Fomos sacudidos em meio da madrugada pelo chamamento cívico da democracia ameaçada por forças reacionárias que, há poucos anos, levaram Getúlio Vargas ao gesto extremo, degradaram Juscelino, o estadista da República, e hoje querem calar as liberdades com canhões e baionetas. Não podemos nos acovardar e nem silenciar, senão pagaremos pesado tributo às futuras gerações e à própria história. Aqui, nesta praça, há 34 anos, um estadista revolucionário disse à nação que a Paraíba não se curvaria ao mandonismo do governo federal. Tombou no chão da História e a nossa cidade, por decisão memorável dos paraibanos, recebeu o seu imortal nome: João Pessoa. Companheiros democráticos! Não trairemos este legado. Ali, naquele palácio da Redenção um painel simboliza um gesto e a grandeza de uma geração, que viveu há mais de um século, personificada na juventude heroica de Peregrino de Carvalho.[11] Saibamos olhar alto e salvaguardar os ideais democráticos, para que no amanhã da história a nação não seja presa de oportunistas e medíocres. Companheiros, ao encerrar, que fiquem estas palavras: cada um de nós cumpra o dever de defender os ideais do regime democrático.

Aplausos frenéticos de apoio ao pronunciamento. Concluída a convocação, paremos um pouco e reflitamos. Quem apoiou o golpe que retirou as nossas liberdades? Latifundiários, donos de vastas terras improdutivas, empresários de grupos econômicos internacionais, sobretudo setores petrolíferos, uma elite financeira atrasada, oligarquias paulistas, a corrente militarista das Forças Armadas atrelada à escola alemã, setor conservador da Igreja Católica, que promoveu a marcha Deus, Pátria e Família, realizada em 19 de março de 1964, portanto, poucos dias antes do golpe militar. Ressalte-se, ademais, que toda a estratégia golpista teve o apoio logístico dos EUA, inclusive financeiro, através do Instituto Brasileiro da Ação Democrática (IBAD).

---

10 Foto disponível em: https://pt.wikipedia.org/wiki/Agassiz_Almeida#/media/Ficheiro:AgassizAlmeidaContraGolpe.jpg.

11 Este meu discurso, mesmo com uma parte inaudível, foi gravado por um jornalista. Esta matéria e outras referentes a este período da nossa história se encontram no "Memorial Agassiz Almeida" - UFPB, situado na praça João Pessoa, prédio onde funcionou a antiga Faculdade de Direito da Paraíba.

O golpe implantado gerou uma ditadura militar que asfixiou a nação de 1964 a 1985, encerrando-se com Tancredo Neves, eleito presidente da República por via indireta. Armou-se todo um arsenal golpista. Formaram-se grupos paramilitares por todo o país, criaram-se entidades fortemente financiadas por segmentos empresariais internos e externos, no propósito de degradar o governo de João Goulart o taxando de comunista e vendido a Moscou. Campanha infame inundou o país solapando o sistema liberal. Até onde a audácia da trama ardilosa violentou a soberania nacional! Em outubro de 1963, o governador Carlos Lacerda, da Guanabara, em entrevista concedida ao jornal *Los Angeles Times*, convocou as Forças Armadas norte-americanas a derrubar os comunistas encalacrados no poder no Brasil.

Enquanto lideranças políticas mercenárias apoiadas por jornais, rádios e TVs se mobilizavam numa campanha para degradar o governo Jango, nos bastidores dos altos escalões dos EUA, o embaixador Lincoln Gordon se articulava com o presidente John Kennedy para deter e enfraquecer os rumos reformistas do presidente brasileiro, com estas decisões patrióticas: tributação das remessas de lucro das empresas estrangeiras instaladas no Brasil, implantação do plano da reforma agrária, criação do Estatuto do Trabalhador Rural, após mobilização dos camponeses no Nordeste, e, por fim, o impacto desfechado pelo governador Leonel Brizola, do Rio Grande do Sul, ao nacionalizar duas companhias norte-americanas, dos setores de telecomunicações e de energia elétrica.

Temor sobressalta as elites do Brasil e os dirigentes norte-americanos. O fantasma da Revolução Cubana e o fracasso da invasão da Baía dos Porcos, em Cuba, assombram a poderosa superpotência norte-americana. O presidente John Kennedy e o embaixador dos EUA no Brasil se agitam em telefonemas. Segundo áudio de gravação dos diálogos entre essas autoridades, a possibilidade de intervenção militar no Brasil se fazia iminente. É do jornalista Elio Gaspari, do jornal *Folha de São Paulo*, a propriedade desse áudio. Assalta a superpotência norte-americana uma paranoia infernal, que se estende por toda a sociedade americana, da costa leste à oeste, das planícies do Mississipi às montanhas Rochosas: o Brasil vai se transformar numa Grande Cuba. As burras do tesouro norte-americano se abriam no propósito de mercadejar consciências e financiar entidades e partidos políticos que faziam oposição ao presidente João Goulart.

As Ligas Camponesas, na mente atordoada dos imperialistas, transformaram-se numa legião de bárbaros a integrar um exército de vândalos, cujo poder de resistência estava na foice e na enxada, prontos para vencer o regime capitalista e instalar no país uma república socialista. O serviço secreto do exército de ambos os países acreditou nessa miragem. Sob essa tensão em face da conjuntura brasileira e mundial, que a Guerra Fria provoca, chega ao Recife, em meados de agosto de 1963, o senador Robert Kennedy, irmão do presidente americano, acompanhado de um aparato de seguranças. Desloca-se ao município de Santo Antão, Pernambuco, onde conheceria a Liga Camponesa da Galileia. Que plano o senador apresentou para implantar uma autêntica reforma agrária? Condenável atitude demagógica transvestida de humanismo. Ele presenteou os trabalhadores rurais da Galileia com um gerador de energia. Depois desabafou ao embaixador Gordon a sua frustração por não ter recebido o devido apoio.

Que contraste! Enquanto esse cenário de deboche agrava a problemática dos camponeses, no dia 15 de janeiro de 1964, na região da Zona da Mata paraibana, na rodovia que liga Sapé a Mari, um contingente de camponeses, em torno de uns trezentos, começou a preparar os canteiros de terra para o plantio do inhame e da mandioca, quando, surpreendentemente, um jipe conduzindo sete homens fortemente armados, um deles portando uma metralhadora, comandados pelo gerente da usina São João, de propriedade de Renato Ribeiro Coutinho, parou. Falaram:

– Sabem vocês que essas terras são do doutor Renato?

Um deles, saltando do veículo com arma em punho, disparou um tiro e gritou:

– Suspendam isso, cambada, bando de vagabundos.

Uns cinquenta camponeses marcharam em direção ao jipe estacionado, liderados por João Galdino da Silva, corpo franzino, semblante de um penitente andarilho, mas de uma têmpera que não temia desafios. O capanga Mazagão berrou, voltando-se para João Galdino:

– Vamos enchocalhar este cabra, doutor Gouveia.

– Eu não sou boi, não se faz uma miséria desta com um homem, mata-se.

Um tiro à queima-roupa lhe transpassou o peito. Ao cair, deixou estas palavras:

– Resistam, companheiros... resistam.

São esses homens que, no curso da História, fizeram a humanidade caminhar nas suas conquistas sociais e políticas. Amparados no jipe, os braços armados do latifúndio, com intenso tiroteio, mataram dez camponeses. Em meio ao massacre, Gouveia foi atingido por uma enxada, que o postou ao chão, sem vida. Uma hora e meia depois da tragédia, fui pessoalmente prestar minha solidariedade e pêsames aos familiares dos camponeses vítimas do covarde massacre. No dia seguinte, ocupei a tribuna da Assembleia Legislativa e apontei à Paraíba e ao país a engrenagem criminosa das forças feudais que se levantavam contra o justo direito de se produzir na terra. Eis alguns trechos do meu pronunciamento:

– Ontem, ao amanhecer do dia, a ira latifundiária abateu criminosamente trabalhadores que produziam na terra. Por todo o país, corporações retrógradas que fizeram dos camponeses seus escravos insurgem-se contra os direitos trabalhistas conquistados e expressos no Estatuto do Trabalhador Rural. Séculos de latifúndio oprimiram os camponeses e os condenaram a escravos. Que mãos laboraram aqueles canaviais verdejantes que cobrem os vales férteis dos rios Paraíba e Mamanguape? Que mãos laboriosas construíram aquelas usinas que hoje poluem o ar com óxido de carbono e despejam resíduos químicos nas águas dos rios e riachos, assassinando lentamente centenas de vidas? Que mãos calejadas na enxada e na foice trabalham do amanhecer ao anoitecer no corte da cana-de-açúcar a encher centenas de carretões para a moagem nas usinas e engenhos? Senhores, esta Assembleia não deve ficar indiferente diante do covarde massacre ocorrido na região de Sapé. Vamos requerer uma CPI – Comissão Parlamentar de Inquérito, para apurar a imputabilidade dos executores e mandantes de tão traiçoeiro massacre.

– Sabemos que poderosas organizações se articulam no país e no exterior, a fim de deter a marcha reformista que se implanta no país. Olhemos o futuro das próximas gerações e não tenhamos compromissos com um passado retrógrado. Aprendemos as lições daqueles que lutaram pelas liberdades dos povos: Castro Alves, Joaquim Nabuco, Peregrino de Carvalho e Frei Caneca. Os camponeses tombados pela sanha latifundiária deixaram este exemplo: o caminhar da humanidade para um amanhã de justiça é irreversível.

Transcorridos uns dez dias da tragédia de Mari, solicitei ao Estado-Maior do IV Exército, em Recife, audiência com o general Justino Alves Bastos. Três dias depois, recebi a confirmação da audiência. Viajei ao Recife, e aí me dirigi a sede do Comando do IV Exército, no Parque 13 de Maio. Chega o comandante Justino, tipo baixo, de um moreno cinzento, irrequieto, transparecendo uma prepotência ridícula, olhares sem fixação, semblante de um inseguro no cargo que exercia. Abre-se este diálogo:

– O que traz o senhor aqui? – perguntou Justino.

– Antes de relatar o que ocorreu, quero parabenizá-lo por sua investidura no comando do IV Exército.

– Muito obrigado. Conheço os problemas da região nordestina – disse Justino.

– Desfechou-se, na região entre Sapé e Mari, na Paraíba, um massacre perpetrado por capangas da Usina São João, do qual resultou a morte de dez camponeses. Os executores da tragédia estavam todos armados, e um deles portava uma metralhadora, segundo testemunhas – relatei.

– O senhor tem provas do que ocorreu? – perguntou o general Justino, já irritado.

– Cabe ao senhor determinar o prosseguimento investigatório, razão da minha presença aqui.

– Vou procurar me inteirar dos fatos.

– Aguardo os resultados da apuração.

Da postura de Justino e sua desfaçatez, saí dali na certeza de que aquela figura estava envolvida na trama golpista. Semblante perturbado de quem estava procurando esconder algo. Justino iria demonstrar, no curso dos próximos meses, que tipo de Tartufo ele representou no golpe militar de 1964.[12]

Avança o maquiavélico golpe, cujos tentáculos penetravam em quase todos os setores. O governo norte-americano designa para Adido Militar no Brasil, Vernon Walters, estrategista na articulação de derrubadas de governos. Ao seu desembarque, no Rio de Janeiro, compareceram treze generais brasileiros. Lyndon Johnson, sucessor de John Kennedy, após o seu assassinato, assume a presidência dos EUA. Numa manobra insidiosa junto a instituições financeiras internacionais, congelou empréstimos ao governo brasileiro. O secretário para Assuntos Internacionais, Thomas Mann, declarou publicamente que os EUA não iam interferir caso algum país adotasse junta militar. Descaradamente apontava para os golpes militares que iriam ocorrer na América do Sul com o apoio da superpotência. Poucos dias antes do golpe militar de 1964, o embaixador americano solicitou ao presidente dos EUA assegurar sustentação aos militares insurgentes do Brasil para a derrubada do governo João Goulart. Deflagrou-se, assim, a Operação Brother Saw, nome dado ao deslocamento da frota naval norte-americana estacionada no Caribe para a costa brasileira, no propósito de oferecer suporte militar e logístico aos golpistas, caso houvesse resistência do governo Jango ou mesmo de setores nacionalistas.

Aciona-se a estratégia maquiavélica. O general Olímpio Mourão Filho, precipitadamente, dispara o sinal. Na madrugada do dia 31 de março, mensagem do governador Magalhães Pinto desperta a nação, por meio da rádio Inconfidência, de Minas Gerais. Em páginas anteriores relato esses momentos e a nossa mobilização para a resistência. Por todo o país, prisões se sucedem de líderes políticos, sindicais e estudantis.

Jango deixa o país e Leonel Brizola se exila no Uruguai. Militares cercam o palácio das Princesas, em Recife, e Miguel Arraes é preso. No terceiro dia do desfecho militarista, a fria realidade salta à minha mente: fomos derrotados. Hora angustiante da fragilidade humana, hora das incertezas e dos medos, hora em que a consciência rodopia para encontrar a razão. O *mea culpa* fala alto e a inteligência cala. Éramos uns despreparados. Idealismo infantil nos dominou. Embalaram-nos palavras e aplausos fáceis, e não ações. Idealizávamos construir um novo mundo de justiça social e uma humanidade em que uma minoria não explorasse o trabalho de milhares. Lembrei-me da obra shakespeariana *O sonho de uma noite de verão*.

---

12 Parte desses fatos está relatada no livro *A ditadura dos generais*, de minha autoria. Documentos referentes a esses acontecimentos se encontram no "Memorial Agassiz Almeida", UFPB.

Enquanto a chama do idealismo nos movia, as velhas raposas transvestidas nos Lincoln Gordon, nos Thomas Mann, calejadas em embair a opinião pública, mercadejavam a consciência dos desprovidos de têmperas morais, exímios estrategistas em derrubar governos e articular golpes; paradoxalmente, moviam-nos ideais utópicos. A rebeldia sonhadora dominava as nossas ações, impulsionada por uma juventude rebelde e irrequieta.

CASSAÇÃO DO MANDATO E PERDA DAS FUNÇÕES

Nas longas leituras que fiz acerca de revoluções, rebeliões, golpes, derrubadas de governos e reflexões sobre obras de pensadores me despertaram, entre eles, José Ingenieros e Mira y López. Nos dias seguintes à tomada do poder pelos militares, procurei salvaguardar a minha liberdade e vida. Perdi a liberdade por que tanto lutei e me debatia frente às incertezas. Olhei o futuro e não vi horizonte. Doutrinam os mestres da psicologia humana: nestes dias de alta tensão emocional, não se fixe em residências e nem deixe informações. Fiz-me um viandante sem destino. Dos meus amigos e companheiros recebi apoio. Deslocava-me da residência de Claudio Santa Cruz para a de Nizí Marinheiro e desta a uma granja na saída para o Recife, de propriedade do companheiro Evaristo Soares.

De onde estava, me comunicava com os amigos. A Hamilton, um funcionário da Assembleia Legislativa, perguntei:

– Algum fato novo?

– Olhe, deputado, ontem à tarde um capitão do exército, de nome Martins, e um sargento estiveram na Assembleia e, revirando documentos, levaram material referente a projetos de lei, requerimentos, inclusive o da constituição da Comissão Parlamentar de Inquérito para apurar os executores e mandantes do assassinato de João Pedro Teixeira requerido pelo senhor. Conduziram também material de Assis Lemos, Figueiredo Agra e de Langstein.

Ednaldo D'Avila Melo, que poucos dias atrás mantinha comigo, José Joffily, Abelardo Jurema estreitos laços de cordialidade, metamorfoseou-se no novo Catão do moralismo e da paz social.[13] Joacil de Brito Pereira, deputado, inteligente,

---

13 Coronel do exército, comandava o 15 RI, sediado em João Pessoa. Tipo alto, aparentando serenidade, educado nos gestos, vestia-se de um exímio diplomata. Molière se perderia em retratá-lo. Justino Alves Bastos, o glorioso, deu-lhe carta branca, e ele se desandou em prisões e atos que o levaram às fronteiras da truculência e das atrocidades para servir aos novos donos do

abalizado articulador, liderava a ala civil do golpe militar. Nos bastidores se arma a cassação de mandatos de parlamentares integrantes das forças nacionalistas. Prédio da Assembleia cercado por militares pressionam deputados e o terror se alastra pela cidade e muitos parlamentares se mercadejam em vivandeiras de quartéis, na sabujice aos vitoriosos do dia. À primeira chicotada se ajoelham ao poder fardado, oh! infortunados e perdidos num oportunismo servil.

Na Câmara dos Deputados um digno se levantou: ao rei tudo, menos a honra. Assim falou Alencar Furtado. No plenário do Supremo Tribunal Federal, o ministro Ribeiro da Costa marcou este gesto: prefiro entregar as chaves do tribunal ao ditador do que vê-lo ultrajado. Esse magistrado engrandeceu a justiça. Na Paraíba, no Tribunal de Justiça, um vulto se ergue com a fibra dos dignos e brada: somos intérpretes de uma justiça altiva, e não serviçais do poder vitorioso. Esse bravo deixou seu nome na história: Emílio Farias. Poucos meses depois, a fúria agressiva da mediocridade o arrancou do cargo de desembargador. Iríamos assistir, na Assembleia Legislativa, ao desfile da covardia humana. Tipos apressados em bajular os vitoriosos nos apedrejaram. As atas das sessões daqueles dias sombrios registram o opróbrio e a enfermidade moral daqueles vultos nas suas hipócritas palavras na tarde dos fariseus. No farto banquete de Salomé, ofereceram as nossas cabeças aos corifeus do poder fardado. Ednaldo D'Ávila Melo pressiona e Joacil Pereira articula nos bastidores.

No dia 8 de abril, abre-se a histórica sessão da Assembleia Legislativa da Paraíba, presidida pelo deputado Clovis Bezerra, cujo prédio, localizado na praça Pedro Américo, encontrava-se cercado por militares do exército comandados pelo major Cordeiro. Uma multidão se aglutinava na avenida Padre Azevedo, nas praças Pedro Américo e Aristides Lobo e superlotava as galerias e se espalhava. O imponderável pairava sobre a cidade. Militares do exército e da polícia ocupavam pontos estratégicos das avenidas e ruas do centro.

Armou-se verdadeira praça de guerra. Um capitão do exército tensamente nervoso e acompanhado por dois militares adentra na Assembleia, se dirige ao presidente da Casa e entrega um envelope. Ao retornar, ruído de vaia ecoa: golpista... golpista... golpista. Um frenesi de vontade reprimida domina aquela concentração. O povo em ebulição, na visão de Ortega y Gasset, presente às tempestades políticas. Nas salas do quartel do 15 RI, Ednardo D'Ávila Mello e Joacil Pereira articulam o processo cassatório que se desfecharia na perda dos mandatos de Assis Lemos, Agassiz Almeida, Figueiredo Agra e Langstein Almeida.

---

poder, o absurdo se fez normal, os direitos do cidadão ultrajados, enfim, transformou-se a ordem democrática numa megera para deleite dos vitoriosos.

No plenário da Assembleia, vultos investidos de julgadores e carrascos se entreolhavam nervosos, estampando nos semblantes o estigma do medo no amanhã dos tempos. Lançaram-nos num patíbulo, a fim de atender à ira militarista e fazer o nosso direito naufragar. Horas sombrias e graves; os bravos se levantam e falam às futuras gerações, os tímidos se ajoelham diante da força. Um dilema sobressalta aqueles julgadores: servir ao poder armado e vitorioso, ou olhar a posteridade testemunha da História. Todos se curvaram ao poder das baionetas, menos três, que se abstiveram: José Maranhão, Ronaldo Cunha Lima e José Lacerda.

Justino Alves Bastos e Ednardo Mello saltitam. A obra punitiva avança na consolidação da ditadura militar. Inicia-se a caçada humana contra os que têm capacidade de pensar e de reagir. A mediocridade, em todos os tempos, sempre temeu a inteligência. Homens armados adentram nas repartições, revolvendo arquivos e fichários. Exalta-se o dedurismo, incentiva-se a degradação moral e se renega a própria condição humana. Sátrapas da ditadura enchem com listas de nomes os bandejões e vão oferecer aos comandantes militares de plantão.[14] O medo, a covardia, a fraqueza moral geram esses tipos. Eles pululam nos pântanos, no dizer de José Ingenieros. Na universidade, núcleo formador de gerações, de pensadores, de cientistas e de homens que irão descortinar o futuro, centra-se o processo vingativo. E, na maratona de se glorificar a incapacidade, o capitão Guilhardo Martins é nomeado reitor da Universidade Federal da Paraíba (UFPB). O mérito, a envergadura moral e a visão de mundo de um educador cedem lugar à mediocridade delirante. Demite-se Mário Moacir Porto da reitoria da UFPB. Quem o substituiu? O capitão Martins. Primeiros atos do interventor militar: determina a abertura de vários inquéritos administrativos contra professores, estudantes e funcionários. Vultos indicados pelo coronel Ednardo D'Ávila Mello presidem esses inquéritos.

Medra o mau-caratismo nos corredores e salas da universidade. Escalam-se testemunhas para mentir, forjam-se provas, delatores são aquinhoados com promoções. O cortejo do beija-mão ao novo reitor cresce e se avoluma o Diário Oficial da União com listas de demitidos e estudantes expulsos da universidade. Professores, deputados, magistrados, altos funcionários, até então, diziam-se democratas, escancaram as caras para serem vistos pelos senhores do poder. Flósculo da Nobrega, meu ex-professor, preside a Comissão de Inquérito para apurar atos praticados por professores contra a ordem pública e a Segurança Nacional. Desde os bancos acadêmicos nos anos de 1954, já antevia, pelos conceitos emitidos em aulas, qual era o perfil ideológico

---

14 Documento referente a estes acontecimentos, inclusive o processo de cassação de Assis Lemos, Langstein Almeida, Agassiz Almeida e Figueiredo Agra se encontram no "Memorial Agassiz Almeida", na UFPB.

dessa personalidade. Ele enaltecia Hans Kelsen, como o definidor maior do direito. A norma jurídica, segundo Flósculo, emana do poder e por si própria se legitima. De corpo franzino, voz pausada e gestos simples, Flósculo escondia como mestre e na toga de magistrado um acendrado autoritarista. Negou a mim e aos demais condenados o direito de defesa o princípio básico e essencial do devido processo legal: a citação se baseou em depoimentos de desesperados delatores e nas informações fornecidas pelos órgãos repressores. Os processos investigatórios estavam prontos para o cutelo do ditador de plantão. A ditadura ensombra as liberdades e impõe ao povo a condição de carneiros de Panúrgio. Para servir as baionetas, ultrajam-se os direitos, e da justiça se faz uma megera. Justino Alves Bastos, lá do IV Exército, postura de "rei do Nordeste", bradava: "executem a operação capitula", que significava prender, demitir e torturar. Arrastão de ódio e vindita sufoca todo o país.

Num certo dia de junho de 1964, o Diário Oficial da União estampa numa volumosa edição demissões de dezenas de professores, funcionários e afastamento de centenas de estudantes da Universidade Federal da Paraíba (UFPB). Entre tantos, eis os nomes destes professores: Mário Moacir Porto, Agassiz Almeida, Assis Lemos, Emilio Farias, Ronald Queiróz, Adalberto Barreto e Joaquim Ferreira. No seu furor punitivo, a hidra ditatorial lança as suas garras contra as forças vivas e inteligentes da nação e acolhe em seu covil os tipos apequenados de caráter e os trêfegos oportunistas de todas as ocasiões. O coronelismo desafiado e o poderoso latifúndio afrontado lançam contra mim pesada carga vingativa, que não me abateu. Encorajam-me. A vida me ensinou logo cedo a caminhar à beira dos abismos. Na área do Ministério Público, instauraram processo administrativo acerca da minha atuação na Promotoria de Justiça. De que me acusam? De ter atemorizado o juiz Antônio de Pádua Magalhães, no momento da minha investidura na Comarca de Bonito de Santa Fé, cujo termo de posse foi assinado por este magistrado em 16 de abril de 1962.

Sobressaltadas testemunhas se moviam temerosas; intimaram um escrivão e um soldado de polícia de Bonito de Santa Fé para me acusarem. A canalhice humana rompe todas as fronteiras da racionalidade. Que depoimentos arrancaram desses infelizes delatores, vítimas da sanha autoritarista? Que eu insuflei a população contra as autoridades constituídas. Anos depois, constrangidos, eles confessaram a mim as pressões que sofreram. Amontoados de absurdos processuais, os meus inquisidores enviaram aos militares, em Recife, coordenadores dos IPMs (Inquérito Policial Militar). Justino Alves Bastos, então comandante do IV Exército, "o rei do Nordeste", telefona ao governador Pedro Gondim:

– Governador, demita este bandido, ele não deve ocupar cargo na Justiça.

Ali rolou a minha cabeça de promotor de justiça, troféu de uma peça tragicômica dessa opereta bufa na qual se debate o país.

PRISÃO NA ILHA DE FERNANDO DE NORONHA E O IMPREVISÍVEL

O amanhecer do dia 11 de abril de 1964 desperta Campina. Algo de anormal sobressalta as ruas Getúlio Vargas, Siqueira Campos e Antenor Navarro. Pernoito na residência dos meus pais, na avenida Getúlio Vargas. Não consigo dormir, numa noite angustiante. Terríveis pesadelos me sacodem. Vejo as cabeças ensanguentadas de Danton e Robespierre rolarem no prostíbulo sob o cutelo da guilhotina. Ouço os delírios frenéticos da multidão aos gritos: viva a Revolução Francesa! Ao longe, silenciosamente, um pensador deixa esta reflexão: a revolução devora os seus próprios filhos. Em meio a esses pesadelos, uma luz resplandece no horizonte; homens impávidos me olham, o pio agudo da coruja vaticina horrores. Salto da cama suado. Sensação de pânico sufoca a minha voz. Desperta-me o alvorecer do dia.

– Deputado! Deputado!

Luiz Aleixo, o vigia, bate na porta. Trêmulo, intensamente nervoso, gaguejando a fala:

– Tropas do exército estão estacionadas no cruzamento desta avenida com as ruas Antenor Navarro e Siqueira Campos.

– Luiz, você olhou aí por trás, na rua Borborema?

– Sim, tem soldados lá.

Assalta-me o medo do imponderável. As incertezas revolutelam a mente. Mergulho no indeterminismo e me pergunto. Para que tamanho aparato? Chega-me a dúvida cartiana. Que horas! Dominava-me nesse momento a pequenez do que sou diante dessas forças.

– Luiz, quando minha mãe acordar, entregue esta mensagem.

Minha Mãe.

Não pude conversar com a senhora ontem à noite. Estava cansado.

Tropas do exército em diversos pontos da avenida cercam a nossa casa.

Aprendi com a senhora que o homem se define nas suas horas sombrias.
Tenha certeza, não vão me faltar força moral e coragem.
Temo o imprevisível das circunstâncias,
mas não me curvarei ao poder fardado.
Arrancaram de mim as funções, mandato de deputado e até o direito de advogar,
mas não me farão um crápula.
Abracei a vida pública como um revolucionário social,
e hoje este infortunado país tomba aos pés de um militarismo cego.
Minha mãe, haverá sempre um alvorecer, após uma noite de trevas.
Leve ao meu pai estas palavras.
Até breve, do filho
Agassiz.

Naquela ocasião, povoavam a minha consciência insegurança e incerteza. Precisava reencontrar os meus pensamentos, ter confiança em mim e não me curvar às circunstâncias. Pensei: nesta hora, "sou eu e as minhas angústias".

– Luiz, companheiro, até breve.

Caminhei, e em frente da minha casa um jipe do exército com soldados armados; próximo à calçada um camburão de militares. Chego ao portão. Militar do exército, fardamento de campanha, portando no cinturão uma pistola 45:

– O senhor é Agassiz Almeida?

– Sim.

– O senhor está preso por ordem do comandante do IV Exército, general Justino Alves Bastos. Suba neste camburão.

Falei:

– Só se os senhores me colocarem à força. Aceito a prisão como um imperativo, mas não a humilhação.

Entrei no jipe e me sentei no banco traseiro, ao meu lado um sargento armado de metralhadora, ao lado do motorista, o capitão identificado na lapela, "capitão Arraes". Seguimos pela rua Antenor Navarro em direção ao bairro da Palmeira, onde ficava aquartelada a 5ª Companhia do Exército, comandada pelo coronel Otávio Queiroz. No quartel fiquei numa sala anexa à do comandante. Pouco tempo depois, aparece o coronel Otávio Queiroz.

– Deputado, o senhor está preso por ordem do general Justino Alves Bastos e vai para Recife ficar à disposição do Estado-Maior do IV Exército. Advirto, qualquer movimento sedicioso para resgatá-lo durante o percurso, a ordem é executá-lo.

Nesse instante, senti o peso de uma enorme máquina a se desencadear contra mim. Entrei numa Kombi e me sentei no banco traseiro; na frente o capitão Arraes. Um caminhão do exército com soldados fortemente armados nos seguia. Nas imediações do bairro de Oitizeiro, em João Pessoa, o capitão ordenou: motorista, vá para o 15 RI. Perguntei:

– Capitão, para o quartel do 15? A ordem do coronel Queiroz não era para o IV Exército, em Recife?

– Não discuta ordens.

No 15, subimos ao pavimento superior onde se localizava a sala do comandante da guarnição. De que espetáculo grotesco iria participar!

– Coronel Ednardo, ordem cumprida, o preso está à sua disposição – falou o capitão.

No recinto o major Cordeiro, o capitão Guilhardo Martins e outro oficial. Colérico e de semblante transfigurado e faces avermelhadas, o coronel, furioso e apoplético, aos gritos berra:

– Comunista, comunista, queria se exilar e acompanhar o seu comparsa Brizola, mas o Exército o prende. Fale! Onde estão as armas que vocês distribuíram aos camponeses. Responda! Responda!

Pensei. Conheço esse farsante que estava encenando esse teatrão circense.

– Major – disse o coronel, se dirigindo a Cordeiro – ligue para o general Justino e comunique que este comunista está preso.

Esse espetáculo de cretinice me enojava. Esse personagem a se transfigurar de fúria, retratava um Macbeth. O coronel:

– Onde? Onde estão as armas?

Eu desabafei:

– Basta, não respondo a um impostor.

Aos gritos, major Cordeiro:

– Major, leve este subversivo para a cela.

Cordeiro me conduz e no corredor soltou estas palavras:

– Você está pensando que aqui é a Assembleia?[15]

Sala de tamanho normal. Lá se encontravam Assis Lemos, Figueiredo Agra, Pedro Fazendeiro e Xavier Meira. Hora após a minha entrada chega preso e algemado um humilde agricultor conduzido por três soldados. A que espetáculo de

---

15 Quem era o coronel Ednardo D'Ávila Mello, que representou esta farsa? Havia poucos meses mantinha com Abelardo Jurema, José Joffily, Assis Lemos e comigo aproximados laços de cordialidade. Certa vez viajou comigo num voo Recife-Brasília e defendeu a mobilização dos camponeses. "– Sem pressão, não se implanta a reforma agrária, deputado". Como este tipo, muitos se bandearam para incensar o poder.

desumanidade iremos assistir!? Livre da mordaça e das algemas, o pobre infeliz disparou em gritos cujo eco alcançava quase todo o quartel:

– Me tirem daqui. Eu não sou ladrão nem matei ninguém.

Com passadas largas, rodopiava pela sala, gesticulava os braços, de sua boca escorria uma baba. Os berros continuavam. Por um instante, sentava-se acuado no recanto da cela, olhos esbugalhados, balbuciava palavras sem sentido. Alguns momentos depois das angustiantes cenas, aparecem um cabo e dois corpulentos soldados.

Aos empurrões e tapões retiram o infeliz. Comentei com os companheiros:

– Os açodados algozes que abocanharam o poder desconhecem a realidade e a alma humana.

Dois dias depois, numa certa madrugada de meados de abril, ouço o ressoar de cornetas anunciando estado de prontidão da tropa. Poucos minutos depois, um parrudo tenente abre a cela e anuncia:

– Agassiz Almeida, Assis Lemos e Figueiredo Agra, preparem-se para viajar.

Saímos pelo corredor. No pátio do quartel, um caminhão de carroceria coberta de lona e soldado fortemente armado nos aguardavam. O tenente pegou no meu braço e falou em tom ameaçador:

– Olhe, qualquer movimento sedicioso no percurso da viagem, a ordem é fuzilá-los.

Logo, ao sair de João Pessoa, antevi que íamos para o Recife. Nos semblantes do sargento e dos quinze soldados, um misto de temor e apreensão. Estrada esburacada e enlameada sacolejava o camburão. Alcançamos o Recife, no Pátio 13 de maio, o veículo estaciona. O tenente Barboza ordena:

– Agassiz Almeida, desça.

Entrei num jipe e ao meu lado um sargento e dois soldados armados. Seguimos em direção à praça do Diário de Pernambuco. Lembrei-me da grande concentração que fizemos em defesa da campanha "O petróleo é nosso". O veículo parou e o sargento recebeu uma ordem de um oficial. Depois de meia hora retornamos ao Pátio 13 de maio. Defronte do comando do IV Exército param e me conduzem ao pavimento superior dessa unidade militar.

– Major, o preso está à sua disposição.

– Sente-se, ordenou o major.

Atordoado pelos surpreendentes e ameaçadores acontecimentos, sinto enfraquecer as minhas resistências morais. Voragem de interrogações revolutejam no meu cérebro. Procuro me encorajar. Olho o ambiente, a sala de mobiliário simples é separada das demais por tapumes de madeira de meia parede. Militares de fisionomias sisudas se entreolham. Inicia-se o meu interrogatório. O escrivão sentado ao lado do major ajusta a sua máquina Olivetti. O oficial começa o interrogatório. Nesse momento a minha consciência se debate na tênue fronteira: a defesa da minha liberdade e o temor de envolver ou comprometer algum companheiro. Faço-me um trapezista. Perguntas se sucedem, em certa altura o major formula esta pergunta:

– No dia 6 de abril de 1963, na cidade do Espírito Santo, Paraíba, o interrogado participou da fundação de uma liga camponesa?

Que impacto! Saltou à minha memória a cara do delator e com ele mantinha estreitos laços de amizade. Oh, até onde chega a condição humana! Tudo silencia. Ouço sons de cornetas a ressoar por todo o parque 13 de Maio, ribomba um tiro de canhão, orquestra solfeja o hino do exército. O ambiente assume um ar místico. Militares se levantam postados em posição de sentido. "Que parafernália é esta!?", pensei. Alguns minutos depois, aparece um cavaleiro do apocalipse, um tipo baixo, acaboclado, ereto, passos marciais, peito estufado ornado de medalhas e comendas. Era Justino Alves Bastos, acompanhado de um cortejo de oficiais. Ao passar perto de mim, para e num grito altissonante berra:

– Levante-se, comunista... Levante-se. Sou o comandante da revolução vitoriosa. Venci Cuba, venci a China. Prendi o seu comparsa Arraes. Meu pai lutou na guerra do Paraguai. – Olhando para o coronel Ibiapina, ordenou:

– Mande este bandido ainda hoje para Fernando de Noronha.

Parecia Napoleão após uma batalha vitoriosa.

Precisava me equilibrar emocionalmente. Esse espetáculo de boçalidade e arrogância me estonteava. Na sala anexa, ouço mensagens telegráficas entrecortadas de palavras, confirmando mensagens. Minutos depois me sobressalta um comunicado dilacerante: aguardar ordem do comando revolucionário, de Brasília, presos de Fernando Noronha devem ficar incomunicáveis, a qualquer momento poderão ser executados. Em segundos, a minha personalidade se transfigura, revoluteia a mente sangrada por uma punhalada. Perco a noção do espaço e do tempo. Onde estou? Quero me encontrar com o meu "eu" e não posso. Grilhões prendem os meus pés, como os condenados das galés romanas. Vozes longínquas me assustam. Abutres sobrevoam o meu corpo inerte com pios sinistros. Mergulho nas noites dos tempos e lá me encontro com os prisioneiros da caverna de Platão. Eles me falam de trevas, escuridão e sombras, e no meio deles um tipo baixo se contorce de fúria e grita: eu sou Justino Alves Bastos, o rei do Nordeste, venci mais batalhas do que Júlio César e Napoleão. Fujo dessas lunáticas sombras humanas. Arrancaram a minha personalidade. Onde estou? Necessito encontrar o caminho que me leve à razão. Nessa caminhada sem rumo, deparo-me com Ashaverus o judeu errante. De onde vens, grita ele. Venho do indeterminado, necessito encontrar a minha consciência destroçada pelos militares do Brasil. Até o juízo final, falou o judeu errante. Cada um segue o seu destino. Desfaleço. Não! Não! Não aceito a idiotia. Nessa voragem infernal em que vou sucumbindo, a mão materna se estende e me traz para o mundo da pureza e dos sonhos: a infância. Vejo-me criando maribondos, correndo em cavalos de pau, soltando pombos-correio. Paro e descanso. Nesse instante, um tenente bate no meu ombro:

– Levante-se. Vamos.

Anestesiado pelo medo, sou um mero joguete humano. Entro num jipe verde-escuro, em meio a soldados armados. Levam-me para a Base Aérea de Ibiúna. No percurso, olho ruas, avenidas e prédios e nada reconheço, parece uma cidade fantasma habitada por seres desconhecidos. Vejo uma enorme águia de cor branca-cinza, asas grandes, a sobrevoar ruas e bairros e produzir um pio estridente. De onde vem esse abutre gigantesco? Será que é da época dos dinossauros, que viveram há milhões de anos? Debato-me no mundo dos inconsequentes. Procuro reencontrar o meu eu. O jipe adentra num pátio comprido e largo, onde se avistam inúmeras aeronaves estacionadas. Onde estamos? Na Base Aérea de Ibiúna. Salto do veículo e me conduzem a uma sala onde se encontram Assis Lemos, Figueiredo Agra e Gilberto Azevedo. Entreolhamo-nos. Indefinido silêncio paira sobre nós. Militares de farda azul se entrecruzam. Um deles, numa escrivaninha, faz anotações. De surpresa, um tipo baixo, olhar de hiena esfomeada, nervoso e acompanhado de um subalterno, voz fina, arma em punho, ordena:

– Preparem-se, vocês vão para o *paredón*.

No pátio externo, esse anormal preparou toda a encenação para uma tortura psicológica. Bufa o fascista:

– Atenção... atenção.... Disparar.

Estava mentalmente idiotizado. Aquelas palavras do infame torturador me chegavam tão longínquas. Anos depois este relato. Eles vivem como sombras fugindo deles próprios e da justiça. Em certo momento, chega, vindo de Salvador, aeronave conduzindo preso o governador Seixas Doria, de Sergipe, que não desembarcou. Uma hora depois, aproximadamente, a ordem: preparem-se para embarcar. Sentamo-nos em compridos bancos, nas laterais do avião, ocupados também por militares armados. Dia de cão, desde o despertar da madrugada, em João Pessoa, a viagem no camburão, o ritual de ordens e continências, o espetáculo sombrio no Parque 13 de Maio, a minha vida nas mãos desses tipos e, o pior, a impotência diante dos fatos, tudo isso me enervava. Sinto-me perdido e apequenado no mundo do imprevisível. Fazem-me um joguete da Medeia fardada de azul, que nos torturou para deleite da sua infame psicopatia. A voz de Justino e a sinistra mensagem telegráfica vinda de Brasília predizendo minha execução vão devastando o meu eu. Para onde vou? Ilha de Fernando de Noronha. Chegam-me no meu cérebro as terríveis masmorras da inquisição em Portugal, retratadas por Alexandre Herculano.[16]

Obra de reflexão sociopolítica. Em fétidos e sombrios porões pululam ratos, aranhas e todos os tipos de insetos; neles são lançados e encarcerados os condenados em meio a ossos e esqueletos humanos amontoados. No pórtico dos cárceres, a inscrição terrível: aqui cessam todas as esperanças. Os olhares melancólicos e interrogativos dos companheiros refletem as incertezas. Nos lânguidos entreolhares entre nós há um misto de temor e impotência. Estamos nesse inavegável mar da alma humana. Dezessete horas se eternizam. Pela portinhola do avião olho a imensidão oceânica e procuro fugir de mim mesmo. Salta-me à memória o cântico poético de Pablo Neruda ao comtemplar os Andes e o Pacífico, duas grandezas que falam pela mãe natureza. A terrível mensagem telegráfica do fuzilamento vinda de Brasília, lá no IV Exército, dilacerou-me mentalmente. Sou um mero espectro humano.

A aeronave mergulha em zona de turbulência e vácuos impactantes a sacodem. Abre-se no meu cérebro, por alguns minutos, momento de lucidez. Debato-me entre dois mundos: o real e o imaginário onde vivem os paranoicos e psicopatas. Que fantástica máquina a presidir a ordem das coisas. Encontro-me com as ideias teológicas de Santo Thomás de Aquino, na *Suma Teológica*, e faço interrogações que me levam a pensar na condição humana. Perco a lógica dos pensamentos. A pressão aérea dinâmica nos meus ouvidos, com a perda de altura da aeronave sinaliza que vai aterrissar; pouso normal. Desembarco com os companheiros e um jipão se encontra na pista. Nele subimos. Poucos minutos e estávamos numa construção antiga. Tipos fardados me conduzem a um pequeno quarto, um deles falou:

– Por ordem do coronel Costa e Silva, o senhor está incomunicável, e a comida recebe por debaixo desta porta, e as suas necessidades faz ali na bacia sanitária.

Estendido no chão, um velho colchão cheio de pulgas.

Sou um mero autômato joguetado nas garras dessas hienas humanas que arrancaram de mim a consciência. Estou abatido. Preciso descansar e não consigo. O terrível fantasma do fuzilamento me atormenta. Assisto à minha própria morte e tenho medo. Minutos de consciência lúcida me despertam. Preciso fugir desse fantasma ou

---

16 A ilha de Fernando de Noronha, àquela época e nos séculos passados, era presídio de condenados de alta periculosidade. No "Memorial Agassiz Almeida" se encontram documentos referentes a esta matéria. No exercício do mandato de deputado federal constituinte, fui coautor da proposta do art. 5º, inc. III, da Constituição Federal de 1988, perante a Assembleia Nacional Constituinte.

enlouqueço. Não! Não! Se penso, existo. Saltou-me esse axioma de René Descartes. Nessa ciranda rodopio, resvalo na fraqueza e ouço uma voz a me falar em tom altissonante: grite, dane-se caráter, honra, história e proclame: Oh... oh... Justino Bastos, libertador dos povos oprimidos. Escreva para o general "rei do Nordeste" e renegue esse amontoado de besteira que você defende. Palavras ecoavam com imperatividade. Essa voz se transforma numa onda magnética em meu cérebro. Estremeço. Vá, homem, decida. Muitos dos seus companheiros já venderam as suas almas ao novo deus do Olimpo. Você vai ser fuzilado; salve a sua vida.

Preciso me libertar dessas tentações infames. Como? Estou só neste cubículo. Debato-me na dúvida hamletiana. A história da Inquisição fala dos cristãos novos a venderem a alma a Tomás Torquemada. Desfilam em meu intelecto lições dos pensadores, desde os pré-socráticos. Os diálogos de Sócrates com o discípulo Platão. O deus de Spinoza, a razão de Kant e a fenomenologia de Hegel. Afinal, o efêmero da vida, neste "vale de lágrimas", segundo Santo Agostinho. Cada ser humano possui a sua própria individualidade, que forja a personalidade impregnada de qualidades, virtudes e defeitos.

As horas correm dentro da noite e não consigo dormir. O que fazer? O medo de me transformar num idiota "Liet", de Dostoievski, me assombra. Ouço o pio de uma coruja, lá fora pela portinhola olho a madrugada que chega. Vou salvar a minha consciência pelo cansaço físico. Começo a caminhar em círculo centenas de vezes da direita para a esquerda e vice-versa. Corpo e mente interagem; um produz o combustível para a máquina de pensar; a produtora da energia mental, das ideias e da razão. Esgoto-me. Mergulho num longo sono. Acordo assustado. Vi Justino, aquela cara boçal a me apontar um fuzil. Grito:

– Covarde... covarde...

Aquela voz, que embala os tipos sórdidos, mercenários do caráter, ressurge em meus ouvidos: vá, homem, decida, os seus comparsas já abandonaram o país. Olhei o meu próprio eu e mergulhei até o id, onde Freud encontrou o subconsciente. Em minha imaginação passam estes episódios. Vi os meus antigos ancestrais, os "Oliveira Ledo", lutarem ao lado de Vidal de Negreiros contra os holandeses, invasores do Brasil. Vi Teodósio de Oliveira Ledo, desbravador dos sertões nordestinos, fundador de Campina Grande. Vi uma valente Josita Almeida, minha mãe, desafiar Justino Alves Bastos. Chegam à minha memória heróis que lutaram contra tiranias, desde Spartacus, Frei Caneca, Peregrino de Carvalho. Encorajo-me. Não vou me curvar aos tartufos que traíram a democracia e assaltaram o poder.

Recuso a carta de alforria de minha liberdade, concedida por esses apátridas, em troca de me metamorfosear num farrapo humano, condenado a vida afora pelo tribunal de minha própria consciência. Intermináveis dias e noites atormentadas se sucedem. Perco-me no tempo. Desconheço o dia e a semana em que estou. Como preencher essa solidão, que, em alguns momentos, leva-me às fronteiras da loucura. Vêm à memória os monólogos charles-chapleanos. Monto um anfiteatro, produzo peças e crio personagens, transvestidos de traidores, subservientes, oportunistas, idiotas e de outros tipos que a borra humana expele. No panteão da história lá estão os revolucionários, pensadores e os criadores de arte. São eles que fazem a humanidade caminhar. Sem os revolucionários, o que seria da sociedade humana? Rebanho de carneiros de Panúrgio sob o chicote de tiranos. Alta noite, assusta-me o estrondo das águas oceânicas no embate com os penhascos, provocados por tempestuosos ventos, a zumbir por sobre o cubículo. Que causas geram esses fenômenos? Gélidas correntes marítimas vindas do leste da Europa, que, ao se encontrarem nas costas brasileiras com outras de temperatura quente, fazem irromper estes temporais. Temores dos navegantes em séculos passados. Já prediziam os antigos povos: sou um condenado pela ira dos deuses e a fúria da natureza.

Na noite seguinte, alguém bate com força na porta da cela onde estou, e uma voz ressoa:

– Acorde.

Sobressalto-me aterrorizado. Submerjo numa infinita angústia: vão me fuzilar, estes monstros vão destruir a minha vida. Tipo avantajado, com cara de bandido da luz vermelha rosna: prepare-se, você vai ser interrogado pelo coronel Ibiapina. Entrei num jipe, e me conduzem a um quartel construído pelos americanos na 2ª Guerra Mundial e, ao entrar, vejo na sala, à esquerda, Miguel Arraes sentado. Entreolhamo-nos. Um relógio na parede marca duas horas e dez minutos, caminho por um corredor e entro numa sala à direita, ali permaneço sentado em torno de uma hora. Tipo baixo, pescoço curto, cabeça achatada, cara de um torturador lombrosiano, dirige-se a mim e ordena:

– Tenente Alves (era o escrivão, depois foi secretário da segurança, na Paraíba), qualifique este subversivo.

Reacende a mesma preocupação quando depus no IV Exército. Que dilema! Defender-me e não comprometer os companheiros. Ibiapina se agita, vai de um canto a outro, semblante contraído, a cara de uma hiena sequiosa para abocanhar a presa. Esfrega os cabelos talvez empestados por piolhos, vai até o corredor e grita por alguém. Aproxima-se de mim e interroga.

– No dia 15 de setembro do ano passado o acusado participou de uma reunião no "aparelho" subversivo de Ivan Figueiredo?

Pressenti o rastro de um delator.

– Participei.

– Com que fim?

– Para organizar uma Associação dos Agricultores, em Mari.

O coronel dá um salto e berra:

– Comunista mentiroso... mentiroso! Sei que iam formar organização criminosa chamada Liga Camponesa. Escrivão, escreva o que eu estou dizendo.

– Coronel, desculpe, eu não disse isso.

– Cale-se. Aqui não é a Assembleia da Paraíba. Assinou a lista pela legalização do Partido Comunista?

– Assinei.

– Quem lhe pediu?

– Desconheço o seu nome.

– Criminoso. Você participou do massacre ocorrido próximo a Mari, em 15 de janeiro de 1963 deste ano, no qual morreram onze pessoas.

– Fui prestar solidariedade aos familiares das vítimas.

Contorcendo-se todo, olhou-me como um felino raivoso. Deu um salto e vomitou estes impropérios:

– Bandido... bandido, comunista, você e o Assis Lemos foram os mandantes daquela chacina. Negue, seu covarde cretino, esteve no IV Exército, em janeiro, a acusar os usineiros. Escrivão, ponha aí, o acusado confessou que ele e Assis Lemos foram os mandantes.

– Coronel, a verdade não é essa.

– Cale-se, atrevido.

Um nervosismo apoplético o domina, vermelhidão cobre a sua cara. Desanda num palavrório desenfreado: vendido a Moscou, criminoso, bandido da ordem pública, caluniador da gloriosa revolução, traidor da pátria.

Pensei: que tipo paranoico! Minha vida nas mãos destes anormais. Solucei um soluço abafado. Investi-me de uma coragem e conformação para deixar a vida nas garras dessa matilha odienta. Não tenho força para sobreviver. Sublimei-me diante daquela contingência que me esmagava.

– Sargento – ruminou Ibiapina. – Leve este bandido.

Olhou para mim com um ar de sucuri esfomeada. As minhas energias mentais e físicas se consumiram. Sento-me, ponho as mãos no rosto e procuro encontrar a lógica dos meus pensamentos. Adormeço. Pesadelos me sobressaltam, terríveis tufões com as cabeças de Justino, Ednardo Mello e Ibiapina me olham prestes a me devorar. Num salto, levanto-me todo suado. O horror da loucura me assalta. Não, não, eu resistirei. O olhar fixo no chão vejo cravado no cimento esta data 1848 e as letras A.L. O que significam? Repasso na memória as revoluções pernambucanas de 1817, 1824 e a Revolta Praieira de 1848. Vem-me o vulto revolucionário de Abreu e Lima, general que lutou ao lado de Bolívar pela libertação dos povos latino-americanos. Dias e noites se sucedem. Numa certa manhã, alguém educadamente bate à porta e abre:

– Bom dia.

Que momento surpreendente! Tanto tempo sem receber um gesto cordial. Respondo:

– Pois não, coronel.

– Não, major Gondim.

– Desculpe, major, perdi a lógica do tempo e das circunstâncias.

Olhou-me com serenidade compreensiva:

– Você foi professor fundador da Faculdade de Ciências Econômicas de Campina Grande? Eu sou professor de Filosofia da Universidade Federal do Ceará. Tem aqui na sua ficha: você foi promotor de justiça e deputado estadual.

– Major, o que me abate é a incerteza do fuzilamento. Estou aqui incomunicável e ignoro o que se passa lá fora.

– Fique tranquilo, o Comando Supremo Revolucionário não aprovou a pena de morte. Foi eleito presidente da República o marechal Humberto de Alencar Castelo Branco. Você quer ler Platão, Tomás de Aquino, Descartes, Kant?

– Major, não estou em condições mentais para essas leituras. Preciso de histórias de Coiote, Tom Mix, Fon-fon, Capitão América.

– Aqui na ilha tem. Vou mandar.

Com essas palavras, eu ressurgia da mortífera escuridão da caverna de Platão, onde habitavam loucos, leprosos, criminosos.

Toca-me a segurança de não ver a minha vida abatida pela ira dos tresloucados do poder. Aquelas histórias infantis foram recompondo o meu intelecto, lentamente. Recebi também um jogo de xadrez. Pensei. Quão polivalente é o fenômeno humano! Horas e dias atrás, tipos infames se movem inoculados de ódio, patifarias e covardia. Que contraste! Há poucos minutos, a compreensão humana, a sensatez e uma inteligente visão de mundo povoam este cubículo. São essas individualidades que engrandecem a humanidade com a estética da arte, o desvendar da ciência e da tecnologia, o porfiar pelas liberdades democráticas e a justiça social. Sem eles, a humanidade seria comandada por uma horda de tiranos e tiranetes.

Três dias depois, o próprio major vem me trazer estes livros: *A República de Platão, As confissões de Santo Agostinho, O discurso do método*, de Descartes, e a *Crítica da razão pura*, de Kant.

– Como o senhor se coloca diante deste cenário político?

– O homem começa a nascer quando toma consciência de si, das circunstâncias que o cercam e do próprio mundo. Quando se é jovem, a paixão arrebata a razão. Major, eu estava despreparado para compreender o tamanho da causa que abracei. De tudo isso que eu vivo, indigna-me a covardia humana. Nestas obras – apontei para a *República*, de Platão – há muitos pensamentos que norteiam a história da humanidade.

Ele se afastou e me recomendou boa sorte nas leituras. Revigorei-me. Raciocinei: esse homem sabe pensar e compreender o mundo, ele era uma pessoa diferenciada, probo, humano, intelectual, justo e respeitava as pessoas, diferente de tantos outros que me interrogaram. Em meio ao desvario que produz a insensatez, a visão serena de quem compreende a condição humana dignifica a farda. Comecei as leituras, os diálogos entre Sócrates e Platão sobre a liberdade, a vida, a morte e a dignidade humana levavam-me ao mundo filosófico em que se movem os grandes pensamentos.

DA ILHA DE FERNANDO DE NORONHA À FORTALEZA DAS CINCO PONTAS

Numa modorrenta manhã de 6 de maio, um tipo parrudo e raivoso bate na porta da cela e empurra:

– Prepare-se para viajar.

Subi num jipe, que me levou ao aeroporto. Lá estava Assis Lemos. Entreolhamo-nos. Que horas indefinidas! Embarcamos numa sucateada aeronave da Força Aérea. Sobrevoamos o Atlântico com constantes turbulências e forte zoada dos motores. Desembarcamos na Base Aérea de Ibiúna, e fomos conduzidos para um jipão do exército. Um tenente ordena ao motorista:

– Vá para a 2ª Companhia de Guardas (esta unidade militar se localiza por trás do Comando do IV Exército, na rua do Hospício).

Ao chegarmos a esse quartel, a viatura adentra e, no pátio, descemos escoltados por dois militares. Entramos num corredor sombrio; à esquerda nos lançaram numa cela, verdadeiro sepulcro onde vidas humanas eram dilaceradas. Desconhecia-se a luz solar. Vieram-me lembranças tenebrosas das prisões medievais onde os condenados eram atirados nos porões e agonizavam lentamente até a morte. Olhei o companheiro Assis. O silêncio falou por nós. Murmurei:

– Fomos derrotados, mas não seremos vencidos.

O que me aterrorizava naquele calabouço? Pensamentos macabros e desafiantes indagações sobre o meu destino. Afastei de mim o fantasma do fuzilamento. O que me sobressaltava era o medo do ignoto, do desconhecido, temor dos tiranetes que se movem nas sombras a torturar e matar. Tudo ali me enchia de assombro. Meus olhos desvairados olhavam sem ver, a voz sufocava presa na garganta e a consciência se petrificava diante da enormidade animalesca.

Antes de alcançar a masmorra, vi distante a cara cínica de Ibiapina a nos olhar sadicamente (no pavimento superior daquele quartel Ibiapina instalou o seu *bunker*). De repente, vi uma anormalidade: um sabujo moral ajoelhado nas botas de Ibiapina a berrar: meu coronel, por amor de Deus, meu coronel, tire-me de junto desses comunistas. Naquele tipo, a degradação humana rompe todas as fronteiras (esse degradado era da Paraíba). Nesta sabujice moral, o réprobo se despe de sua personalidade. Impactou-me a cena indecente. Dominou-me a sensação de que penetrava numa tumba medieval. Mundo satânico, ali a estupidez humana vomitou toda a sua baba de ódio. Fizeram-nos feras bravias enjauladas numa cafua com doze palmos de comprimento e seis de largura, as paredes revestidas de pontiagudas reentrâncias de cimento. Ao passar pelo corredor, antes de chegar ao calabouço, vi no xadrez à direita os companheiros Paulo Cavalcanti, Cícero Targino, Severino Cunha e Abelardo da Hora. De uma voz abafada, ouvi:

– Companheiro Agassiz... companheiro.

Olhei, era Paulo Cavalcanti. No seu rosto magricelo, vi a fibra de um forte combatente transfigurado na chama de um lutador. Medonhas horas, os dignos se elevam e as pústulas rastejam. Nas páginas de um dos seus livros, marcou a sua indignação. Senti pairar naquela casamata graves perigos. Na ilha-presídio de Fernando de Noronha pesava sobre Justino Bastos e Ibiapina a responsabilidade por nossas vidas. E aqui? Por aqui, trafegavam, sobretudo à noite, todos os tipos da borra humana, mercenários do poder que vinham, na calada da noite, derramar o preço sórdido de seus atos criminosos. Certa madrugada, aproximadamente às 2h20, um tenente embriagado, empunhando uma pistola 45, e as chaves das celas nas mãos, a berrar:[17]

– Hoje à noite vou torturar e matar estes comunistas. Viva o libertador Hélio Ibiapina!

Com o velho companheiro Assis Lemos quantas reflexões fizemos naquelas horas sombrias. O que nos engolfava nesse cárcere? Fomos derrotados sem lutar. Hoje estamos aqui, numa solitária infame em que os nossos pés eram travesseiros um do outro, num colchonete que à noite estendíamos no chão. Fariseus da democracia querem destruir as nossas personalidades e nos transformar em farrapos humanos.

Algumas noites, ouvia dos sombrios porões desse quartel ecos de urros e gritos sufocados de torturados em verdadeiras espirais dantescas. Frente ao imponderável

---

17 Quem é Hélio Ibiapina? Não há como descrevê-lo. Veio do monturo que a instituição armada expeliu. Operava a sua ação no propósito de degradar o ser humano. À frente do IPM, Inquérito Policial Militar, praticou todos os tipos de torturas, muitas delas levaram os acusados à loucura ou até a morte.

de um poder soberbo e absoluto, o homem se queda despido de sua cidadania, esfarrapada nas mãos de poderosas forças. O estado se transveste num leviatã de mil tentáculos.

Tipos libertos de punibilidade, mentes comandadas por um sistema nazimilitarista, o prisioneiro tomba na solidão de sua agonia. Naquele porão sinistro cessaram todas as leis e normas que regem o direito e a moral; ali, só os fortes resistem.

Debrucei-me sobre mim mesmo e me contemplei. Vi-me um cão danado a fugir do mundo e da loucura. Vi-me criança, correndo nas caatingas dos cariris de Boa Vista e Cabaceiras. Parei. Abracei um pé de umbuzeiro, a árvore mística dos nordestinos, e solucei, condenado a esse horror e infâmia a que o militarismo me ferreteou; procuro reencontrar os meus pensamentos, malbaratados e confusos, e em alguns momentos fronteiriços à loucura.

Em Fernando de Noronha, quedava-me na idiotia a fugir do espectro do fuzilamento; aqui, nesta masmorra feudal, a minha personalidade é dilacerada às bordas da animalidade. Hora inexorável. A infâmia sopra nos nossos rostos os bafos dos Ibiapina, do Justino e do D'Ávila Mello. Procuro compreender o significado histórico dos meus ideais. Numa noite, um capitão me fez esta proposta espúria:

– Renegue os seus ideais e você terá de volta a sua liberdade e os seus cargos.

Deduzi: Ibiapina insuflou essa imoralidade.

– Capitão, não mercadejo com o meu caráter.

Ouvi o canto secular dos fortes nos ecos da história. Encorajo-me frente a esta indecência que me foi atirada e a este encarceramento animalesco. Não me farão um vencido e humilhado. Não me curvarei aos sátrapas da ditadura militar. A vida me talhou para as intempéries. Vi-me, nos dias de longa provação e de implacável incomunicabilidade, um homem resistente e de consciência livre. E estes verdugos me encarceraram, que pensamento os conduzem, a não ser ouvir este matraquear:

– Meia volta volver! Descansar!

Sou egresso da universidade dos homens livres, que me ensinou a olhar o homem projetando-o um ser de destinos, sem perguntar que patrimônio possui, que cargo ocupa e que comando militar exerce. Tentam me animalizar e desconhecem o que me transcende acima deste flagelado corpo; é uma vasta e sólida consciência. Descubro, é na história que vivemos a razão de encontrar a força da resistência. Reflexões fiz sobre o poder militar que se apossou do país. Pensei: temos que vencer estas horas cruéis em que somos jogueteados, e vemos os nossos sonhos despedaçados aqui neste infame cubículo onde apenas se ouve o linguajar de homens que só aprenderam a mandar e obedecer, sob o manto do poder ditatorial a torturar e matar. Resistiremos a esta miséria moral a que fomos lançados como dois desencontrados do mundo?

Olhar a grandiosidade do destino humano acima de ódios e guerras e repudiar estas quarteladas que a estupidez e a insensatez produziram. Olhar a condição humana não como um absurdo na visão de Sartre, mas um fenômeno a se projetar para um fim ao encontro de sua suprema realização: a vitória do homem sobre a morte e, aí, ele se energiza numa força mental acima e para além da matéria corpórea, e assim alcançar o seu próprio princípio e fim, imortalizar-se.

O absurdo em si é esta jaula; o absurdo em si é todo este infame e apequenado cenário em que certos panúrgios se transvestem de heróis. Não! O homem é epicentro do fenômeno da vida. Olhemos quinhentos anos à frente e assim podemos compreender a lógica desta premissa metafísica. Certa noite, acordo sufocado entre deuses, muitos deuses: um da Ilíada e o da Bíblia. Aquiles sangrando, vê um velho judeu, um cão hidrófilo metamorfoseado em Justino Alves Bastos a delirar como Júlio César e Napoleão. Altissonante berra:

– Vou te fuzilar, criminoso.

Creem-se heróis de uma "revolução" do século. Lança sentenças de morte contra aqueles que não se curvam ao novo deus do Olimpo. Peito estufado carregado de medalhas e comendas, na mão direita uma espada, eis Justino Bastos a gritar "eu sou a glória". Fitando-me pelas grades do calabouço, um tipo baixo, grosso, nariz de suíno, olhos esbugalhados, braços compridos e pernas curtas, vi na cara debochada o vulto asqueroso de Justino Bastos. Sobressaltado, bato a cabeça na parede e acordo; era um cabo do exército, baixo e moreno, a me vigiar com olhares de chacal. Abatia-me uma consciência triste e altiva, numa alma ultrajada. Que ambiente sombrio e opressor desta cela-sepulcro! Olhares odientos e desprezíveis são lançados sobre nós. Tudo me traz um sentido de desventura, sensação de que aqui todas as ilusões sucumbem.

Negam-me até o direito de contemplar os amanhãs. Que destino! Do humor do tirano dependia minha liberdade e vida. Somos marionetes do imprevisível e da estupidez humana. Posso ser "suicidado" aqui, neste calabouço, ou morto em "tiroteio quando fugia". Já no sexto dia sem tomarmos banho, envolvia a cela um bafo de onça enjaulada. Numa manhã chamei reservadamente o sargento que fazia ronda e falei:

– Oh, sargento, estamos há seis dias sem tomar banho.

– Vou resolver isso. Às 10 horas da noite, vocês vão tomar banho na sala ao lado.

Lá estavam os companheiros Paulo Cavalcanti, Julião, Abelardo da Hora, Ubiracy e Cícero. Seus semblantes estampavam uma altivez melancólica e um misto de indignação e insegurança. Relataram os casos sórdidos e covardes praticados por Ibiapina na calada da noite, revestidos de um sadismo debochado. O que me tocou naqueles companheiros, em horas tão graves, foi a capacidade de autocrítica de cada um e, acima de tudo, uma visão geral de que estávamos despreparados diante das forças golpistas; embalavam-nos decisões utópicas sob luzes de holofote e o que fizemos de ações práticas? Julião, num corpo magro, faces pálidas, cabeleira de um guerreiro, agitava-se aspirando algodão com álcool (era um asmático) e predizia:

– Companheiros, somos meros objetos das circunstâncias políticas. Daqui, a qualquer momento, podemos receber a liberdade ou ir para o cadafalso, depende da situação internacional. Não tenham dúvidas. Os golpistas estão manietados aos norte-americanos.

Punhado de resistentes lastreados na doutrina marxista, possuíam ampla visão do mundo. Eu disse:

– Tem um componente relevante nos fatos; subestimamos a burrice dos golpistas.

Eles se articulavam nos quartéis e no balcão de seus interesses sob a estratégia do Pentágono.

– E o "velho" Arraes? – perguntou-me Paulo Cavalcanti. – Vi em Fernando de Noronha, não o achei abatido.

Numa certa madrugada de maio, de denso nevoeiro, por volta das 4 horas, um tenente, acompanhado por dois soldados, abre abruptamente o portão da cela e ordena imperioso:

– Preparem-se, por ordem do coronel Ibiapina vocês vão ser transferidos.

Subimos num camburão estacionado no pátio do quartel, escoltados por uns dez soldados, iam também Paulo Cavalcanti, Abelardo da Hora e Ubiracy Barboza. Ao ouvir aquelas palavras, envolveu-me assombrosa sensação de perplexidade perdurando entre o alívio de deixar aquela tumba medieval e o temor diante do desconhecido, das incertezas, sob um joguete desses desvairados.

Comecei a antever como esses tipos disformes se moviam num subterrâneo da tirania. Em lampejos de segundos, situei-me face àquela situação. Vi no semblante dos companheiros a chama de uma melancolia digna. Oprimido, senti necessidade de me refugiar à sombra dos meus pensamentos. É a fuga de Schopenhauer diante da dor. O camburão se moveu pela rua do Hospício em direção ao QG do IV Exército. Naquela madrugada-alvorecer, olhei o meu velho Recife como se procurasse nas suas ruas e avenidas os passos perdidos dos meus sonhos de juventude. Utopia transfigurada em rebeldia cheia de energia que se derramava nas praças públicas e naquela catedral de quimeras, a Faculdade de Direito, onde aprendemos a ouvir as espirais poéticas de liberdade nos cânticos geniais de Castro Alves, nas perorações cívicas de Rui Barbosa e Joaquim Nabuco e a vasta cultura germânica de Tobias Barreto. O teatro Santa Isabel testemunhou a eloquência condoreira do poeta dos escravos a desfilar num turbilhão angustiante em minha memória. A viatura entrava em vielas estreitas e esburacadas procurando desviar do rumo certo no receio deles de sermos resgatados. Abelardo da Hora, num olhar perscrutador, sabia onde o seu Recife e o velho Capiberibe sonhavam os cânticos ternos nas madrugadas dos seus poetas e das suas mariposas. A cidade que nos fez sentir os primeiros lampejos da liberdade.

Passamos no Capiberibe sobre a ponte da Boa Vista. Por ali, pairavam os ventos da história de passados séculos imortalizados em Vidal de Negreiros, João Fernandes Vieira, Frei Caneca, e até o sonho imolado de Demóstenes de Sousa Filho. Quem éramos nós, este punhado de quiméricos? Olhei para Paulo Cavalcanti e falei:

– Companheiro, o que indigna esses golpistas é a nossa postura de não se curvar às suas armas; é resistir e não mercadejar a nossa dignidade.

Vi com contidas lágrimas o Savoy, o bar Savoy na avenida Guararapes; era naquele recanto que batia o coração do Recife, quando ele tinha febre cívica. Ali, se conheciam os zumbidos da política cotidiana; ali, o poeta Carlos Pena Filho deixou este cântico genial eternizado nesta estrofe:

> São trinta copos de chope
> São trinta homens sentados
> Trezentos desejos presos
> Trinta mil sonhos frustrados

Silêncio interrogador e grave sobrepairava a cidade. Este camburão se movendo para o indeterminado, tocam-me preocupantes interrogações. Para onde vamos? O inesperado me perturba e me engolfa de temor. Como tudo é confuso! Sensibilizam-me o poeta do bar Savoy, e agora este espiral de insegurança. Preocupa-me a mudez daquelas ruas, prédios e avenidas; chegam-me lembranças das utopias que idealizamos, das quimeras despedaçadas por este feroz militarismo. Vamos atravessando o velho Recife, o Recife dos carnavais e dos nossos sonhos. De repente, de uma logística de estratégia militar, o camburão entra numa estreita viela em que as casas se juntam umas às outras, apoiam-se mutuamente, apertam-se, entrelaçam-se num caos de habitações. Ao avançarmos num certo trecho, trafega, passando por nós, uma caminhonete de som tocando a música *Volta por cima*, cantada por Noite Ilustrada. Esta canção me marcou até hoje.

> Reconhece a queda e não desanima
> Levanta, sacode a poeira
> E dá a volta por cima

> Chorei, não procurei esconder
> Todos viram, fingiram
> Pena de mim, não precisava
> Ali onde eu chorei
> Qualquer um chorava
> Dar a volta por cima que eu dei
> Quero ver quem dava

Transportei-me por minutos para o mundo das artes onde os sons musicais se irmanam aos cantos dos passarinhos; e os cantores da natureza enviavam esta mensagem aos truculentos fardados: "Basta de estupidez, só o amor constrói para a eternidade". Paulo Cavalcanti fala:

– Companheiro Agassiz, estamos chegando no Forte das Cinco Pontas.

Vejo vetusta construção medieval solidificada em traços seculares. Naquela sombria bastilha pernambucana dois instantes se entrecruzam: a história de vultos destemidos e o medo a me dominar diante do imperscrutável. Olhei atemorizado aquele templo barroco, de cujas formas arquitetônicas se irradiavam glórias, medos, heroísmos e sombras de longínquos anos que me falam. Abismos invisíveis me invadem os sentidos. Sinto violento calafrio dos pés ao coração, prementes ideias me envolvem num atordoante labirinto mental. Sobrepaira em torno de mim o caos, e um vácuo me lança no século XVII. Antevejo, em meio da batalha, o rosto de um adolescente de 12 anos a se alternar heroicamente entre fogo de metralha. Era João Fernandes Vieira, o menino recém-chegado da ilha da Madeira. Meu universo se desmorona sufocado pelo temor.[18] Olho absorto a obscuridade do meu ser e nada percebo, apenas vejo exposto à frente da fortaleza um velho canhão simbolizando a história dos que lutaram pelas grandes causas. Abre-se enorme portão de ferro, antes se atravessa uma portinhola sobre um fosso. O camburão adentra, um militar lê uma folha de papel e grita:

– Agassiz Almeida e Assis Lemos, desçam!!!

No olhar dos companheiros, um ar de espanto. Murmurei a Assis:

– "Velho", olha quem está ali: Gregório Bezerra.

---

18 A Fortaleza das Cinco Pontas foi construída pelos holandeses em 1630. O nome "Cinco Pontas" deve-se ao fato de sua construção ser pentagonal. É o maior forte do Recife. Em janeiro de 1650, foi ocupado por tropas luso-brasileiras sob o comando de Vidal de Negreiros. O forte foi prisão e quartel-general. Existem celas com grades de ferro pesadas e severas, como masmorra, e serviu de prisão até 1972. Hoje é o museu da cidade do Recife e se localiza perto da antiga Estação de Santa Rita.

Apoderou-se de mim um medo quando vi as paredes e portões do forte. Naquela masmorra iriam nos enterrar anos e anos... Assaltou-me a sensação de um amanhã sombrio. Esta medieval bastilha evocava séculos e séculos de vida que por aqui passaram carregando sonhos, angústias e temores, ambições e destinos. Prisão subterrânea de aproximadamente seis metros de comprimento por três de largura, circundada por paredes com espessura em torno de um metro de largura sob um teto de concreto com altura pouco acima de dois metros. Atmosfera tétrica a nos circundar e colunatas seculares. Rochosas paredes, a mais temível prisão do Recife. Momentos da nossa história nos falam. A saga dos indignados que abraçaram temeridades: Vidal de Negreiros, João Fernandes Vieira, Domingos Martins, padre João Ribeiro, Domingos Teotônio e este enorme Frei Joaquim do Amor Divino Caneca – Frei Caneca, que pela liberdade imolou a vida, em 1825, aqui, no pátio externo desta bastilha. Como trazer à mente certo dia de janeiro de 1825? Martirizado vulto sob o peso de longa sotaina preta, caminhava em passos lentos em direção a esta fortaleza. No seu rosto resplandecia um clarão de liberdade, no seu olhar irradiava a determinação dos predestinados, nos gestos a humildade altiva dos apóstolos. Quem a história tinha a marcar? Joaquim do Amor Divino Caneca. Frente ao pelotão de fuzilamento, e sob os olhares dos verdugos, o herói da Confederação do Equador fitou o Eterno e nele repousou as suas quimeras:

– Atirem, covardes, viva a liberdade!

Das páginas históricas, volto-me para esta prisão medieval. Vejo-me dentro de um calabouço multissecular. Vulto de estatura mediana, sem camisa, ombros largos, rosto avermelhado, olhar temível, face de quem atravessou tempestades, nos pés chagas expostas, fitava-nos com inusitada surpresa. Quem estava diante de nós? O "velho" Gregório Bezerra, de longas e temerosas pugnas. Alquebrado, ainda trazia cicatrizes de infames torturadores, comandados pelo coronel Darcy Viloc. Indomável e ardoroso marxista, engrandeceu-se perante a História. A sua alma respirava bramidos oceânicos. Em Luiz Carlos Prestes, o "Cavaleiro da Esperança", ele depositou a sua lealdade de um revolucionário nato de desvairadas utopias. Tempestuoso, vaidade olímpica, acreditava-se um predestinado. A idade, os sofrimentos, as torturas infames dão à sua fisionomia a aura de um herói. Olimpicamente nos olhou como do alto de uma montanha (tive com ele algumas reuniões, uma delas no Palácio das Princesas, em Recife) e falou num tom de Zaratustra:

– De onde vocês vêm? Vou batizá-los.

Pegou uma quartinha de cerâmica com água e derramou em nossas cabeças. Tinha o aspecto de um João Batista no rio Jordão. Assim ele falou:

— Fomos derrotados sem lutar, ingenuamente. Pedi armas ao doutor Arraes, pedi armas a todos, ninguém me ouviu. Estamos agora condenados a esta derrota humilhante.

Vivera até ali uma existência de arrebatante paixão por um ideal; o ideal comunista, que abraçou com a paixão de um apóstolo. Acreditou com tão ingente convicção nesse ideal que ele fez a causa do seu viver. Por dias e noites, ouvimos como um guru tiberiano, Gregório contar candentes episódios de suas lutas, das greves e dos supremos instantes que marcaram a sua existência, a maior parte dela na clandestinidade. Conheceu o mundo soviético; nele projetava uma nova humanidade. Fez-se revolucionário com alma sacerdotal. A doutrina marxista foi a sua Bíblia; dela extraía dogmas. Certa vez, possuiu-se de intensa ira passional, quando eu fiz esta análise sobre o Levante Comunista de 1935. Relatei. Ocorreu movimento político-militar comandado pela Aliança Nacional Libertadora, em 1935, errada estratégia política por parte do líder Luís Carlos Prestes. Com a decisão precipitada do levante armado, ele quis se apresentar como herói à sua amada, Olga Benário, por quem estava loucamente apaixonado. E acrescentei:

— Lenin dizia que o verdadeiro revolucionário é por tempo integral; se não houver dedicação total, não se é um autêntico revolucionário. Certa feita, expulsou um companheiro de importante reunião por ele estar ouvindo música. O combatente precisa observar o tabuleiro político-militar com a atenção e precisão de um matemático. E aí o desastre de 35. Pergunto: um casal de apaixonados poderia comandar desafiador processo revolucionário?

O revolucionário precisa estar atento e ter o gênio da oportunidade. Antes de terminar o relato, Gregório se transfigurou num possesso.

— Não!... Não!... Isso não, camarada! Isso é visão da ditadura.

— Companheiro Gregório, isso é imanente à própria fraqueza humana. Essa análise sobre agentes políticos que desencadearam o Levante de 35 eu faço sob a luz do materialismo histórico, a dialética marxista. Olga Benário, quando conheceu Carlos Prestes, em Moscou, antes de vir para o Brasil o acompanhando, fora inebriada pelo mito do "Cavaleiro da Esperança", líder de uma cruzada libertária que assombrou o mundo, numa marcha que varou quase 25 mil quilômetros durante três anos. Foi para a amada, a revolucionária e destemida Olga Benário, altamente inteligente e de uma beleza amazônica, que Prestes sustentou a flama do herói intimorato; ele feio e pequeno com menos de 1,60 de altura. Sigmund Freud explica melhor essa seara por onde estou pisando, caro Gregório.

Prossegui:

— Desse arrebatamento amoroso se gestou a "Intentona de 35". Daí os erros primários aberrantemente cometidos. Que forças políticas foram articuladas?

Que segmentos da sociedade brasileira foram arregimentados? A classe operária de São Paulo, que participação teve, ela que já demonstrava então uma relativa visão política?

Gregório se contorcia todo, arrebatava-se e falou:

– Essa interpretação é equivocada. O camarada Carlos Prestes não foi um passional.

– Caro Gregório, não há de se confundir o vulto heroico de 1924 que à frente da "Coluna Prestes" estarreceu o mundo, numa epopeia maior do que a de Mao Tsé-tung, e o líder político da Aliança Nacional Libertadora de 1935. Nessa análise, situo-me como cientista político. Tanto assim, caro companheiro, que eu jamais divulguei essa crítica.

Relatou-nos Gregório a sua eleição e a dos 22 deputados comunistas e um senador, Luís Carlos Prestes, à Assembleia Nacional Constituinte, instalada em 4 de fevereiro de 1946.

– Convidado por Prestes, fui residir com ele na rua Gago Coutinho, perto do Largo do Machado, e assim participei mais ativamente dos trabalhos da Constituinte, à época no Rio de Janeiro.

Reconhecia as suas deficiências culturais para uma melhor atuação na Assembleia Constituinte. Quando ele falou da Paraíba, vinham lembranças destes fatos: a cassação dos mandatos dos parlamentares comunistas em 8 de janeiro de 1948 e a grandeza com que o deputado Samuel Duarte, na Presidência da Câmara dos Deputados, portou-se. Assim relatou:

– Eu discursava na noite de 8 de janeiro, quando um deputado de São Paulo, ligado às oligarquias do café, gritou, com o Diário Oficial à mão:

– Senhor presidente, ele não pode mais falar, foi cassado! Olha aqui o jornal.

– Asseguro a palavra ao deputado Gregório Bezerra, proclamou Samuel Duarte.

Emocionava-se ao relembrar essa passagem de sua vida parlamentar. Acerca deste outro fato ele se indignava:

– Companheiros, esta sordidez me marcou. Dois dias antes da votação do projeto de cassação dos mandatos dos parlamentares comunistas, o deputado José Joffily procurou a mim, Grabois, Jorge Amado, Amazonas e o senador Carlos Prestes, assegurando-nos de que votaria contra o projeto cassatório. No dia da votação, estava entre os primeiros deputados a golpear os nossos mandatos.

– Mas, Gregório, eu não acredito.

– Acredite, camarada Agassiz. Isso não me surpreendeu, pois, o José Joffily foi diretor da penitenciária de Itamaracá, em Pernambuco, em 1938, durante a ditadura Vargas; no período de sua gestão ocorreram torturas e mortes de presos políticos, com a sua cumplicidade.

Continuando, Gregório exaltou a atuação independente e corajosa de Agamenon Magalhães, Café Filho, Nestor Duarte, Hermes Lima, Nelson Carneiro e João Mangabeira. Destacou particularmente a posição do senador José Américo de Almeida, que pronunciou a célebre oração conhecida por "Cadeira Vazia", em defesa dos mandatos dos parlamentares comunistas.

Este outro fato, ele relatou:

– Em 16 de janeiro de 1948, eu estava, às sete horas da noite, jantando com a família Prestes, quando o *Repórter Esso* noticiou incêndio ocorrido no 15 RI – Regimento de Infantaria de João Pessoa. Informava o repórter: tratava-se de uma sabotagem dos comunistas em represália ao exército, pela cassação dos seus mandatos. As irmãs de Prestes disseram:

– Já começaram as provocações contra o partido.

Olhando-nos, desabafou irado:

– Camaradas, paguei caro essa infâmia que perpetraram contra mim. Depois se descobriu a verdade. Alguns oficiais envolvidos em falcatruas provocaram o incêndio criminoso.

Com incontida emoção, Gregório falou do Levante Comunista de 1935, no Recife:

– Madrugada de um sábado de novembro, eu era sargento do exército e instrutor do tiro de guerra e me coube a missão de sublevar o quartel-general da 7ª Região Militar e o Centro de Preparação dos Oficiais da Reserva (CPOR). O clima no QG era de alta tensão, havia as notícias do levante ocorrido em Natal, Rio Grande do Norte. Encarregado do armamento do quartel, fiz a entrega de armas e munições a companheiros comprometidos com o levante. Em determinado instante, recebo voz de prisão do tenente Aguinaldo Almeida (olhando para mim disse rindo: será que é seu parente?), que se fazia acompanhar do sargento Vieira. Repeli a voz de prisão, momento em que o sargento travou comigo luta corpo a corpo. Fui alvejado na coxa esquerda por disparo do tenente Aguinaldo. Num movimento rápido, lancei o sargento Vieira contra o tenente e disparei a metralhadora na direção do oficial, atingindo-o. Se quisesse matá-lo, teria feito. Ao deixar o QG da 7ª Região Militar, vi morto o capitão Sampaio Xavier, legalista, vítima do tiroteio cerrado dos dois lados. Desci pela rua do Hospício e fui até a rua do Aragão, na sede do Tiro de Guerra 333, onde deixara armazenados 274 fuzis e cerca de sete mil balas à espera dos companheiros. Com todo esse material, pensei em rumar para o quartel do Socorro. A hemorragia na minha perna esquerda não cessava: aí, então, telefonei para o pronto-socorro solicitando uma ambulância. Quando estava a receber curativos naquele nosocômio, fui preso pelo tenente Aguinaldo, homem valente. Recolhido à enfermaria da Casa de Detenção, dali me encaminharam ao delegado Etelvino Lins. Certa noite fui removido daquela penitenciária por um tipo amoral chamado capitão Malvino Reis, torturador covarde.

Olhando-me emocionado (Gregório era um homem sensível) disse:

– Esse Malvino um dia me arrastou para o pátio interno da Secretaria de Segurança e mostrou um corpo humano inerte, e aos berros uivou:

– Veja com seus olhos, canalha! Mandei matá-lo a cassetete. Tu vais te encontrar com ele nas profundezas do inferno, seu filho da puta! – Olhei em direção ao cadáver e vi o camarada Luiz Bispo, do Comitê do PC de Pernambuco.

As horas se enchiam com os relatos emocionantes do legendário Gregório Bezerra, predestinado a viver a vida com a intensidade de um revolucionário, para quem só o socialismo albergava o verdadeiro caminho da humanidade. Sensibilizava-nos ouvir do combatente intimorato a história viva, humanamente viva trazida até nós com grandeza, a descortinar esta razão: na paixão por suas causas o verdadeiro homem público norteia a sua saga (alcei-me em pensamentos e aí deixei aquela masmorra). Vi o heroísmo cravar os seus momentos, de Vidal de Negreiros a Frei Caneca, de Peregrino de Carvalho a este enorme Gregório Bezerra.

Nesta fuga espiritual, quis destroçar esta infame condição a que o militarismo me lançou. Queria ouvir vastas sinfonias. Queria ver multidões em marcha e paisagens imensas. Olhar as eternas neves dos Andes e do Himalaia, as epopeias bíblicas e homéricas na palavra dos apóstolos, profetas e poetas. Moisés vindo do Sinai, e Ulisses ao encontro de Penélope. Ver e lutar ao lado dos revolucionários franceses na derrubada da Bastilha, em 14 de julho de 1789. Mergulhar nos espaços siderais. Ver, como fim da aventura humana na Terra, o homem navegando nas ondas e paragens cósmicas. Ouvir o grito uno de multidões e o impulso de todos os infinitos e acompanhar os destinos dos povos pelo caminhar dos séculos. Ver os dois encontros: o espetáculo infinitamente majestático da humanidade nos iniciais instantes do seu nascimento, e o outro, não menos olímpico, o homem se desprendendo do corpo e se transfigurando em energia a sobrevoar os espaços siderais. Ver, finalmente, em algum ponto do Universo, o homem indo ao encontro do seu princípio e do próprio fenômeno do seu existir.

Que paradoxal é a vida! Aqui, neste instante, o ódio, a baba do ódio a me dilacerar neste calabouço; lá fora, pelos anos adentro, a história a nos falar. Há 139 anos, um imenso vulto deixou o seu clarão no pátio desta fortaleza, no turbilhão de sua fé e da sua força moral! De quem falamos? Do Frei Joaquim do Amor Divino Caneca, imolado em 1825, a poucos metros de onde estou, pela mão do absolutismo feroz. Alma silenciosa e grande, natureza impávida. Frei Caneca, sacerdote de fé apostolar, abraçou a liberdade dos povos. A igreja covardemente o abandonou como fez com frei Gabriel Malagrida, no século XVIII, em Portugal. Foram esses mártires que, pela grandeza de suas vidas, deixaram os seus exemplos a todas as gerações. Nas noites estrelares, eu ouvia pensamentos que nascem e vêm do mais íntimo coração das coisas. Falavam-me no mistério que jaz oculto na vida dos heróis, homens que abraçam temeridades e definem destinos. Frei Caneca é executado em 1825, a mão que o fuzilou, D. Pedro I, deixou o país em 1831.

Façamos uma pausa. Uma força maior se levanta a marcar, ante a estupidez humana, tocante hora de compreensão num entardecer de uma quarta-feira de maio de 1964. A peçonha militarista agride, a fé engrandece e sublima. Recebo, enviada por minha mãe, Josita Almeida, após audiência com D. Helder Câmara, Arcebispo de Olinda e Recife, esta mensagem. Sopro de grandeza de um condutor de fé naquele melancólico instante que me engolfavam. Inebriado ouvi um cântico bíblico que me tocou.

> Meu jovem:
> Por maiores que sejam as lavas do ódio contra o mundo de ideias que construíste, crê no alvorecer como chama divina.
> Bênção.
> Helder Câmara.

Paremos por um instante diante daquela personalidade imponente que ia dar aos acontecimentos o desenrolar de acordo com o seu temperamento e sensibilidade. Tudo nele causava admiração e intensa religiosidade, da qual se irradiava uma crispa profética; um quê de indefinido e místico no seu porte afável e apostolar, num semblante de austeridade e tranquilidade espantosa e fragilidade terna. Viveu a vida sem perder a visão do eterno. Que vulto sacerdotal iria empalmar aqueles anos tormentosos! Vi, naquelas palavras, um mundo de fé a me acalentar e encorajar com imenso alento de ternura a um combatente vilmente golpeado. Em certas horas, uma palavra direciona destinos. Quando leio essa mensagem, emociono-me. A imagem do grande apóstolo do bem assoma perante mim, com eloquente humildade. Dois mil anos me falam. No seu verbo, a ternura alteia o bem e o justo. A verdade despertou a inquietude e o ódio dos maus.

D. Helder Câmara! Que vulto de descortino apostólico marcou o século XX! Encheu as naves das catedrais com os seus passos a ouvir as vozes dos infortunados. Tão grande como aquele outro, o padre Antônio Vieira, nos púlpitos de São Luís, Salvador e Lisboa, abraçando a causa dos índios, dos negros e dos cristãos novos no século XVII. Falaram ambos ao mundo com fé e deixaram esta mensagem: só o amor constrói para a eternidade. Com essa mesma dimensão, como mártires da liberdade, eles pugnaram por uma humanidade menos injusta. Quem foram eles? Os padres Roma e Frei Caneca, imolados sob o cutelo da ferocidade absolutista. Com D. Helder Câmara, o arcebispado de Olinda e Recife ergueu enorme muralha às investidas selvagens do militarismo. Entre a palavra do grande sacerdote e a peçonha da tirania fardada, olhei a situação a que fui condenado e vi o ser humano. O homem como ser condutor de destinos. Ele é a imagem-chama vinda do infinito desconhecido para a construção desta obra, o fenômeno humano, como operário, sábio, herói, pensador, poeta, revolucionário e profeta. Ele vive e tem de viver em comunhão com o Criador. O que seria Deus sem o homem? Ou o próprio Universo sem o homem? Um vácuo de planetas e estrelas, rolando silente nos espaços siderais!

Olhei esse ser universal. Padeci infames torturas psicológicas por dias e meses. A hidra militar me encarcerou, mas dela não fui prisioneiro. Não perdi as minhas utopias; nelas encontrei a liberdade, apanágio da própria natureza humana. O que esse leviatã fardado desencadeou? Sonhos desfeitos, ideais sufocados, quimeras ultrajadas, idealistas tombados no chão da América Latina... sangue, vidas... e vidas... e mortos lançados no infinito ignoto. O que expressam de supremo instante estas minhas memórias? Arrastei dos monturos da história pulhas e poltrões para o julgamento sereno das futuras gerações. Apontei a grandeza heroica de algumas centenas de jovens, covardemente assassinados, cujos exemplos e ideais abriram caminhos para uma nova América Latina. Deixaram este legado: um nunca mais às ditaduras. E a minha liberdade, quem a devolverá? Quando a noite da ditadura assistir ao seu crepúsculo e os algozes e torturadores fugirem como ratazanas nos porões de um navio em naufrágio, eu abraçarei a liberdade e ouvirei este bordão ecoando pelos tempos: *Libertas quae sera tamen*.

Os homens e os acontecimentos que trouxemos às páginas desta obra retratam o permanente drama do gênero humano nessa indefinida aventura da vida. Os homens passam no carrilhão dos tempos, fica o drama de cada um. Todos legam à humanidade o seu retrato. E, no âmago dos tempos, o idealista abraça o ideal, e o crápula rasteja. Olhei a vida numa visão ao mesmo tempo pessoal e político-social. Encontrei no homem suas vertentes de grandeza e de miséria moral. Chega-me a lembrança do apóstolo Paulo no quadro de Rafael: calo-me, reflito e ouço uma voz que me fala: vai construir os teus sonhos.

A ORDEM DOS ADVOGADOS DO BRASIL (OAB) DA PARAÍBA ME NEGA INSCRIÇÃO

Arrancaram de mim funções e mandato de deputado. Encurralaram-me. Não me curvo ao poder das botas. Carrego o DNA dos resistentes. Se me faltarem forças, recolho-me na solidão, onde residem os pensadores e vitoriosos. Relembro esta passagem de Calderón de la Barca: ao rei tudo, menos a honra. Eu proclamo: a ditadura me levou tudo, menos o meu caráter. Tomei esta decisão: vou advogar. Fazer da palavra e da pena os meus instrumentos nas lides forenses, onde pontificam e decantam um Sobral Pinto, um Evandro Lins, um Heleno Fragoso e os abolicionistas defensores dos escravos, Castro Alves e Joaquim Nabuco. Encaminhei à Ordem dos Advogados do Brasil, secção da Paraíba, a minha inscrição nos quadros dessa instituição. Decisão acovardada me chocou. Tudo está podre neste reino da ditadura, parodiando Shakespeare, em Hamlet. Envergonhou-me. Não me indigno. Desprezo aqueles que usam a função para servir ao mandatário fardado. Não quero acreditar. Eis o desfecho do presidente da OAB, secção da Paraíba, Paulo Maia, ao meu requerimento de inscrição nessa entidade: "Indefiro o pedido do requerente por exercer atividades incompatíveis com o exercício da advocacia".[19]

Uma forte voz levantou, lá em Salvador, Bahia, Lourival Torreão disse:

– Agassiz, eu soube da estupidez da decisão, aí, na Paraíba; venha para cá que eu lhe inscrevo na Ordem dos Advogados em dez dias. – Genival Torreão, irmão de Lourival, já tinha relatado o fato e me informado que Lourival presidia a OAB, secção da Bahia. Em poucos dias, viajei a Salvador. Hospedei-me no seu apartamento, no edifício Oceania, na Barra. Lourival me abraçou.

– Agassiz, essa canalhice que fizeram contra você não o abate.

Palavra cumprida, recebi o meu instrumento de trabalho, com inscrição na OAB da Bahia.[20]

---

19 No livro *O fenômeno humano*, de minha autoria, retrato esses tipos humanos que em todos os tempos, povoaram a humanidade. No "Memorial Agassiz Almeida" se encontram documentos referentes a esses fatos.
20 Como escafandrista do tempo, abri espaço nestas "Minhas Memórias" para homenagear as famílias Gaudêncio, na pessoa do "velho Álvaro" e dos meninos Aldino, Amir, José, Alice e Manoel, empresário vitorioso, como também estender este gesto à família Torreão, na efêmera passagem da vida, neste "vale de lágrimas", como dizia Santo Agostinho. São os gestos, as atitudes nas horas graves, as decisões de solidariedade que engrandecem o gênero humano. Naquela hora em que a covardia humana me atingia, o gesto de Lourival me encorajou e me marcou. Onde estão hoje os beija-botas dos poderosos? Na lata do lixo da História, a *mater et magistra* do próprio fenômeno humano.

DESAFIO: A DESCOBERTA DO MINÉRIO BENTONITA

Nos seus magistrais poemas em que os Andes e o Pacífico se contemplam, Pablo Neruda exaltou os revolucionários e heróis de todos os tempos, de Spartacus a Che Guevara. Bradava: eles viveram sempre à beira dos abismos. Extraí do condoreiro alguns textos do poema que refletem a minha vida, desde os meus 19 anos caminhei sempre à beira de abismos. Como o albatroz, ave marinha, procurei em todas as horas as tempestades. Encurralaram-me. Os golpistas me vergastaram, vilipendiaram, mas não me abateram. Arrancaram de mim funções, mandato de deputado, desterraram-me ao presídio de Fernando de Noronha, arrastaram-me por masmorras no Recife, conheci a solidão de uma cela sepulcro e, por fim, a sabujice de um sátrapa me negou o direito de sobreviver, recusou a minha inscrição na OAB da Paraíba.

Queriam me condenar a um flagelado da caridade pública. Derrotei-os. Sou um homem de pensamentos livres. Cheguei até as últimas fronteiras onde os fortes resistem. Voltei ao abrigo materno, a casa dos meus pais em Campina Grande. Deles dependia até para comprar cigarros, tomar cafezinho e copos de cerveja. É mister romper o círculo de ferro da opressão. A mente se transfigura em vários pensamentos. Nas viagens que fiz aos sertões despertaram-me a atenção os contrafortes da serra da Borborema, nas proximidades da cidade de Santa Luzia, na rodovia que leva ao sertão.

Vieram às minhas lembranças estudos de geologia sobre o potencial mineralógico das serras, montanhas e cordilheiras. Adquiri uma obra clássica sobre a mineralogia no país, *Recursos minerais no Brasil*, de Froes de Abreu. Fiz dele um livro de cabeceira por alguns meses. No curso das leituras, deparei-me com as potencialidades mineralógicas do Brasil, reservas minerais inexploradas. Procurava entender por que os principais recursos minerais, na sua maioria, ocorriam em serras, montanhas e cordilheiras. Procurei desvendar esse enigma geológico. Na formação da terra, bilhões de anos atrás, com ventos tempestuosos, conduzindo partículas de areia abrasantes, chuvas torrenciais, abruptas mudanças de temperatura, do dia para a noite, tipo deserto do Saara, por que os relevos de maciços geográficos sofreram menos erosão do que as regiões de planícies e planaltos?

Nessa mesma linha de raciocínio, o ciclo do ouro, no Brasil, teve o seu núcleo central na Serra do Mar, em Minas Gerais, no século XVIII; o ciclo do cobre eclodiu na cordilheira dos Andes, no século XIX, no Chile, o da prata, ocorrido na Bolívia no século XVIII, nos Andes. Por que esses maciços geológicos resistiram às intempéries por bilhões de anos? Eles estão solidificados em resistentes cadeias de minérios como ouro, ferro, prata, cobre, chumbo, zinco, manganês etc. Transportei as minhas reflexões para o maciço da Serra da Borborema, que se estende aos estados do Rio Grande do Norte, Paraíba, Pernambuco e Alagoas.

As histórias das usurpações colonialistas me assaltavam a mente. A Inglaterra se abarrotou com o cobre do Chile e a prata da Bolívia. Aqui no Brasil, nos séculos XVIII e XIX a sangria praticada por Portugal, Inglaterra e países europeus foi mortal. Milhões de toneladas de minérios, sobretudo ouro, transportadas clandestinamente pelo porto de Macaé, Rio de Janeiro, iriam financiar a construção de riquíssimos palácios e catedrais, em Lisboa, Londres, Madri e Paris. Aqui, deixaram buracos, lá ergueram monumentos. Hoje, inebriam turistas, que carreiam divisas para eles. Lá estão os palácios de Versalhes, Paris, Palácio de Sintra, Portugal, Palácio de Buckingham, Londres, Palácio Real, Madri, e centenas de catedrais, igrejas e castelos.

Baseado nos estudos que fazia, evidenciados por esses fatos relatados, concentrei minha análise no maciço da Serra da Borborema, onde ocorriam incipientes explorações de caulim, feldspato, quartzo e argila para cerâmica. Antenado nas leituras e com os pés no chão da realidade, procurei ouvir pessoas vinculadas a operações comerciais com mineiros, entre outros, Silveira Dantas e Isidoro Araújo. Com que mundo me deparei? Sonhadores a jogarem as suas esperanças em projetos mirabolantes, aventureiros a mercadejarem ilusões e picaretas de todos os tipos. Parecia que eu estava entrando num cassino em Las Vegas, Estoril ou Mar del Prata. Operam sob mistério. Nessa seara, fui ouvir pequenos mineradores, garimpeiros, transportadores de minérios.

À época, comentava-se muito sobre as reservas de scheelita do Rio Grande do Norte e seu descobridor, Tomaz Salustino, empreendedor, político e magistrado. Desloquei-me a Currais Novos para conhecer o processo de extração e a sua transformação no metal tungstênio, cujo ponto de fusão alcança mais de 1.700ºC, metal empregado no revestimento de turbinas de avião, naves espaciais, brocas de perfuração de poços de petróleo e outras utilidades. O seu período áureo foi durante a 2ª Guerra Mundial. Era considerada a maior jazida de scheelita da América do Sul.

Participante ativo na campanha "O petróleo é nosso", tocou-me a curiosidade de conhecer o primeiro poço de petróleo economicamente usável no Brasil, descoberto em 1941. Viajei a Salvador, e desta capital 70 km, até o município de Candeias, onde se perfurou o poço de petróleo, Candeias número 1. Naquela hora, impregnou-me um sentimento que veio do fundo da consciência: eu dei um pouco de mim para fazer de um sonho esta realidade. A partir dali o Brasil dava os primeiros passos para sua verdadeira independência econômica.

Num certo domingo, dia de feira, em Boa Vista, Paraíba, ouvi de algumas pessoas, entre elas Bonifácio Gomes, que estava sendo transportado um "barro da propriedade de João Paulo para São Paulo". Aquela notícia me despertou a atenção, e matraqueava os meus pensamentos: barro para São Paulo, numa distância de mais de 2.500 km. Pensei: que tipo de "barro" é esse? Vieram-me à memória alguns tipos de argila. Será a que se emprega na fabricação de peças finas de cerâmica ou de porcelana de alta qualidade como a inglesa Tableware? Assaltou-me um enigma comercial. Fui pessoalmente à propriedade de João Paulo de onde era transportado o "barro" para São Paulo, com cerca divisória comum com a propriedade do meu pai; ali encontrei a uns duzentos metros de distância das escavações do barro um açudeco vazio de onde retirei uma lâmina da altura de três metros, uma pequena amostragem para exame físico-químico. Dirigi-me ao Laboratório da Produção Mineral, em Campina Grande, onde trabalhava o químico Severino Almeida, meu primo. Dois dias depois, recebo a análise química. Surpreendi-me. O teor de água retida era acima de 70%, superior aos outros minérios. Que tipo de argila é esta? Numa carga de caminhão de dez toneladas se transportavam sete de água.

– Olhe, Agassiz – falou o químico Severino –, o laudo físico só no Instituto Tecnológico de Pernambuco (ITEP), em Recife.

Lá entreguei amostras da argila e me informaram que o resultado só sairia depois de quinze dias. De acordo com o prazo acertado, eu estava lá, onde um químico e um técnico em física entregaram-me o laudo e formularam estas perguntas:

– De onde é esta argila?

– Oh, desconheço, pois recebi de um parente meu em Campina Grande.

– Sabe se a reserva é grande?

– Também não sei informar.

– Oh, senhor, isto aqui é bentonita sódica.

Fiz-me de ignorante. Pela maneira de falar e questionar estavam provavelmente a serviço de algum grupo de mineração. Com os laudos tecnológicos nas mãos, e conhecendo as potencialidades da argila bentonítica, sobretudo no emprego na pelotização do ferro, na lama de petróleo, na perfuração de poços e resfriamento das rochas nos atritos com a sonda, na moldagem de fundição de ferro e outros metais, na clarificação de óleo, impermeabilização de barragens e outros importantes usos, debrucei-me com sofreguidão na leitura da legislação mineralógica, sobretudo do "Código de Minas", criado pelo Decreto-lei nº 1985, de 1940. Atrelei-me mais nos capítulos referentes aos direitos e deveres dos mineradores, destacadamente na participação do proprietário do solo na exploração e venda do minério. O Brasil importava, à época, nos meados da década de 1960, bentonita da Itália, Argentina, EUA. Adquiri uma visão da problemática mineralógica do país, mormente a importância dessa argila montmorillonita. Sabia da relevância do meu papel nesse contexto. Mesmo jovem ainda, e calejados nas adversidades e experiências que a vida me impôs, conhecia a conjuntura econômica e política do país. Tinha em minhas mãos uma verdadeira Caixa de Pandora. Se a abrisse, despertaria ambições, individualismos exacerbados e desenfreados egoísmos. Meditei. Como conduzir o processo bentonítico em meio a ignorantes e despreparados? Se o país importava essa argila especial, poderia chamar e coordenar a extração e industrialização da bentonita por uma empresa nacional que a consumisse em grande escala, como a Cia. Vale do Rio Doce, a Petrobras, a Siderúrgica Volta Redonda. O proprietário do solo teria participação financeira, seguindo o Código de Mineração vigente, e o país ficaria a salvo da intervenção de grupos transnacionais.

Amadureci a vida no carbureto. Não queria participar de rasteiras, competições, concorrências na região dos cariris, berço natal dos meus pais. Na minha constante inquietude, projetava a vida muito além das conquistas materiais. Olhava o grande anfiteatro da aventura humana, como um partícipe reformista pela palavra e ação, nasci vocacionado a olhar alto, mesmo quando me enclausuraram em masmorras. Quais os primeiros passos no projeto bentonítico? Vou relatar ao meu pai todos os dados e elementos que colhi e participar da sua alegria em tomar conhecimento de tamanha descoberta em suas terras e da importância desse minério para a família e o país.

Num certo domingo de março de 1965, chegava a sua fazenda "Lages". Deitado numa rede, levantou-se num impulso jovial.

– Oh, meu filho, nunca mais apareceu aqui.

– Estou reorganizando a minha vida depois da borrasca. Como vai o atendimento médico em Cabaceiras?

– O pessoal pergunta sempre por você. E, por falar em Cabaceiras, guardo com gratidão o seu esforço para me readmitir aos quadros médicos do estado.

– Oh, pai, cumpri o dever de filho. Tenho uma notícia muito boa para lhe dar. Aquele "barro", lá de João Paulo, transportado para São Paulo, é argila bentonita sódica. Tenho aqui os laudos físico e químico. Fique com eles.

Fitou-me com inusitada surpresa. Dos seus olhos irradiaram um indefinido brilho.

– É, eu bem pensava.

– Analisei a legislação mineralógica, do alvará de pesquisa ao decreto de lavra. Estudei os direitos do proprietário da terra onde se encontra o minério. Cheguei a uma conclusão, meu pai. Vamos fazer um pacto de trabalho comum com João Paulo.

Contorceu-se todo, o semblante se transfigurou numa palidez etérea e gritou:
– Não vou fazer acordo nenhum com aquele cretino.

– Oh – disse – foi apenas uma sugestão, fica a seu critério a decisão. Estava pensando em preservar a sua paz e tranquilidade. Antevejo o choque de interesses.

Desviei do assunto e lhe perguntei sobre o plantio de palmas que ele estava fazendo.[21] Preciso repensar os meus planos. Quão difícil é romper a cadeia genética e cultural! Salvaguardei os direitos de pesquisas do subsolo nas áreas limites à propriedade de João Paulo, de onde era transportada a argila para São Paulo. Encaminhei o requerimento de pesquisa, em meu nome, do meu pai e de outros familiares ao Departamento Nacional de Produção Mineral (DNPM). Para uma indústria de beneficiamento de argila em Sorocaba, São Paulo, era transportada e vendida a bentonita de João Paulo. Legitimado, dei publicidade à descoberta. Concedo entrevistas a diversos órgãos da imprensa, inclusive ao *Jornal do Comércio*, de Recife. Uns três dias depois, Zezé Marques, secretário do governo João Agripino, telefona, comunicando que o governador queria conversar comigo e dizendo que eu ligasse para o palácio e marcasse com a secretária o dia da audiência. Numa certa manhã de uma quarta-feira de abril de 1966, reuni-me com o governador.

Tipo magro, voz pausada e arrastada, semblante enigmático, nos gestos a marcar distância formal do interlocutor, falou:

– Tomei conhecimento das suas entrevistas. Que dados e elementos você tem sobre a jazida?

---

21 Que perfil posso traçar deste caririzeiro Antônio Pereira de Almeida, nascido nas Lages, em Boa Vista, no início do século XX? Logo cedo, a chama vocacional pela medicina o despertou. Fez da ciência de Hipócrates o seu projeto de vida. No ano de 1923, deixa os caririrs de Boa Vista e, viajando de burro, trem e navio, chega a Salvador, onde estudou medicina por quatro anos. Os dois últimos anos, terminou na Faculdade de Medicina no Rio de Janeiro. Ali, conheceu a obra epistemológica do cientista e sanitarista Osvaldo Cruz, e outros vultos da medicina, Miguel Couto, Carlos Chagas, Vital Brasil. Em 1930 instala em Campina Grande o seu consultório médico. Prefeito desta cidade em 1932 a 1934. Em 1947, elegeu-se deputado estadual constituinte à Assembleia Legislativa da Paraíba. Nos meados da década de 1950, abandonou a medicina, rompeu as amarras sociais e se despiu das vaidades materiais. Fez o caminho de volta às suas origens, as "Lages", nela ergueu o seu altar, e de Boa Vista a sua catedral, e das paragens adustas do Cariri, a sua "Terra da Promissão". Deixou uma obra de fôlego, *A genealogia dos Oliveira Ledo*. As miragens mineralógicas o arrancaram de sua paz e tranquilidade e abreviaram a sua vida. Impelido pela força genética que norteia os seres humanos, o meu pai se investiu de um ermitão telúrico, e ali na sua "Lages" construiu o seu mundo de sonhos.

— Tenho em mãos as análises físico-químicas. Fiz uma pesquisa empírica desde a propriedade de João Paulo às áreas adjacentes, inclusive num açudeco vazio, constatei uma lâmina de três metros.

Continuou o governador:

— Sei da importância dessa argila para o país, razão por que vou comunicar essa descoberta ao ministro Mauro Thibau. Qualquer fato novo o Zezé Marques lhe comunica.

Quase um mês depois desse encontro, Zezé me informou que o ministro Mauro Thibau estaria na Paraíba, na próxima semana, e que o governador pretendia reunir os proprietários das áreas bentoníticas. Numa quinta-feira, pela manhã, sob a presidência do ministro das Minas e Energia doutor Mário Tibau, se realiza reunião em palácio, da qual participaram o governador João Agripino, o diretor do DNPM, Vasconcelos, Antônio Pereira de Almeida, Agassiz Almeida, Langstein Almeida e Manoel Paulo.

O ministro abre o encontro, relatando a importância da argila bentonita para o país, e espera uma integração entre concessionários de pesquisas, órgãos públicos e empresas estatais. Já comuniquei ao governador minha determinação ao doutor Vasconcelos (diretor-geral do DNPM), a fim de providenciar uma sonda para fazer um levantamento in *loco* nas áreas. Em seguida, o governador João Agripino pontuou os objetivos da reunião e ressaltou a necessidade da comunhão dos proprietários num projeto comum com a União no objetivo de salvaguardar os interesses nacionais, contra as investidas de grupos econômicos internacionais.

Encerrando, o governador anunciou:

— Em nome dos mineradores, com a palavra o doutor Agassiz Almeida.

Ressaltei:

— Uma nação se engrandece, senhor ministro, quando os interesses nacionais se sobrepõem às paixões políticas, aos efêmeros detentores do poder. Nós, senhor ministro e governador, calejados pelos sóis dos cariris, estamos prontos a fazer um pacto comum pelos interesses do país, preservando os direitos dos concessionários.

Despedindo-se de nós, o governador salientou:

— Qualquer fato novo eu comunico ao Zezé.

No domingo, fui visitar o meu pai na fazenda "Lages". Encontrei-o de semblante fechado e pensativo. Procurei descontraí-lo. Aquela reunião impactou como um terremoto a sua mente.

— Oh, meu pai, achei o gado de pelo fino. E Mariposa (a vaca de sua preferência) já passou dos vinte litros de leite por dia? E Asa Branca (o cavalo de sua montaria) tem campeado muito nele?

Descontraiu-se. O semblante assomou um ar de alegria e surpresa.

– O governador me recomendou: um abraço em Almeida. Eu disse a ele que o senhor ia coordenar os familiares e mineradores.

– Oh, meu filho, e se eu não concordar com esse tal de pacto?

– O governo federal desapropria as áreas de bentonita como de interesse público. Lembre-se que o país está numa ditadura. O senhor será o presidente desta companhia a ser criada.

Momentaneamente, investiu-se da postura de um vencedor. Despedi-me. Três dias depois, procurei João Paulo de Almeida, nosso parente, em sua propriedade. Ao me ver, espantou-se (há dois anos ocorrera um entrevero entre ele e o vaqueiro Pompeu, da fazenda "Lages", contra quem João Paulo disparou um tiro). Homem rústico, de uma ignorância selvagem, rosto crestado de sol, naquele mundo de pedras, rochas e cactos, ele criava caprinos e ovinos. Num pequeno pedaço de terra, sobrevivia.

– João Paulo, meu primo, o governador gostou muito da presença de Manoel (o filho dele); você teve razão naquela discussão com Pompeu.

– Doutor – falou a esposa dele –, quer um café?

– Aceito.

Serviram-me café com queijo de coalho.

– Cadê Manoel Paulo? Preciso conversar com ele.

Três dias depois, encontrei-me com ele em Boa Vista, na casa de João de Titi. Expliquei que o governador tinha interesse de reunir todos nós numa empresa. Desconfiado, falava pouco, semianalfabeto e enigmático, deixou-me a impressão de um fariseu no aguardo de uma oportunidade.

– Manoel, que queijo gostoso danado, o da tua mãe – disse.

– O que foi aquilo que o governador falou sobre a união dos mineradores?

Detalhadamente, expliquei: – Qualquer fato novo eu comunico a você, Manoel.

Mais de um mês se passou desse encontro, pressenti que os mineradores procuraram esquecer o assunto da reunião em palácio. Fato surpreendente ocorreu. A empresa Bentonit União, vinculada a um grupo alemão, firmou contrato de arrendamento com João Paulo, adiantando irrisório numerário. Que impacto! Assisti tombar o grande projeto mineralógico, "um sonho de uma noite de verão", na conceituação shakespeariana. Telefonei para Zezé Marques e pedi para ele informar ao governador João Agripino dos fatos ocorridos. Pensei: quão difícil é desvincular a genética que vem de séculos e séculos e a sedimentação do processo cultural a que todos os seres humanos se acham garroteados. Saltaram-me à memória as ideias dos grandes pensadores da educação, sobretudo nas áreas da antropologia e sociologia política. Ideias que vieram de Paulo Freire, Jean Piaget,

Darcy Ribeiro e Anísio Teixeira. Neste mundo, de voraz competição capitalista, o ignorante e os desprovidos de visão de mundo se quedam oprimidos. São prisioneiros da escura caverna de Platão. Nas várias visitas que fiz ao meu pai no seu casulo telúrico, às "Lages", o encontrei descontraído pela não realização do projeto mineralógico idealizado pelo governador. Qual o seu temor? Perturbar um mundo em que ele ergueu um templo onde vivia na solidão do seu acendrado individualismo. Queria a exploração do minério na sua rotina simples. Atormentava-o a voragem desenvolvimentista. Eu trazia explosiva chama de rebeldia reformista. Aspirava a integrar um processo de pesquisa muito além da capoeiragem de quintal. Tentei compreender a insondável alma humana na sua mais complexa contradição. Quando se desconhece a realidade dos fatos, os espertalhões, como aves de rapina, lançam suas garras de usurpadores. Homens, povos e nações são tragados por eles. Cada ser humano forma a sua personalidade e constrói o seu mundo plasmado pela genética e o meio ambiente. Não queria admitir o fracasso do projeto mineralógico, mas não ficaria de pires na mão, a me curvar à passagem do primeiro poderoso.[22]

O golpe militar arrancou grandes projetos pelos quais lutei: Universidade Livre do Nordeste, Reforma Agrária autêntica e profunda Reforma Educacional, entre outros. O golpe militar de 1964 destruiu grandes projetos, mergulhamos na longa noite da ignorância e da mediocridade.

---

22 Universidade livre do Nordeste, Agassiz Almeida. No "Memorial Agassiz Almeida", encontram-se documentos referentes a esta matéria. O império das circunstâncias me empurrou para o terra a terra. Viajei a São Paulo. Visitei várias empresas que operavam na industrialização de argilas, a fim de abrir novos mercados. Disponível em: https://youtu.be/TUHAGxaptYk.

A ADVOCACIA E A PRESSÃO MILITAR

Amparado com a carteira de advogado da OAB da Bahia, concedida pelo gesto de um forte, Lourival Torreão, instalei banca de advogados integrada por Langstein Almeida e Severino Domingos, situada no Edifício Rique, na rua Venâncio Neiva, em Campina Grande. Com poucos meses de atividade, o escritório ampliava a sua carteira de clientes, com conceituadas firmas, entre elas Hermínio Soares e Cia., Manoel Patrício, Epaminondas Braga, Recondicionadora de Pneus Campinense, Patrício Costa e Cia., Adalberto Santos e Afonso Agra e Cia. e outras no Mercado Central. A cidade crescia numa rapidez frenética. Carroças de burros e caminhões abarrotados com fardos de algodão, de couro curtido, de sisal, às centenas cruzavam as ruas e avenidas da cidade. Construções de casas, galpões e armazéns se sucediam num ritmo acelerado, pareciam cogumelos a rebentarem do solo. Legiões de migrantes desembarcavam das várias regiões do país, além dos imigrantes vindos do exterior. Vieram o cônsul libanês José Noujaim, do Oriente Médio, o português Manoel Cassiano, o alemão Carlos Sereffer, que instalou uma fundição na avenida Getúlio Vargas. Apitos do trem na Estação Velha anunciavam transportes de cargas para Cabedelo, porto de ampla movimentação à época.

Na confluência dessa macrorregião da Paraíba, cariri, agreste e brejo, e sob a brisa de um clima agradável nascia há alguns séculos, em 1 de dezembro de 1697, pelo descortínio do desbravador Theodózio de Oliveira Ledo, nas margens do Açude Velho, a Vila Nova da Rainha, hoje a pujante Campina Grande, centro de desenvolvimento econômico, industrial, educacional e cibernético. Que aspirações traziam aquelas legiões de homens, que chegavam a Campina? Todos os tipos fervilhavam nesse caldeirão humano: inteligentes empreendedores com ampla visão, profissionais de diversas categorias, educadores, intelectuais, jornalistas – entre eles o professor Gil com o seu jornal *O rebate*. E nesse contingente lá estavam aventureiros, boêmios da noite, cafetões, valentões, mercadores do sexo com séquitos de jovens mariposas, idealizadores de templos de orgia e ilusões nas noites etílicas, destacando-se o El Dourado, famoso cabaré do Nordeste.

Semeei ideias e tomei iniciativas que hoje integram o patrimônio educacional e cultural de Campina. Conduzo comigo a paixão por novos horizontes, vocação da minha própria personalidade. Cada ser humano carrega os seus sentimentos e a sua ideologia. Tocou-me a nostalgia. Chegaram os pensamentos de Proust, "em busca do tempo perdido". A cidade se transformava e se renovava. Vi desfilar Campina da minha infância. Onde estão os meus 13 anos, em que espaços voam os pombos-correios que soltava lá em Boa Vista? Onde está a meninada que jogava pelada no campo da Ladeira, em que Elsinho Soares era o Pelé, e os zumbidos dos maribondos no arvoredo do quintal de minha casa? Despeço-me das recordações. Preciso abraçar a advocacia com paixão sacerdotal. Lancei meu olhar na história dos séculos e das primeiras civilizações, ouvi o ressoar da palavra de quem defendia um injustiçado do chicote de um poderoso. Naquele momento, pensei comigo, renascia o advogado. Aí encontrei as longínquas raízes da profissão que abracei.

A medicina salvaguarda a saúde e a vida; no erguer das construções a engenharia abarca. E a advocacia? A liberdade, a honra e o patrimônio. Há uma passagem na obra de Miguel de Cervantes que calha com esses pensamentos. Dom Quixote fala a Sancho: para salvar a liberdade e a honra, arrisca-se até a própria vida. Quando Moisés, 1.400 anos a.C., perante Ramsés II, defende o êxodo dos hebreus ameaçando o faraó com as sete pragas, ali estava um advogado. Quando Demóstenes, o tribuno grego, quatro séculos a.C., acusava o rei Felipe da Macedônia, em defesa de Atenas, ali estava o advogado. Quando Cícero, no Senado Romano, menos de um século a.C., acusava Catilina, ali estava o advogado. Quando Danton, na Assembleia Nacional Francesa, defendia a Declaração Universal dos Direitos do Cidadão, ali estava o advogado, empunhando a bandeira dos direitos humanos. Quando Émile Zola, em 1898, no seu célebre libelo "J'accuse", acusa o governo francês de antissemita pela condenação do capitão Alfred Dreyfus, judeu, em 1894, ali estava o advogado.

Fui aos milênios e repassei a cronologia dos lidadores do Direito da vida e da liberdade. Vi a estatura do advogado no cenário de graves acontecimentos que marcaram a história da humanidade. Por fim, olhei-me e me vi defendendo os camponeses nas várzeas férteis do Nordeste contra um selvagem latifúndio; vi-me na defesa dos caririzeiros, condenados à ignorância e à miséria pelo coronelismo. Retornamos ao pragmatismo das lides forenses em nosso estado, num período em que o autoritarismo impunha a sua vontade. Na ditadura o que se configurou de mais grave são os mil tentáculos que se estendem por todos os recantos do país, por meio da *longa manus* dos tiranetes, um chefete de repartição, um sargento de polícia que se veste de censor do moralismo público. Daí descamba-se para as atrabilidades. Essas pústulas pululam como borras do monturo ditatorial. Visualizei bem esses tipos humanos. Apontemos esta truculência, entre tantas que chegavam ao meu escritório. Agente fiscal do estado concursado, com quatro anos, é demitido pelo governador por abandono da função. Fundamentado no art. 141 da Constituição Federal de 1946, e na Lei nº 1533, de 1951, impetrei mandado de segurança perante o Tribunal de Justiça da Paraíba, no polo passivo, como autoridade coatora do governador. A Constituição de 1946 assim disciplina: "para proteger direito líquido e certo não amparado por *habeas corpus* seja qual for a autoridade responsável pela ilegalidade ou abuso de poder" cabe mandado de segurança.

Relator do *remedium juris*, o desembargador Paulo Bezerril. Fiz a sustentação oral. Salientei: o ato governamental da demissão se reveste de ilegalidade, pois não ocorreu abandono da função pelo impetrante. Para se caracterizar *pleno juris* o abandono, mister se faz o *animus abandonandi* pelo funcionário, o que não aconteceu. Por fato superveniente à sua vontade, ele foi diagnosticado com um tumor no cérebro. Urgentemente, o impetrante e sua esposa viajaram para São Paulo, mas antes encaminharam uma carta registrada com AR dirigida ao Secretário das Finanças. Ora, se ocorreu desorganização administrativa e a correspondência não chegou às mãos do secretário, que responsabilidade tem o funcionário ora impetrante? Citei algumas decisões jurisprudenciais do Supremo Tribunal Federal e, norteado na obra clássica de Seabra Fagundes, impetrei o mandado de segurança. Por unanimidade, o TJPB deu provimento ao mandado de segurança. Uma palavra: quem era Paulo Bezerril? Meu ex-professor e relator da matéria; de uma vasta cultura jurídica aliada a uma ampla visão do mundo. Paulo Bezerril engrandeceu a magistratura com seu alto senso de justiça e humanismo.

Os esbirros da ditadura militar seguem os meus passos; movem-se nos subterrâneos do poder e se multiplicam em centenas de Tifões, monstro da mitologia grega.

Num certo dia de setembro de 1966, sou intimado a comparecer à 7ª Auditoria Militar, em Recife. Argui minha própria defesa. Que simulação de justiça! Ambiente sombrio, prédio de paredes grossas e mal conservadas que remontam às décadas iniciais do século XIX, vem-me a sensação de um tribunal do Santo Ofício, lá pelo século XVI. Debaixo de uma toga preta e pesada, passos lentos, pálido, semblante de um personagem que emergia do Eterno para cumprir uma missão terráquea, assume a presidência do Conselho, investido na condição de juiz-auditor, acompanhado por um promotor de justiça militar e quatro oficiais. Inicia-se a audiência com o meu interrogatório.

O promotor, com ar de independência e de uma mediocridade agressiva, formula perguntas. Dispara estas: o acusado distribuiu armas aos camponeses?

– Se tivesse distribuído não estaria aqui, senhor promotor; estaria morto ou lutando.

– Excelência – falou o promotor – essa resposta não deve constar na ata do interrogatório.

– Doutor juiz, pela ordem.

– Indefiro, acusado não tem direito a questão de ordem.

– Excelência, mas eu sou advogado em causa própria, a Constituição me assegura esse direito.

– Mantenho o indeferimento – falou o juiz.

Ali tudo era uma farsa a nos conduzir a uma opereta-bufa. De todas as consequências graves que a ditadura produz, decerto, a pior é o medo, o temor que paira sobre a nação. Ela castra nas novas gerações a capacidade de pensar, criar e de se indignar. Despojou o ser humano da razão e crítica. Estamos condenados a nos transformar num rebanho humano, como os carneiros de Panúrgio. Kafta metamorfoseou o ser humano num inseto, François Rabelais num carneiro.

Na denúncia, o promotor militar me enquadrou em vários artigos da Lei de Segurança Nacional, alcançando em torno de uns 150 anos de penalidade. Enfim, prisão perpétua.

Voltei ao batente da advocacia. No rol de ações que encaminhava às diversas varas do fórum de Campina Grande, uma delas era de reintegração de posse com pedido de liminar, em razão de o esbulho possessório ter ocorrido havia menos de um ano. Juntei a escritura de domínio do requerente, bem como o levantamento geológico da propriedade. Não prestei atenção à profissão que exerce o requerendo. O imóvel rural objeto da contenda situava-se próximo ao bairro do Cruzeiro, sítio de pequeno tamanho. O juiz deferiu a liminar.

Transcorridos uns cinco dias dessa decisão, chega ao meu escritório um cabo do exército e me entrega uma intimação, a fim de comparecer ao quartel da 5ª Companhia, no bairro das Palmeiras, às 10 horas. Essa guarnição militar era comandada pelo major Hans. Na hora determinada na intimação estava lá, alguns minutos depois, irrompe, de uma sala anexa, um tipo de porte médio, cabelo arruivado e liso, semblante de quem emergiu de uma batalha perdida, farda de campanha, e na cintura uma pistola 45. – Sou o major Hans, comandante desta companhia. Tenho aqui a sua ficha. Você está sublevando a ordem pública.

– De que se trata, major?

– Não se faça de desentendido. Você em conluio com um juiz inconsequente desmoralizou um sargento da nossa corporação. (Chegou-me à mente o teor da ação.)

– Fundamentei o processo na lei.

Contorcendo-se numa fúria moribunda, berrou:

– Que lei que nada, quem ordena a lei é a revolução. Vou comunicar ao comando do IV Exército as suas manobras subversivas.

POR IMPERIOSAS CIRCUNSTÂNCIAS DEIXO A PARAÍBA

Os fatos vão se configurando numa cadeia sucessória de acontecimentos aliados a personagens que me impõem a repensar novos rumos à minha vida. Tudo se conjuga na formação de novas perspectivas. Debato-me nas incertezas. Movem-me várias circunstâncias que se conflitam: ficar aqui na minha terrinha onde embalei os meus folguedos da infância; onde sonhei os sonhos da adolescência; onde ouvi os primeiros ecos da convocação cívica pela campanha "O petróleo é nosso"; onde conheci a selva de cactos e de árvores retorcidas; onde debaixo do velho umbuzeiro dos "Canudos" declamava poemas de Castro Alves, Victor Hugo e Pablo Neruda. Como contraponto a essa sentimental grandeza telúrica, assisti nesses últimos anos, desde o golpe militar, ao desfile da sabujice humana. Assisti a homens por quem tinha admiração e até respeito se agacharem aos sátrapas da ditadura, e até um ex-professor meu se fez instrumento desse golpismo fardado. Assisti à imprensa radiofônica, escrita e televisiva exaltar os tipos sórdidos do autoritarismo dominante, personificado nos Justino, Ibiapina e D'Ávila Mello. Tudo isso me envolvia numa sensação de náusea, na mesma comunhão de pensamento com Jean Paul Sartre. Aquele major lá da 5ª Companhia, em Campina, trepado nas suas botas como se estivesse no Himalaia, a falar a desencontrados mortais. Um juiz acovardado, temendo a sua própria sombra, eu pendulava ao decidir entre partir para novos mundos ou ficar.

O que me encorajava a acreditar no ser humano? O gesto de solidariedade de Dom Helder Câmara me estendendo as mãos nas horas de trevas, sem temer a mordida dos cães. O gesto de grandeza de Lourival Torreão a me abrir as portas da OAB Bahia, a visão humanista do major Gondin, na ilha de Fernando de Noronha, a solidariedade que vem da alma dos caririzeiros, dos campinenses e dos paraibanos movia-me no maremoto da dúvida. Ficar sob os aconchegos maternos onde as esperanças não cessam e há sempre uma mão a nos afagar as dores e as tristezas, ou partir para o mundo, fazer-me um Ashaverus descortinar novas paragens, conhecer melhor o fascinante e polivalente fenômeno humano, de alma insondável, onde se confluem as esperanças, as ambições, o amor, o ódio, a grandiosidade e a pequenez, a inteligência e a mediocridade. Conhecer este vasto Brasil de tantos brasis; da lenda da sereia amazônica, metade mulher, metade peixe. Conhecer os habitantes das florestas, descritos por Darcy Ribeiro; conhecer os massapés pretos de Porto Seguro, onde destemidos navegadores lusitanos descobriram o Brasil para o mundo. Quero me deparar com as vastas paragens do desconhecido. Ouvir o canto do Uirapuru e o rugir da onça pintada nas florestas pantanosas de Mato Grosso.

Caminhei sempre à beira dos abismos, desde a adolescência até hoje. Nestes anos crepusculares da vida temos um destino. Não somos um nada a se perder na imensidão dos tempos.[23]

Atordoa-me a lógica hamletiana: ficar ou não ficar. Peso a minha responsabilidade em face desta encruzilhada: partir para um mundo desconhecido enfrentando adversidades e vicissitudes, ou ficar aqui nesta terra a terra, sob os olhares dos tifões militares. Saltou-me a memória da obra *O homem, este desconhecido* de Alex Carrel. Pelos ventos que hão de vir, vou encontrar o ser humano nas suas contradições, angústias e ambições. Vou conhecer e compreender a selva humana. Acreditava na força da palavra e da pena, instrumentos com os quais lidava com a advocacia. Acreditava na profissão que vem de milênios e nasceu no momento em que a palavra indignada de um forte abalou um tirano: Moisés diante do faraó Ramsés II. Olhei o cenário onde eu me encontrava e as circunstâncias que me evolviam. Vem-me a imagem daquele truculento juiz-auditor da 7ª Auditoria Militar e a voz de um ventrículo do promotor da ditadura. Vejo naquele major um bufão fardado a disparar ameaças. Esses tipos apequenam o Direito e fazem da justiça uma megera. Intoxica-me esse ambiente em que se violentam descaradamente o devido processo legal e os direitos humanos.

Tergiversava. Entre os sentimentos humanos não existe nada mais forte do que o apego ao berço onde nascemos, à casa, às ruas, ao bairro e ao período das peraltices juvenis. Naquelas horas me debatia para definir os rumos da minha vida; chegam-me recordações dos anos da infância, o velho casarão da Getúlio Vargas, a molecada que comigo brincava e as travessuras que fazíamos. Entre tantas, esta:

---

23 No livro *O fenômeno humano* estudo essa matéria. No "Memorial Agassiz Almeida" se encontram documentos referentes a esse assunto.

quase todos os dias, pela manhã passava pela minha rua, cavalgando um cabo de vassoura, uma psicopata conhecida por "Vassoura". A meninada gritava:

– Vassoura, cadê Zesão?

– Perguntem à mãe, seu filho da puta. Veados, vocês não têm mães não?

Com um saco de pedras nas costas, lançava-as em todas as direções.

Retorno à realidade que os fatos me impõem. Numa certa manhã de domingo, procuro a minha conselheira, aquela que carrega consigo a imensidão do amor materno e que jamais temeu adversidades e desafios.

– Você está preocupado, meu filho? Que fisionomia é esta?

– Estou suportando o fardo de uma importante decisão para a minha vida.

Relatei os fatos ocorridos comigo nos últimos meses. As atitudes do juiz-auditor e do promotor militar na 7ª Auditoria Militar, em Recife. O acovardamento servil de alguns juízes, a postura de autocrata medieval do major Hans, e outras ocorrências, ouvia e me fitava estampando no rosto uma indignação incontida. Dos olhos irradiava um brilho de inquietude; o rosto de brancura lusitana se tornou avermelhado; as mãos tremiam. Petrificou-se num silêncio eloquente prestes a explodir. Com esforço, procurando se equilibrar emocionalmente, soltou estas palavras:

– Agassiz, quais as suas ideias acerca da situação que você me relata?

– Minha mãe, o ambiente na Paraíba está contaminado de pressão militar e covardia. Poucos erguem a cabeça. A ditadura está apodrecendo o caráter daqueles que exercem funções de agentes do Estado. A advocacia é uma profissão de confrontos contra órgãos e entidades públicas, e de cidadãos se conflitando. É incompatível exercê-la debaixo de pressão ou com a liberdade cerceada.

Olhou-me com um olhar de serena preocupação e falou num tom doutrinal:

– A vida, meu filho, é uma caixa de surpresas. Devemos estar preparados para todas as vicissitudes. Orgulho-me de você. Estude qual é o seu melhor caminho. A sua personalidade repudia qualquer cabresto. Prepare-se, a ditadura tem esbirros por todos os cantos. Eu tenho até vergonha de certos tipos que conheço.

Ela pressentiu a minha decisão. Levantou-se, foi à sala anexa, trouxe um mapa do Brasil e o estendeu sobre uma mesa.

– Minha mãe, vou partir para o mundo.

Olhou-me fixamente, pôs as mãos no meu ombro, abraçou-me e uma lágrima escorreu pelo seu rosto, e eu ouvi o ecoar de uma convocação:

– Vá, meu filho, seguir o seu destino. Este país é vasto, tem regiões ricas, como a do cacau, no sul da Bahia, e a do café e soja nos massapés vermelhos do norte do Paraná. Vá conhecer o conluio dos medíocres e a servilidade dos idiotas. Nesta tua jornada não deixe de visitar Lourival Torreão. Eu acompanharei os seus passos, rogando para que as luzes divinas o iluminem.

– Minha mãe, sinto-me uma Fênix a ressurgir nos novos tempos. Reencontrei-me com a realidade dos fatos. Vou deixar este cheque com a senhora, a fim de pagar parcelas de um empréstimo que contraí no Banco do Brasil, para a compra de um veículo sob alienação fiduciária. De acordo com o que eu for ganhando, vou quitando o débito. – Havia um quê de indefinido nesse diálogo.

Nesse instante, os sentimentos humanos se conflitam, a esperança, a saudade, a incerteza, o desconhecido, o imponderável do futuro, e tudo me leva a uma convicção: a confiança na minha decisão. E, nesse entrevero de ideias, minha mãe lança um olhar interrogativo e professoral, dizendo estas palavras:

– Agassiz, eu acompanhei sempre os estudos dos meus filhos desde os anos infantis, passo a passo, ano a ano, até a conclusão dos cursos acadêmicos e a diplomação. É pela educação e cultura que o ser humano olha o mundo e se firma perante a sociedade. E, no esforço que fiz pela educação, sinto-me recompensada por vê-los lutando com independência e altivez. Sete irmãos, segundo uma lenda chinesa, ao atravessarem a cordilheira do Himalaia, um deles fraquejou e os outros seis unidos encorajaram o fragilizado. É essa união que espero de vocês. O seu gesto readmitindo o seu pai aos quadros de médico do estado, em 1961, muito me sensibilizou. Segui vocês também no complexo e enigmático mundo da vida amorosa, onde se conjugam e se conflitam íntimos sentimentos humanos. Meu filho, o país não tem divórcio, portanto, de um casamento desastrado, advêm consequências imprevisíveis. Agassiz, você que é um irrequieto namorador, olhe a universidade da vida e tire as suas conclusões de um matrimônio desencontrado. Cuidado, você já chegou à idade de Cristo e já está na hora de escolher a sua companheira, sua esposa, para atravessarem juntos as atribulações dos anos e os imprevistos da vida. Namorar, viver as efêmeras paixões amorosas, aconchegar-se em furtivos encontros com mariposas da noite, tudo compõe o vigor da juventude. Olhe, é um conselho de mãe, na hora de escolher a sua esposa, procure a "raça" dela, seus avós, seus pais, seus irmãos. Tudo isso se irmana pelos laços do amor, que vem da insondável alma humana. Você vai descortinar novos mundos, leve consigo a sua esposa. A família dela, tanto paterna como materna, tem raízes no trabalho e na honestidade. Sei que será uma companheira para todas as intempéries. Ao lado dela você vai atravessar longas noites e dias tempestuosos.

Aqueles ecos maternos me tocavam como um chamamento a uma nova forma de vida.

– Quem é essa jovem que a senhora colocou nesse pedestal de esperança e fé?

– É Gizeuda Cirne, aquela menina de 17 anos que vem sempre aqui e que é colega de sua irmã Rosa.

Revoluteei a mente, como se a luz de um relâmpago me iluminasse. Lancei os meus olhares nas futuras décadas que hão de vir. E, nesse turbilhão de pensamentos, encontro-me em meio a uma tempestade torrencial de chuvas e ventos.

– Minha mãe, pus os pés na realidade e comecei a namorá-la. Ela era uma estudante do colégio das Damas, cursava o pedagógico. Amor à primeira vista, ela é linda, olhos verdes brilhantes e cabelos louros ondulados, de uma beleza europeia. Namoramos com arrebatadora paixão da juventude. Encantamo-nos um pelo outro logo nos primeiros dias de namoro e assim prosseguimos apaixonados.

Minha mãe falou:

– Já que você encontrou essa menina de ouro e está apaixonado, marque o dia do casamento, faça uma cerimônia simples, com um padre e um juiz, aqui nesta casa onde você viveu os anos juvenis.

Sensivelmente emocionada, minha mãe me abraçou e disse:

– Alegrou-me muito, tinha a convicção de que você não mercadejaria no balcão de um sogro rico a sua liberdade e personalidade.

No outro dia, procurei comunicar essa decisão ao meu pai, na fazenda "Lages". Lá estava deitado numa rede, cigarro entre os dedos, de lado um calhamaço de manuscrito.

– Oh, é uma surpresa você por aqui neste domingo.

Com efusividade, abracei-o. Estávamos no primeiro dia de dezembro de 1967.

– O senhor está disposto, meu pai, este clima do cariri o deixa jovial. Que manuscritos são esses?

– Pesquisas que estou fazendo para um livro que pretendo publicar: a "Genealogia dos Oliveira Ledo", do qual nós somos descendentes e tem como herói Teodózio de Oliveira Ledo.

– Parabéns, meu pai, é um trabalho inédito e vai deixar um legado às futuras gerações. Já li sobre a história de Teodósio de Oliveira Ledo e os "Oliveira Ledo". Um desbravador das terras adustas do Nordeste. Segundo um jesuíta do mosteiro de São Bento, em Olinda, frei Anastácio, os "Oliveira Ledo" lutaram ao lado de Vidal de Negreiros na expulsão dos holandeses do Brasil. Quem está lhe ajudando nesta árdua pesquisa?

– Paulinho Almeida.

– Oh – ressaltei – é competente e de uma imensa prestimosidade, ele e a companheira Cida.

– Vou deixar a nossa terra. Meu pai, eu carrego o ideal de liberdade, a liberdade de pensar, de criar, de abrir novos caminhos e fundar novas entidades, sobretudo, educacionais. Esses grilhões do autoritarismo militar me sufocam. Aqui, o dedurismo se agigantou nas mãos dos medíocres e idiotas. Aqui, sou uma presa fácil desses lambe-botas.

– Quando voltas?

– Meu pai, tenho esta notícia a lhe comunicar. Chegou ao fim a minha caminhada pela vida da boemia. Daqui para a frente, já escolhi a companheira para juntos construirmos o futuro.

– Quem é?

– É Gizeuda Cirne. É uma moça da família dos Medeiros e dos Cirne, o pai dela, Pedro da Costa Cirne, é um conceituado comerciante e muito respeitado em Campina. Ela é de uma família bem estruturada e estuda pedagogia no colégio das Damas. O senhor é o padrinho de casamento.

Abracei-o.

– Oh, qualquer fato novo minha mãe lhe comunica.

Pela manhã do dia 17 de janeiro, num sábado, realizou-se no casarão da avenida Getúlio Vargas, em Campina Grande, residência dos meus pais, a cerimônia que ungiu os laços matrimoniais de Gizeuda e Agassiz sob as bênçãos da fé cristã do padre Gerôncio e o selo do magistrado doutor Ramalho. Com apoio da nubente, dispensamos festividades. Participaram da cerimônia os nossos pais e irmãos. A atmosfera política no país era sombria e a ditadura se agravava.

Naquele momento, estávamos, eu e Gizeuda, a construir uma catedral de amor e compreensão mútua, que iria resistir às intempéries do mundo e aos vendavais que haveriam de vir pela vida afora. A um irrequieto libertino como eu, só uma companheira de imensa compreensão poderia me estender as mãos para caminharmos juntos até os dias atuais.

Conhecemos o fel das adversidades, rompemos noites debruçados em estudos doutrinários e jurisprudenciais na elaboração de petições forenses. Nos laços amorosos fomos sempre eternos adolescentes. Meu filho e minha filha, este é o tratamento recíproco entre nós. Abomino aquele que, após longos anos de adversidades pela vida, abandona a companheira por aventuras passageiras. Quem, nas horas mais graves e profundas da nossa existência, ouve os nossos problemas e afaga as nossas dores? A canção de um cantor lusitano exalta este amor: "Só nós dois é que sabemos". Telefonei para Gizeuda:

– Minha filha, vou aí em sua casa hoje à tarde. Vou viajar domingo para Salvador, e não sei quando volto.

– Como! Não sabe quando volta? Eu quero ir com você, meu filho.

– Oh! Está tudo muito incerto. Você vai enfrentar muito desconforto.

— Não me preocupo com isso. Eu quero estar ao seu lado.

Abraçou-me e juntos choramos. O choro da saudade profunda de quem fica e de quem parte.

VIAJO A SALVADOR

Comecei a organizar a viagem. Formei a convicção de que tinha tomado uma decisão certa. Preciso abrir espaços no meu mundo, virar a página dos anos oprobriosos, descortinar paragens diversificadas, conhecer novos personagens, atores deste enorme anfiteatro existencial, absorver culturas que dormitam nos recônditos ignorados. Quão imponderável é a formação da personalidade! Preciso compreender a vastidão da alma humana. Voltemos para o terra a terra. Liguei para Zeca de Castro.

— Venha amanhã de manhã aqui em casa.

Quem era Zeca? Raízes telúricas fincadas nos velhos cariris de Cabaceiras, tipo moreno e de meia altura, funcionário público, caráter leal, vocação de um nômade mulçumano. Zeca era meu amigo e companheiro. Ele inverteu o relógio biológico; durante o dia dormia e à noite perambulava pelas madrugadas adentro, em meio a mulheres e seresteiros. Educado no trato social, mas um valente. Com essa figura eu iria desbravar o ignoto.

— Diga, doutor, o senhor me chamou?

— Oh, Zeca, no próximo domingo, pela madrugada, eu vou viajar a Salvador e não sei o dia da volta e nem o tempo de permanência, pode até ser de meses. Topa, Zeca, ir comigo?

— Só se for agora. Vou preparar o matulão, a 12 polegadas (peixeira), o revólver 38, cano longo e o velho violão, companheiro das noitadas.

No bom sentido, retratava "o vagabundo" de Charles Chaplin. Fez-se o meu Sancho Pança, com a diferença de que o de Cervantes conduzia um cavalo estropiado, o meu dirigia um automóvel. Naquela época, de Quixote, tempos feudais; no Brasil, um feudalismo militar aplaudido por papalvos.

— Ligue para Lourival Torreão informando que na quarta-feira irei visitá-lo. Você sabe da admiração que eu tenho por sua luta.

Viajamos, Zeca era um bom motorista. Revezamo-nos na direção do Volks, verdadeiro burro de carga a suportar estrada de terra mal conservada e esburacada. O companheiro caririzeiro era um contumaz contador de histórias e anedotas de todos os tipos, de políticos à pornografia. Entre as que teatralmente relatava, soltou esta:

– Doutor Agassiz, sou muito amigo do seu irmão Langstein, algumas vezes nos encontramos nas vaquejadas. Ele é um bom puxador de boi, e muito inteligente. Certa vez, numa vaquejada em Taperoá, Paraíba, eu assisti o cavalo dele Tucupi ganhar o primeiro lugar e receber um bom prêmio pela derrubada de bois. Encostava-se bem no jiqui (porteira de um corredor do curral onde ficava a boiada).

– Em média, qual o peso dos bois? – perguntei.

– Uns cento e vinte quilos. Tucupi deixou a pista da vaquejada ovacionado. O locutor entusiasmado gritava:

– Que cavalo ligeiro e pegador é o Tucupi, do doutor Langstein Almeida.

Exaltava-se:

– Doutor Langstein, o seu cavalo orgulha o cariri.

No próximo mês, anunciava:

– Ele vai correr na vaquejada de São José do Egito (na época a mais famosa do Nordeste).

Durante dias, Tucupi teve tratamento especial, e assim se preparava para a esperada vaquejada.

– Doutor Agassiz, eu fui a São José do Egito assistir Tucupi correr. Cavalo baixo, grosso, esguio, de cor castanha com uma estrela na testa. Langstein era uma alegria só e falava:

– Quem vai correr em Tucupi sou eu. Festança de três dias a terminar no domingo.

Gente vinha de todos os recantos do Nordeste, parecia um formigueiro. Cavalos famosos com seus premiados derrubadores de bois, desfilavam pelas ruas.

No domingo, numa manhã de sol, às nove horas, montado por Langstein, Tucupi entra na pista. Eu fiquei morto de vergonha, doutor.

– Por que, Zeca?

– No curral, os bois de menor peso tinham uns oitocentos quilos. As arquibancadas estavam cheias de fanáticos por vaquejadas. O famoso locutor, Teteu, exaltado anunciava:

– Vai entrando na pista o premiado Tucupi, o terror dos bois, montado pelo seu dono, o doutor Langstein Almeida, o eterno deputado, o tribuno das massas oprimidas.

Como um rastilho de pólvora todos se levantaram nas arquibancadas. O locutor repetia:

– O terror dos bois... Tucupi, o terror dos bois.

– Doutor Agassiz, que espetáculo, que espetáculo triste eu assisti! Ao se aproximar do jiqui, Tucupi olhou os potentes bois no curral e entrou em pânico, parecia reagir no seu instinto: nesta eu não vou não.

Estático, pernas abertas, tremia, as orelhas murcharam, baba escorria de suas ventas, o rabo endureceu como um cabo de vassoura, os olhos se esbugalharam, sangue escorria de sua barriga provocado pelas esporadas pontiagudas, urinou-se todo e cagou-se. Vaqueiros que apostaram em sua vitória gritavam:

– Vá, filho da puta, cavalo cagão, vá para o jiqui, porra.

Quatro homens entraram na pista para arrastar Tucupi pelo cabresto. Não conseguiram. Levantou-se nas mãos, deu uma popa e peidou. Esparramou-se no chão em meio ao bosteiro. Das arquibancadas, ouviu-se um grito ensurdecedor:

– Cagão... cagão...

– Doutor Agassiz, eu nunca vi coisa mais triste. Doutor Langstein, um homem forte, saiu envergonhado. Eu disse a ele, como solidariedade:

– Este seu cavalo está doente.

Faces trêmulas e semblante raivoso, respondeu-me:

– Tá nada, Zeca, isso é covardia.

Projetei para o gênero humano os fatos ocorridos com o cavalo Tucupi: a vitória em Taperoá e a derrota acachapante em São José do Egito. O que pude concluir? Entusiasmado com a vitória do seu cavalo e os aplausos dos vaqueiros e aficionado por aquele esporte, Langstein se inebriou com a vitória de seu cavalo em Taperoá. Em apenas um mês, sem nenhum preparo, lançou Tucupi no maior parque de vaquejada do Nordeste, São José do Egito. Desastre previsível, não se levantou antecipadamente o tamanho da pista, o peso e tamanho dos bois que iriam correr, isso deveria ser providenciado com uns seis meses de antecedência. Totalmente despreparado e sem as mínimas condições competitivas para tamanha competição, Tucupi foi lançado às feras. Transportei esse cenário equino para personagens humanos. Talentoso tribuno paraibano participa de vitoriosos júris nos sertões paraibanos, surpreendentemente sem nenhum preparo, menos de um mês, está ele a contender na liça tribunícia no Rio de Janeiro, com Sobral Pinto. O que se espera? Grotesca derrota. No seu conto *A cigarra e a formiga*, La Fontaine nos deixa esta passagem: os animais falam aos homens e não são ouvidos. Dos fatos ocorridos com Tucupi, o nosso Rocinante de Taperoá (o cavalo de Dom Quixote), extraí lições que me nortearam no curso da vida. Rocinante entrou na história dos sonhos e aventuras humanas e Tucupi entrou na história das aventuras das vaquejadas nordestinas. Ambos se identificam: os seus cavaleiros sonhavam.

Em face desse relato, eu compreendi o amplo e profundo universo dos genes, esse condutor das características, do temperamento, do caráter do indivíduo, de geração a geração. Que mundo fantástico da genética! Transportei-me para aquele anfiteatro de equinos e bovinos, vi a extrema e vergonhosa covardia do cavalo, o terror dele diante dos possantes touros, e, ao mesmo tempo, olhei alguns anos atrás o complexo e multifacetado mundo dos seres humanos, com as suas grandezas e misérias morais, os sabujos a rastejarem e os fortes a se erguerem. As imagens das cenas do quartel da 2ª Cia. de Guardas, em Recife, saltaram-me à memória, aquele sabujo moral se agachando aos pés do truculento coronel Hélio Ibiapina. Os genes de Tucupi e esse indivíduo se comungam, um pela razão, o cavalo pelo instinto. Ambas carregam DNA que se identifica. Como explicar a natureza humana e a animalesca? Em que condições surgiram e vieram esses genes transmitidos de indivíduo a indivíduo, de geração a geração? Aí, como doutrina Albert Einstein, a ciência silencia.

Tudo tem o signo do mistério. Homem desfigurado moralmente, cavalo covarde e uma árvore atrofiada se completam. O racional se diferencia em razão do processo cultural, mas das amarras genéticas não se liberta.

– Doutor, está pensativo?

– Não, Zeca, estou transportando Tucupi para o curral dos homens. Tô certo! Nesse curral tem muitos Tucupis.

– Doutor, vou contar esta história que um sargento reformado do exército me contou, com o seu amigo Osvaldo Duda.

– Como foi, Zeca?

– Osvaldo Duda era estudante do Liceu Paraibano e servia no 15 RI, como soldado. Certa tarde, depois de meio-dia, vários soldados descansavam próximos da estrebaria, ocasião em que o capitão Ubirajara Vinagre, de passos lentos, espigado e peito estufado, semblante de um combatente sem batalha, na mão direita uma chibata de couro cru, olhar de um predador esfomeado, parou e num tom autoritário ordenou:

– Soldado Duda, está vendo aquela lata d'água, a vassoura e uns panos velhos? Pegue e vá lavar os cavalos.

Cabra das Espinharas, filho do velho Tião, de Patos, respondeu:

– Capitão, vim aqui servir a pátria, e não lavar cavalos.

Trepado nos coturnos de sua prepotência e arrogância, o oficial se contorceu como uma sucuri.

– Recolha-se à prisão, a pátria aqui sou eu.

Transcorridos três dias de cárcere, o major Sá Serrão, em vistoria às dependências do quartel, ao passar diante da prisão onde estava o soldado Duda, parou e perguntou:

– De quem é aquele livro, *Crime e Castigo*, de Dostoiévski?

– É meu – respondeu Duda.

– O que você faz?

— Estudo no Liceu Paraibano, no 3º ano clássico, e gosto muito de ler as literaturas russa e francesa.

— Amanhã pela manhã está liberto.

Entrecortadas de piadas pornográficas e anedotas, ridicularizava sempre a figura caricata do corno. Dos de Campina, aí ele se derramava, e os homossexuais enrustidos conhecia pelos nomes. Contabilizava mais de cento e cinquenta categorias de corno, salientando o de goteira. Era um gozador dos atores humanos.

— Doutor – dizia – o homossexual é um condenado da fatalidade biológica.

— Quem falou isto a você?

— Eu li a respeito na revista *Manchete*, daquele judeu, qual é o nome dele?

— Adolpho Bloch, Zeca. Você tá danado de sabido para aprender as coisas.

— Não, doutor, é quebrando a cabeça com os livros e os safados. Tem cabra que não vale nada, nada, é bagaço que a porca chupou. Em Campina tem uma danação de cornos, veados e safados. Tem um amigo seu que foi vereador com o senhor, conhecido como o terror dos cornos.

— Não envolva os meus amigos nessas conversas.

— O senhor sabe as histórias dos doidos de Campina levados pelos "leões de chácara" para o Hospital de João Ribeiro, um deles, quando a caminhonete passava pelo Açude Velho, soltou-se e gritou: eu sou Jesus Cristo e se lançou no açude.

— Zeca, você é um historiador de fatos pitorescos de Campina.

Estamos nos aproximando de Itabaiana, Sergipe, e rompemos mais de 350 quilômetros. Num hotel no centro da cidade nos hospedamos. Apartamento amplo, bons colchões, lençóis e toalhas limpos, banho quente e ar-condicionado.

— Doutor, tem uma seresta aqui perto no restaurante O casarão, antigo solar por décadas onde residia uma família portuguesa, hoje abriga esse restaurante, boêmios e seresteiros da cidade.

Sentado num banco, dedilhando as cordas de um violão, o seresteiro soltava a sua voz embalando a canção *Beija-me muito*. Entusiasmado, Zeca foi ao palco e em poucos minutos lá estava ele a cantar *Perfídia*. Por volta da meia-noite fomos para o hotel.

— Zeca, você tem uma voz à la Altemar Dutra. Vamos descansar, amanhã temos estrada.

Logo ao amanhecer, ao cantar do galo, estávamos no Volks, nosso burro de carga, rumo a Alagoinha, Bahia.

— Doutor, eu vi, no restaurante, do lado direito, um pedaço de morena querendo lhe engolir com os olhos.

— O culpado foi você, Zeca, com aquelas músicas nostálgicas.

– Doutor... doutor! Por falar em morena, vou lhe contar esta ocorrida em Patos, e eu estava lá. Depois do término de uma grande vaquejada, a sociedade patoense homenageou o desembargador Josias Pereira, então presidente do Tribunal de Justiça da Paraíba. Comida boa, *whisky* e cerveja rolavam. Numa certa altura da noite, o desembargador, já "tocado", começou a relatar a sua vida e contar anedotas. Numa mesa à direita, estavam Zé Tota, prefeito de Juru, e o seu pai, que, meio "etilizado", disse ao ouvido de Zé Tota:

– Meu fio, quem é este negão conversador, é vaqueiro de quem?

– Meu pai, é o presidente do Tribunal de Justiça.

– Oh meu fio, este preto aí, o mundo tá perdido.

– Zeca, não fique contando essas histórias por aí, o que vale é o caráter do homem.

– É, doutor, mas aconteceu, o que posso fazer? Tem umas histórias boas sobre Vital do Rego contadas por Rildo Fernandes, vereador, o senhor conhece? Em certa manhã, logo cedo, Rildo foi à casa de Vital, na rua doutor João Moura, e quando lá chegou encontrou o seu amigo Vital profundamente abatido.

– Meu irmão Rildo, hoje eu vou morrer. Estou com muita saudade do meu pai, o major Veneziano.

– Nada, Vital, você vai viver muito.

Rildo saiu e procurou Aragão, dono da funerária "A caminho do céu".

– Aragão – disse Rildo – qual o caixão mais caro aí, é para Vital oferecer à família de um grande amigo dele, lá de "Campo de Boi". Vá deixar agora na casa de Vital, pois ele quer acompanhar o carro funerário.

Faceiro pelo lucro da operação de venda, Aragão não perdeu tempo. Assim que chegou e bateu à porta, Vital o recebeu.

– Aragão, você aqui a esta hora?

– Doutor, eu vim trazer o caixão que o senhor pediu.

– Qual caixão, Aragão, eu não pedi caixão nenhum.

– Foi Rildo que encomendou.

– Zeca, quem contou esta história a você?

– O próprio Rildo.

Anedotas, piadas e histórias iam se sucedendo.

– Tem esta que se passou com o senhor.

– Conte, Zeca.

– Nogueira e Carminha eram casados. Moravam num pequeno sítio próximo à sua propriedade Albino, município de Santa Luzia. Numa manhã, Nogueira saiu para trabalhar, no caminho se esqueceu da chibanca e voltou para pegar. Aí, ele viu Carminha aos beijos com Peba. Nogueira sacou de uma peixeira de 12 polegadas e gritou:

– Vou matá-los.

Então Peba disse:

– Pera aí, Nogueira, tenha calma, estávamos mandando uma mensagem para a sua filha em Fortaleza; isso é da religião evangélica, o pastor mora em Santa Luzia. Neste mesmo dia, ele procurou o senhor, lá no Albino.

– Doutor Agassiz, vou matar Peba, estou até com a peixeira aqui. Por quê? Ele estava beijando Carminha e disse, na hora que eu flagrei, que estava enviando uma mensagem para minha filha.

– Tenha calma, Nogueira, é uma religião evangélica.

– Existe essa religião, doutor Agassiz?

– Olh, todos os dias estão fundando pelo Brasil igrejas protestantes. Acredito que exista essa que Peba falou.

– Doutor, o senhor me tranquilizou, pois eu ia matar Peba.

– Vá para casa, Nogueira, Carminha está lhe esperando.

– Zeca, quem contou essa história a você?

– Isac, pai de Ivan, de Santa Luzia.

– Foi isso mesmo que aconteceu.

– Me diga, Zeca, onde diabo você encontra tantas histórias de corno?

– Andando pelo mundo, eu ando mais do que viúva em tempo de festa.

O repertório do companheiro Zeca era vasto. Por volta das dez horas da noite, chegamos a Alagoinha, Bahia, próxima a Salvador, uns 120 quilômetros. O cansaço nos pegou. Caímos num sono só; acordamos às dez horas da manhã. Próximo a Salvador, num restaurante de um posto de gasolina, tomamos banho e almoçamos.

Liguei para a residência de Lourival Torreão, a secretária atendeu e informou que ele não estava.

– Olhe, diga a Lourival que eu estarei aí, por volta das quatro horas (não existia celular à época).

Olhei o majestoso Oceania, na Barra, um dos mais visualizados edifícios de Salvador. Imponente, linhas arquitetônicas modernas, amplos apartamentos, um por andar, além do mezanino, tinha uma quadra para esportes e sala com modernos aparelhos para exercícios físicos. Esse templo abriga um guerreiro das caatingas caririzeiras de São João do Cariri, Paraíba, Lourival Torreão. Subimos. Abraçando-me, Lourival falou:

– Onde diabo andava este aventureiro cigano?

— Fugindo do exército. Depois que você me concedeu o passaporte para advogar, a carteira da OAB da Bahia, instalei escritório em Campina. Crescia a clientela. Em meio a várias ações, promovi reintegração de posse contra um sargento do exército. Os deuses fardados do Olimpo derramaram contra mim ódio e maldição.

Com semblante preocupado, Lourival me olhou e desabafou:

— Amigo Agassiz, essa trajetória que trilhamos, a indignação que carregas, eu também vivi e por ela já passei. Resumindo, em 1935, num comício realizado em São José dos Cordeiros, para a eleição de prefeito de São João do Cariri, numa disputa acirrada e passional em que contendiam de um lado as famílias Gaudêncio e Torreão e do outro o partido dos Britos, no meio da concentração popular, um arruaceiro dos Britos provoca e agride um correligionário nosso. Irrompe um tumulto, gritos e correrias, lâminas de peixeiras reluziam, eu e meu irmão Genival, cabra disposto, apoiamo-nos no muro de uma casa, e o tiroteio começou com dezenas de disparos de parte a parte. Ouve-se um grito:

— Acudam, Manoel de Luca está morto e um outro ferido.

— Agassiz, o interventor da Paraíba, à época, era Argemiro de Figueiredo, que designou um delegado especial para apurar os fatos e os responsáveis, demonstrando, logo no início um tendencioso. Meu pai, homem prudente, me chamou e disse:

— Você não vai mais ficar na Paraíba, onde quer estudar?

— Tem alguns amigos meus estudando Direito em Salvador, quero ir para lá.

— Então, meu filho, arrume as trouxas e vá. Aqui estou até hoje, amigo, nesta velha Salvador onde construí a minha tenda de vida e de luta. Mas pretendo fazer como os elefantes quando envelhecem: voltar às suas origens; esta é minha história. E este cabra aí, olhando para Zeca.

— Meu companheiro e amigo tem raízes nos Castro de Cabaceiras, com ramificações nos cariris de Serra Branca e Taperoá.

— Biu, vá apanhar as malas destes fugitivos, lá embaixo.

— Lourival já reservamos hotel, muito obrigado.

— Tá doido, Agassiz, vocês vão se hospedar aqui.

— É muito incômodo para você, Lourival.

— Que nada, acabe com essa besteira, vá Biu; eu sou um foragido do exército e vivo numa semiclandestinidade.

— Você não sabe, Agassiz, o apreço e amizade que as famílias Gaudêncio e Torreão têm pelo doutor Almeida. Genival me contou o apoio que você deu a ele no concurso de promotor.

— Não foi nada não, prestei solidariedade à "raça" Torreão.

— Zefinha, prepare o quarto para estes peregrinos.

Memórias de minha vida | 155

As conversas se estenderam a fio; Lourival queria saber detalhes da minha prisão em Fernando Noronha, na Fortaleza das Cinco Pontas, a descoberta da bentonita. Gostava de se informar acerca do comportamento dos seres humanos. Homem de alma larga e ampla visão do mundo; um irrequieto em constante busca das horas perdidas. Em certa altura, perguntei:

– Lourival, por que você levantou a sua tenda de vida e de luta aqui em Salvador?

– Na vida, três paixões me impregnaram: aquele pedaço do mundo, o velho cariri, a dimensão da história e os seus personagens, e a ciência do Direito desde a organização das sociedades e civilizações mais primitivas. Olho o cariri, um verdadeiro pugilato em que homens e vegetação resistem a uma natureza inclemente. Quase todos os anos, vou lá matar a nostalgia; certa vez levei o ex-governador Antônio Balbino. Agassiz, esta Salvador fala e respira cultura histórica. Por onde você passa, na cidade Alta e na Baixa, parece que a história nos acompanha. Ecos de dores dos supliciados escravos se estendem pelo Largo do Pelourinho. O elevador Lacerda, na época da sua construção, era o mais alto do mundo, de lá descortinamos uma parte de Salvador, executado pelo engenheiro Lacerda no século XIX, e reformado várias vezes; ele funciona até hoje. A catedral basílica, antiga igreja dos padres jesuítas, nela o poeta Gregório de Matos estudou e o padre Antônio Vieira proferia magníficos sermões, inclusive, o mais celebre, o da "Quarta-feira de cinzas".

Já íamos com três dias naquele agradável e fraterno convívio. Durante o dia, Lourival saía para o escritório e eu e Zeca íamos andar pela cidade, a pé ou de ônibus, conhecendo monumentos históricos, livrarias e sebos culturais. Na praça Castro Alves, o grande condoreiro ergue o braço direito apontando o caminho da liberdade aos condenados da vida, os escravizados pelo egoísmo humano. Muitos dos seus pensamentos nos inspiraram. O Farol da Barra erguido sobre o Forte Santo Antônio teve a sua construção iniciada nos finais do século XVII, considerado à época o guardião do Recôncavo Baiano, um dos mais movimentados portos da América do Sul. Quando voltamos ao apartamento, Lourival logo exclamou:

– Amanhã vamos almoçar vatapá, acarajé e mungunzá; não tem igual na cidade. Já telefonei para o restaurante Raphaele e recomendei que eram uns nordestinos acostumados a comer buchada de bode.

Aqui, nesses últimos dias, despi-me de preocupações e voei pelo mundo da história e da cultura.

Certa tarde, parei e refleti: basta. Chamei este imenso Lourival e disse:

– "Velho", você é um ancoradouro seguro para os navegantes arrebatados pelos temporais. Vim para instalar a minha tenda de trabalho, aqui, na Bahia e preciso do seu apoio. Você já me concedeu a carta de alforria para o trabalho, a carteira da OAB da Bahia.

– Agassiz, conte comigo. Vitória da Conquista é uma excelente cidade, um clima semelhante ao de Campina. Posso lhe recomendar a uns três amigos que tenho lá: Pedral Sampaio, Nilton Gonçalves e Raul Ferraz.

– Você não está abrindo portas com esses amigos, escancara.

Estou pronto para a guerra. Pensei comigo: este Lourival tem grandeza de gestos; são homens assim que direcionam a humanidade para seguirmos caminhando.

– Agassiz – com um ar de riso, expressou-se – amanhã vou receber, aqui, um fugitivo do amor.

– Quem é o Romeu, e a Julieta?

– Um ex-colega seu, um deputado estadual da Paraíba.

– Lourival – disse –, o ser humano é movido por esperanças, paixão e fé. Somos conduzidos por um maremoto, a circunavegar a insondável alma humana. Você é um Farol da Barra a orientar esses navegantes da política e do amor.

Logo cedo, antes de o galo cantar, viajamos. Eu sou um "peregrino audaz", como diz Castro Alves. Muito obrigado por mais este apoio, caro Lourival. Você terá, no livro da minha vida, um capítulo à parte.

VIAGEM INESPERADA AO RIO DE JANEIRO

À noite, por volta das sete horas, Lourival me chamou ao telefone:

– É sua mãe, dona Josita, de Campina Grande.

– Muitas saudades, minha mãe; em Lourival encontrei um oceano de prestimosidade. Amanhã cedo, viajo para Vitória da Conquista.

– Olhe, Agassiz, o jornal *Diário de Pernambuco* noticiou ontem que você e mais uns dez acusados foram denunciados pela 7ª Região Militar, em Recife, com pedido de prisão para você e mais duas pessoas.

Minha mãe, tome estas providências. Olhe, mande tirar xerox da denúncia e remeta urgentemente para o apartamento de tia Francisca, no Rio de Janeiro, via Sedex (é irmã de minha mãe, casada com o advogado Inácio Ramos).

A notícia me atordoou. Preciso me reorganizar emocionalmente. Saltam-me confusas reflexões, não vou sobrecarregar Lourival com mais esse fardo. Tenho receio de fraquejar, acovardar-me. Não! Já atravessei violentas tormentas.

Amparei-me mentalmente na vida dos heróis, dos revolucionários, naqueles que passaram pela vida e deixaram rastro de grandeza. Saltou-me à memória aquela figura grotesca do Promotor da 7ª Região, em Recife, e a sua pergunta intempestiva:

– Onde estão as armas distribuídas aos camponeses?

– Se soubesse, não estaria aqui. Onde estaria? Morto ou lutando.[24]

Ao alvorecer, fomos para o aeroporto 2 de julho. De lá, telefonei para Paulo Cavalcanti, meu colega de Ministério Público e ex-deputado.

– Paulo, estás sabendo de denúncia contra mim?

– Tô. Olhe, Agassiz, procure impetrar *habeas corpus* perante o STF, que já concedeu essa medida a Arraes, Julião, Djalma Maranhão e outros.

– Oh, companheiro, vou seguir esse caminho. Os advogados deles são Sobral Pinto e Heleno Fragoso. Arraes se exilou na Argélia – salientou Paulo Cavalcanti.

Telefonei para Paulo Ramos, meu primo, filho de tia Francisca.

– Oh, primo amigo, estou hoje, aí, com vocês de mala e cuia.

– Companheiro Zeca, daqui nós vamos tomar rumos diferentes por força de surpreendentes circunstâncias.

– O doutor está preocupado?

– Fique tranquilo, vou à luta.

– Olhe, daqui viaje para Vitória da Conquista, deixe o Volkswagen num estacionamento seguro, e de lá tome um ônibus da Itapemirim, que tem ponto de parada em Conquista e vá para Campina, e lá informe a minha mãe que estou bem. Tome esta grana para abastecer os dois motores: o humano e o de ferro. Deixe o seu endereço lá em casa. Qualquer fato eu lhe informo. Companheiro, vou levando comigo recordações da nossa amizade.

Emocionado Zeca me abraçou e lacrimejou. Estamos num sábado de agosto de 1968. O país se queda amordaçado pela ditadura militar, agravada a crise institucional com a edição do Ato Institucional nº 5, o AI-5. Por volta das 15 horas, estava no Rio de Janeiro, no apartamento de tia Francisca, rua Figueiredo Magalhães, Copacabana. De braços abertos e com trasbordante carinho, me receberam tia Francisca e os primos Paulo e Yara, possuídos de tocante sensibilidade, que esbanjavam com sinceridade.

– Como vai Josita, a caçula? – perguntou tia Francisca. – Antônio e os meninos como vão?

---

24 Os documentos referentes a esse processo-crime encontram-se no "Memorial Agassiz Almeida", inclusive o *habeas corpus* impetrado por Agassiz Almeida perante o Supremo Tribunal Federal.

– Com saúde e no batente, tia.

Este Rio me encanta. Aqui, numa fatalidade geográfica a natureza e o homem se abraçam, tendo por testemunha o Cristo Redentor. A cidade por onde você caminha aflora juventude e vigor. O cassino da Urca se vestiu de um conto de fadas das noitadas cariocas. O Rio se estende e se ergue por enseadas em meio a um verdejante florestal e o azul cristalino das ondas oceânicas. A zona norte fala da História, e os arranha-céus da zona sul olham o porvir. Ambas se encontram na alegria de viver. O malandro do morro tem a sua linguagem, e foi lá que o samba nasceu, com Noel Rosa, Cartola, Pixinguinha, Jorge Aragão, Paulinho da Viola e Martinho da Vila.

Paulo, apaixonado piloto, derrama-se a contar suas peripécias na aviação.

– Agassiz, olha, amanhã tem um churrasco na granja do meu amigo Demeval, o Demé, vamos lá? O Demé é um carioca da gema. O pai, já falecido, deixou relativa fortuna para ele, que rasga com cachaça, mulheres e farras. Fez da noite na boate Zum-zum, aqui em Copacabana, o seu eldorado.

No domingo, pela manhã, às 11 horas, lá estávamos na granja "O Vagalume", estampando o semblante de um vencedor de tristeza e de um mulherengo inveterado. Demé gritou:

– Nordestinos cabras da peste, vocês estão aqui nesta Petrópolis a quase mil metros de altitude. Ao relento desta brisa, durmo como um Morfeu e sonho com anjos.

Tipo meio forte, barriga a se avantajar do corpo, braços compridos, biotipo em torno dos 40 anos, estampando uma velhice precoce por uma vida desregrada.

– Numa madrugada, e ao aconchego de um pedaço de mau caminho, Paulo é imbatível – falou Demé.

Cheio de gírias, cabelo longo, no pescoço; um medalhão, gritou:

– Bicho, oh bicho, traz uma picanha daquela e uma 51, da boa.

Demé se desandava em relatar as suas estripulias amorosas e sexuais. Com isso, realizava-se. Sentia satisfação em ridicularizar cornos, homossexuais e negros e fazia com sadismo. Condicionou a sua vida a este mundo de ilusões. Nos efêmeros anos da juventude, ele não olhou o amanhã. Entardecia.

– Vamos chegando, Paulo, amanhã é dia de branco – eu disse.

Despedimo-nos, pus as mãos nos ombros de Demé e soltei estas palavras:

– Aqui, desta Petrópolis, você contempla o verdejante destas serras a embalar sua boemia de um Don Juan consagrado.

Embaraçado, mas satisfeito, riu:

– É nordestino, é... é... eu sou um Don Juan carioca.

Era um grotesco namorador rico.

— Na despedida, vamos ouvir esta música *Yesterday,* dos Beatles, chamou Demé os visitantes.

Partimos. Na segunda-feira, já com o telefone do doutor Alcides Carneiro, fornecido pelo amigo Rafael Carneiro, ligo para o seu apartamento, na avenida Nossa Senhora de Copacabana, aqui próximo à rua Figueiredo Magalhães. A secretária atende e responde:

— Aguarde um pouco. O doutor Alcides disse que podia vir amanhã, pela manhã, às 10 horas.

Ministro do Superior Tribunal Militar, Alcides Carneiro engrandecia essa Corte com votos e decisões de alta inteligência e cultura jurídica. Tocado de emoção, lá estou no apartamento desse sertanejo de Princesa Isabel, que hoje, em meio a esta turbulência autoritária, engrandece a toga num Tribunal Superior do país. Amplo alpendre, deitado numa rede onde se via um pequeno banco e, ao lado, a obra *O Fausto,* de Goethe. Olhei-o num misto de admiração e surpresa. Levantou-se e, com ar paternal, apertou minha mão. Fronte larga, olhar sereno, emoldurado num rosto a externar paz, Alcides Carneiro olhava com grandeza além do seu tempo.

— Jovem, o que o traz aqui neste abrigo?

— Doutor Alcides, estou numa diáspora, fugitivo do ódio e da implacável vindita do autoritarismo e aqui encontrei o meu monte Sinai.

Apresentei a denúncia da 7ª Região Militar, em Recife, enquadrando-me na Lei de Segurança Nacional. Olhou-me pensativo. Algo enigmático povoou aquele ambiente. Assim, falou num tom de compreensão:

— Jovem, é próprio da juventude a rebeldia, os sonhos e as utopias. Infortunada juventude que não carrega esta chispa, já nasceu velha. Insurgir-se contra as injustiças, elevar a palavra quando todos silenciam, desafiar os tiranos são atitudes imanentes da alma juvenil. Empobrecida justiça que se faz cega a estas qualidades revigorantes da mocidade. Por sua rebeldia cívica, não se pune o jovem, apontam-se caminhos. Prefiro libertá-lo do que tolher o seu futuro.

Parou, colocou as mãos nos meus ombros e disse:

— Jovem, vou apontar este caminho, procure o advogado Augusto Sussekind, no seu escritório à rua do Ouvidor. É um advogado de larga sabedoria e de visão humanista em defesa das liberdades. Não diga que eu o indiquei. Um dia esta borrasca vai passar, e eu o encontrarei nos proscênios da vida pública.

Olhei sobre um pequeno banco a obra *Fausto,* de Goethe, e articulei estas palavras:

— É a trama satânica de Mefistófeles envolvendo o Fausto, o sábio. Em algumas passagens do drama, a condição humana é chamada à razão.

— Oh – disse surpreso. – E você conhece a obra goetheana?

— Um pouco, doutor Alcides.

— Fique para almoçar. Vou acompanhar os seus passos. Você tem o signo de um vencedor.

— Muito obrigado, doutor Alcides, já tenho compromisso com a minha tia Francisca, que reside aqui próximo.

Dele me despedi, e parti com a sensação de querer ficar para ouvi-lo. Pensei: são estes homens probos que elevam a condição humana tão apequenada e miserável por tantas circunstâncias neste momento de autoritarismo a calar as liberdades e se institucionalizar as torturas e mortes nos porões dos quartéis.[25]

No outro dia, estava no Rio antigo, por entre as ruas do Ouvidor, Beco dos Barbeiros, ruas do Aragão e da Botica e a Travessa de Santa Rita, e velhos casarões seculares acinzentados pelo tempo. Na rua do Ouvidor, num fiteiro alguém me informou o escritório do doutor Augusto Sussekind. Na antessala, a secretária me pede para esperar. Ambiente acolhedor, móveis simples e talhados em estilo colonial, livros jurídicos e de literatura se enfileiravam em estantes por todas as paredes. Pensei: aqui se pensa e estuda. Antevi um vulto de postura cívica. Conhecia por leituras e informações pessoais os seus feitos nos tribunais superiores do país.

Por entre livros e estatuetas de Rui Barbosa, Joaquim Nabuco e Castro Alves, este homem olha o mundo com altura. A secretária falou: pode entrar. Porte alto, semblante a inspirar tranquilidade, gestos de um lidador de constantes pugnas, levantou-se e soltou estas palavras:

— Aqui é um ancoradouro dos golpeados pela ditadura. Sinta-se à vontade. Olhe, enquanto você estava na antessala, eu li alguns traços de sua história; você é um navegante de mares tempestuosos, um jovem de desafiadoras iniciativas, enfrentou o feudal latifúndio do Nordeste e o coronelismo.

— Sou carregado de cicatrizes e carrapichos, rio por estes entreveros, a bússola da vida e dos amigos me indicaram esta trincheira. Aqui, doutor Augusto, tenho a convicção de que o Direito tem um guardião e os golpistas do autoritarismo um braço de resistência.

— Agassiz, abracei o Direito como uma vocação sacerdotal. Hoje, como advogados criminalistas, somos testemunhas desta infâmia que assola o país. Ouvimos aqui eu, Sobral Pinto, Heleno Tavares, às centenas, familiares de presos, torturados, mortos e desaparecidos relatarem o horror de uma tragédia genocida.

---

25 Abro as páginas destas "Minhas Memórias" para um vulto cuja dimensão humana se projeta *ad tempora* e leva o nome de Alcides Vieira Carneiro. A vida pública brasileira, tão amesquinhada de tipos medíocres, não compreendeu a sua estatura cívica e moral.

No Império Romano, 2.000 anos atrás, cristãos eram arrastados das masmorras e lançados na arena do Coliseu, em Roma, para serem devorados por leões famintos, sob uivos frenéticos da multidão, comandada por monstros como Nero e Calígula. Nada diferencia este amordaçado Brasil de hoje da escancarada mortalidade romana. Aqui se opera sob o manto de uma mortalha oprobriosa, nos porões dos quartéis, nos subterrâneos de órgãos públicos em centros de morte onde vidas são mortas sob torturas. Em Petrópolis, na "Casa da Morte", vidas humanas são lançadas numa fornalha. A ditadura impôs um silêncio sepulcral. Quem ousa protestar! Nós, advogados criminalistas, somos os últimos baluartes a resistir contra o militarismo. Sofremos ameaças e prisões. Sou um indignado diante desta miséria ditatorial que abate o país. Agassiz, trouxe a cópia da denúncia?

– Trago comigo, doutor Augusto.

Serenamente, fixou-se na peça acusatória.

– São estas barbaridades dos agentes do Estado que afrontam a nação. Fique tranquilo, vou preparar a defesa e sustentar perante o plenário do Superior Tribunal Militar.

– Doutor Augusto, vamos acertar os honorários, eu compreendo a sua luta forense.

– Jovem, fiz com a minha própria consciência este pacto: todos os golpeados por esta oprobriosa ditadura militar, deles eu não recebo nenhum pagamento. Telefone-me daqui a uns dois dias, que lhe informo o dia e a hora do julgamento.

– Estarei lá, doutor Augusto.

Num sombreado casarão antigo, de largas paredes e pesadas portas, dois seguranças fortemente armados me revistaram e solicitaram a minha identidade.

– Aguarde.

Esperei uns vinte minutos. Dirigi-me à galeria, e de lá pude acompanhar a sessão, os debates e o julgamento. O presidente abriu a sessão e anunciou a pauta, entre as matérias para análise, o meu *habeas corpus*. – Discussão do *habeas corpus* do acusado Agassiz Almeida. Com a palavra, a promotoria, numa voz que parecia a de um ventrículo, repetia, numa cachoeira de mediocridade, surrados chavões "vendido a Moscou", "o país estava infestado de comunistas", "a consagrada revolução salvou o Brasil do abismo". Nesse diapasão, *perfilava* entre o besteirol e a insensatez. – Com a palavra, o doutor Augusto Sussekind, defensor do acusado. Tranquilamente, assoma a tribuna, olha os circunstantes, numa postura ereta deixa ecoar estas palavras:

– Por essas auditorias militares do país, um elo de comunhão sem nenhuma lógica hermenêutica, despeja todos os acusados nas pesadas penas da Lei de Segurança Nacional, muitas delas, como no caso do ora acusado, a ultrapassarem mais de 100 anos de prisão, assim adotando a pena de prisão perpétua. Como doutrina Malatesta, é na dosagem da pena, que a Justiça se eleva a altos parâmetros. O que se colheu de provas testemunhais e documentais? Um conluio da inconsequência com o dedurismo. Arrancar dos milhares de jovens idealistas o seu futuro, e arrastá-los às enxovias da ditadura, o que será deste Brasil amanhã? Restará apenas enorme rebanho de eunucos governados por espertalhões. – Encerrada a discussão, anuncia o presidente:

– Em votação; rejeitado o *habeas corpus*, com os votos contrários dos ministros Alcides Carneiro e Peri Bevilacqua.

No outro dia, ainda meio preocupado com a decisão do Tribunal Militar, fui ao escritório do mestre Sussekind. Lá estava tranquilo e firme.

– Doutor Augusto, parabéns; ouvi a sua talentosa peça oratória, que me fez lembrar o sermão "Quarta-feira de cinzas", do padre Antônio Vieira, celebrando na igreja matriz de São Luís, Maranhão, quando, em certo momento da homilia, ele salientou: quando os homens perdem a capacidade de ouvir, eu falo aos peixes. Assim, foi o seu altíssimo pronunciamento naquele tribunal.

– Agassiz, você me sensibiliza com tamanha visão de mundo. Ontem fomos derrotados, mas não vencidos. Vou lutar por sua liberdade no Supremo Tribunal Federal e lhe impetrarei *habeas corpus*. Apenas lhe peço que compre a passagem para Brasília.

– Pois, não, doutor Augusto.

Que vulto diante de mim se descortina. São esses homens que elevam a condição humana. Existem certos momentos na história de uma nação, quando os rincões do autoritarismo recaem sobre ela, que a palavra de um homem e a postura de uma instituição definem os rumos e o futuro de um país.[26]

Assim, agiu o Supremo Tribunal Federal com a revolta dos Marinheiros do couraçado Minas Gerais, em 1910; assim elevou este Tribunal Federal o ministro Ribeiro da Costa, assim agiu o desembargador Emílio Farias na pequena Paraíba, no Tribunal de Justiça, contra o arbítrio, assim assistimos às centelhas da liberdade de nossa Suprema Corte. Como relator do meu *habeas corpus*, falou o Ministro Osvaldo Trigueiro, magistrado que fez das liberdades democráticas berço da sua formação jurídica e humanística. Com a palavra de um sentinela do Direito e das leis, entrecortada de citações doutrinárias e jurisprudenciais, Augusto Sussekind engrandeceu aquela Corte Suprema.

---

26 Documentos referentes a este *habeas corpus*, no STM e no STF, se encontram no "Memorial Agassiz Almeida".

Com dois votos contrários, a ordem de *habeas corpus* foi concedida. No aeroporto do Galeão, lá estava para abraçá-lo. Com a gratidão à grandeza dos seus gestos, guardo como relíquia, no "Memorial Agassiz Almeida", a peça original do *habeas corpus* impetrado no Supremo Tribunal. Algumas vezes, quando ia ao Rio, visitava-o e lhe oferecia um almoço no restaurante do Serrador.

VIAGEM A VITÓRIA DA CONQUISTA

Reconfortado pela concessão do *habeas corpus* que me livrou do pesado fardo de uma denúncia que me imputava crimes cujas penas ultrapassavam 100 anos, renovei as minhas energias como o condor dos Andes, que após anos de turbulência se recolhe nos altos dos rochedos e entra em quarentena; após meses, quando renasce plumagem, bico e garras, parte para novos embates e desafios.

Na madrugada de uma quarta-feira, fiz o voo Rio-Salvador, e desta capital a Vitória da Conquista. Hospedei-me no Albatroz, hotel antigo localizado na rua Maximiano Fernandes. Logo nas primeiras horas, aura de simpatia me envolveu pela cidade.

O hotel nos remonta a antigos casarões do Nordeste, linhas arquitetônicas de estilo colonial, largas paredes e espaçosas salas com poltronas revestidas de legítimo couro, recepção de especial atendimento, tudo nos levava a um aconchego familiar. Gestos simples, o proprietário nos deixava à vontade. Veio de Alentejo, em Portugal, e se fez um errante fugitivo da ditadura de Oliveira Salazar, cujo irmão faleceu em masmorras em circunstâncias misteriosas; e o pai, debaixo de bárbaras torturas, suicidou-se.

Situada às margens da rodovia BR-116, Rio-Bahia, planalto sul baiano, numa altitude em torno de mil metros, distante de Salvador 508 km, Vitória da Conquista é centro metropolitano de mais de vinte municípios. Clima tropical suave, temperatura em média de 15 a 20 graus, a cidade se situa em zona de transição entre as regiões litorâneas e agreste, com nível de pluviosidade em média de 800 a 900 milímetros por ano. Clima serrano, semelhante à noite ao de Campina Grande. A cidade foi fundada nos finais do século XVIII pelo sertanejo João Gonçalves Costa. Estes fatores humanos, geográficos e climáticos me atraíram.

Certo dia, ao entardecer, sentado juntamente com alguns hóspedes, na frente do hotel, comecei a conhecer certos tipos caricatos que povoam ruas, avenidas e praças, despertando curiosidades, risos e chacotas. Mesmo à distância, percebi um deles. Encorpado num camisão preto, chapéu de abas largas, no pescoço um crucifixo, sandálias de pescador, passos lentos e na mão direita um bastão. Proclamava-se um profeta da Galileia e pescador de almas. No monólogo em seu mundo de esquizofrenia, pregava: "fui batizado nas águas sagradas do rio Jordão", citando desordenadamente versículos da Bíblia, então a molecada gritava: "Morcego, cadê a mãe?" Ele se agitava e soltava palavrões: "Jesus, perdoai, eles não sabem o que fazem". Incansável viandante, caminhava dias e dias pela rodovia Rio-Bahia, monologando versículos da Bíblia. Meio século nos separa desses vultos, o penitente que varou as caatingas nordestinas, nos finais do século XIX, imortalizado na obra *Os Sertões*, de Euclides da Cunha, Antônio Conselheiro, e o penitente das planícies planaltinas de Vitória da Conquista, o Morcego baiano.

Em que mundo enigmático da esquizofrenia eles se encontram? O profeta de Canudos pregava a fanáticos seguidores.

O caminhante da interminável estrada de Damasco, a rodovia Rio-Bahia, monologava com os ventos.

Apoiado na carta de recomendação de Lourival Torreão, telefonei para Nilton Gonçalves:

– Oh, Agassiz, Lourival já me falou a seu respeito, e tem por você grande estima. Você tem fibra de lutador. Estou à sua disposição.

– Muito obrigado, Gonçalves. Quando posso me encontrar com você?

– No meu escritório, amanhã, às 16 horas, na avenida Regis Pacheco, 938.

Advogado bem-sucedido e criador de vasto rebanho bovino na região, Nilton Gonçalves estampava um perfil de vencedor. Abraçou-me e perguntou:

– Agassiz, nesta sua diáspora pelos sertões do Nordeste, por que você escolheu estas paragens baianas?

– Clima suíço a se assemelhar ao de Campina Grande, a efervescência humana impulsionada por um anseio de futuro, entreposto de correntes migratórias de vários municípios e regiões, todos estes fatores, Nilton, levaram-me a este ancoradouro planaltino.

– Lourival me falou que você é forte candidato a prefeito de Vitória da Conquista nas próximas eleições municipais.

– Estou me preparando com devotado empenho. Nos arquivos que pesquisei na Câmara Municipal de Salvador, deparei-me com a história do valente sertanista João Gonçalves da Costa, que deixou a cidade de Chaves, em Portugal, aos 17 anos e veio para o Brasil. Aqui, incorporou-se à legião do capitão-mor João da Costa, e dele se desvinculou para fundar o Arraial da Conquista, nos finais do século XVIII. Valente, lutou contra os índios pataxós e aimorés.

Você, Gonçalves, traz a genética desse sertanista e desbravador.

– É, Agassiz, segundo pesquisas de um historiador, num trabalho de levantamento genealógico da família Gonçalves, eu sou descendente desse sertanista.

Num gesto de solidariedade, ele me convidou:

– Você quer vir trabalhar aqui comigo?

– Agradeço o convite, mas, como você sabe, eu sou um semiclandestino, e para não comprometer os amigos atuarei individualmente.

Despedimo-nos: e dele guardo a imagem de um homem que sabe discernir os fatos. Voltei ao hotel. Pensei: preciso urgentemente trabalhar, minhas reservas financeiras estão se esgotando, depois que aluguei uma casa e efetuei pagamento adiantado do aluguel. Nela instalei o escritório de advocacia e a residência.

Arregacei as mangas e caí em campo. Procurei Evilásio Carvalho, uma das pessoas a quem Lourival me recomendou. Gestos simples, baixo, entroncado, rosto largo e moreno, perfil de um índio pataxó, tribo indígena que ainda hoje habita o litoral sul da Bahia. Empresário da construção civil e proprietário de fazendas de gado e suínos.

– Oh, doutor Agassiz, Lourival me telefonou e fez boas referências a seu respeito.

– Evilásio, tenho laços de amizade com a família Torreão, que vem desde o meu pai. Vim para esta sua terra e já instalei minha tenda de trabalho.

– Que coincidência! Estou precisando de um bom advogado.

– Na advocacia, Evilásio, sou clínico geral.

– Oh, doutor, há uns quatro meses dois policiais entraram na minha fazenda, Alto Comprido, e prenderam o meu vaqueiro, que trabalhava comigo há mais de 15 anos. Depois de oito dias dessa prisão, apareceu morto próximo à rodovia Rio-Bahia. O laudo cadavérico comprovou que as balas disparadas pertenciam às armas de uso da polícia. Cabra bom e disposto, seu doutor. Não faltava ao trabalho. O senhor aceita atuar como advogado de acusação?

– Evilásio, indigna-me o criminoso covarde. Aceito e vou me empenhar.

– Doutor, os seus honorários.

– Trinta mil reais (no valor de hoje).

– Pode fazer por vinte?

– Posso.

– Olhe, doutor, dez mil agora e o restante no final da questão. Tenho aqui de títulos de crédito vencidos, duplicatas, notas promissórias e cheques no valor de uns duzentos mil reais (valor de hoje), o senhor aceita cobrar?

– Mande fazer a relação que amanhã à tarde passo por aqui. Faça em duas vias.

Despedi-me. Tocou-me forte sentimento de segurança e de amplas perspectivas para o futuro. Saltou-me à memória a recomendação de Lourival, sem a qual como abriria as portas numa cidade desconhecida? A confiança que Evilásio depositou em minha pessoa. Livre das amarras e monitoramento do militarismo, aqui encontro espaço para trabalhar. Voltei ao hotel reconfortado e me recolhi para dormir. Um vazio de angústia se abriu diante de mim. Debato-me em conflitantes e confusas interrogações, e não encontro resposta. O fantasma da depressão me chega. Procuro fugir desse estado de espírito. O que é isso? Sou um vencedor e ao mesmo tempo um derrotado.

Na solidão do meu quarto, um impulso irrompe dentro do meu ser, um redemoinho a sacudir os meus sentimentos, a hora que me leva a parâmetros indefinidos; a saudade dos nossos encontros, dos nossos sonhos, dos nossos juvenis instantes me sacode na noite, como o estalo de Vieira, a face rosada, olhos esverdeados, cabelos louros, riso de menina-moça, era o rosto do meu amor que ficou em Campina, a minha Gizeuda. Dominava-me um sentimento de angústia e tristeza. Chegam-me recordações das calçadas, das casas, das árvores, do frio aconchegante da rua Desembargador Trindade. Levanto-me, dou alguns passos e ouço um coro de sacerdotisas que me envolve num turbilhão de palavras. Em meio a este cântico, a voz materna me deixa este imperativo:

– Meu filho, sei que estás enfrentando adversidades e desafios. Leva para perto de ti a tua Gizeuda, que tem por ti um amor infinito.

Solucei, um soluço nostálgico. Logo ao amanhecer, telefono: meu amor, venha para Vitória da Conquista, e eu vou te esperar em Salvador; avise o dia e a hora do desembarque.

Deixei o hotel e fui residir na casa que aluguei, na praça das Borboletas, hoje Tancredo Neves. Acompanhei o inquérito contra os policiais, José de Sousa, conhecido como Zé da Pistola, e Manoel da Costa, na condição de Assistente de Acusação do Ministério Público. Denúncia oferecida, o processo-crime tramitava com a oitiva das testemunhas de acusação e defesa.

Pronunciados pelo magistrado, os acusados são submetidos a julgamento perante o Tribunal do Júri e recolhidos à prisão. Na manhã de uma quarta-feira, no Fórum João Mangabeira, presidida pelo juiz Florisvaldo, inicia-se a sessão do julgamento dos réus José de Sousa e Manoel Costa. Interrogados os acusados, testemunhas são ouvidas no plenário. Com a palavra, o ilustre promotor de justiça. Com uma acusação lastreada nas provas dos autos e com inteligente lógica de argumentação, o promotor de justiça sustentou com sólidas palavras o libelo acusatório.

– Tem a palavra – anuncia o magistrado –, o doutor Agassiz Almeida.

– Ilustre presidente deste soberano Tribunal do Júri, senhores integrantes do Conselho de Sentença. Encontro, na sabedoria sagrada dos evangelhos que nos falam o Velho e o Novo testamento, a razão de castigar aqueles que violentaram e abateram o mais sagrado patrimônio do ser humano – a vida. A nossa sociedade se equilibra na justiça, no ordenamento jurídico, na comunhão dos seus integrantes, como já doutrinava Aristóteles há mais de 2.000 anos. A quem ides julgar, senhores do Conselho? Não ocorreu um choque de paixões emanadas das emoções humanas. Não! Foi a paga vil, o dinheiro ensanguentado que levou estes pistoleiros fardados a abaterem a vida de Simão, que fez do pastoreio do gado o seu mundo. Dois tipos se identificam na condição humana: o torturador e o matador mercenário. Um se engolfa de orgasmo com a dor humana; o mercenário do crime tem a sua razão de viver no assassinato, para ele o ser humano é massa de carne e osso exposta à sua ignomínia. Estes tipos que ides julgar perderam todos os sentimentos que povoam a alma humana. As palavras das testemunhas que ecoam nas nossas consciências nos falam nos autos e clamam por justiça. O laudo pericial comprova que os três projéteis que mataram a vítima partiram de armas de uso exclusivo da Polícia Militar.

Pacheco, advogado de defesa, me aparteou.

– As suas palavras eloquentes não retratam o que está nos autos.

– Doutor Pacheco, Vossa Excelência me lembra dois personagens; um viveu no século XIX e emergiu da obra *O bobo*, de Alexandre Herculano, o Dom Bibas, para se esparramar num besteirol no parlamento, numa lógica entre o ridículo e o grotesco. No século XX, o aguardado dos deuses, ao presidir um país chamado Brasil, avacalhou-se num governo de lunáticos, entre o grotesco e a idiotia (a plateia riu).

– Doutor Agassiz – salientou o magistrado – peço respeito ao doutor Pacheco, ele é advogado das nossas lides forenses.

– Excelência, pelo doutor Pacheco tenho respeito, só não tenho por suas palavras, nem pela causa que ele abraçou. Retomo o meu raciocínio interrompido. Senhores do Conselho de Sentença, o mandante se esconde na montanha da sua riqueza e estes pistoleiros vendilhões da morte se encontram nas mãos da justiça. Tudo passa, menos o supremo juízo dos fatos. Senhores juízes, em vossas consciências um dever bem alto se alevanta: justiça para os sanguinários de Simão.

Com a palavra o doutor Apolinário Pacheco, pela defesa. Discurso entremeado com palavras em latim e citações doutrinárias e jurisprudências em tom de retórica rocambolesca. Apolinário se emocionava pateticamente, clamava como um esfomeado caminhante: justiça, justiça. Isso com palavreados altissonantes. Confuso, caminhava de um lado para o outro.

– Esses soldados da briosa Polícia Militar da Bahia são inocentes. Não crucifiquem estes justos, protetores da nossa sociedade. As mãos destes guardiões da paz não estão ensanguentadas. Em nome do Cristo que está nos olhando naquela parede, concedam a liberdade a estes injustiçados.

Encerrando os debates e ouvido secretamente o *veredictum* dos jurados, o magistrado anunciou o resultado: 22 anos de condenação para José de Sousa e 20 anos para Manoel da Costa, para ser cumprida no presídio local, a partir da publicação da sentença.

Apolinário pediu a palavra e arguiu que iria apelar. Essa fantástica polivalência do fenômeno humano sempre me levou a estudos e reflexões.[27] Baixo, entroncado, com rosto largo de um índio pataxó, braços curtos, pança saliente, Apolinário Pacheco irradiava uma bondade infantil. Compreendi o colega, desprovido de maldade e hipocrisia. Dele me fiz amigo. Era um boêmio e seresteiro.

O júri e o julgamento tiveram ampla repercussão na cidade, sobretudo por ter sido irradiado por uma emissora de grande audiência na região. Intelectuais, professores e advogados procuraram me conhecer e perguntavam: de onde você é? Do interior da Paraíba, Curimataú.

No outro dia, Pacheco me telefona:

– Vamos à noite na boate Taquara, saída para Itambé? Hoje Nelson Gonçalves irá cantar. Posso reservar a mesa?

– Sim.

Construída numa ampla área, linhas arquitetônicas de um casarão colonial, a "Taquera" reunia seleto público. Ambiente aconchegante, ampla pista de dança, mesas e cadeiras talhadas em madeira jatobá, música ao vivo; por ali passaram consagrados cantores brasileiros: Altemar Dutra, Ângela Maria, Agnaldo Rayol.

Exímio violinista e cantor de razoável voz, Pacheco mergulhava no *whisky* Chivas com a voracidade de um beduíno no deserto por água. Às 23 horas, sob efusivos aplausos dos frequentadores, Nelson Gonçalves solta aquele vozeirão e canta a consagrada canção *Boemia,* acompanhado por orquestra com músicos de bom nível. Já etilicamente tocados, fomos dançar. Morena de cabelo longo e olhar amendoado, corpo esbelto, foi o meu par.

– De onde você é? Eu nunca o vi aqui.

Sou um cidadão do mundo, cigano de longas caminhadas.

A orquestra dispara o celebrado tango *La Cumparsita*. Tentei ensaiar desengonçados passos, encorajado pelo Chivas. Pacheco já "tocadão", me fez estas interrogações.

---

[27] No livro *O fenômeno humano – os verdadeiros objetivos da viagem* de Charles Darwin no Beagle, eu procuro analisar a condição humana sob vários aspectos, sobretudo como o ser humano é levado a erros e desacertos. No "Memorial Agassiz Almeida" se encontra matéria a esse respeito.

– De onde você é mesmo, Agassiz?

– Olhe, Pacheco, eu vim fugindo de Camalaú, interior da Paraíba, por questões passionais.

– Colega... colega, você com o porte de orador e ampla erudição, a sua é história diferente. A ditadura tem produzido coisas estranhas.

– Pacheco, deixe de besteira, vamos chegando, já está clareando o dia.

Em casa, dormi como Morfeu até meio-dia.

No entardecer de uma sexta-feira, estava sentado solitariamente num banco da praça das Borboletas, hoje Tancredo Neves, um pouco distante do meu escritório, quando, surpreendentemente, vi, saltando de um táxi, uma jovem de cabelos louros olhando para a numeração da casa. Gritei.

– Amor... amor.

Ela acenou com a mão. Corremos ao encontro um do outro como dois adolescentes em meio a intensos beijos e abraços de infinita ternura. Entreolhamo-nos numa sensação de que somos um só corpo, uma só alma e um só pensamento. Emudecemos num silêncio eloquente de saudade reprimida. Perguntei:

– Como foi a viagem?

A palavra ficou retida pela emoção.

– Meu filho, senti muito a tua ausência, cada dia parecia uma eternidade.

Interrogações se sucederam sem resposta. Onde está o meu amor, sofrendo por este mundo? Sonhava sonhos embalados em ternura, ouvia a tua voz, sentia o calor do teu corpo e dos teus infinitos beijos.

– Minha filha, lentamente estou rompendo os obstáculos. Lourival Torreão apontou o fanal que me abriu caminhos. Tem ido lá em casa visitar mamãe?

– Vou sempre, duas a três vezes por semana.

– Ela está bem?

– Muito saudosa, fala muito em ti, sempre diz: "meu filho é um guerreiro e será um vencedor".

– E a viagem, meu amor?

– Embarquei em Campina, com escalas em Recife, Salvador e Ilhéus. Ocorreu forte turbulência na altura de Salvador, eu pensei que não ia te ver mais, fiquei com medo de o avião cair. Foi a minha primeira vez que voei de avião. Meu filho, quanto angustiante a falta da tua presença. Eu quero estar ao teu lado em todos os momentos. A partir de agora vamos, juntos, enfrentar adversidades e desafios.

Pensei: este meu amor adolescente calejou nos embates da vida. Paciente e determinada, não lamentava as derrotas, enfrentava, comungando pensamentos, ideais e utopias comigo, abrimos caminhos os mais desafiantes. Abraçamos uma epopeia homérica num país de uma elite atrasada e egoísta. Construímos um templo matrimonial e de trabalho por mais de meio século. Por horas e dias, sofremos juntos os golpes da ingratidão humana. Com a alma resistente e paciente, Gizeuda compreendeu meu temperamento. O hino que embala os seres humanos nas noites tempestuosas tem este nome: amor, só ele constrói para a eternidade.

– Meu amor, neste entardecer, em que contemplamos esta secular catedral, vamos comemorar a tua chegada com um jantar no restaurante "Taberna da História".

Fomos para lá com a sensação de paz com o mundo e uma alegria inspirada em canções românticas. O restaurante retratava nas suas paredes passagens históricas da nossa formação como nação e, ao mesmo tempo, olhava para o futuro.

– Garçom, por favor, me traga um legítimo Cabernet, das montanhas do Algarve, em Portugal. Olhe, compre cinco fichas e ponha na radiola para tocar a *Noite do meu bem*, de Dolores Duran e, depois, *Love story*.

Ao som de canções românticas e passos ritmados, fizemo-nos exímios dançarinos. Em certa altura, uma garçonete de blusa vermelha e saia azul põe na nossa mesa orquídeas de cores rubi e branca. Ao descambar das duas da madrugada, um seresteiro com um violão a tiracolo, desses que as noites produzem, cantou em tom romântico e nos dedicou as canções, *Beija-me muito* e *Perfídia*.

Agradeci e salientei:

– Só os seresteiros das madrugadas têm o condão de despertar sonhos e alentar os amores adormecidos.

Despedimo-nos, levando daquela noite recordações que o tempo não apaga, o que carrega de energia a juventude. Já no outro dia à tarde, estava no batente do trabalho.

– Meu amor, recebi de um cliente a importância de quinze mil reais (valor de hoje). Desta importância transfira para minha mãe oito mil reais, a fim de abater parte da minha dívida junto ao Banco do Brasil.

A clientela do escritório crescia. Num certo dia de agosto, chega ao meu gabinete um cidadão, gestos simples, passos lentos, feições rudes, mãos calejadas, corpo um pouco recurvado, e falou:

– Bom dia, vosmicê dá licença. E colocou o chapéu numa cadeira.

Rosto largo num pescoço curto, semblante de um sertanejo das caatingas nordestinas, veio-me a recordação do vaqueiro Pompeu, da fazenda "Lages".

– Como é o seu nome? – perguntei.

– João Gomes.

– Fique à vontade, João, e bote para fora o seu problema. Este escritório é um pedaço do Nordeste.

Memórias de minha vida | 171

– Seu doutor, olhe, faz uns seis dias, quatro amigos meus, moços ainda, se envolveram numa briga, lá no "Alto do Rochedo", um lugarzinho aqui perto, com uns desordeiros; quando a polícia chegou os levou presos, aos empurrões e tapas, para o quartel da polícia. Soube que vosmicê é um bom advogado e já condenou dois policiais pistoleiros. O que pode fazer por eles?

– João, eu vim lá dos cariris do Nordeste, conheço as pegadas de bicho brabo. Você não está contando a verdade. Como eu posso defender os seus amigos, se você está escondendo o que aconteceu? Quartel de Polícia com seis dias de reclusão não é prisão para desordeiros encachaçados. Desembuche, João!

Olhou para mim meio desconfiado e desabafou:

– É, doutor, o senhor é novo, mas conhece a vida. Tô gostando do seu jeitão. Vou contar tudo e confio em vosmicê. Eu trabalhava no cais do porto em Recife, carregando e descarregando caminhões de açúcar e trigo. Certo dia, caí de cima de um caminhão com um saco de açúcar de sessenta quilos nas costas quebrando três costelas e o braço direito. Minha família é pobre, lá de Belo Jardim, Pernambuco. Sou analfabeto, só sei desenhar o meu nome e muito mal. Sou um homem inutilizado para o trabalho. Não existe maldição maior, seu doutor. Procurei os homens do poder, e nada. Desesperado, fui pedir esmola na porta do Savoy, em Recife, e as esmolas que recebi eram estas: "vá trabalhar, vagabundo, tenha vergonha, vá trabalhar". Dizem que existe uma tal de previdência, mais nada. Um amigo meu que mora em Santos me chamou. Tomei um pau de arara e entrei na lasca do mundo. Em Santos me encontrei com o amigo Mané de Dudu, um inutilizado como eu. Aí, seu doutor, desculpe, sem saída e com fome, com a mulher e três filhos passando necessidades, em Olinda, satanás me arrastou para esta vida em que vivo. Sou um homem honesto, isto me dói muito.

– Começamos a assaltar, à noite, mansões dos ricos, eu e Dudu, quando eles viajavam. Numa certa noite, a polícia nos cercou e fomos presos. Puxei quase dois anos de cana. Quando saí da prisão, organizei dois grupos de jovens, conseguidos no mundo da fome e do desemprego nas favelas de Santos, para assaltar, à noite, passageiros de ônibus da Itapemirim que fazem a linha São Paulo-Recife. Um grupo ficou num terminal da empresa, aqui perto de Vitória da Conquista, e o outro próximo a Feira de Santana. Quando os passageiros, isto depois de uma hora da manhã, estão em sono profundo, dois companheiros vão distraindo o motorista, e um outro rasga com este canivete (uma verdadeira ponta de punhal) as bolsas com dinheiro e objetos valiosos. Dois ficam esperando sentados nas cadeiras de detrás, os passageiros que demoram a dormir são os escolhidos, eles se levantam e se sentam numa agonia danada. Aí, os meninos sabem que tem alguma coisa que presta na bolsa. Eles foram presos quando saltaram no terminal da Itapemirim, daqui, de Conquista.

— Seu doutor, depende da sua pena a liberdade deles.

Olhei para João e compreendi a sua odisseia de desespero e fome. Arrastado pelo imperativo das circunstâncias, estava num mundo que não era o dele. Portava-se com a dignidade de um resistente. Um forte abatido por uma sociedade brutalmente injusta. Ali vi um titã num pugilato desigual com o mundo, empurrado por uma elite empanturrada de privilégios e egoísmo. Calei num silêncio definidor.

— Doutor, quero aceitar os seus honorários.

— Você vai pagar quinze mil reais (valor de hoje).

— Estou sem dinheiro.

— Oh, eu vivo unicamente de minha profissão e nada posso fazer.

Com semblante contrafeito, fixamente me olhou;

— É, doutor, o senhor era o meu último caminho.

Naquele instante, desfechou na minha mente, como uma legião de condenados, a tragédia da ignorância e da miséria que se abate sobre os infortunados deste país: também sou um tragado por este vendaval de infâmia que assola a nação. Dominou-me a sensação da dúvida, naquele momento mergulho fundo na minha alma; debato-me na incerteza, envolve-me um enigma hamletiano: abraçar a causa de João ou não. Pensamentos fluíam e se conflitavam na busca da razão que justificasse a minha decisão. Um sertanejo vindo das caatingas nordestinas, lançado compulsivamente para o mundo da marginalidade, sobreviver nele, e a sua família, mulher e filhos padeceriam na fome e na ignorância; esta baraúna estava ali, diante de mim.

A dúvida persiste como um suplício chinês. Como defender gratuitamente um bando que se organiza para o crime! Não! Algo me arrasta para as paragens inclementes dos sertões do Nordeste, ali, legiões e legiões de fortes travam luta inglória com a natureza: um sobrevivente da tragédia climática e política interagia comigo e me estendia as mãos como um náufrago de um inexorável determinismo histórico. João Gomes, como tantos, carregava o fardo de séculos da exploração. Serenamente olhei para ele.

— João, vou lutar pela liberdade dos seus companheiros: na sua consciência deposito os meus honorários.

O valente lacrimejou e, numa voz trôpega, balbuciou:

— Doutor, no dia vinte do próximo mês trago os seus honorários.

Redigi o *habeas corpus* e sustentei o *remedium juris* com ampla citação doutrinária e jurisprudencial. Sempre olhei a liberdade e a vida como apanágios imanentes da própria razão do existir. Na própria vida, conheci a extensão da perda da liberdade. Por volta das oito horas da noite, estava na residência do juiz (por ética profissional omito o seu nome). De gestos simples e educado, idade em torno de uns 45 anos, porte médio, recebeu-me com atenção.

— Doutor Agassiz, considere esta casa um ancoradouro da Justiça.

— Excelência, desculpe o horário, estou aqui no exercício do meu múnus advocatício e na defesa da liberdade ultrajada.

Residindo sozinho numa ampla casa, saltou-me, à primeira vista, a impressão de um ser humano a se debater em busca de um sentimento perdido.

— Vamos lá para dentro, vou fazer um cafezinho. De onde o senhor é?

— Eu tenho berço natal lá nos rincões da Paraíba, e hoje sou um cidadão do mundo; aqui encontrei uma nova pátria. E o senhor?

— Sou do sertão da Bahia, Juazeiro, localizada à margem do São Francisco. Ingressei na magistratura há uns 15 anos e exerci a judicatura em várias Comarcas. Vida sacrificada, a magistratura ganha pouco.

Silenciou e me olhou com um olhar de predador e disparou:

— O senhor tem uma cabeleireira bonita, preta com mechas brancas, parece a de Castro Alves.

Assustei-me.

— Muito obrigado.

Tocado daquele impacto elogioso, a minha consciência rodopiou, com pensamentos conflitantes, gestados pelas incertezas que levam a interpretações maliciosas. Não, não é possível, sou um malicioso, estou confundindo gentileza com assédio. Mergulhava num processo mental do qual procurava me desvencilhar. Séculos da minha genética falaram, lastreada numa rígida formação cultural. O ser humano se projeta na sua polivalência e complexidade, mas todos carregam o signo da genética e do cultural. Repassei na mente leituras que fiz sobre epigenética e encontrei esta corrente de estudos: desde o embrião, no útero, de acordo com as flutuações hormonais que ligam e se desligam entre a mãe e o feto ocorrem, em certo momento, desvios hormonais.

É a determinante fatalidade biológica ante a qual a ciência se debate e o mundo social e político foge da discussão. Da população mundial, 4% é homossexual. Não desqualifica a personalidade e a condição do gênero. O ser humano tem a marcá-lo as qualificações morais. Uma sociedade, por trás da sua hipocrisia, proclama: a homossexualidade é uma opção, grita um machista montado na sua arrogância. Opção uma ova! O magistrado, após conversarmos por mais de uma hora sobre os mais variados assuntos, leu detalhadamente o *habeas corpus*, e despachou: defiro o pedido. Expeça-se alvará de soltura. Despedi-me, deixando uma personalidade excêntrica dentro da sua solidão. Trinta dias se passaram. Ao cair da tarde, ouço alguém bater na porta do escritório. Abro e me defronto com o olhar impávido de um vaqueiro nordestino, sobraçando uma pasta. João Gomes se anunciou:

– Estou aqui para cumprir a minha palavra.

E me entregou um pacote de dinheiro enrolado em papel jornal. Que impacto! Aquela personalidade simples, batida pelas agruras da vida, postada na dignidade de um forte. Pensei: que fantástico e surpreendente é o fenômeno humano, transvestido de uma profunda e insondável complexidade. A universidade da vida me dava mais esta lição, como fui aprendendo no curso dos anos. Lanço sobre aquele bravo um olhar interrogativo, em meio ao emaranhado das minhas ideias e circunstâncias. Salta-me na memória um pensamento de Alceu de Amoroso Lima: tudo na terra e no universo é mistério. Apequenei-me diante daquele titã. Faltaram-me palavras para perfilá-lo. Nesta sociedade de sabujice e egoísmo, nas atribulações da minha vida, deparei-me com a borra social abjeta, e nessas horas um digno se alevanta. Pus as mãos nos seus ombros precocemente recurvados e falei:

– João, você está construindo uma catedral num lamaçal.

O valente lacrimejou.

– Doutor, pelos meus três filhos, faço este trabalho sujo. Moro em Olinda e eles desconhecem este meu serviço. Eles terão um futuro. O mais velho, José Nabuco, será um advogado, como o senhor com este anel de rubi.

Despedimo-nos. Este singular vulto deixou marca que guardarei pela vida afora. Alguns anos à frente nos encontraremos; ele glorificado com a formatura dos seus filhos, eu porque compreendi um drama humano. Dos honorários de João, oito mil reais (valor de hoje) enviei para minha mãe, a fim de ser abatida a minha dívida junto ao Banco do Brasil. Com o escritório de advocacia se consolidando, procurei acompanhar o noticiário das emissoras radiofônicas e televisivas.

Causou-me repugnância a cretinice como os veículos de comunicação se ajoelharam diante do poder fardado. Preferível silenciar a noticiar esta patifaria: "terroristas trocam tiros com a polícia e morrem". A verdade é que torturavam e matavam nos porões dos quartéis e, para embair a opinião pública, cometiam um noticiário mentiroso. O inesperado sempre me acompanhou, talvez seja esta minha inquietude, o meu temperamento que atrai tempestades, como o albatroz, ave oceânica que sobrevoa o Pacífico e habita os Andes.

Numa certa noite, às 21 horas, atendo ao telefone.

– Sou Adriana, estou aqui por trás da igreja matriz; venha, se possível, de gorro ou chapéu.

Fiquei meio confuso, estava alheio ao processo de resistência contra a ditadura militar. Levado pela impetuosidade da juventude, fui ao encontro.

Com quem me deparei? Uma adolescente de 17 a 18 anos, morena, cabelos longos, olhos de amêndoa, na face o verdor juvenil, esbelta, estampando no semblante a rebeldia de uma revolucionária. Tinha pressa, a pressa para abarcar a miragem dos seus sonhos e utopias.

– Agassiz, o meu código de guerra é "Adriana". Vamos sair daqui, para a rodovia de Itambé.

Possuía um fascínio que a tornava, precocemente, senhora das suas decisões; desprovia-se de libido, a sua libido era o seu sangue revolucionário.

Em certa altura da rodovia, próximo a um posto de gasolina, paramos. Um silêncio paralisou as nossas palavras. Entreolhamo-nos. Sou mensageira do capitão Carlos Lamarca. Criamos a Vanguarda Popular Revolucionária (VPR) e estamos convocando nomes da sua estirpe para integrar o Movimento Revolucionário.

– Adriana, como vocês me localizaram aqui?

– Temos um fichário completo dos revolucionários do país.

– Eu estou alheio ao processo revolucionário que está se desfechando no país. Não posso ser arrebatado por ilusões. Preciso de elementos que deem sustentação ao movimento.

– Como assim, Agassiz? Existe alguma organização empresarial, sindical, estudantil ou militar de oposição à ditadura? Setores das Forças Armadas, mesmo pequenos, ou algum governador se posicionou contra o atual regime? Nós temos um sólido sistema de apoio financeiro que nos oferece suporte.

– Adriana, precisamos arregimentar forças. O golpe militar de 64 nos pegou abraçados a utopias. Não podemos repetir os mesmos erros. As gerações estão aí sacrificadas.

– Você não acredita no processo revolucionário, Agassiz? Lenin (revolucionário russo de 1917) já dizia: "é preciso dar o primeiro passo. E romper as barreiras mentais".

Pensei: não existe diálogo com a paixão, um devaneia e outro cala; um se embala em pensamentos utópicos e o outro se licencia.

– A paixão pelas causas justas sempre me fascinou, Adriana. A história dos séculos me aponta caminhos de estratégia inteligente. Essa infame ditadura está aí a castrar os mais altos ideais de uma juventude: a sua capacidade de criar. Vocês abraçam esta causa pelas liberdades com sacerdotal paixão diante da qual me inebrio e me falta coragem para abraçá-la. Tenho vontade de calçar as sandálias de um combatente e me vestir de cigano, ir para o mundo combater esses impostores da nação.

Emudecemos. Algo paralisou as nossas mentes; a razão: gesticulei para pôr a mão direita no seu ombro, afastou-se. Compreendi. Esta minha interlocutora se doou à causa revolucionária com abnegação apostolar. Ela se transfigurava ao falar de Lamarca e dos seus feitos, exaltando o do Vale da Ribeira, em São Paulo. Calei-me. Serenamente, olhei aquela adolescente com o olhar de um monge budista, estremeci. Antevi a sua vida tragada pelas garras da ditadura fascista. Acompanhei o seu destino de heroína e mártir. Menos de três anos depois deste nosso encontro, a ditadura assassina tragou a sua vida, em 14 de novembro de 1971.

Os esbirros da ditadura a prenderam e a torturaram com monstruosidade, levando-a à loucura. Morreu num sanatório, pairando, até hoje, o fantasma de um assassinato abafado e impune.

"Adriana" se chamava Nilda Cunha Carvalho e era amiga e companheira de Yara Laveberg, mulher de Carlos Lamarca. Quinze anos depois, no exercício de deputado à Assembleia Nacional Constituinte, abro este diálogo com um general meu contraparente.

- Agassiz: As Forças Armadas, especialmente o exército, vão carregar um fardo histórico por sua ação criminosa, como o extermínio de oitenta guerrilheiros na floresta do Araguaia.
- General: Não, deputado, nós estávamos enfrentando terroristas.
- Agassiz: Terrorista não combate, assassina grupos humanos inocentes.
- General: Na sua visão, qual seria a solução, sabendo que nós estávamos numa guerra?
- Agassiz: Que guerra, senhor general, um punhado de idealistas enfrentando uma nação com mais de um milhão de homens armados.
- General: Idealistas, senhor deputado!
- Agassiz: Noventa por cento dos que lutaram para combater a ditadura eram jovens, com idade em torno de vinte anos. Nessa fase da vida, no vigor dos anos, não se vive, sonha-se. Infortunada juventude que não carrega rebeldia, já nasceu velha. É próprio do jovem sonhar. As forças Armadas assassinaram sonhos, general.
- General: Então, deputado, diga a solução.
- Agassiz: Prender os rebeldes. As Forças Armadas existem para defender a nossa soberania, e jamais descambar para crimes de lesa-humanidade.

A fim de preservar as nossas amistosas relações, encerramos esse diálogo, quando é impossível chegar a um denominador comum. Um olhava baionetas e via o fantasma do comunismo por todos os lados, eu olhava os sonhos e a rebeldia da mocidade. Estamos em agosto de 1971. Telefono para Paulo Cavalcanti, em Recife. Atendeu-me e falou:

– Agassiz, o cenário aqui em Recife é de horror, o coronel Ibiapina comanda prisões, torturas e mortes. O meu alegre e esfuziante Recife está ensanguentado.[28]

Liguei para Assis Lemos.

– Olhe, Agassiz, estamos morando em Londrina, eu e José Joffily; ele trabalha na Monsanto. Preciso conversar contigo. Nesses próximos dias vamos voltar a Londrina e passaremos por aí.

– Estou aqui de sentinela esperando vocês.

– Chegamos Assis.

– A viagem é puxada, mas vale, pois estamos conhecendo esta vastidão territorial de complexa diversidade. É uma verdadeira odisseia em meio a possantes carretas, ônibus e caminhões pesados. Atravessamos os sertões ressequidos do escritor Euclides da Cunha. Existem dois Brasis: o Brasil abandonado dos rincões interioranos e o Brasil das metrópoles, olhando para os mares.

Fomos almoçar no restaurante "Taberna da história". Assis perguntou:

– Como estás aguentando a barra aqui, em Conquista?

– Resistindo em busca do pão de cada dia.

– Companheiro, nós temos um convite para te fazer. Com esta tua capacidade de trabalho, por que não vais para Londrina? Lá é uma cidade rica e em plena pujança. O "velho" Joffily trabalha na Monsanto e é um prestigiado quadro dessa empresa.

– Vocês me pegaram de surpresa, vou estudar as possibilidades.

Conversamos até oito horas da noite.

– Vocês pernoitam aqui e devem se hospedar no Albatroz. Amanhã estão prontos para continuar a jornada. Tenho um motorista muito bom que pode levar vocês até Londrina.

Entreolham-se. Joffily um pouco cansado.

– É, basta ele nos deixar em São Paulo.

No outro dia, fui tomar café da manhã com eles e me despedi.

– Qualquer dia desses, estou lá conhecendo o mundo da soja e do café.

Relatei à minha esposa o convite recebido.

---

28 Paulo Cavalcanti, em seu livro *O caso eu conto como o caso foi*, relata as prisões minha e de Assis Lemos nas masmorras da 2ª Cia. de Guarda, em Recife. No "Memorial Agassiz Almeida" se encontra matéria referente a esse assunto.

– Meu filho, nós estamos tão bem aqui em Conquista, você se firmando na advocacia.

– Meu amor, eu preciso de horizontes mais amplos de onde eu possa olhar mais alto. Quando deixamos a nossa terra, meu amor, investi-me de um peregrino com o bastão de advogado nas mãos.

– Mas, meu filho, começar tudo de novo?

– Então, minha filha, vamos passar uns oito dias em Londrina e lá podemos fazer um levantamento das reais condições para a nossa mudança. Já liquidei o meu débito com o Banco do Brasil, em Campina. Olhe, minha filha, quanto temos de reserva financeira em banco?

– Amor, em torno de uns noventa e três mil reais (valor de hoje).

Viajamos, no voo Ilhéus, escala em São Paulo e Londrina. Essa inquietude, essa energia psicomotora que me faz um Ashaverus sempre foi a marca da minha personalidade no curso da vida. Mesmo hoje, vergado pelos anos, não me faltam forças. Fraquejo muitas vezes, tropeço, mas não desisto dos objetivos que me tracei. Olhei a história como um fanal a iluminar caminhos. Alimento sonhos. Cânticos da voz materna me embalam como um chamamento e ressoam em minha mente: você está predestinado a voos altos. Acontecimentos históricos deixam lições. A Assembleia Nacional Francesa, em 1789; a Convenção de Filadélfia, nos EUA, em maio de 1787; a Assembleia Constituinte de 1891 e a Assembleia Constituinte em 1946, ambas no Brasil e outras tantas Cartas Constitucionais.

Interrogava-me: será que sou um egocêntrico nessa ânsia por espaços? Eu não posso fugir deste motor secreto, o DNA que comanda a minha genética. Então, não existe o livre arbítrio. Sou joguete de uma força que limita a minha vontade. Que dizem os pensadores das ciências humanas? Embalaram-se em conflitantes teorias e doutrinas. Aproximamo-nos de Londrina e, antes de aterrissar, observei que aquela cidade na sua criação obedeceu a um projeto geométrico, sem linhas irregulares, iniciando-se o povoamento em 1929, por iniciativa da Companhia de Terras do Norte do Paraná, sob a coordenação do engenheiro Alexandre Razgu Laeff. Em 3 de dezembro de 1934, por decreto do interventor Manoel Ribas, Londrina se tornou cidade.[29]

Hospedamo-nos no hotel Bourbon. Liguei para Assis Lemos:

---

29 Abro espaço nestas "Minhas Memórias" e trago às suas páginas a personalidade de um forte: Assis Lemos. Juntos, subimos sob aplausos as escalas do poder. Ingressamos na Assembleia Legislativa da Paraíba e ali inauguramos debates sobre os graves problemas estruturais do estado. Palmilhamos ásperos caminhos e despertamos consciências até então encurraladas pelo chicote dos donos de terras, servos e mulheres. Em 1964, o golpe militar nos abateu arrastando-nos pelos cárceres da ditadura.

– Companheiro, estou aqui, atendi ao chamamento de vocês. Olhe, venham você e Nilda jantar comigo e Gizeuda aqui no hotel.

Londrina tem uma vasta plantação de café e soja a florescer em terras roxas. Salta-me a sensação de um país europeu. Assis salientou:

– Oh, saiba que é uma cidade jovem, com povoamento planejado a partir de 1929. No outro dia, fui conhecer a cidade ciceroneado por Assis, a cosmopolita comunidade londrinense em formação. Correntes de imigrantes vinham de diversas partes do país, sobretudo de São Paulo, Santa Catarina e Rio Grande do Sul, e países do exterior, entre eles Japão, Alemanha, Itália, e do Oriente Médio e Sudoeste Asiático. Precisava compreender a opinião e a disposição dos pioneiros que iniciaram o povoamento de Londrina.

Onde encontrá-los? No museu histórico de Londrina, dirigido pelo padre Carlos Weiss. Por iniciativa desse devotado sacerdote, professor do Colégio Hugo Simas, a criação dessa instituição teve início em meados de 1950, com o empenho de professores e alunos em conseguirem peças e objetos antigos. Nos porões desse educandário, abriu-se espaço para abrigar o iniciante acervo, hoje, recentemente inaugurado, em prédio de linhas arquitetônicas modernas. Na antiga Estação Ferroviária, localiza-se o então Museu Histórico de Londrina. Ali o tempo nos traz a alma criança da cidade, retratada no perfil e na fisionomia dos pioneiros de um punhado de desbravadores que traziam coragem e sonhos.

Muitos vararam por mares e terras ignotas por milhas e milhas. O padre Weiss recolheu esta memória histórica, em cada uma daquelas peças muito pequenas, que carregavam suas odisseias, uma delas, no formato de um homem com uma enxada nas costas, a inscrição "Nagasaki, 1945". Duas estatuetas alemãs faziam referência ao Holocausto de Auschwitz, o monstruoso campo de concentração nazista. Naquelas peças havia gritos de dores abafadas. Circunaveguei com indignado olhar aquele cenário grotesco da humanidade, em que por momentos fugazes a estupidez vence a inteligência.

Essa absurda contradição da vida me leva à descrença do ser humano. Procuro fugir desse estado de espírito. Olho com esperança para as radiantes personalidades do futuro dos pioneiros, daqueles nomes impávidos construtores dos amanhãs. Lá estavam eles em meados de 1915 num pugilato de heróis com a natureza bravia, eram peças de homens nordestinos.

Diversas nacionalidades ali comungavam o mesmo sonho e esperanças. Estava inscrito no pórtico de uma peça fotográfica esta pergunta, feita por um transeunte apressado: "o que vocês fazem?" "Construímos uma catedral chamada Londrina." Aquele ambiente me impregnava de emoção histórica. Pensei: um povo que não cultiva o seu passado não sabe edificar o seu futuro. Quando olhei no frontispício daquele templo lá estava esta legenda: "O sonho fala ao futuro". Lembrei-me da obra *Os heróis*, de Thomas Carlyle. São esses homens que despertam a humanidade para novos caminhos. A fisionomia serena e sacerdotal de Assis Lemos parecia captar os meus pensamentos.

– Vamos, "velho" companheiro, esta jovem cidade guarda um tesouro histórico.

O ser humano se faz um semeador do futuro em todas as atividades. Se analisarmos essa condição sem maior profundidade, seremos um bando de idiotas vagando pelo mundo. Esta nascente comunidade londrinense traz o signo do ecumenismo. Correntes imigratórias humanas vindas de todas as partes do país e do mundo guardam e abraçam a sua religiosidade.

Do Oriente Médio, sobretudo da Arábia Saudita e do Líbano, chegam contingentes humanos, atraídos pelas "terras roxas" do Paraná. Desembarcam nesta cidade e logo erguem a "mesquita rei Farçal", obedecendo às mesmas linhas arquitetônicas existentes no mundo árabe. Largas portas em forma de arco, fachada construída voltada para Meca, teto tipo recôncavo no interior, paredes em grande parte revestidas de azulejos, sem qualquer imagem ou fotografia, o piso sem assentos. Os fiéis se sentavam no chão com pernas cruzadas, salientando-se a proibição da presença feminina. No teto do templo islâmico uma alta torre, conhecida por minarete, lugar no qual o Almuadém anunciava aos muçulmanos a hora das orações, cinco vezes ao dia. No momento em que o pregador referenciava os nomes de Alá ou do profeta Maomé, todos se ajoelhavam com os rostos e tórax voltados para Meca, acompanhando a direção de um sinal do sacerdote. Tem no Alcorão um livro sagrado, revelado pelo Arcanjo Gabriel ao profeta Maomé. Hoje é a segunda religião com maior número de seguidores no mundo, atrás apenas do cristianismo.

Fomos conhecer a Catedral Metropolitana de Londrina, situada no centro da cidade, na praça dos Pioneiros, de estilo chalé neoclássico, com vidraças de variadas cores, situando e se descortinando numa localização da qual podemos vê-la de vários ângulos da cidade. Construída em madeira logo nos primeiros anos do povoamento londrinense, esse templo marca o desenvolvimento da cidade, ao longo dos anos, exercendo forte influência na formação de gerações, sobretudo pelo espírito de religiosidade do brasileiro. Ao fundo da nave, uma grande cruz com a imagem de Jesus Cristo crucificado. Nas paredes ao lado, em várias etapas, imagens do calvário do mártir do Gólgota carregando a cruz, na qual foi martirizado. Compridos pisos de cerâmica moderna se distribuíam por todo o ambiente.

– Agassiz – falou Assis Lemos –, precisamos visitar o nosso Leite Chaves. Já telefonei para ele avisando que nós iríamos lá.

Com escritório de advocacia instalado no edifício Metrópole, defronte à Catedral Metropolitana, o efusivo e brilhante sertanejo de Itaporanga, Paraíba, recebeu-nos de braços abertos e num arrebatado arroubo disparou:

– Que satisfação receber neste meu território, livre prolongamento da Paraíba, mais este combativo exilado, Agassiz Almeida.

– Oh, Chaves, eu já conhecia as suas epopeias por este Brasil. Você calçou as sandálias do viandante, abandonou a terrinha e ganhou o mundo, traz o DNA dos índios Arius. És um vencedor. Por onde eu passo ouço elogios ao seu nome como um inteligente advogado.

– E você, Agassiz? Veio se incorporar a estes dois mosqueteiros, Assis e Joffily?

– Sou um foragido que a ditadura lançou nesta diáspora, como um judeu errante. Eu armo a tenda de trabalho onde as circunstâncias apontam.

Conversamos por mais de uma hora. Queria saber detalhes da política da Paraíba. Era um nordestino saudosista.

– E o nosso Assis, Agassiz, tem a serenidade de um monge budista.

Despedimo-nos.

– Vamos conhecer uma sinagoga e um templo budista e na passagem veremos o lago Igapó – falou Assis.

Estava lá, no templo dos judeus, o eterno fogo sagrado iluminando o Velho Testamento, e encimando a imagem Sagrada esta inscrição: "O Messias está próximo". O rabino parecia emergir do Monte Sinai, com um olhar de profeta, pregando no deserto dos hebreus.

– Oh, Agassiz, vamos almoçar num restaurante do Lago Igapó – ressaltou Assis.

Fomos para lá.

– "Velho" Assis, vou arrumar minha nova tenda aqui, nesta terra. Nós estamos vocacionados na vida a caminharmos juntos. Trago minha tenda para Londrina.

Alguns dias na cidade, comecei a ter a dimensão humana desta comunidade, nos seus variados aspectos, econômico, social, político, cultural e religioso. O que me impressionou na formação desta cidade? A força pujante de homens que vieram e ergueram uma metrópole em busca do desenvolvimento com capacidade empreendedora e criadora dos pioneiros, vindos, muitos deles de longínquas terras, onde lá deixaram os seus ancestrais e os seus valores, os costumes e vararam mares "nunca dantes navegados". São esses homens que descortinam novos mundos para a humanidade. Sem eles o que seríamos? Um rebanho humano estagnado no tempo e espaço. Na consciência deles, a construção de civilização para abraçar o porvir e, no coração, a crença no seu Deus. Sob o signo do empreendedorismo e ecumenismo, levantaram uma cidade cosmopolita que aspira olhar para o alto.

Identifiquei-me com esses semeadores do amanhã. Tudo parecia se recriar e se renovar numa constante mutação movida pela força de trabalho de diversas nacionalidades. Dentro de mim tenho um pouco da chama londrinense, pulsa comigo o seu progresso. Que intrépidos pioneiros! Vislumbravam o futuro com os pés na história. O museu histórico retrata a alma londrinense. Esse passado histórico estende as mãos ao amanhã dos tempos e me levou a tomar a decisão de aqui levantar o meu novo recanto de trabalho. Homens calejados nas adversidades da vida não vieram para aqui na fugaz busca de enriquecer e voltar às suas terras de origem. Não! Desembarcaram aqui para construir uma nova pátria. Cada templo religioso obedece às suas fontes de origens. Ergueram o templo budista na aba de uma serra à margem de uma rodovia como se descortinasse o Tibete, na Ásia.

À noite me encontro com Gizeuda, no hotel. Conversamos sobre a cidade. Ela saiu com Nilda, a esposa de Assis Lemos, e conheceu uma boa parte de Londrina. Chegamos a uma conclusão comum.

– Vamos levantar a nossa tenda aqui, você concorda?

– Meu amor, estou gostando muito daqui, é um crescimento vertiginoso, nós sentimos em todos os aspectos. Visitamos os templos religiosos, e fiquei impressionada com a religião islâmica, a sua religiosidade. É de natureza muito machista.

– Olhe, minha filha, eu vou a Conquista me despedir dos amigos e clientes, rescindir o contrato de aluguel e me desfazer dos móveis, num valor barato. Você fica aqui providenciando alugar uma casa num bairro do subúrbio e um escritório, preferencialmente no centro urbano.

Viajei a Conquista. Despedi-me dos amigos e clientes e telefonei para Lourival Torreão.

– "Velho" Lourival, estou com o matulão nas costas para me mudar para Londrina, e sou imensamente grato por sua prestimosidade.

– Mas, Agassiz, você está tão bem em Conquista.

– É minha vocação de nômade, reconheço que sou um condenado a esta inquietude. Talvez, quando esta noite de trevas que asfixia o país passar, eu retorne ao torrão natal, a velha Paraíba. Por enquanto, vou levando esta vida de cigano. Um dos últimos atos que me deixava chocado aqui em Conquista ocorreu com um tiranete, um tal de Sargento Sales, do Tiro de Guerra de Conquista. Intimado a comparecer a esta unidade militar, ameaçou-me, berrando que conhecia a minha ficha.

Quando advogo não procuro saber contra quem, se é fardado ou civil. Foi um diálogo áspero para bater em retirada da cidade. Só quem passou por um regime autoritário sabe o pesado fardo de uma ditadura.

Guardei lembranças do episódio com João Gomes, um analfabeto de forte caráter. Preferiu cair na marginalidade a ser mendigo da caridade pública, com as mãos estendidas à espera da probidade de um justo. Que surpreendente é o fenômeno humano! Recordei-me de "Adriana", a menina-moça com quem me encontrei em Conquista, carregada de juvenis sonhos, assassinada pelos sicários da ditadura.

Retorno a Londrina. Fomos residir numa casa modesta na saída para Itambé, e o escritório foi montado no edifício Metrópoles, com vista para a Catedral Metropolitana. No jornal *Folha de Londrina*, um dos mais lidos do Paraná, fiz vários anúncios do escritório. Paraibanos foram me visitar, exaltando sempre o crescimento da cidade. Confiante na minha capacidade profissional, alguns me relataram os seus problemas jurídicos, entre eles um de que ainda me recordo. Eis resumidamente.

Com a alma aberta e larga de nordestino, José Mário, de Campina Grande, residindo há uns dez anos em Araponga, cidade vizinha a Londrina, casou-se com uma moça da região de Maringá. O que aconteceu? Namoraram por quase dois anos. Ela muito bonita e esbelta, seios firmes, idade em torno dos 30 anos, pesada maquiagem e linda cabeleira loura, um exagerado pudor de uma falsa virgem. Estela Rosa formava um perfil ideal para o nordestino, já de posse de relativo patrimônio econômico e financeiro. Ela se apresentava como filha de um fazendeiro da região de Pelotas, Rio Grande do Sul. Casaram-se em comunhão de bens. Apaixonado, José Mário nos seus 40 anos perdeu a visão crítica do cenário amoroso em que se envolveu e mergulhou na paixão.

Saltou-me à mente a obra *Os quatro gigantes da alma*, de Mira Y Lopes. Somos seres humanos, movemo-nos por sentimentos em que alguns deles nos arrebatam arrastando-nos a verdadeiros vendavais neuróticos: a paixão, o ódio, o amor, a emoção. Psicólogos e neurocientistas estudaram esse universo mental do homem. Com destaque a este de Alex Carel, *O Homem, este desconhecido*. A paixão é um estado de espírito arrebatador convulsionando a mente, arrancando a capacidade cognitiva da razão e levando o ser humano a atos inconsequentes.

Diferente da emoção, que é um sentimento lento e duradouro, surge de fatores variados, e até eleva a consciência a altos pensamentos, a paixão é irracional e arrasta o ser humano a perder a sua autocrítica, fazendo-se joguete das circunstâncias e dos fatos. E, no campo das relações humanas, doa-se ao outro, em muitos casos se fanatiza. Em *Romeu e Julieta*, Shakespeare retrata esse drama humano de uma paixão com tanta intensidade e, afinal, selada com a morte. Em José Mário, olhei um forte nordestino abatido como um sobrevivente de um naufrágio. Cabeça baixa, semblante de um derrotado, olhar indefinido, José Mário desabafou:

– Doutor Agassiz, eu fui estupidamente vítima de um embuste. Senti-me ridículo, um bobão que perdeu a noção dele próprio. Para a noite de núpcias, reservei em Curitiba um apartamento num hotel 5 estrelas. Tocava-me uma embriaguez cega do amor. Tudo se transfigura no momento. Aquela mulher que estava ali na minha frente se transformou numa bruxa emergindo das trevas. Que abalo! Esta não é a mulher que eu amara, isto é um fantasma.

José Mário se petrificou, as palavras fugiam de sua mente:

– Ela tomou banho, perfumou-se, vestiu uma linda camisola cor de rosa, de *lingerie*. Leve penumbra envolvia o ambiente, numa magia, levando-me a um verdadeiro conto de fadas.

José Mário retratava a cena como se estivesse representando uma tragédia tragicômica shakespeariana. Irado pela dor moral que o logro lhe abateu, afinal o mundo da realidade cruel desabou sobre ele.

– Saltei da cama, reduzi a penumbra, e o que assisti estarrecido: cabelos raros e feios substituíram a bela cabeleira loura postiça. Despida a máscara que a maquilagem encobria da jovem moça dos 30 anos, irrompeu como um verdadeiro tsunami uma velha enrugada, faces caídas, olhar medonho de uma víbora, boca que atravessava quase todo o rosto, seios murchos e caídos, o ventre até então sustentado por uma larga cinta, abruptamente se avantajou. Que embuste, seu doutor, aquilo não era um ser humano, mas um fantasma da ópera. A ira explodia dentro de mim, quando ela me abraçou e tentou me beijar, soltando estas palavras: "meu amor, eu te adoro". Bruscamente empurrei aquela assombração humana, fantasma que penetrou na minha vida. Este é o meu drama, seu doutor. Fui arrastado para aquele poço de lama e agora quero dele sair. Conheço a sua história desde a Paraíba.

Neste instante ele me fixou com o olhar de fera ferida e bradou:

– Não vou recuar e não serei derrotado.

O sentimento da paixão abateu um nordestino de fibra. Olhei para José Mário e me perguntei: e quando esta paixão se transfigura em fanatismo político ou religioso, o que desencadeia? Esse fenômeno alcança alto nível de intensidade quando rompe os freios da individualidade e se coletiviza, formando grupos e grandes contingentes humanos.

A História, desde as primeiras civilizações, retrata esta angústia, guerras, suicídios coletivos, revoluções, massacres e chacinas, mortes concebidas, todos trazem o ferrete inexorável da paixão fanática. Ela se intensifica e se alastra com mais força nos rincões da miséria e da ignorância.

Do ventre da miséria e dos desesperados da vida, que perderam a esperança e a capacidade de pensar e resistir, irrompem os gurus religiosos e os salvadores dos povos, que vão buscar nessas fronteiras o alimento que ceva as suas ambições. Formam verdadeiras guardas pretorianas: SS nazistas, camisas verdes fascistas; e criam e

Memórias de minha vida | 185

disparam chavões: "Alá é grande", "Brasil, pátria amada", "Brasil potência" (ditadura militar); ariana, a raça superiora. Basta! Voltemos a José Mário. Após uma longa pesquisa na doutrina e na jurisprudência, o que encontrei no ordenamento jurídico? À época, não existia a lei do divórcio. Os vínculos matrimoniais eram indissolúveis. Como libertar José Mário dos grilhões armados por uma vigarista na arte de lograr, forjando um perfil de uma jovem séria, bonita e de família rica.

A Lei nº 3.071/16, Código Civil Brasileiro de 1916, no capítulo referente às nulidades das obrigações, no art. 245, preceitua os erros de direito e de fato que possibilitarão a rescisão do contrato do matrimônio. Em resumo, o erro de fato, ou seja, erro essencial referente à pessoa do outro. Se o outro cônjuge conhecesse as reais condições do parceiro conjugal, o matrimônio teria se realizado? Obviamente não. Encaminhei a ação de nulidade do matrimônio ao juiz de primeiro grau, que prolatou uma sentença negando os meus argumentos e, portanto, não admitiu a nulidade. Em recurso de apelação, arrazoei ao Tribunal de Justiça do Paraná, com ampla fundamentação. Fiz a sustentação oral. A corte de justiça deu provimento ao recurso. José Mário assistiu à sustentação que fiz e o desenrolar dos debates.

Emocionado, abraçou-me e lagrimejando falou:

– Doutor Agassiz, que fardo o senhor tirou das minhas costas.

Homem de bom caráter. Ficamos amigos pela vida afora. Nas minhas campanhas políticas, lá estava ele ao meu lado, vindo de Londrina. Nunca me faltou com a solidariedade, despediu-se de mim com um intenso e fraterno abraço.

Em meados da década de 1970, em plena ditadura militar, período durante o qual o país vivia sob intensa euforia do "milagre econômico", provocado pela tomada de bilionários empréstimos do Brasil no mercado externo, o arrocho salarial do funcionário público e da classe operária, a proibição do direito de greve, todos esses fatores levaram o governo federal a investimentos inconsequentes, dos quais se beneficiaram as altas elites econômicas e financeiras.

Enquanto isso, a miséria social crescia e o país se endividava e se empobrecia. Em meio à euforia do "milagre", um noticiário começou a despertar a minha atenção. A grande mídia televisiva e jornalística abria amplas manchetes: ações de dezenas de empresas têm alta valorização nas bolsas de New York e São Paulo.

Em larga escala, disparava a especulação financeira, corretores mercenários, pagos para forjar engodos, se agitavam e derramavam entrevistas e declarações eufóricas sobre ações na grande mídia. Gerentes de bancos em conluio com espertalhões armavam arapucas para assaltar ingênuos clientes com esperanças mirabolantes de alta rentabilidade das ações. O país iria mergulhar na febre das ações. A mão férrea da ditadura proibia a publicação de matéria contrária a essa fabricada euforia.

Em meados de março de 1971, num jantar na residência do ex-senador Leite Chaves, estavam presentes profissionais liberais e empresários. O que se conclui desse encontro gastronômico? A insensatez dominante e nada plausível com a realidade. Exaltavam apaixonados o "milagre econômico" forjado pelo governo militar e o *boom* das ações nas bolsas de valores no Brasil e nos EUA. Alguns deles já participavam do mercado das ações. "Oh – salientou um entusiasta –, vocês sabem que as ações da empresa Eucatex se valorizaram quase 200% num mês? É fantástico o progresso do país. E ficam por aí esses comunistas apátridas criticando o governo." Esse frenesi febril se alastrou pelo país. A marcha da estupidez levou apressados investidores ao frenético mercado das ações; presas fáceis dos especuladores.

Certo dia, chega ao meu escritório um nordestino dos sertões pernambucanos; baixo, forte, semblante de uma fúria incontida, olhos esbugalhados, trêmulo, palavra abafada por uma revolta. Desabafou:

– Doutor, fui assaltado pelo gerente do Banco Itaú, da avenida Paraná.

– De que forma? Qual o seu nome?

– Eu me chamo Biu Pereira e sou cliente do Itaú há mais de 10 anos.

– Biu, relate o que ocorreu.

– Olhe, fui ao Itaú para verificar o meu saldo, quando o gerente e um corretor de investimentos, numa conversa muito bonita, apresentaram-me a alta rentabilidade do mercado de ações, exibindo vários documentos, comprovando o que estavam dizendo, até balanços de empresas eles mostraram. Tem casos, salientou o espertalhão, em que ocorre uma valorização até de 60% ao mês. Eu disse que tinha um sítio anexo ao lago Igapó de 100 hectares, fácil vender. Ele perguntou o valor e respondi que era de oito milhões de reais (moeda de hoje).

– Em três dias, o gerente me telefona – continuou Biu – dizendo que tem um comprador que paga cinco milhões à vista. Eu disse que ele podia fechar o negócio.

– Seu doutor, deste dinheiro, quatro milhões investi na compra de ações. Quarenta dias depois, fui ao banco para saber a valorização das ações. O corretor me chamou e disse que tinha havido uma queda nas ações; as minhas estavam valendo três milhões.

– Tive um choque de lascar. Mas tem pior, doutor Agassiz. Um mês depois, as minhas ações caíram para dois milhões. Não conseguia mais dormir, uma insônia danada me pegou. Pesadelos terríveis me asfixiavam. Comecei a pensar loucuras. Não era mais gente, virei um fantasma. Meu irmão, Manoel, convidou-me a ir ao Itaú. Fomos juntos.

— Seu doutor, quando o gerente me informou que tinha comprador para as ações e elas valiam oitocentos mil reais (valor de hoje), saquei uma peixeira de doze polegadas e gritei: ladrão, eu posso ser assaltado na rua, aqui não. Parti para cima dele e ele correu. Com uns quinze minutos, a polícia chegou, não aceitei a ordem de prisão, vocês querem prender um homem de bem, prenda o gerente, que é um assaltante. Neste momento o gerente saca um revólver e por trás de mim um policial encosta um fuzil nas minhas costas: renda-se ou eu atiro. A minha vista escureceu, um bando de soldados saltou sobre mim, me derrubaram e algemaram. Levaram-me para a delegacia como um terrorista todo enrolado com cordas.

Eu olhei para ele. Vi aquele valente golpeado pela máquina de um capitalismo selvagem. Dominou-me uma sensação de revolta contra o logro das ações que inebriava o país, movido por este fantasioso e infame "milagre econômico". Emudeci e pensei: este nordestino não pode ser condenado por esta bandidagem. Isto que estão praticando é um crime de lesa-humanidade. Quantos pagaram o preço desse arrastão criminoso que tem como chefões as altas elites financeiras do Brasil e do mundo? Pensei comigo: vou tipificar estes assaltantes de colarinho branco nas malhas da justiça, eles terão que desvendar os seus bilhões nos paraísos fiscais e se enrolar enlambuzados nos sórdidos porões policiais.

Em nome de Severino Pereira, prestei queixa-crime contra o gerente do Banco Itaú e os seus mandantes, enquadrando-os no delito de extorsão, art. 158, parágrafo 2, do Código Penal, e outras ações civis de responsabilidade por perdas e danos correspondente à perda que sofreu o reclamante, acrescida de juros e correção monetária. A cara bajulatória do gerente aos poderosos estampou a face da cretinice: é um absurdo essa acusação. Receosos do escândalo, chegaram a um acordo e Biu Pereira conseguiu resgatar 50 por cento das perdas financeiras.

Viremos a página desse logro do mercado de ações que se estendeu pela nação.

Ações criminosas se perpetravam nos rincões do país, sobretudo em Goiás e Mato Grosso, num conluio entre donos de cartório e gerentes de bancos. Certo dia, chega ao escritório, sobraçando um documento de uma escritura pública de terras e um calhamaço de papéis, cansado e abatido, Jorge David, e relata o seu calvário.

— Altos grileiros de terras de São Paulo e Minas Gerais roubaram minhas terras em Barra do Garça, Mato Grosso, uma área de 40 mil hectares.

— Como foi isto, Jorge?

— Estava em negociação com uns empresários de Brasília e fui ao cartório de Barra de Garça com o objetivo de conseguir uma certidão do imóvel. Um choque me atingiu violentamente. As terras não estavam mais no meu nome, e sim no de grileiros que atuam no Brasil, na Bolívia e no Paraguai. Examinei a escritura original e a falsificada, ambas com descrição verbo *ad verbum*, ou seja, relato completo. Doutor, eu quero saber o preço do seu trabalho para legalizar o meu direito à terra.

– Você vai adiantar duzentos mil reais (a preço de hoje) e o restante no final da contenda.

– Doutor, não tenho nenhuma condição de gastar, e já procurei cinco advogados e as condições são estas do senhor. Perdi minhas terras pelo pé. Eu ofereço metade das terras como pagamento, ficando todas as despesas por sua conta. E, fechado o contrato, eu fico com cinquenta por cento.

– De acordo.

Parti para a luta. Viajei à Brasília, e lá fui ao Ministério da Aeronáutica, onde procurei me informar sobre a posição geográfica da área, habitabilidade e acesso. Informação: tribos indígenas habitam a área e é de difícil acesso. Saí dali derrotado. Perdi a viagem. O destino sempre abriu caminhos para mim. Na volta a Londrina, parei num posto de gasolina para abastecer o automóvel. Dirigi-me ao dono e perguntei: você conhece a região de Barra de Garça, próxima a São Miguel do Araguaia?

– Conheço muito. Meu irmão tem uma fazenda lá.

Dei a posição da propriedade e ele me disse:

– É vizinha à do meu irmão: acesso é de avião e em São Miguel o piloto lhe informa a posição da área.

– Tem índios lá perto?

– Que história é esta? – perguntou o dono do posto.

Viajamos pela BR Brasil-Belém. Aluguei um avião e sobrevoamos o rio Araguaia. Durante o voo, perguntei ao piloto se conhecia a propriedade.

– Muito, tem até um posseiro de nome Manoelzinho, que é o cabeça de lá.

Aterrissamos numa propriedade vizinha. De lá fomos a cavalo. Ao entardecer, chegamos à "terra prometida", onde, como um vigilante indomado, Manoelzinho nos recebeu e disparou:

– É mais um dono destas terras que chega aqui.

Como é o seu nome?

– Manoel

– Agora está aqui na sua presença o verdadeiro dono. Olhe, Manoel, eu não estou aqui para defender as terras dos poderosos grileiros, e quero trabalhar junto com vocês. Mande chamar os seus parentes e amigos; pretendo conversar com todos.

Com uns vinte minutos, em torno de uns quinze moradores se aglomeraram. Usei da palavra e acentuei:

– Sou o dono destas terras, vamos trabalhar e produzir juntos. Primeiramente, vamos repelir os grileiros que estão devastando a propriedade, roubando a madeira e transportando tudo pelo rio Araguaia. Vou doar quatro mil hectares a vocês e, com o registro da terra, poderão contrair empréstimos no Banco do Brasil de São Miguel. – Emocionaram-se.

– É, seu doutor, a gente estava precisando de um homem assim – falou Manoelzinho. Contei as minhas lutas em defesa dos camponeses no Nordeste e o empenho pela aprovação dos direitos do homem do campo. Cada um foi contando a sua odisseia. E o rio Araguaia era a paixão e a vida dos seus mundos. Falavam sobre os peixes que pescavam, os arvarans, abotoados, pintados e tucunarés. Contavam histórias dos animais da floresta e a luta que um deles assistiu de uma sucuri com duas onças pintadas, que conseguiram abater o réptil de quase oito metros. O Pega-gato, apelido de um deles, disse que viu a briga de um leão com um jacaré. Mentia descaradamente.

Na época das grandes cheias, o Araguaia transbordava e o eco se estendia por quilômetros e quilômetros.

Os índios diziam:

– Pai velho está com raiva.

Dormi no alpendre da casa a ouvir os ruídos e a linguagem dos animais dentro da noite, do mico-leão-dourado, até a onça-pintada, o puma, a capivara, sons que pareciam uma grande sinfonia regida pela floresta.

Apavoravam-me os gritos e estertores da presa devorada. Naquela vastidão de águas e florestas, tudo deixava um significado. Como a natureza modula a vida dos seres e das coisas, tempo, ciclo biológico, genética, dentro de uma ordem perfeitamente definida!

À noite, os pássaros cessam os seus cânticos. Por trás dessa enorme sinfonia, algo nos fala misteriosamente. Manoelzinho chegou e perguntou:

– Doutor, dormiu bem?

– Não podia ser melhor.

– Para o almoço, vou mandar preparar uma carne de veado de primeira.

Não foi o que aconteceu. Durante o almoço, mastiguei a carne como um purgante. Dura e de uma brancura da cor da barriga de um sapo.

– Doutor, está gostando? – perguntou Manoelzinho.

– Muito.

Neste momento, Paraná cuspiu e falou:

– Que carne ruim danada e sem sal.

Todos pararam surpresos. Diante desta inesperada estupidez, estremeci e disse:

— Deixe de ser imbecil.

Meu receio era provocar uma crise no meio do mato com mais de quinze homens.

— Manoelzinho, mande buscar meio quilo de sal para este cretino comer.

Paraná tremeu e num balbuciar de palavras, implorou:

— Seu Manoelzinho, por amor de Deus e de sua família, me desculpe pela indelicadeza e grosseria.

— Doutor, eu desculpo o que ele fez?

— Você é quem decide, Manoelzinho.

— Eu vou perdoá-lo.

Logo depois, retornamos à propriedade vizinha, onde tomamos o avião para São Miguel. Numa estrada de terra com mais de 400 quilômetros, viajamos para Goiás Velho. Cansado, caí num sono pesado, com Paraná no volante. Em meio a uma intensa poeira, Paraná parou o veículo e dois homens entraram no carro. Sobressaltado, acordei. Isso às 10 horas da noite. O impacto me dominou diante dessa inesperada situação! Ali, estavam dois homens desconhecidos. Pensei: como sair desta encruzilhada?

— Companheiros, de onde vocês vêm?

— De Santarém, no Pará, onde fizemos um "serviço".

— Nós também somos deste ramo. Trabalhamos para o coronel Sampaio (famoso pistoleiro do sul do Maranhão).

— Ah, ouvimos falar muito dele.

— Para aí, Paraná.

— Nós somos do mesmo ramo, vamos viajar desarmados.

Tirei meu revólver e descarreguei.

— Agora, deixe eu ver as armas de vocês. Também tirei as balas.

— Estamos capados.

Eles riram. Contavam, como verdadeiros heróis, os covardes crimes que praticavam.

— Quando nos entregam uma "encomenda", ficamos logo com raiva do cabra.

Viagem tensa, não consegui dormir.

Em Goiás Velho, eles ficaram.

— Mas Paraná, como você é tão burro.

— Doutor, eu dei apenas uma carona a eles.

Em Goiânia, fomos para um hotel e descansamos quase todo o dia. Eu estava esgotado. No outro dia, continuamos a viagem para Londrina. Essa foi uma das várias façanhas da minha vida. Vivi sempre à beira do abismo.

Na delegacia da Polícia Federal, comandada pelo delegado Napoleão, um paraibano, denunciei uma quadrilha de usurpadores de terras que assaltou Jorge

David, um crime praticado no Brasil, na Bolívia e no Paraguai. Quando as investigações se iniciaram, as ratazanas se apavoraram e outorgaram nova escritura de compra e venda a Jorge. Isso não foi uma demanda judicial, mas uma epopeia.

Sentia-me reconfortado e estimulado por essa vitória profissional. A advocacia, pela amplitude de seu exercício, que ultrapassa fronteiras, empolgava-me. Londrina era a maior colônia de japoneses no Brasil depois de São Paulo. Convocaram-me para uma questão em Tóquio. Não aceitei, temendo resultados negativos. Na verdade, foi uma covardia profissional. As questões se sucediam. Dois advogados trabalhavam comigo: Vitorio Clementino e Cardoso.

Nesse período, um sentimento embala a minha própria razão de existir. Ser pai, ano de 1974, primeiro de setembro. Quando badalam os sinos nas igrejas e ressoam nas naves das catedrais hinos de aleluia, e um toque de amor se eterniza na sucessão das gerações: o nascimento de um filho, mergulho nas reflexões do meu ego e lá me olho ao primeiro despertar desta nova vida de um bebê a chegar ao mundo e que carregará para os embates do mundo o meu próprio nome: Agassiz Filho.

Distante do meu berço natal, a Paraíba dos meus antepassados que as circunstâncias do autoritarismo dominante me impuseram, vejo-me naquela criança que nasce o menino que eu fui brincando de bola de gude, soltando pombos-correio e criando maribondos.

O bebê que eu fui está ali ao lado da mãe, Gizeuda, embalado na infinita ternura do seu amor. A esta Londrina, que me acolheu, curvo-me como a pátria dos meus dois primeiros filhos: Agassiz e Gardênia.

Naquele apartamento de paredes azuis da maternidade, dois anos depois, num bercinho de cor celestial, sob o olhar de amor infinito da mãe Gizeuda, ressoa naquele frágil corpinho o destino de um ser humano. Na voragem da passagem do tempo, alvorece numa manhã radiante de 16 de novembro de 1976. Após uma noite indormida, ouço o despertar de minha bebê para o mundo. Toca-me a profunda e indescritível emoção de um pai, lacrimejo; um soluço abafado de alegria me domina, procuro me reencontrar em meio a tantos sentimentos de venturosas reflexões.

Ainda trêmulo, dirijo-me à médica pediatra, que me diz:

– Parabéns, a sua filha é linda e saudável, bem rosadinha.

E pôs nos meus braços aquela bebê tão frágil e pequenina. Pensamentos circunavegam a minha mente, e um eco ressoa dentro destas palavras:

– Deus, oh Deus, ilumine o caminho da minha filha, Gardênia, nos entrechoques da vida.

Anos mais tarde, na sucessão das gerações, numa tarde noite do dia 9 de junho de 1982, desperta para a vida uma bebê que terá o nome de Gisele. Uma bebê, linda, e que seria o último nascimento do meu ser. Ela nasceu no solo campinense, berço dos meus antepassados.

Numa tarde de maio de 1975, chega ao escritório uma senhora bonita, gestos educados, com idade em torno dos 50 anos, alva, cabelos longos e pretos, no semblante um olhar de revolta incontida.

– Boa tarde, doutor.

– Estou aqui para ouvi-la.

– Chamo-me Elisa Fitipaldi, atualmente resido em Cornélio Procópio, uma cidade aqui próxima. Meu marido foi vítima inocente de uma covarde chacina praticada por policiais, na qual morreram oito pessoas e ficaram feridas mais de vinte. Procurei alguns advogados. Não aceitaram a causa de assistente de acusação. Estamos numa ditadura e o secretário de segurança é um truculento general.

Elisa continuou:

– Esta chacina ocorreu há dois anos, em 1973, e o fato se desenrolou assim. Certo indivíduo foi flagrado estuprando uma menina de dez anos. Foi conduzido à delegacia de polícia, momento em que um grupo de pessoas começou a gritar "vamos linchar este criminoso". Vamos. Vamos. O aglomerado humano foi crescendo. Com mais de meia hora, já era uma multidão de umas duas mil pessoas. O contingente policial de onze militares comandado pelo Major Olímpio se posicionou à frente da delegacia.

– Os gritos da multidão cresceram: criminoso, criminoso. Meu marido estava ali apenas como mero expectador. Os policiais não adotaram nenhuma medida para dispersar aquele contingente humano revoltado. O que se assistiu? Um massacre criminoso. Repetidamente ouviram-se, partindo de armas pesadas, saraivadas de balas contra a multidão. Gritos ecoavam: bandidos fardados... bandidos. Sete revoltosos mortalmente atingidos tombaram no asfalto, e, em meio ao tiroteio, feridos caíam, alguns gravemente. Pânico. Um sentimento de horror dominou a multidão.

– Desabalada correria se desencadeou, uns atropelando os outros, alguns caíam, rolando pelo chão, pisoteados. Depois daqueles minutos infernais, o local dava a sensação de um campo de batalha, mortos desfigurados pelo pisoteio, feridos, aos prantos, gemiam. Meu marido estava entre os mortos, covardemente chacinado.

– Doutor Agassiz, eu não gosto nem de pensar nesse dia.

– Fique à vontade.

Aceitei a causa e a abracei com afinco.

– Quero acertar os seus honorários – disse Elisa.

– Fique tranquila, em respeito à sua dor; fica a seu critério o valor dos honorários e a forma de pagamento.

E nos despedimos.

O processo foi desaforado para a comarca de Londrina. Li o processo procurando os detalhes dos fatos. Onze réus respondiam pela criminosa chacina, entre eles, o major Olímpio e um sargento. Entre as vítimas, sete mortos e vinte e um feridos, cinco com ferimentos graves. Comecei a analisar a minha posição em face desse feito criminal, caso os acusados fossem condenados. Romperia a minha semiclandestinidade, despertando os repressores da ditadura militar. Por outro lado, com a ampla repercussão que o caso certamente teria em todo o Paraná, o meu nome como advogado sairia fortalecido. Enfrentei as circunstâncias que poderiam advir.

Com a vocação que sempre me impregnou, de mergulhar no estudo dos homens e dos acontecimentos, abracei a causa com a voracidade de um beduíno por água no deserto. Comecei a estudar Sociologia Criminal tentando entender os conceitos de multidão, público e massa. A que conclusão cheguei? Quanto o ser humano é levado por suas emoções! Quanto, em certos momentos, a perversidade se sobrepõe à racionalidade!

Apoiei-me nas diretrizes destas obras clássicas: *Psicologia das multidões*, de Gustave Le Bom, *A multidão na História*, de George Rude, e, finalmente, nesta fantástica obra de Ortega y Gasset, *Rebelião das massas*. Pensemos, por exemplo, no incêndio de um edifício. Integram a sua composição pessoas das mais diferentes categorias sociais. As reações são as mais diversas. Quando têm por objetivo um propósito político, religioso ou mesmo social, o comportamento dessas pessoas se impregna de uma emoção diferente. Foi em torno desse aspecto que concentrei os meus estudos. A característica mais relevante desse agregado social conceituado como massa é a sua passividade.

Retornemos ao fato que motivou esse processo-crime. Que fatores e circunstâncias desencadearam o massacre criminoso de Cornélio Procópio? A certeza da impunidade dos criminosos, amparados no braço armado e truculento da ditadura militar. A tendência sanguinária de um nazifascismo enrustido no comandante da guarnição militar. Situei-me diante daquelas circunstâncias em face de uma multidão agitada, irrequieta, buscando encontrar algo indefinido, defronte a uma delegacia bem fortificada, e, na sua frente, rugindo de estupidez delinquente para a violência, uma guarnição militar comandada por um major cujos antecedentes criminais falavam por si só.

Naquela ocasião, pulsavam profundos sentimentos da alma humana, personificados no homem-massa de Ortega y Gasset. O que almejava aquela emotiva multidão? A punição de um estuprador. O que não compreendiam os guardiões dos presos, sobretudo o major Olímpio? Desconheciam por completo as estratégias comumente utilizadas para controlar as multidões.

No culto à violência, própria do fascismo, a força fardada almejava o pior. Nenhuma tática ou ação foi adotada para uma solução racional. Ali se encontra a raiz daquela tragédia humana.

Estamos em julho de 1975. O juiz Augusto Massareto, do Tribunal do Júri de Londrina, marca o julgamento dos réus da chacina de Cornélio Procópio para 25 de outubro. Os jornais estampam sua relevância, especialmente a *Folha de Londrina*, ressaltando que participará, à frente da defesa, o advogado Mário Jorge, um dos grandes criminalistas do Sul do país. O jornal *Tribuna do Paraná*, de Curitiba, destaca que a defesa do criminalista Mário Jorge era a sua despedida da tribuna do júri. Advogados e professores debatiam nas ruas e rádios os aspectos jurídicos do processo, crescia o interesse da opinião pública. Enquanto isso, eu me dedicava ao estudo sociológico do massacre e das táticas policiais que deveriam ter sido adotadas.

Finalmente, instala-se, no dia 25, o Tribunal do Júri de Londrina, para o processamento dos onze réus acusados da chacina de Cornélio Procópio, sob a presidência do magistrado Augusto Massareto, e, na acusação, o promotor de justiça Sérgio Borges e o assistente de acusação, o advogado Agassiz Almeida; na defesa os advogados Mário Jorge e Vitório Constantino. As dependências do fórum ficaram superlotadas e umas cinco mil pessoas tomavam a avenida Rio de Janeiro, para acompanhar os debates por meio de um serviço de som.

Repórteres de vários veículos de comunicação, destacadamente *Folha de Londrina*, *Jornal O Dia*, *Tribuna de Curitiba* e *Zero Hora*, de Porto Alegre, acorriam para entrevistar o célebre criminalista Mário Jorge. Um deles perguntou-lhe:

– O senhor conhece este assistente de acusação?

– Não! Aliás, sempre aparecem estes aventureiros no propósito de ganhar fama com o meu nome, e sempre eles quebram a cara.

Alterou o tom da voz e falou:

– Olhem, senhores jornalistas, este júri tem um profundo significado para mim e para a própria história da advocacia criminal: depois de uns 30 anos de pelejar por este tribunal empunhando o bastão da justiça, e, assim, com este julgamento, despeço-me da fascinante tribuna do júri.

Em certo momento, uma repórter se aproximou de mim e falou:

– Este julgamento vai ser longo. Como o senhor aguarda o resultado?

– Estou aqui em nome de uma causa e ela não será derrotada.

– Que causa é esta?

– As liberdades públicas.

Serenamente eu acompanhava a movimentação dos personagens que iriam participar dos embates. O promotor de justiça estampava na fisionomia intenso nervosismo. Levantava-se, sentava-se, gesticulava como se estivesse acenando para o mundo. Perguntava algo a mim e não esperava a resposta. A multidão, o fardo de um julgamento de alta responsabilidade e a obrigação funcional de acusar militares em plena ditadura o angustiavam, o que se notava por sua voz altissonante, seus gestos desmensurados e uma inquietude de bailarino.

O advogado Mário Jorge chamava para si todas as atenções. Baixo, cabeça arredondada num corpo entroncado, andar trôpego, ele marcava a sua história pela tribuna do júri com renomadas vitórias, sobretudo no Paraná e Sul do país. Palavra hipnotizante de um dramaturgo.

Conhecia as luzes da ribalta daquele palco forense. Tinha avidez por uma glória passageira, de aplausos efêmeros. No entanto, faltava-lhe uma compreensão adequada das circunstâncias da chacina de Cornélio Procópio. Pouco navegou pelos mares das letras humanísticas e filosóficas. Era com esse personagem que eu ia debater. Olhei sempre o fenômeno humano numa macro visão, abarcando as suas mais variadas facetas. Cada ser humano carrega a sua própria ideologia que moureja no id do seu subconsciente.

O juiz Augusto Massareto assume a presidência do Tribunal do Júri e profere algumas palavras sobre a soberania do júri. Escolhidos os sete jurados, inicia-se o interrogatório dos réus. Concluído esse procedimento processual, levantei uma questão de ordem. Formulei, de acordo com o artigo 242 do CPP, que sua excelência, o presidente do júri, determinasse a leitura das peças processuais, especificadamente, depoimentos das testemunhas, laudos periciais, com destaque para o exame balístico.

– Defiro o pedido – salientou o juiz.

A defesa se agitou. Mário Jorge pediu a palavra e clamou nervosamente que esse pedido era um absurdo e a leitura iria demorar mais de um dia.

– Absurdo é querer violentar as normas do Código de Processo Penal. Absurdo é querer que os jurados desconheçam as provas do processo, especialmente os depoimentos das testemunhas. Absurdo é querer transformar este plenário do Tribunal do Júri num teatro de marionetes. Não estou aqui para aventuras, mas para sustentar as vozes daqueles que foram calados pelas balas.

Paremos um pouco. Por que adotei essa estratégia? Procurei a retranca do cansaço. Este julgamento decorrerá por mais de sete dias. O meu opositor é um incontido nas suas emoções, fruto de um temperamento arrebatado. Já ultrapassou os umbrais dos 60 anos de idade. Após alguns dias de debate, o julgamento o levaria a um esgotamento físico e mental.

Fui para minha casa e passei o dia descansando. O meu adversário fez da militância na tribuna do júri o princípio e o fim de sua carreira profissional. Era um exímio jogador na arte de manipular as palavras. Mas ele iria encontrar um jovem que conhecia os caminhos do Direito e da vida dos direitos. O Direito não é um abrigo de saltimbancos falastrões, mas uma ciência da lógica, da hermenêutica e da prudência. No outro dia, retorno ao júri. Surpreso, o promotor me pergunta:

– O que foi que houve?

– Tive uma pesada dor de cabeça – respondi.

Os onze réus são interrogados. Todos seguiam a linha de que as balas ricochetearam no asfalto. As testemunhas começam a ser ouvidas, iniciando-se pelas de acusação.

Após o depoimento da primeira testemunha, o juiz pergunta:

– De onde partiram as balas?

– De trás do muro da cadeia, de onde os policiais atiraram.

– Os revoltados chegaram a ameaçar derrubar o portão da delegacia?

Após ouvir a resposta negativa, o juiz passa a palavra à acusação. Os depoimentos se sucedem com perguntas de ambas as partes. No momento da oitiva da décima sexta testemunha, ela faz referência desabonadora sobre os antecedentes criminais de alguns policiais.

Ressaltou Mário Jorge:

– Pela ordem, doutor juiz. São descabidas e mentirosas as declarações da testemunha.

Rebati:

– Descabida é a leviandade acusatória que tenta deter a força da verdade.

O promotor acrescentou:

– Leviano é acusar irresponsavelmente.

O juiz adverte:

– Contenham os ânimos.

Já transcorreram três dias de julgamento e mais de quinze testemunhas foram ouvidas. Os jurados pernoitaram no próprio fórum em alojamentos separados. No quarto dia, inicia-se a oitiva das testemunhas de defesa, na sua maioria policiais, agentes da polícia civil e alguns oficiais. O juiz Massareto fez uma breve preleção, destacando o comportamento dos jurados e a dedicação dos seus auxiliares. A cada testemunha, adverte:

– Mentir é crime de falso testemunho.

Memórias de minha vida | 197

Por um momento, uma atmosfera pesada envolveu aquele auditório. Entra na sala o secretário de segurança, Alcindo Pereira Guimarães, que se senta ao lado dos réus. A primeira testemunha da defesa (coronel da polícia militar) ressalta os bons antecedentes dos acusados e pontua que a multidão estava desordenada e raivosa, liderada por vândalos irresponsáveis cujo propósito era invadir a cadeia e linchar o preso.

O depoimento se prolongou com sofismas, dando a entender o depoente que terceiros atiraram naquela massa enlouquecida e dessa forma concluiu.

Com a palavra, a acusação. O promotor de justiça faz duas perguntas bem colocadas. Formulo estas indagações: que atos praticou aquele aglomerado humano, que carácterizassem envolvimento em crimes e desordem? Incendiaram, depredaram, destruíram algum bem? Massa é um aglomerado humano sem propósito definido.

– Pela ordem, doutor juiz – fala Mário Jorge. – Isto não são perguntas, são mais um libelo acusatório abusivo.

– A acusação deve obedecer a uma lógica. Defiro o pedido. Que a defesa encerre as perguntas, decidiu o magistrado.

Mais três depoimentos foram tomados, todos seguindo uma mesma linha de defesa, a de que os tiros foram disparados para o alto e para baixo, e, se disparos ocorreram diretamente na multidão, não foram os policiais.

– Quem foram estes supostos atiradores? – indagou o promotor de justiça, Sergio Borges.

Eles desconhecem. Outra testemunha é convocada, um major da Polícia Militar do Paraná. Elogiou as qualidades do major Olímpio, ressaltando que ele se conduziu sempre com muita competência na carreira. Disse que elementos terroristas se misturaram à multidão, que já começava a invadir a cadeia.

Com a palavra, o assistente de acusação. Dirigi-me ao magistrado:

– Preliminarmente, doutor juiz, requeiro que seja solicitada do Ministério Público a abertura de uma ação penal contra esta testemunha, que depõe mentindo deslavadamente, incidindo no crime de falso testemunho. Doutor juiz, que atos objetivos aquele aglomerado praticou que ameaçassem verdadeiramente uma invasão? Derrubaram o portão, saltaram o muro ou depredaram a cadeia?

A testemunha tergiversava, tropeçando em contradições. Outro depoimento foi tomado, desta vez de um coronel da Polícia Militar. A testemunha exaltou a história da Polícia Militar e a sua espinhosa função de defesa da ordem pública. Sobre o processo em discussão, salientou que as providências necessárias à solução do distúrbio foram tomadas. Lançou a dúvida:

– Será que os disparos só partiram dos policiais? O major Olímpio é muito competente no seu comando.

Fez outras divagações. Com a palavra a acusação. O promotor formulou interrogações pertinentes.

– Tem alguma pergunta, senhor assistente de acusação? – indagou o juiz.

– Tenho. Quais as providências tomadas, ou melhor, quais as táticas adotadas pelos policiais, a exemplo da formação por linha e da formação por cunha, para evitar, logo no início, o aumento daquele aglomerado humano? Houve barricada ou qualquer outro obstáculo?

A testemunha esclareceu que desconhecia se essas táticas foram adotadas. Mas, pela competência do major Olímpio, acreditava que ele as tenha seguido.

Mário Jorge se contorceu todo, e mudava de cor como um camaleão. Inquieto, chegava quase à fronteira da epilepsia. Desabafou:

– Doutor juiz, pela ordem. Isto não são perguntas, mas armadilhas.

Rebati:

– Protesto, senhor juiz. Isto aqui não é estribaria, armadilha que eu conheço é o nome de uma égua lá do Nordeste.

Advertiu o juiz:

– Senhores advogados, contenham-se nos seus arroubos.

Já estamos no sexto dia de julgamento. Mário Jorge demonstrava abatimento e cansaço. Depoimentos se seguem, sempre com perguntas e reperguntas da defesa e da acusação. Ouve-se mais uma testemunha, um capitão da polícia militar do estado. Falante e com um forte aspecto de ressaca, derramou-se num depoimento inconsequente:

– Os policiais não querem a morte de ninguém. Atiraram para cima e para baixo, e, se alguma bala ricocheteou, não foi por vontade dos policiais. Terroristas e vândalos atiraram diretamente na multidão.

Com a palavra, a acusação. O promotor não se manifestou. Em seguida, o juiz passou a palavra para o assistente de acusação:

– Criações fantasiosas não calaram neste plenário do júri. Leia a testemunha no volume sexto, fls. 52 e 53, o exame balístico, que define, inclusive, de que armas vieram as balas. Este laudo descreve que os petardos atingiram as vítimas de forma horizontal. Portanto, os tiros foram disparados diretamente naquela pequena multidão. Leia também o depoente o volume sétimo, fls. 93 e 94. Lá está o laudo da necropsia, que revela o percurso dos petardos no organismo de forma horizontal.

– Doutor juiz, na sequência do raciocínio, quando o agente do crime assume o risco do resultado incide no dolo eventual, respondendo, em razão disso, pelo delito de homicídio.

Mais oito testemunhas foram ouvidas. O juiz encerra a fase de oitiva das testemunhas e dá início aos debates, concedendo a palavra ao promotor de justiça. Estamos no sétimo dia de julgamento. Era visível no semblante dos participantes o esgotamento físico e mental. O pelejador de memoráveis pugnas no Tribunal do Júri, advogado Mário Jorge, estava abatido. Os seus pensamentos perdiam a força da lógica. A pesada maratona de sete dias o deixara esgotado. A palavra da oratória brilhante se atropelava, gestando pensamentos truncados e apequenados. Iria amargar o fel da derrota perante a corporação policial que ele defendeu por tantos anos. "O aventureiro", como ele me tachou, tinha a sua história e carregava uma bagagem jurídica, filosófica e humanística.

O promotor de justiça, Sergio Borges, usando da tribuna, inflamou-se no libelo acusatório com uma sólida argumentação. Apoiou-se na lei, valendo-se especialmente dos depoimentos das testemunhas e dos laudos periciais. Deixou suas pegadas acusatórias naquele histórico julgamento.

– Com a palavra, o doutor Agassiz Almeida – anunciou o juiz.

– No apagar das luzes deste longo julgamento, em que pelejamos com o Direito em busca da verdade, ergo a minha voz para homenagear os dedicados servidores deste fórum, e, em especial, os integrantes deste Tribunal do Júri, guardiões da soberana Justiça que vem dos ruídos das ruas e das paixões mais recônditas da alma humana. Em suas mãos, senhores jurados, deixo o condão da Justiça.

– Quando, numa tarde friorenta, uma pequena parcela da população de Cornélio Procópio clama por justiça, este sagrado sentimento que move os justos teve como resposta uma criminosa saraivada de balas, desfechada por aqueles que deveriam defender a ordem e paz pública. A Criminologia retrata esses criminosos numa página sombria e os qualifica como dos mais perversos da espécie humana.

– Senhores jurados, as provas estão aí como uma torrente de verdades e falam bem alto pelos próprios depoimentos contraditórios da defesa. Senhores jurados, acuso em nome daqueles que tombaram no asfalto. Acuso em nome dos mortos que rogavam por justiça e receberam a morte. Senhores jurados, julguem estes agentes fardados para que a impunidade não afronte a justiça e a própria sociedade. Nada mais grave do que a impunidade satisfeita do poder armado. Esta passagem bíblica tem nos milênios a sua lição: sede justos e tereis o reino dos céus.

Com a palavra, em nome da defesa, o doutor Vitório Constantino, criminalista de vasta cultura jurídica, especialmente no campo do Direito Criminal, manejava a obra de Nelson Hungria com maestria e conhecia bem os trabalhos dos penalistas italianos Pessina, Carrara e Ferri. Tinha segurança nas suas palavras e na sua argumentação. Mas não possuía vocação para a demagogia. Para a sua formação, foi um suplício de Tântalo defender aqueles policiais, sobretudo em plena ditadura militar.

– Com a palavra, o doutor Mário Jorge. – Combalido, o velho combatente de longas porfias pelos tribunais do júri parecia um perdido no deserto. Olhares turvos e indefinidos, dando a sensação de que a cabeça rodopiava no pescoço. As suas palavras se transformaram num amontoado de incongruências, despejando um palavrório sem sentido contra mim:

– Conheço de onde veio o acusador mercenário e os seus propósitos neste Tribunal do Júri. Pretende subverter a ordem pública e desmoralizar a briosa Polícia Militar do Paraná. Os policiais cumpriram o dever de defender a vida do preso contra os subversivos.

E continuava:

– O acusador mercenário falou em táticas policiais não adotadas, procurando confundir o corpo de jurados.

Peço uma parte e o juiz concede:

– Faça a indefensável defesa dos réus e cesse este palavrório de comadre contra mim.

Respondeu-me:

– Comadres são os seus comparsas de subversão. Doutor juiz, pela ordem. O desesperado advogado quer transformar este plenário numa arena de bordel. Restrinja-se aos autos, acusador leviano.

Por quase uma hora ele desandava num cipoal de balofa defesa. Concluiu as suas palavras com ameaças:

– Apoiar a subversão que se instalou naquela tribuna de acusação é afrontar o nosso sistema de governo.

Encerrados os debates, o juiz convocou os jurados para o julgamento dos réus. Pesando as atenuantes e agravantes, o juiz, de acordo com a decisão dos jurados, profere o *veredictum:* foram condenados a 196 anos de prisão.

– Pela ordem, doutor juiz – grita Mário Jorge – este julgamento está nulo porque no corpo de jurados tem um "veado" e na acusação o subversivo Agassiz Almeida, perturbador da ordem pública.

Enquanto isso, o secretário da segurança se levanta e, de costas para o juiz, cumprimenta cada um dos condenados. Ali, naquele momento, a ditadura militar escancarava as suas garras, instrumentalizada num general truculento e num advogado subserviente ao poder militar. Afrontava-se a soberania do júri, vilipendiava-se o julgamento e se debochava dos jurados. Serenamente, sobrepondo-se àquela canalhice vomitada pelos esbirros da insensatez ditatorial, o doutor Augusto

Massaretto, assumindo a estatura de um digno e forte, e frente aos arreganhos dos sátrapas, decide:

– Está mantido o *veredictum* e encerrada a sessão.

Um amigo meu se aproxima de mim e, num tom baixo, sugere:

– Vamos, urgente, para a fazenda de um amigo nosso em Apucarana. Lembre-se de 1964. Nestas horas, o sensato é deixar a tempestade passar.

Em menos de uma hora, chegamos a uma bucólica terra de cafezais. Com uns quarenta minutos, lá estava, na televisão, o secretário de segurança, derramando uma fúria de canibal:

– Nenhum dos meus soldados vai ser preso. Aquele julgamento foi uma armação montada por um subversivo para desmoralizar a nossa gloriosa revolução.

Agitando-se todo, grita:

– Não vão conseguir, não, não.

Estava apoplético. Mário Jorge, ao seu lado, apoiando o autoritarismo afrontoso e inconsequente[30].

---

30 No "Memorial Agassiz Almeida", encontram-se jornais e documentos referentes a este histórico julgamento, que teve ampla repercussão no Sul do país.

FILIAÇÃO AO MOVIMENTO DEMOCRÁTICO BRASILEIRO (MDB)

Em abril de 1978, recebo do gabinete da presidência do MDB, em Brasília, telefonemas de doutor Ulysses Guimarães e de Humberto Lucena.

– Companheiro Agassiz, estou aqui com o nosso Humberto. Temos uma convocação para você: filiar-se ao MDB para fortalecer o nosso partido.

– Doutor Ulysses, encareço transmitir aos companheiros que não faltarei a este chamamento – respondi.

Humberto ao telefone:

– Estamos de braços abertos para recebê-lo. Você vai se filiar no diretório nacional, aqui em Brasília.

Em 5 de maio, estava no diretório nacional ingressando no MDB, juntamente com mais seis companheiros de vários estados. Presidido pelo deputado Ulysses Guimarães, lá estavam líderes nacionais, entre eles, Valdir Pires, Mário Covas, Mauro Benevides, Ibsen Pinheiro, Pedro Simon e Marcos Freire. Humberto Lucena usa da palavra:

– Hoje estamos a receber estes valorosos companheiros, que estavam na linha de frente da luta contra a ditadura e vão empunhar a bandeira do nosso Movimento Democrático Brasileiro.

No outro dia, volto a Londrina. O meu ingresso no MDB, aquele encontro com as lideranças, alguns deles com cicatrizes da resistência contra o autoritarismo, tudo isso revolveu os meus adormecidos sentimentos de homem público. Reacendeu principalmente a chama de que eu não deveria ser omisso na resistência ao autoritarismo ainda dominante.

Dominou-me a repulsa dos indignados. A cena quixotesca no fórum me veio à lembrança daquela fala: o derrotado Mário Jorge, numa atitude de saltimbanco, soltou esta cretinice: "este julgamento está nulo porque no corpo de jurados tem um 'veado' e na acusação o subversivo Agassiz Almeida". O secretário de segurança, num gesto de torpeza ditatorial, cumprimenta os réus, após a leitura da sentença de condenação a 196 anos de prisão. Da memória irrompeu no meu ego, a animalidade das torturas, o desaparecimento dos presos políticos, a morte infame de um punhado de jovens no Araguaia, cujos corpos foram lançados na floresta para alimentar os abutres, e, por fim, uma nação sufocada por uma ditadura selvagem, castradora do pensamento de gerações. Ainda hoje pagamos tributo a essa bestialidade. Arrancaram de uma parte da sociedade a capacidade de pensar e de se indignar.

Tudo isso golpeou a minha mente como um turbilhão de sangue. Navegar é preciso, dizia Fernando Pessoa. Lutar é preciso, desabafei ante o tribunal da minha própria consciência. Consultei mentes que sabiam pensar qual o meu campo de ação: Dom Helder Câmara, Alceu Amoroso Lima, Paulo Cavalcante, Audálio Dantas, Samuel Duarte. E, por fim, a resistência materna e o humanista das "Lages", meu velho pai, saberiam me ensinar como não *se perder no caminho da volta*.

Um dilema hamletiano me embalou: voltar para a luta ou não. Ia com o companheiro Assis Lemos, com quem varei as noites dantescas dos primeiros meses do golpe militar de 1964. Ia com esse companheiro a um restaurante no lago do Igapó, e lá, tomando uma cervejinha com tira-gosto, ouvia a sua palavra serena e leal:

– Vá, Agassiz, abrir o caminho da volta, e depois eu estarei lá na nossa Paraíba.

Recordamos as nossas lutas em defesa dos pequenos agricultores e camponeses do Nordeste. Depois de quatro séculos de exploração dos camponeses pelo latifúndio, conseguimos a aprovação do Estatuto do Trabalhador Rural. Milhões de semiescravizados recebiam a sua carta de alforria. O que queriam estes condenados à miséria? Trabalhar como seres humanos.

Tinha uma palavra que me sorria como um toque de aleluia: a da companheira que jamais temeu desafios e que sempre acompanhou com a paixão de uma sacerdotisa a minha inquietude pelos caminhos do mundo e este Ashaverus viandante por uma sociedade em que a fome e a miséria são companheiras de milhões de vidas humanas. Gizeuda falou:

– Meu filho, enlaçamos o nosso matrimônio para resistir às adversidades da vida. Pese todos os aspectos da sua decisão. Se a sua vocação é a vida pública e os embates contra os retardatários do progresso, atenda ao chamamento do seu temperamento e vá à luta. Estarei sempre ao seu lado. Lembre-se de Ortega y Gasset: somos nós e as nossas circunstâncias. Assim, meu filho, será o nosso destino.

Minha filiação ao MDB teve ampla repercussão na Paraíba e em Recife. Os rumores começaram a surgir: é candidato a deputado federal ou não? Marquei um almoço com Assis Lemos e José Joffily. Nesse encontro, comuniquei a minha disposição de me candidatar a deputado federal. Do companheiro Assis, recebi aquela solidariedade que vem dos profundos sentimentos humanos.

– A sua luta é a nossa luta – falou Assis.

Joffily quedou-se reticente:

– Agassiz, espere para depois da anistia. Olhe, companheiro, vou lutar por uma anistia ampla, geral e irrestrita.

– Preciso do seu valioso apoio, Joffily.

– Você sabe que integro os quadros de executivos da Monsanto, uma multinacional aqui no Paraná, e tenho que tomar as minhas precauções.

– Compreendo a sua situação, Joffily.

– Estarei ao lado dos nossos correligionários – disse ele.

Viajei à Paraíba, a fim de ter uma visão do cenário político, ouvir os amigos e os companheiros com quem dei os primeiros passos na política. Ouvi professores, alunos e integrantes do corpo universitário, que estavam na linha de resistência à ditadura militar.

Logo, quando fui chegando e avistei o velho casarão 828, da Getúlio Vargas, em Campina Grande, tocou-me um profundo sentimento nostálgico, aquelas recordações que vão fundo no nosso eu e revolvem a alma humana. Pisava o chão de um templo que albergou o menino que fui, a peraltice da criança, naquele mundo povoado de ilusões e que o tempo levou, perdido nos entreveros da estupidez humana.

Estava ali, pisando o piso de madeira daquelas amplas salas e, em certo momento, parecia ouvir o eco das palavras dos meus pais e a minha mãe a clamar:

– Vá estudar, menino, amanhã você tem prova. – Aquelas grossas paredes, o teto de gesso, um candelabro de cristal, tudo aquilo desfilava na mente como um chamamento à minha volta.

Na sala da biblioteca, estavam lá, na mudez do silêncio que tudo diz, os pensadores da vida, de Platão a Karl Marx, os poetas, cantores da alma humana, de Homero a Castro Alves, e, num recanto, parecendo me olhar, Dante e a sua monumental obra *A Divina Comédia*. Nesse torvelinho de recordações, um impacto me paralisa: a coleção Brasiliana, nos seus quase trezentos volumes. Ela abarcava o Brasil, da floresta amazônica às coxilhas rio-grandenses, na sua história, desde o Período Colonial, na sua geopolítica, com os estudiosos que nos abriram as primeiras visões deste imenso Brasil, até a queda da primeira República, na literatura, na poesia e na filosofia. O nosso país navega nesse mar de conhecimento. É um exército em prontidão para quem quiser conhecer esse polivalente solo de oito milhões e quinhentos mil quilômetros quadrados.

Fui até a minha floresta de menino no quintal da casa. Lá estavam, eretas e verdejantes, árvores de eucalipto e a mangueira, com sua frondosa sombra, debaixo da qual mergulhava em longas leituras, muitas vezes ao som dos cantores da natureza, salientando-se o canto maravilhoso do sabiá-laranjeira, que se fez companheiro numa intimidade que o levava a se alimentar na minha própria mão. Interroguei-me:

— Será que o sabiá está perdido nos espaços infinitos? Não! Deve voar por entre algumas estrelas, onde os cantores da natureza habitam.

Um soluço me envolveu. Como tudo foi tão rápido! Onde estão os meus dez anos, o meu mundo infantil? Aquela mangueira, no seu silêncio, falava-me tudo. De surpresa, mãe Suruba me aparece. Oh, mãe Suruba, tanto tempo eu não te vejo. Foi minha mãe de leite, complementando o amamentar de minha mãe. Era uma negra forte e tinha por mim um imenso afeto. De onde eu estava, sempre lhe mandava uma lembrança.

— Rezei muito por ti, meu fio. Recebesse muitas marradas por este mundo de meu Deus?

— Não tantas, mãe Suruba — respondi. — Olhe trouxe este presente para você, esta estatueta de padre Cícero.

— Oh, mas meu fio, que presente, meu padim padre Cícero do Juazeiro do Norte. Abraçou-me com a estatueta e lagrimejou.

— Mãe Suruba, cadê Mané? — Filho dela e moleque comigo na infância.

— Trabalha na Padaria das Neves, emprego que dona Josita arrumou para ele.

— Mande chamá-lo, queria dar um abraço nele — disse.

Nuns vinte minutos, ele apareceu.

— Mas Mané, como vais, moleção? Estás mais gordo.

— Agassiz, sentimos muito a sua falta. Fique aqui na terrinha. Acabe com esta história de correr atrás de dinheiro.

— Mané, trouxe para você esse chapéu de couro, que comprei em Salvador.

— Agassiz, muito obrigado, vamos bater uma pelada no campo da Ladeira?

— Domingo, chame a nossa turma, Hélio Soares, Elsinho, Edgar Toscano, Djalma, Nelsinho, Carlos Chefe, Boca de Trombone e Mosquito.

— Agassiz, Mosquito virou veado, tá andando como mulher, todo se requebrando. Dizem até que ele tem xodó com um negão lá da Bela Vista.

— É assim mesmo, Mané, cada um escolhe o seu destino. Eu gostaria de vê-lo.

Neste momento, entra na sala minha mãe.

— Que surpresa, meu filho, esperava você no domingo. Que saudade!

Abraçamo-nos, numa integração de sentimentos que nascem da alma humana e se projetam por toda a vida. É profundo, revolve o que o ser humano tem de mais puro e sincero. Esses sentimentos marcam o mais elevado fenômeno da vida: os laços que vinculam uma geração a outra no curso dos tempos. É a eternidade imortalizando a vida.

Sob esse condão, todo ser humano tem a sua história, de mãe Suruba a Inácia Madureira, que me aconchegaram nos braços, nas minhas primeiras horas no mundo, da minha valente mãe a todas as criadoras de vidas.

Lagrimejamos. Serenamente, ela me olhou:

– Meu filho, és um vencedor que não teme desafios. Os poltrões do poder armado estão aí, apodrecidos de incapacidade e de crimes infames, mortes, torturas nos porões dos quartéis, assassinatos e desaparecimentos dos mortos. Muitas vezes me vinham lembranças suas, brincando de jogar bola de gude, de soltar pipa, de criar e soltar pombos-correios de longas distâncias. Venha para a sua terra, todos te esperam, com tua esposa e teus filhos, Agassizinho e Gardênia.

– Minha mãe, na solidão da minha luta, ao lado da companheira Gizeuda, quantas vezes senti o peso da saudade.

– Oh, meu menino grande.

– Nós precisamos da senhora, das suas palavras de afeto e de grandeza.

– Meu filho, nunca te curvaste a ninguém, mesmo nas horas mais graves. Preferiste enfrentar o mundo a te fazeres sabujo destes canalhas que nos desgovernaram. Tens a têmpera do meu irmão, José Amorim, preso na ditadura Vargas. Nunca abriu mão das suas ideias.

– Minha mãe, vou voltar. Trouxe esta lembrança para a senhora, esta estatueta de Nossa Senhora das Neves, a padroeira da Paraíba. Como vai o meu pai, a saúde dele está boa?

– Vai bem, meu filho, naquele ritmo dele. Tá mais satisfeito, abastecido com o dinheiro do minério.

– Que satisfação esta notícia. Vou visitá-lo. E os meninos, o major Lang e Tonito? Langstein vai naquela sua vidona, está morando em Sapucaia? Vou até lá na próxima semana. E as meninas, como vão de casamento?

O marido de Anleida, Werton, é um médico muito trabalhador e tem boa convivência. Carneiro Arnaud conhece bem a família dele e teceu bons elogios. Anleida é uma batalhadora. Ana Lúcia vai bem com Marcos Odilon, e, com seu temperamento alegre e contagiante, vai levando a vida. Graziela e Rosa Maria estão lutando.

No sábado, fui até a fazenda "Lages", abraçar o meu velho pai.

– Que surpresa, você por aqui, depois desses anos todos.

Aí me abraçou com uma ternura nostálgica. Avistei, perto da porteira, umas trinta rezes.

– O gado está bonito, de pelo fino – observei.

– Como foi, por essas terras desconhecidas?

– Abri uma nova visão de mundo e aprendi muito com a universidade da vida.

– Dina, prepare uma coalhada com cuscuz para Agassiz.

Dina, quando me viu, disparou correndo.

– Mas Agassiz, como estás bonito, cabeleira preta com mechas brancas.

Emocionei-me. Que mundo saudoso, povoado de sinceridade e de bondade, a brotar com tanta pureza. Conversamos horas a fio.

– Meu pai, convoque a nossa estremecida Boa Vista. Sou candidato a deputado federal e já me filiei ao MDB, no diretório nacional, em Brasília.

– Que surpresa, meu filho, você é um destemido.

– Trago a genética de Teodoro de Oliveira Ledo e dos "Oliveira Ledo". Vou para a luta.

– Estou ao seu lado.

Com um caloroso abraço me despedi. Ele fez do mundo de Boa Vista o templo de sua vida. No outro dia, fui visitar o meu irmão Langstein. Que poderosa força genética marca a existência do ser humano. Como o meu pai, este meu irmão vivia numa solidão bucólica, amando a natureza, e fez da fazenda Sapucaia o seu universo. Era um sonhador, a navegar pelos espaços da imaginação, e assim construiu uma meteórica carreira política como orador arrebatador de massas, elegendo-se deputado estadual.

De longe, avistei Langstein deitado numa rede, armada no alpendre de casa, de onde contemplava seu domínio, cercado de mulheres, trabalhadores e meninos da fazenda. Ao me ver, os seus olhos estampavam alegria.

– Agassiz, que satisfação, você por aqui?

E me abraçou.

– Major, estás bem-disposto, também com um vidão deste. Cadê o cavalo Tucupi, por onde anda?

– Aquele sacana me deu um prejuízo danado. Mandei capá-lo e botei para carregar carroça.

– Quando é que tem uma vaquejada, Major? Quero ir.

– Não falta, não, eu te aviso.

Depois de longas conversas e amenidades, abordei o assunto da política.

– Major, vou disputar a eleição de deputado federal e conto com o teu apoio.

– Vamos para a luta, companheiro. Vou arregimentar a nação campinense e romper as oligarquias que dominam a nossa terra.

– Boa sorte, irmão, outro dia passarei por aqui.

No sábado, viajei para João Pessoa, quando, após agendamento, visitei, em companhia do vereador Mário da Gama e Melo, o senador Rui Carneiro. Com um semblante um pouco abatido, mas sem perder a efusividade, derramou aquela sensibilidade: jovens, que satisfação receber vocês.

– Agassiz, Ulysses me falou que você tinha se filiado ao MDB.

– Era este o fato que vinha lhe comunicar, senador. Em Brasília o procurei, mas o senhor estava no Rio de Janeiro. Pretendo ser candidato a deputado federal e espero o seu apoio.

– Jovem, o seu nome vai engrandecer a nossa legenda. Sabe como somos agradecidos por seu decisivo apoio ao companheiro Domingos Mendonça, disputando com o candidato do governador a prefeitura de João Pessoa.

– Senador, sempre estarei ao lado das boas causas. Estamos empenhados na luta pela anistia ampla, geral e irrestrita, e esperamos a sua palavra em defesa desta causa.

– Não faltarei a este chamamento dos democratas.

– Estamos fazendo arregimentação popular até debaixo de pé de árvore, senador. A nação está em letargia. Vamos despertá-la.

– Venha almoçar comigo amanhã, você e o nosso Mário da Gama. Alice, mande preparar uma moqueca de peixe muito boa, com vinho do Porto. Como vão Joffily e Assis Lemos, lá em Londrina?

– Estão bem e me apoiam.

– Estou meio adoentado, mas vou me tratando – acentuou o senador[31]. Abraçou-me, e eu tive a sensação de uma despedida final.

Ao sair daquele encontro acolhedor, logo no jardim, deparei-me com Raimundo Onofre, figura fantasmagórica, de um olho de vidro, que oscilava entre um bobo da corte e um pirata dos sete mares. O escritor José Américo de Almeida lançou contra ele este petardo ferino: "Raimundo Onofre é tão hipócrita que é capaz de chorar pelo olho de vidro".

À tarde, fui a uma reunião da Associação dos Docentes da Universidade Federal da Paraíba (Aduf), articulada por Laurindo Pereira, com professores e lideranças universitárias. Lá estavam Linduarte Noronha, Ronald Queiroz, Mazuleik de Morais e João Luiz. Discutimos a estratégia da campanha da anistia, a mobilização popular, com

---

31 Em julho de 1977, faleceu e deixou uma grande lacuna na vida pública da Paraíba. Viveu como um digno e está no panteão da nossa terra.

reuniões nos bairros e comícios relâmpagos nas feiras livres e mercados, salientando que os criminosos de lesa-humanidade não seriam beneficiados pela anistia.

Vanderley Caixe chegou no final da reunião e me chamou à parte.

– Você precisa visitar Dom José Maria Pires.

– Pois não, marque o encontro.

Dois dias depois, estava lá, na Arquidiocese da Paraíba, na praça Dom Adauto. Vocação de apóstolo, dedicado à Igreja dos pobres e dos desvalidos, Dom José Maria Pires irradiava humildade e grandeza:

– Conheço a sua história, Agassiz.

Assim me recebeu.

– Você e seus companheiros pagaram pesado tributo à prepotência e ao conservadorismo atrasado.

– Dom José, o senhor abriu nova visão acerca da Igreja de Cristo, aqui na Paraíba. Olhar os infortunados é a verdadeira fé cristã.

– Meu jovem, o camponês nordestino vive num submundo de miséria e ignorância. A mobilização dos verdadeiros cristãos fez com que o país e o mundo conhecessem esta sombria realidade. Atualmente, apesar da ditadura, ocorreram conquistas sociais, mesmo que pequenas.

– Dom José, quero lhe fazer um pedido. Se possível, o senhor poderia recomendar o meu nome como candidato a deputado federal aos católicos?

– Não é só o seu nome, mas o de todos os que estão na linha de frente no combate a este regime.

– Dom José, em 1975, quando participava da missa de sétimo dia de Vladimir Herzog, na Catedral da Sé, em São Paulo, o cardeal Evaristo Arns ressaltou a mim as suas qualidades de prelado católico, a sua integração à Igreja dos pobres e a sua visão de mundo. Lá estava também o Frei Leonardo Boff, que exaltou as qualidades de Herzog, "suicidado" nos porões do Doi-Codi, no II Exército, e do operário Manoel Fiel, executado nas mesmas condições e local.

Dom José e eu conversamos por algum tempo e ele abordou a luta dos camponeses em Alagamar, Itabaiana, da qual participei juntamente com Assis Lemos, Pedro Fazendeiro e João Pedro Teixeira, ambos assassinados pela sanha do latifúndio e do militarismo. Despedi-me e pensei: conheci um ser humano que sabe compreender o mundo.

A campanha da anistia ganhava fôlego com a realização de grandes conclaves no país, em João Pessoa, Natal e Recife. Comícios ocorreram com ampla participação de vários segmentos da sociedade. Logo no começo dessa mobilização cívica, um vulto avocou para si a flama do chamamento popular, a energia reprimida de uma nação asfixiada por um militarismo caolho, rompendo os grilhões do autoritarismo e fazendo tremular a esperança num novo amanhã. Seu nome: Teotônio Vilela.

Assim nos fala a história com a queda do Império Romano pelos bárbaros, assim nos fala a derrubada da monarquia dos Bourbon, na França, pela Revolução de 1789, que redirecionou os rumos da humanidade, assim nos fala a queda dos Romanov, na Rússia, em 1917, assim nos fala a queda da Velha República, no Brasil, pela Revolução de 1930. Assim é o caminhar da humanidade.

Nesse momento, compreendi o cenário político na Paraíba. Viajei para Londrina e disse à minha companheira e esposa: vamos nos preparar para a nossa diáspora, reencontrando a terra dos nossos antepassados e berço das nossas existências. Um sentimento se levantava dentro de mim. A sede por novos futuros, as longas leituras da história e os acontecimentos políticos e sociais gerados desde as primeiras civilizações me apontavam um ciclo de existência para os regimes autoritários, que chegam ao final pelo esgotamento das próprias sociedades em que operam. Aí comecei a antever nas dobras do horizonte a queda da ditadura militar, a nação convocada para eleições livres e diretas, sobretudo para presidente da República, mas um fato da mais alta relevância me despertou: a instalação de uma assembleia constituinte.

Mapeei nos anais do passado os fatos históricos, e, sob as luzes da Ciência Política e da Sociologia, vinham pelos meus estudos, como um revigorante político-social, regimes de liberdade. Em face dessas contingências, despertou em mim a convicção de que devia postular a eleição de deputado federal. Vieram-me interrogações. Será que não estou envolto numa espiral de devaneio, numa utopia quixotesca, tudo se contrapondo à realidade da vida? Como deixar o que construí, aqui em Londrina, com o meu nome na advocacia se projetando em todo o estado? Pensava comigo: a cidade de Londrina cresce vertiginosamente. As minhas aspirações políticas, ser deputado federal constituinte ou senador constituinte, eu poderia realizá-las abrindo um espaço político na região.

Por alguns anos, meditei e pesei as circunstâncias. A chama telúrica me chamava para a volta às minhas origens. Sou um sentimental. As minhas raízes familiares estão fincadas nos massapés dos cariris, em que uma vegetação resistente nos atrai: a jurema-preta, o umbuzeiro, o juazeiro e a aroeira. Sou um irrequieto que não rompeu o cordão umbilical com o mundo da sua infância e adolescência.

Desfilavam em minha mente as lutas que travei contra o latifúndio cruel e o coronelismo prepotente, a causa da educação que abracei com a criação de colégios e faculdades, a formação e a organização de cooperativas e associações que pudessem reduzir as desigualdades sociais, tão gritantes no país. As longas leituras e estudos que fiz no casarão da Getúlio Vargas, em Campina Grande, e, mais tarde, em João Pessoa, em vários lugares, marcadamente, debaixo de uma mangueira no Hotel Glória. Tudo isso era um torvelinho que me arrebatava para a volta.

Também vinha à minha mente a primeira atuação de relevância, após a formatura em Direito, aos 23 anos, na cidade de Conceição de Piancó, nos sertões da Paraíba, onde predominava um coronelismo selvagem, com assassinatos escancarados, a formação e participação nas Ligas Camponesas, associações de apoio a milhões de camponeses condenados por uma estrutura agrária feudal à miséria e à ignorância. Tudo isso e mais outros fatores se fizeram um somatório para o meu retorno à Paraíba.

– Minha filha – falei à esposa – vamos organizar o nosso regresso à terrinha e nos despedir dos amigos e clientes.

– Que desmonte, sentimentos tão penosos, deixar a cidade dos meus filhos Agassiz Filho e Gardênia, ainda tão crianças.

Que esforço para desconstruir a obra que construí na profissão com tanto empenho, as amizades, as aspirações desfeitas de não lecionar Ciência Política, na Faculdade de Direito de Londrina, disciplina para a qual fui aprovado em concurso, desligar-me dos meus colegas de advocacia: José Cardoso, Vitório Ramagem e Sebastiãozinho Pereira.[32]

Marcamos, Gizeuda e eu, um jantar da saudade com o casal Assis Lemos e Nilda, no restaurante Sanremo. Lá, o dono me conhecia e sabia do meu retorno à Paraíba, saudou-nos com as músicas *O baile da Saudade*, de Francisco Petrônio, *Cinco Letras que Choram*, de Francisco Alves, e *Asa Branca*, de Luiz Gonzaga. Noite de tocantes recordações da nossa juventude, das nossas estripulias, os encontros furtivos nos primeiros dias dos nossos namoros com as atuais esposas, os passeios a cavalo na fazenda "Lages" e "Charneca", os carnavais no Clube Cabo Branco, em João Pessoa, onde tomávamos porres de lança-perfume, a confusão causada por um folião ter lançado lança-perfume nas nádegas de uma jovem.

---

32 Deixo aqui algumas palavras acerca do meu colega de profissão, Sebastião Pereira, filho do Dr. Aristides e de dona Maria de Lourdes, da alta sociedade de Londrina. O que marcou para mim? A sua honestidade, lealdade e dedicação ao trabalho. Convivemos por quase oito anos. O que me indigna? A cretinice e a hipocrisia social. Sebastiãozinho era um declarado fumante de canabis, maconha, como é conhecida. Educadamente, isto duas vezes ao dia, comunicava-nos e ia para uma sala reservada e dava suas tragadas desse produto. Nunca vi mudança no seu comportamento e nas relações de trabalho. E o tabagismo, que contém a nicotina, o monóxido de carbono e a amônia, está por aí liberado. Enalteço o advogado Sebastião Pereira por sua dignidade e destemor social.

De surpresa, com um semblante de efusiva satisfação, o dono do restaurante, um paraibano lá dos sertões de Piancó, presenteou-nos com um vinho português. Ele ouviu falar do júri que fiz em Conceição do Piancó contra Constância Valões.

– Neste ritmo, doutor Agassiz, vai um pouco do nosso Nordeste. Um dia eu voltarei para lá, vamos nos encontrar.

Olhando para mim e Assis, ele finalizou:

– Conheço as lutas de vocês dois. Doutor Agassiz, dê um abraço em Ademar Teotônio, o nosso Babá. O senhor deve conhecer muito a minha família, eu me chamo Expedito Aguiar Loureiro e vim para Londrina com 15 anos. A minha família é de Santana dos Garrotes, no vale do Piancó. Sou parente de Eutique Loureiro. De vez em quando, toca uma saudade danada do Nordeste, um banzo. Aqui perto, em Apucarana, tenho um sítio onde planto café e soja. Dá para ir levando.

Já descortinava a madrugada, e aí nos levantamos, já etilicamente tocados, e viramos seresteiros. E haja Nelson Gonçalves, Altemar Dutra, Francisco Alves e Orlando Silva. O dia já clareava. Inúmeros seres humanos me deixaram marcas por seu caráter e sensibilidade. Expedito foi um deles, percorreu o caminho da vida com altivez. Entendeu logo cedo o rastear dos canalhas. Dizia:

– Tenho cicatrizes e espinhos de xique-xique.

Abraçamo-nos e ele falou:

– Deus acompanhe os seus passos.

DE VOLTA À PARAÍBA

Em meados de março de 1978, embarcamos num voo São Paulo-Recife--Campina Grande, levando dois filhos nascidos em Londrina, no Paraná, um em 1974, e outra em 1976. Por via rodoviária, acompanhava-nos um caminhão com mais de cinco mil companheiros mudos, e lá iam eles, o *Tratado de Direito Privado*, de Pontes de Miranda, *O Tratado de Direito Penal*, de Nelson Hungria e Roberto Lira, *A Comédia Humana*, de Balzac, obra completa de Shakespeare, os poemas épicos, *Os Lusíadas*, de Camões, *A Divina Comédia*, de Dante, a *Odisseia*, de Homero, *Os Miseráveis*, de Victor Hugo, o *Canto Geral*, de Pablo Neruda, e *Espumas Flutuantes*, de Castro Alves.

Ao entardecer, num dia de uma terça-feira, desembarcamos em Campina. Da escada do avião, contemplei, emocionado, a minha terra. Vi, à distância, na sala do aeroporto, meus pais e meu irmão Lansgstein e os amigos correligionários, Noaldo Dantas, meu colega de Faculdade de Direito e de Câmara de Vereadores, Oliveira Oliveiras, Lindacy Medeiros, Epitácio Soares, o então líder comunitário Rômulo Gouveia, Pedro da Costa Cirne, meu sogro, Machado Bittencourt e uma dezena de companheiros da infância e adolescência, dos folguedos infantis, e mais tantos das noitadas de farras.

Abracei o meu pai e disse:

– "Velho", não vou me perder nesta volta. Major Langstein, e os ecos dos teus inflamados discursos ainda ecoam forte?

Parei petrificado diante daquela sentinela vigilante, minha mãe. Lágrimas escorriam no seu rosto. Ouvia o som materno que eclodia no meu ser:

– Meu filho, quanta saudade, sonhava contigo quase todas as noites, lutando pelo mundo. E as crianças, que duas lindezas! Vá atender aos seus amigos, eles sempre perguntam por você.

Foram se aproximando de mim Edvaldo Perico, Geraldinho, José Américo e seu filho, Aluízio do Som, Pilon, figuras populares do mundo político campinense.[33]

As dezenas de amigos que estavam ali a me abraçar, essa passagem em que se entrelaçam telúrico e urbano era um pouco da minha história. Ao passar pela margem do Açude Velho, parei. Foi nessa área, à margem do Riacho das Piabas, nas adjacências do hoje Açude Velho, passagem e descanso de tropeiros, boiadeiros e viajantes, que vinham ou iam dos sertões, dos cariris e do brejo para o litoral da Paraíba e Pernambuco, que, em 1697, o capitão-mor Teodósio de Oliveira Ledo, liderando uns vinte índios Arius e uns quinze colonos, num cenário bucólico acolhedor e num clima saudável, transmitiu ao rei Dom João VI, por meio de carta ao Conselho Ultramarino de Portugal, as condições geográficas e econômicas para a instalação de um povoado.

---

33 Abro este espaço para retratar um pouco a alma de Campina nesta trindade, que não é bíblica, mas que fez da Serra da Borborema o seu Gólgota: José Américo do som, e o escudeiro, seu filho Aloísio, que me acompanhou durante as minhas campanhas, popularizando as músicas eleitorais e exaltando sempre o meu perfil político, Pilon, o compositor e letrista das músicas, e Peba, o apóstolo do marxismo.
Numa caminhonete Chevrolet 34, carroceria de madeira, José Américo e Aloisio percorriam ruas e becos, acordando a cidade para os embates das memoráveis campanhas políticas, entre toques de clarins, hinos marciais e músicas de campanha:
– Levanta Campina, a hora da verdade tá chegando – anunciava o locutor, exaltado.
E este imenso Pilon, no coração de Campina, armou a sua tenda de trabalho, onde ouvia a cidade pulsar. Sob esta inspiração, embalava a flama do poeta popular, transvestindo de compositor, letrista e arranjador de músicas.
– Pilon, preciso de uma música para lançamento, amanhã à noite, num grande comício. Num surrado balcão de madeira, começava a rascunhar a letra.
– Amanhã à tarde está pronta – disse ele. – Que talento borbulhante!
A trindade se encerra com o velho lutador Peba, que fez do Manifesto Comunista o seu evangelho. Na Intentona Comunista, em 1935, deixou a sua marca de coragem e fidelidade na causa marxista. E tinha no "Cavaleiro da Esperança", Luiz Carlos Prestes, seu comandante e inspirador sacerdotal.
Lia horas e horas a doutrina marxista e parecia um sacerdote budista no Tibet. Foi preso com o golpe militar de 64 e conduzido a um quartel do Exército. Ao se aproximar da solitária, um tenente berrou:
– Tá com medo, cabra?
– Tô, de uma chifrada.
Com seu exemplo de vida, deixou um legado às gerações que o sucederam.

Desde então, nesse dia histórico, a nossa Campina Grande recebia das mãos do desbravador Teodósio de Oliveira Ledo a sua certidão de nascimento. De início, chamaram-na de Vila Nova da Rainha. Ao passar na praça da Bandeira, à direita, vi o edifício Esial, onde o meu tio, Otávio Amorim, instalou o seu escritório de advocacia. Ali eu estagiei como acadêmico de Direito e depois atuei como advogado.

As ruas, praças, residências, os cinemas Capitólio, Babilônia e Avenida, o tempo dos meus primeiros anos escolares, o colégio Pio XI, cada um deles trazia um pedaço da minha infância e adolescência e pareciam querer me falar. Nesse roteiro nostálgico, passei pela fruteira de Cristino Pimentel. Deixei com um atendente, seu parente, estas palavras.

> Em 1971, caro Cristino, não pude
> Comparecer a tua partida deste
> Planeta Terra, onde, na tua passagem,
> Deixaste o quanto amaste: Campina.

De vida simples, na sua fruteira, Cristino Pimentel viveu para as letras e, em torno delas, construiu o seu templo. Amava Campina com intensidade. Dizia:

– Agassiz, Campina tem um pecado, não homenageou o seu fundador, Teodósio de Oliveira Ledo. O que existe é uma travessa aí com o nome dele, no Beco das Boninas, e um pequeno obelisco na praça Clementino Procópio.

Num trabalho de fôlego, ele elaborou o livro *Abrindo o livro do passado: pedaços da História de Campina Grande*.

Do Beco 31, onde ficava a fruteira de Cristino, fui, movido por um magnetismo que me impregnou desde a adolescência, ao fanal das letras paraibanas, o templo onde abrigava o saber, sob todos os aspectos, científicos, filosóficos e literários: a "Livraria Pedrosa". Fez-se um símbolo cultural do Nordeste. Entre tantos intelectuais, Jorge Amado, José Américo, José Lins do Rego, Câmara Cascudo lançaram livros ou procuraram obras na livraria. José Pedrosa, conhecido como Pedrosa da livraria, foi o fundador desse monumento à cultura, situado na esquina das ruas Maciel Pinheiro com Monsenhor Sales.

Pedrosa, ao me ver, abraçou-me e perguntou:

– Agassiz, você vai voltar para a nossa terra?

– Volto com cicatrizes e espinhos que os embates pela vida me deixaram.

No meu percurso nostálgico, levei companheiros mudos que nasceram aqui, nessas estantes, e me acenaram com o *slogan* criado por Pedrosa: "faça do livro o seu melhor amigo". E aquele monumento das letras brasileiras, que doutor Antônio Almeida adquiriu de minhas mãos, proclamou:

– A Brasiliana aponta os caminhos para se conhecer este vasto Brasil, nos seus trezentos e setenta e sete volumes.

Da livraria, fui mais uma vez ao encontro da minha infância e adolescência: o casarão 828 da Getúlio Vargas. Logo ao chegar, como costumava ocorrer, envolveu-me uma sensação de alegria e angústia. Que fugaz foi o tempo. Como tudo foi tão passageiro! O menino de ontem, hoje este viandante da vida. O menino das travessuras infantis, a jogar bola de gude, criar maribondos, pombos-correios e galos de briga. O menino que caminhava nos muros das casas vizinhas, como um trapezista. Tudo me chegou como as cenas de filme em que fui ator e espectador. Parecia estar vendo a chegada dos pombos-correio que nós soltávamos de longa distância.

No jardim, as orquídeas, as rosas, os jasmins me olhavam como o menino crescido em busca do tempo perdido. Tocado de emoções, caminhei. Ouvi lá de dentro do casarão a voz forte de mãe Suruba:

– Dona Josita, o meu menino chegou.

No aeroporto, tudo foi muito rápido. Nesse momento, pude dimensionar a extensão da minha volta.

– Oh, meu filho, que tão longos anos! Pareciam eternos. Recebi o dinheiro que mandaste e paguei a dívida no Banco do Brasil. O gerente é intratável e insuportável. Ficamos livres daquele tipo. É isto mesmo, meu filho, vamos olhar para frente.

– Gizeuda é uma mãe muito dedicada. Já procurou se informar sobre uma escola infantil para Agassizinho.

– Minha mãe, alugamos uma casa no Bairro da Prata, próxima ao hospital Santa Clara. Daqui a uns dez dias, mudamo-nos para lá. Aluguei no Edifício Rique uma sala para o comitê de Campina.

– Olhe, seus amigos têm perguntado sempre por você e estão firmes na campanha. Seu pai está arregimentando Boa Vista e até já falou com o deputado Gerôncio da Nóbrega, líder político de Soledade, onde residem muitos parentes nossos. Encontrei-me com Abdias Aires, e ele me disse que já tinha compromisso com outro candidato, mas não podia deixar também de lhe apoiar.

– Nas regiões de Cabaceiras e Barra de São Miguel, sobretudo na Ribeira, Agassiz é muito estimado – disse Abdias –, ele fez muito pelo Cariri quando era deputado estadual, e, particularmente, fundou a Cooperativa de Crédito Agrícola de Cabaceiras, da qual foi seu primeiro presidente, e criou a Associação dos Plantadores de Alho.

— Lembro também, dona Josita, porque Agassiz foi um dos autores, juntamente com Vital do Rego, do projeto de lei de emancipação de Barra de São Miguel. Ele ainda se empenhou na vitória de Ismael Maon como prefeito desse município.

— Meu filho, tenho muito orgulho de você e dos seus irmãos, pela forte personalidade e por jamais fraquejarem diante dos problemas.

Conversamos por horas, ela queria saber os detalhes da minha campanha a deputado federal. Era uma batalhadora que não media sacrifícios. Viveu para além do seu tempo, por sua capacidade de analisar a realidade.

Sem titubear, esteve ao meu lado nas adversidades e nas horas mais graves. Por seu destemor em enfrentar os tiranetes da ditadura fardada, foi homenageada com o seu nome numa praça e ruas em Barra de Santana, João Pessoa e Recife.

— Vá batalhar, não perca tempo — disse ela.

No outro dia, acompanhado dos professores Paulo de Almeida Pinto e Luiz Gonzaga, fui ao *campus* da Universidade Federal da Paraíba (UFPB), em Bodocongó, onde funcionava a Faculdade de Ciências Econômicas de Campina Grande.

Ao pisar o chão daquele cenáculo universitário, chegaram-me recordações das pelejas que travei para fundar a Faculdade de Economia. Na época, 1960, eu exercia o mandato de deputado estadual. Coube a mim, juntamente com Amir Gaudêncio, por solicitação do prefeito Severino Cabral, coordenar a estratégia política para a fundação da faculdade. Edvaldo do Ó ficou responsável pela organização administrativa e pelos detalhes burocráticos.

Anos depois, Darcy Ribeiro, com a sua genial visão da problemática educacional do Brasil e da América Latina, foi decisivo para a rápida tramitação do processo de federalização da Faculdade de Economia de Campina Grande. Tornei-me seu admirador, e ele tinha por mim especial afeto.

O golpe militar de 1964 destruiu esse meu sonho. A inteligência brasileira foi substituída por um militarismo cego e medieval.

Paulinho Almeida e Luiz Gonzaga me falavam:

— Vamos para o Departamento de Economia e Administração.

Lá estavam, entre outros, o diretor, Hélio Nascimento, Martinho Dinoá, Alcindor Vilarim, Antônio Augusto da Silva e meus ex-alunos Salomão Meneses, Assis Dantas e Antônio de Pádua. Ontem, meus discípulos, hoje integrando o corpo docente desta faculdade. O que posso antever, num amanhã não muito distante, será um centro de estudos e pesquisas que se projetará por todo o país. Campina se fez a confluência de contingentes humanos de várias regiões. Aqui será o berço do qual nascerão cientistas, pesquisadores, estudiosos das mais variadas áreas.[34]

– Preciso intensificar a campanha – disse a Paulinho.

– Vamos para frente, meu primo.

Iniciei a estruturação da campanha, coordenada por Rômulo Gouveia, líder comunitário nos Bairros do Cruzeiro, 40 e Liberdade; à Lindacy Medeiros coube a coordenação com as cúpulas partidárias e lideranças do interior; Machado Bitencourt se incumbiu do sistema publicitário; o advogado Severino Domingos ficou com a parte jurídica; o professor Bosquinho, irmão do bispo Luiz Gonzaga Fernandes, contactou os setores religiosos; Onildo Araújo representou o Sindicato dos Motoristas de Campina Grande; José Antônio, a Associação dos Pequenos Comerciantes; Luiz Gonzaga e Salomão Menezes foram articuladores junto aos setores universitários e os líderes estudantis e sindicais se incorporaram à campanha, como Jorjão, Benedito Soares, Nelsinho do Centro Estudantil Campinense e Aluízio do Queijo.

Por indicação dos coordenadores da campanha, fiz palestras em associações de bairros, sindicatos e salões paroquiais.

As garras do regime militar ainda pairavam sobre o país, instrumentalizadas pelo Ato Institucional nº 5. Torturas, assassinatos nos porões dos quartéis e desaparecimento de presos políticos repercutiam no exterior, noticiados por grandes jornais e televisões do mundo. O Brasil se quedava como um quasímodo no cenário internacional. Um monstrengo da insanidade ditatorial.

No mundo, crescia a repulsa às tiranias instaladas na América Latina, sobretudo no Brasil, Argentina e Chile. Os EUA lideravam a campanha pelos direitos humanos.

Nos seminários, palestras e reuniões das quais participei, norteei-me por estes temas: defesa da anistia ampla, geral e irrestrita; eleições diretas para presidente, governadores e prefeitos das capitais; revogação do Ato Institucional nº 5. Salientava, sempre: o maior crime do regime autoritário é a castração do pensamento criativo. Arranca do jovem a sua capacidade crítica e criativa, fazendo-o marionete

---

34 Hoje, neste ano de 2023, o meu vaticínio projetado em 1978 se concretizou. Edificou-se a Universidade Federal de Campina Grande (UFCG), que abriga dezenas de blocos de alvenaria, onde funcionam inúmeros centros de pesquisas e de estudos, do tecnológico ao humanitário, do científico ao cibernético.
Proporcionalmente, é um dos maiores núcleos universitários formadores de doutores do país. E, neste fascinante mundo digital, a UFCG oferece ao país dezenas e dezenas de inteligências, a exemplo de Francisco Brasileiro, Lavoisier Fragoso Cirne, Valfredo Cirne Filho, Luiz Franca Neto e José Augusto Oliveira. A nação que aspira a ser grande tem na educação e na ciência o caminho.

de tiranetes e poderosos. Infortunada juventude sobre a qual desabou o infame cutelo da guilhotina política.

Ainda hoje, a nação carrega o peso desse legado. O que nos atordoa e enoja é a ação sorrateira e traiçoeira do dedurismo. Em 1978, essa escola de canalhas fez doutrina. No Sindicato dos Motoristas, um grupo de mercenários me recebeu, aos gritos:

– Subversivo, seu lugar é na cadeia.

– Meus senhores e minhas senhoras, tenho o couro grosso para esta baba odienta.

O espetáculo perturbador entristece o "velho" Onildo:

– Doutor Agassiz, o senhor me desculpe por isto.

– Companheiro, os cães ladram e a caravana passa.

No salão paroquial da Igreja do Rosário, ocorreu uma palestra coordenada pelo professor Bosquinho. Expus esta parábola escrita por James Aggrly, *A águia e a galinha*, retratada por Leonardo Boff:

– Qual o destino do ser humano na sua efêmera passagem pela terra? Reflexões nos levam a vários pensamentos e interrogações. O cotidiano preocupante da sobrevivência, o oportunismo de alcançar o mais fácil, a falta de autocrítica e uma visão estreita da vida e da história. É no somatório destes elementos que uma minoria, geralmente de falastrões e alimentadores de ódio, reduz o ser humano à condição de galinha, condenado a ser alimária dos homens e pasto dos seus lucros.

Resumidamente, retornamos à parábola *A águia e a galinha*. Certa feita, um camponês, procurando um pássaro, encontrou um filhote de águia abandonado no sopé de uma serra.

Levou-o para ser criado junto com as galinhas. Passados cinco anos, um naturalista o encontrou e disse:

– Aquela ave ali é uma águia.

– Eu sei – respondeu o camponês –, mas eu a transformei numa galinha.

– Não, amigo, águia é águia, e ela sempre terá o coração de águia. – Assim, colocou-a no braço e falou:

– Águia, voa para o alto, o teu lugar não é aqui. – A águia voltou para o quintal. O camponês olhou a cena e comentou – eu não disse, ela vive como galinha. – No outro dia, o naturalista, inconformado, bravejou:

– Oh, águia, tu tens um destino, voa, voa. – A águia, olhando as suas companheiras ciscando e comendo milho, voou para o quintal.

O camponês, rindo, reafirma:

– Eu lhe disse, é galinha mesmo.

O naturalista, depois de uma semana, propôs:

– Vamos fazer este último teste.

Conduziu a ave para o topo de uma serra, e, numa peroração, exclamou:
– Águia, tu não nasceste para viver ciscando e no aguardo de migalhas. Olha a grandeza do horizonte, no alto daquela montanha.

E falou como um apóstolo:
– Voa, águia, vai encontrar o teu destino.

A águia estremeceu, olhou o sol nascente, que iluminava os seus olhos, e, como um gesto de despedida da sua condição de galináceo, tremeu as suas poderosas asas de três metros de largura e partiu rumo ao horizonte com destino ao firmamento.

– Cada ser humano carrega um pouco de águia.

– Mas tem uns que carregam uma galinha dentro de si – aparteou-me um assistente.

Respondi:
– Estes nasceram com a alma de escravos. Quando empreguei a expressão ser humano, excluí os deformados morais e desprovidos de personalidade. Olhar alto e acreditar que há sempre um amanhã.

Aceitar, na primeira esquina da vida, as migalhas de um poderoso (o milho da galinha) é alienar, no balcão do oportunismo, o que o ser humano possui de mais nobre: a liberdade. A luta pela sobrevivência é uma constante da vida, inclusive das próprias plantas. A águia, rompendo a força genética de sua espécie, acomodou-se à condição de galináceo. Mas, um certo dia, um naturalista despertou a águia para a sua grande vocação de rainha dos espaços, a sobrevoar montanhas e habitar cordilheiras. Essa parábola pode ser aplicada a qualquer ser humano, do operário ao pensador, do pedreiro ao engenheiro, do político ao revolucionário.

Relato esta passagem, ocorrida em Patos. Certa feita, um viajante, ao ver um operário com uma colher de cimento a construir uma obra, perguntou:
– O que estás a construir?
– Uma fossa.

Mais adiante, outro pedreiro, trabalhando:
– O que estás fazendo?
– Um grupo escolar.

Dois quarteirões à frente, o insistente viajante encontrou outro pedreiro a trabalhar.
– O que estás a edificar?
– Uma catedral.
– Como é o seu nome?
– Sebastião Duda.

É pai de Osvaldo Duda e avô de Cláudia Evangelina, a juíza que sabe pensar.

A convite de Antônio Lopes e Mário Soares, visitei as Associações de Bairro do Cruzeiro e do 40, onde debati problemas comunitários e abordei temas nacionais, particularmente, anistia, eleições diretas para presidente, governadores e prefeitos das capitais.

A campanha tomava intensidade. Viajei para João Pessoa, núcleo de sustentação da campanha. Na rua Rodrigues de Aquino, instalei o comitê eleitoral. Apoiei-me em setores universitários, igreja progressista, pequenos comerciantes e servidores públicos.

O ex-reitor da UFPB, Mário Moacir Porto, atingido pelo golpe militar de 64, juntamente com Emílio Farias, Assis Lemos, Ronald Queiroz e Joaquim Pereira, assegurou-me a sua solidariedade, que muito me sensibilizou por sua grandeza de caráter e visão ideológica.

Num dado momento, eu estava na UFPB, quando vi se aproximar de mim, a passos lentos, no semblante a face de um valente na defesa de seus princípios. Lá vinha o meu colega dos bancos acadêmicos Linduarte Noronha, o descortinador do cinema novo no Brasil. Abracei-o fraternalmente.

Linduarte me disse:

– "Velho", estou empenhado por tua vitória na Câmara dos Deputados. As consciências livres terão uma voz.

– Vamos pelejar – falei.

À tarde, fui à Arquidiocese visitar novamente Dom José Maria Pires. Relatei a minha campanha e os seus norteamentos pragmáticos. Acentuei a minha posição em face da Teologia da Libertação.

Perguntou-me:

– Quer fazer palestra sobre esta temática evangélica?

– Estou pronto – respondi.

– Procure o padre Marcos Trindade e se articule com ele.

– Tenho por este sacerdote fraterno apreço – acentuei (ele é sobrinho de José Joffily).

Ao me encontrar com o padre Marcos, ouvi tocante solidariedade. Relatei o meu contato com o arcebispo Dom José.

– Agassiz, estou ao seu lado porque me identifico com as suas ideias. No sábado à tarde, você vai fazer uma palestra no salão paroquial da Igreja Santa Júlia.

– Pode marcar, padre.

Lá fui saudado por um prelado de acentuada cultura evangélica. Agradeci, trouxe ao debate a Teologia de Libertação, que, resumidamente, reproduzo neste texto:

A Teologia de Libertação é uma corrente teológica surgida nos meados da década de 1960, após a realização do Concílio Vaticano II e da Conferência de Medellin, na Colômbia, e tem como marco inicial o livro do padre Gustavo Gutiérrez, sob o título *A Teologia da Libertação*.

Este texto foi publicado em 1971 e se fundamenta no pressuposto de que a interpretação do evangelho deve partir da realidade social, econômica e cultural. E, para tanto, devemos nos apoiar nas ciências e nos dados que elas oferecem. Desconhecer essa realidade é pregar para os peixes, como doutrina o padre Antônio Vieira no sermão "Quarta-feira de Cinzas".

Por séculos, preferiram-se outros caminhos: catedrais, basílicas suntuosas, homilias pregadas em latim, embasadas numa erudição aristotélica, muito distante dos ensinamentos de Paulo, o missionário de Cristo. Da palavra do prelado que olha a sombria realidade, ouviu-se a opção pelos pobres, numa visão cósmica da Igreja pregada por Dom Helder Câmara, Evaristo Arns, Pedro Casaldáliga, José Maria Pires, Antônio Fragoso e teólogos de relevantes obras como José Comblin[35], Leonardo Boff, Jon Sobrino, Leônidas Proano, Juan Luiz.

Participei de reuniões e fiz palestras em várias entidades religiosas, da umbanda à católica. Coordenado por Laurindo Rebelo e José Sabino, articulei-me com professores e alunos da UFPB, ressaltando a minha condição de professor fundador da Faculdade de Ciências Econômicas de Campina Grande e demitido pelo regime militar. Por articulação de Elpídio Alves, líder comunitário de Cruz das Armas, recebi dos comerciantes do Mercado Central apoio caloroso. Alguns relembravam a campanha que fiz contra a "Senha da Sorte", instituída pelo governo do estado.

Descentralizei a campanha de Campina e João Pessoa e parti para o interior do estado, numa maratona em que desconhecia o dia e a noite. Muitas vezes, durante a viagem,

---

35   De vasta obra, abarcando várias áreas do conhecimento humano, José Comblin se projetou como um dos grandes teólogos das últimas décadas, aliado a uma incansável atividade pastoral. Nascido na Bélgica, em 1923, atendeu ao apelo do Papa Pio XII e veio como missionário para a América Latina, preferencialmente para o Brasil. Repudiava e, para tanto, lutou muito contra a exploração do ser humano por uma minoria de privilegiados. Sob essa perspectiva, criou a Teologia da Enxada.
Anos mais tarde, participou da Teologia da Libertação. A sua obra *A Ideologia da Segurança Nacional* disseca o militarismo na América Latina, sob vários aspectos. Prefaciou, com uma aguda análise, a obra *A República das elites*, de minha autoria. Condenou a subserviência do intelectualismo latino-americano aos donos do poder.
No "Memorial Agassiz Almeida", encontram-se livros e documentos referentes à vida e obra de José Comblin.

dormia na própria caminhonete, dirigida por Tião, um negro com cara de lutador de luta livre, que me foi recomendado por Ivan Gomes, companheiro de adolescência.

A vida pública nos fascina como um canto de sereia. Mas que pesados tributos pagamos às adversidades quando abraçamos causas com o objetivo de romper velhas estruturas, carcomidos sistemas do mandonismo e do coronelismo, e de desafiar enraizadas oligarquias cevadas nas tetas do erário.

Em Patos, ouvi a voz de uma juventude indignada, que buscava liberdade para pensar, e voar, e romper a longa noite do autoritarismo fardado. Polion Carneiro personificava este sentimento cívico.

– Companheiro Polion, trago cicatrizes e espinhos dos meus embates políticos. Vim para lutar e atravessar o Rubicão.

Emocionado, Polion falou:

– A Paraíba precisa ouvir a sua palavra.

Com ele, participei de várias reuniões em Patos.

– Companheiro, sou um andarilho, vou até Conceição. Quer ir comigo?

– Não posso, mas você não pode perder tempo – disse ele.

Parti em viagem.

Ao avistar a cidade de Piancó, saltou-me à memória este episódio, que deixou uma marca indelével e degradante na história desta cidade. Na tarde do dia 26 de fevereiro de 1929, um pequeno contingente da Coluna Prestes, comandado pelo capitão Pretinho, aproxima-se da cidade de Piancó e, a uns dois quilômetros da cidade, o capitão manda um emissário solicitar ao padre Aristides Ferreira, deputado e líder político na região, permissão para descansar e se abastecer de alimentos. Firmou-se o pacto de paz referendado pelo padre. Os colunistas entraram na cidade. Depois de caminharem cerca de dez minutos, portando bandeiras brancas, foram infamemente traídos e surpreendidos com uma saraivada de tiros de fuzis, disparos partindo de pontos estratégicos. Bravamente, os colunistas resistiram à sabujice humana e venceram.

Aristides Ferreira pagou com a morte por decapitação o seu ato ultrajante. Foi despojado das vestes sacerdotais. Nas pegadas da história, os Leite, desde o deputado Felizardo, sempre repugnaram essa traição, que violenta covardemente o pacto da convivência entre os homens. Só certos tipos humanos chegam às fronteiras dessa anormalidade.

Lá estavam, num casarão de estilo colonial, construído numa pequena elevação, o fraterno amigo Ademar Teotônio Leite, o velho "Babá", e a sua esposa, Gláucia Bronzeado.

– Desde ontem que estamos te esperando – disse Babá.

– Calcei as sandálias de um andarilho e não tenho mais hora de partida nem de chegada. Fiz desta caminhonete um hotel ambulante.

Babá fascinou-se pela política, que o atraía e sufocava. Homem valente, com um coração de criança. De alma larga aberta a todos os afetos e sem temer adversidades, fez-se pioneiro na criação do Movimento Democrático Brasileiro (MDB), num período em que reluziam as baionetas do poder. Naquele centenário casarão, ele abrigava amigos e correligionários. Na sala ampla, destacava-se uma mesa de jacarandá com seis metros de comprimento, onde se serviam as refeições, de cuscuz com coalhada a buchada de bode acompanhada de cachaça.

– E este moreno, Agassiz, de onde é?

– De Boa Vista, um cabra bom e motorista de primeira. E o nosso MDB, como vai? Posso contar com ele?

– Estou na trincheira ao seu lado – disse Babá.

– Você carrega a lealdade dos dignos – respondi.

O papo se estendeu por horas a fio. Ali pernoitei.

No outro dia, pela manhã, toquei a viagem para Conceição. Na passagem por Itaporanga, deixei um abraço para Sinval Pinto. Sempre tive forte apreço pela família Pinto. Por isso, em 1989, fui a Santa Inês, no Maranhão, apoiar os filhos e a viúva de José Pinto, assassinado covardemente por capangas a mando de poderosos grupos da região.

Chego a Conceição. Logo na entrada da rua Sólon de Lucena, larga e extensa, com canteiros ao meio, um impacto emocional me domina. Parecia que os meus 22 anos, recém-formado em Direito, estendiam-me as mãos e queriam falar. Foi ali, no grupo escolar José Leite, transformado em fórum, que participei, anos antes, do meu primeiro júri, contra uma integrante de temeroso grupo político Concesse Valões, irmão do sargento Valões, que atuava na região, num sombrio período em que se banalizava a morte na tocaia.

Naquele momento, abre-se para mim a universidade do mundo. Ali comecei a acreditar que viver é não temer desafios, que viver é olhar para o alto, além do horizonte, que viver é acreditar que um tropeço na derrota é a lição para a vitória no amanhã.

Movia-me uma energia impulsionada por constante inquietude. Dois grupos políticos se alimentavam e se entredevoravam pelo poder, com violência e mortes, algumas delas misteriosas.

De um lado, os Braga, chefiados por Wilson Braga, amparados na sombra da ditadura militar. Do outro lado, os legionários e resistentes do MDB, muitos deles remanescentes do velho PSD. Desde antes do julgamento em Conceição, eu já

Memórias de minha vida | 225

abraçava a bandeira da campanha "O petróleo é nosso". Nesse momento, dirigi-me à residência do resistente do MDB, João Mangueira Neto.

– Agassiz, eu não acreditava que você chegasse até aqui, em meio à campanha.

– Esta terra, João, foi a minha primeira universidade da advocacia.

Olhei para aquele punhado de combatentes ao lado de João, alguns deles estiveram comigo na repregado júri, em 1958. Senti segurança. Pensei: estes homens desconhecem o medo. Calejados na criação do gado e no plantio do algodão, numa terra sofrida por longas estiagens, eles se revestiram com a couraça dos fortes.

E João Mangueira, o prefeito que marcou uma nova história em Conceição por sua administração, estava no seu casarão, também na rua Sólon de Lucena, a receber cada um deles com um abraço fraterno. Foram se sentando no parapeito do alpendre e numas cadeiras de madeira.

Dirigindo-se a mim, João falou:

– Enfrentamos aqui uma capangagem mercenária e estelionatários perigosos, que usurpam propriedades à sombra do oficialismo e do bafejo cartorário.

Lá estavam homens crestados de sóis e carregados de coragem. Pelejadores dos sertões que faziam do código de honra a sentinela do seu viver. Do lado esquerdo daqueles companheiros, duas jovens me chamavam a atenção, uma delas falava sobre anistia e eleições diretas para presidente da República, governadores e prefeitos das capitais. De pela alva, cabelo castanho escuro, olhos radiantes, porte médio, ela protestava indignada contra a ditadura.

– João, quem é esta moça? – perguntei.

– Auxiliadora Ramalho, coordenadora da ala feminina do MDB.

Pernoitei naquela mansão rústica, ouvindo o silêncio da noite.

No outro dia, logo cedo, parti. As eleições se aproximavam. Participei, ao lado de Humberto Lucena e Bosco Barreto, de dezenas de comícios por todo o estado. Duas grandes concentrações em João Pessoa e Campina Grande encerravam os comícios. Três dias antes de 15 de novembro, por essas cidades passaram Ulysses Guimarães, Mauro Benevides, Humberto Lucena, Ronaldo Cunha Lima e líderes sindicais e universitários. Na concentração de Campina, encerrei o meu discurso com estas palavras:

– Ao se ouvir, de todos os recantos, os sinos da liberdade, a nação se ergue pela voz do seu povo e clama: basta de ditadura e que venha o amanhã democrático.

Realizadas as eleições, que transcorreram normalmente, e apuradas as urnas, eu me senti vitorioso. Logrei a primeira suplência de deputado federal.

Afastado da Paraíba por mais de 11 anos, com uma atuação de menos de dez meses, revigora-me o reconhecimento dos paraibanos pelas causas que abracei, pela minha história de resistência ao regime autoritário e pela coerência com os meus princípios.

Ao encerrar este capítulo, inspira-me a canção espanhola *Resistirei*, emblemático canto sobre as angústias da vida:

> Quando o último grito do torturado
> Ecoar nos porões dos quartéis.
> Quando desaparecerem os últimos lampejos
> De liberdade. Resistirei.
> Quando sucumbir a última esperança e o ser
> Humano se transformar num sabujo do tirano
> Resistirei. Resistirei.
> Quando a minha voz já não ecoar um grito de
> Liberdade. Resistirei. Resistirei.

ASSUMO O MANDATO DE DEPUTADO FEDERAL

Assumo o mandato de deputado federal em 1980. Em setembro desse ano, atendo a um telefonema de Brasília:

— Agassiz, é Humberto Lucena. Olhe, prepare-se para assumir o mandato de deputado. Quando viajar para cá, avise-me.

— Sensibiliza-me o seu empenho junto à Direção Nacional do MDB. Encareço transmitir ao nosso Carneiro Arnaud, fraterno amigo, o meu reconhecimento.

Carneiro, que era deputado, licenciou-se.

Decorridos três dias, viajei a Brasília. A sobrevoar aquela nascente comunidade edificada na vasta amplitude do planalto central, vieram-me à mente estas reflexões: que inteligência se conjugou para erguer, em meio ao cerrado, a nova capital do Brasil? Quem despertou a nação para fazer de uma utopia, secular, inserida em postulados constitucionais, esta grandiosa realidade?

O seu nome está no panteão da História: Juscelino Kubitschek, o estadista. Nos anais da humanidade, desde Nabucodonosor, reconstrutor da Babilônia, varando séculos e milênios, poucos vultos se investiram de tamanho descortínio e coragem, no campo das realizações administrativas, quanto o genial construtor de Brasília.

Impressionava-me a monumentalidade da obra. Brasília foi edificada num plano piloto inteligentemente elaborado pelo arquiteto Lúcio Costa e plasmado na genialidade de Oscar Niemeyer. Era uma arquitetura revolucionária, em que o hoje se abraça com o futuro e as armações de concreto se irmanam ao verdejante. Chamava a atenção o traçado arquitetônico da cidade. E a partir do pórtico, via-se a Praça dos Três Poderes, em que se erguiam o Legislativo, o Executivo e o Judiciário, em meio ao verdor da graminha e um reluzente espelho d'água atravessado por rampas suspensas que levam aos templos do poder.

O Legislativo se soergue em dois braços. A Câmara dos Deputados tem vinte e oito andares, é como se dali se olhasse o país e se ouvisse o clamor do povo. Numa concha enorme e recôncava, simbolizando a federação brasileira e a fé da nação no seu povo, abriga-se o Senado Federal.

Que genialidade de Niemeyer, a abarcar essa homérica visão. Palácios de único pavimento abrigam o Executivo e o Judiciário, construídos em arrojado estilo modernista, com traços coloniais, frente aos quais divisamos tapetes verdejantes e reluzentes espelhos d'água.

A partir da Praça dos Três Poderes, de acordo com o plano urbanístico, extensas e largas avenidas, que não se cruzam, projetam-se em quadras e superquadras. Vê-se uma longa fileira de uns vinte edifícios, padronizados na mesma altura e emparedados em cada lado da avenida, onde funcionam os ministérios e uma catedral, em cujo topo uma grande cruz parece se estender ao infinito.

Desembarco no aeroporto de Brasília. Apressados passageiros se cruzam, num constante frenesi de quem chega e parte. É o destino humano. Chego ao Congresso Nacional. Em passos lentos, atravesso uma rampa suspensa sobre um imponente espelho d'água.

No *hall* do edifício, funcionários fardados de azul me cumprimentam[36].

– Deputado, deputado.

Momentâneo choque emocional me paralisa. Era um misto de alegria e de espanto. Atinge-me o medo do fardo da responsabilidade. Desfilam em minha mente imagens de personalidades que deixaram nos anais da Câmara dos Deputados uma parte da História do Brasil. Tudo no Congresso, em meio à grandiosidade do Legislativo, alça-me aos meus sonhos da juventude, aos dias e noites enleados com as epopeias dos revolucionários, levam-me, no fundo do meu ser, ao menino criador de maribondos e de pombos-correio.

Abracei a minha própria utopia, que se fez realidade. Não é um sonho dentro da noite ditatorial, mas um troféu a um lutador pelas liberdades democráticas. Circunaveguei a memória pelos anos vividos, tão calejados, com espinhos e cicatrizes. Não vivi a juventude nos seus folguedos de festas e brincadeiras, de encantos e ilusões. Doei o vigor dos verdes anos aos meus ideais e aos estudos. Vou cumprindo uma determinação que vem da força genética dos Oliveira Ledo, desde as lutas contra os muçulmanos na Península Ibérica.

Sigo o caminho que o imperativo da vida me impôs. Olho, absorto, o monumento pedestal sobre o qual Juscelino Kubitschek se ergue, apontando à nação o seu futuro. Contrastando com a força dessa imagem, ouço o ranger dos dentes e das

---

36 Na lapela do meu paletó, há um broche que me identifica.

baionetas dos infames algozes do golpe militar de 1964; ouço o caminhar da humanidade e a voz da História. O futuro será implacável com os canalhas da ditadura.

Pergunto-me:

– Será que vou me perder mediocremente neste emaranhado de homens e fatos?

Procuro reencontrar a minha capacidade de entender a realidade, já tão calejado em tantos momentos graves, desde os porões da ditadura em 1964. Lentamente, chega-me a lógica cognitiva.

Subo ao pavimento superior em passos firmes. Alguns minutos depois, deparo-me com um cenário majestático, misto do inusitado e do imponderável, o salão verde, atapetado com a cor da esperança. Aquele instante me absorvia, transportando-me para a obra *Brasil, país do futuro*, de Stefan Zweig. Esse exilado da fúria nazista olhava o Brasil a partir da beleza panorâmica e da temperatura amena de Petrópolis, contrastando com a visão presencial de Euclides da Cunha, retratada na sua monumental obra, *Os Sertões*.

Nesse momento, um vulto de porte médio, passos lentos, no semblante, a placidez de um samaritano, caminhava em meio a um batalhão de repórteres. Parou um pouco a responder numa tranquilidade de Jó, o bíblico. Ouvi uma das perguntas.

– Senador, o senhor vai ser candidato ao governo de Minas em 1982?

Era o doutor Tancredo Neves, pensei. Perguntei a um segurança:

– Quem é este cidadão?

– É o senador Tancredo Neves.

Dirigi-me ao cafezinho da Câmara dos Deputados. De uma mesa, um jovem se levanta e se dirige a mim.

– Deputado Agassiz Almeida, que satisfação em o conhecer pessoalmente. A sua história eu acompanho passo a passo. Sou o jornalista Armando Frazão, paraibano do Sertão. Humberto Lucena e Carneiro Arnaud recomendaram que eu o procurasse.

– Frazão – disse antes de abraçá-lo – você é um pelejador pelo mundo e seus padrinhos são fortes. Você vai integrar a equipe dos meus assessores. Tomo posse depois de amanhã. Estou hospedado no hotel Heron. Passe lá à noite para traçarmos um plano de trabalho e organizar o organograma de minha ação parlamentar, salientando os setores e núcleos essenciais com os quais devo me contactar, a exemplo da direção nacional do MDB, dos líderes que atuam na linha de frente, de setores da imprensa. Na biblioteca da Câmara, há muitas obras que trazem temas atuais do país e do mundo. Precisamos saber qual o horário do funcionamento da biblioteca e selecionar os livros e publicações que devo consultar e determinar a tarefa de cada servidor do gabinete.

Frazão desempenhou com eficiência e responsabilidade a sua função. Comecei a me familiarizar com a presença de líderes com alta projeção na política, como Tancredo Neves, José Sarney, Ulysses Guimarães e Jarbas Passarinho. Certa manhã, o nosso Danton, como um egresso da Revolução Francesa, Marcos Freire, dirige-se em minha direção e exclama com efusividade:

– Agassiz, que bom te encontrar aqui, na linha de frente.

– É isto, senador, tive que atravessar muito xique-xique e macambira.

– Na próxima reunião da nossa frente parlamentar, você será convidado – disse Marcos Freire.

– Estou firme na trincheira, como sempre.

Sob a presidência do deputado Flávio Marcílio, tomo posse no mandato e, a partir daí começo a ter uma certa visão da diversidade e pluralismo das ideias que circulavam na Casa. Homens e mulheres dos mais distantes rincões do país estavam ali, do Amapá ao Rio Grande do Sul, dominados pelos mais variados sentimentos e interesses. A ditadura se debatia, estonteada perante o mundo pela enormidade dos seus crimes, que revoltaria a consciência dos homens livres. Tortura nos porões dos quartéis e das delegacias, mortes com desaparecimento dos presos, casas, como a de Petrópolis, onde eram incinerados os corpos dos assassinados, os "suicídios" forjados de Vladimir Herzog e Manoel Fiel, crimes infames, como o do deputado Rubens Paiva, o genocídio de setenta jovens na floresta do Araguaia, esse foi o epílogo do monstruoso somatório de iniquidades da ditadura. A nação se mobiliza e se levanta, o mundo aplaude, um eco ressoa pelo país: basta... basta...

Assim, sob forte clamor, o parlamento aprova a anistia, em 1979. Eis alguns trechos do meu pronunciamento inaugural:

– Senhores deputados, chego aqui, marcado pela injustiça e pelas adversidades, mas não carrego ódio, e sim desprezo pelos meus algozes. Este parlamento, em alguns momentos da história, engrandece o nosso país. A aprovação da Lei de Anistia, em 1979, sinaliza um momento elevado e assim a nação se encontra consigo mesma e com seu destino de trabalho e paz. E, na flama do esquecimento que embasa a anistia, uma mancha sombria se impôs. Os criminosos de lesa humanidade, os torturadores e genocidas receberam o beneplácito do esquecimento, e estão aí, a desfilar impunemente os seus crimes, praticados à sombra do Estado. Ressalte-se, não são passíveis de anistia, segundo preceituam tratados internacionais, como o Pacto de São José da Costa Rica e o Pacto Internacional dos Direitos Civis e Políticos. Encarcerados são libertados, exilados regressam, restituem-se funções, mas, por milhares de assassinatos, torturados e mortos desaparecidos, quem responderá por eles? O que se dirá à nação? E, senhores deputados, em face desta abominação política, o que diremos às futuras gerações? Aqui se gesta uma lei, verdadeiro passaporte da impunidade. Lembrem-se, senhores parlamentares, que a história é implacável com aqueles que, à sombra do poder, praticaram crimes infames. Assim concluo, Sr. presidente.

No outro dia, recebo dezenas de mensagens de felicitações por esse discurso. Num ritmo de intenso trabalho, Frazão me comunica que dirigentes da ANDES-SN (Associação Nacional dos Docentes do Ensino Superior) pretendem um encontro.

– Estou à disposição deles – avisei.

O que me relataram? O estado de penúria em que se encontravam as universidades; salários atrasados, verbas de custeio reduzidas, perseguições a professores e alunos.

– Deputado, transformaram as universidades em verdadeiros guetos. Professores são demitidos e alunos expulsos.

– Colegas, sou professor fundador da Faculdade de Ciências Econômicas de Campina Grande. Amanhã farei um pronunciamento e vou requerer a convocação do ministro da Educação e Cultura a esta Casa.

Eis alguns trechos do discurso:

– Senhor presidente, senhores deputados. O sistema do garroteamento que nos desgoverna comete desalmada ação criminosa contra a juventude, arranca dela o mais sagrado dos seus direitos: o de pensar e criar. Fizeram das universidades verdadeiros campos de concentração, só faltando as letras SS nas fardas dos vigilantes. Os centros universitários estão como fantasmas da miserabilidade pública, salários dos professores e funcionários atrasados, verbas de custeio reduzidas, e o mais grave, pairam sobre todos, professores e alunos, o medo do amanhã e a incerteza do futuro. O que será de uma universidade que renega o futuro das novas gerações, que amordaça as pesquisas e os estudos criativos, que consagra o medíocre como dirigente e exalta os lacaios e os sabujos do dedurismo? Nossos educadores e pensadores estão no exílio, são centenas e, entre eles, Paulo Freire, Celso Furtado, Darcy Ribeiro e Fernando Henrique Cardoso. Senhores deputados, eu, como tantos professores, paguei o tributo à fúria militarista. Ontem, como hoje, a mediocridade tem verdadeiro horror aos que se atrevem a pensar. Em face da grave crise em que se debate a universidade brasileira, mergulhada numa derrocada que atingirá, decerto, o futuro do país, encaminho a Vossa Excelência este requerimento de convocação do ministro da Educação e Cultura.

Agassiz Almeida, deputado federal infrafirmado, nos termos do art. 267 e seguintes do Regimento Interno da Câmara dos Deputados, após ouvido o plenário, requer a convocação do Excelentíssimo Ministro da Educação e Cultura a esta Casa com urgência, a fim de esclarecer à Nação e, particularmente, à classe universitária do país os fatos e acontecimentos que originaram a grave crise em vinte instituições universitárias, alcançando 27 mil docentes que lecionam nas escolas superiores federais, prejudicando as atividades de cerca de 900 mil estudantes e sendo em média 200 mil de graduação e pós-graduação. Ressalte-se, outrossim, que a convocação do Sr. Ministro da Educação e Cultura visa esclarecer estes fatos: a) Por que não está sendo atendida a reinvindicação do corpo docente do país de 4% de abono, a contar de março passado, teto salarial muito abaixo do índice inflacionário do corrente ano? b) Esclarecer os motivos e razões que estão impedindo o envio ao Congresso Nacional do projeto de reestruturação da carreira do magistério, na forma elaborada pelo MEC, e que se encontra retido na Secretaria do Planejamento da Presidência da República, após ter percorrido itinerário burocrático, do MEC para o DASP, do DASP para o Gabinete Civil da Presidência da República, do Gabinete Civil da Presidência da República para a Secretaria do Planejamento (SEPLAN), sem que ao menos se saiba, nesse emaranhado burocrático, onde está o começo e qual será o fim do estatuto do magistério. c) Qual a posição do Ministério da Educação e Cultura em face da Lei nº 6.733, cuja revogação é reivindicada pela comunidade universitária, da qual foi retirado o poder de escolher seus próprios dirigentes? d) Qual a dotação orçamentária destinada ao Ministério da Educação e Cultura para o exercício de 1981, ressaltando-se que ocorreu corte de verbas para este Ministério em relação ao exercício de 1980, havendo um decréscimo na dotação orçamentária para 1981, surpreendentemente contrastante esta medida governamental com o aumento das dotações para a construção da usina nuclear de Angra II? e) Quantos conselhos existem diretamente ligados ao MEC? Quantos órgãos autônomos existem ligados a alguma das várias secretarias do MEC? Quantas unidades autônomas, a exemplo do Instituto Nacional do Livro, do Serviço Nacional do Teatro, da Biblioteca Nacional, de museus etc. são vinculadas ao MEC? Informar Sua Excelência, outrossim, exatamente quantos funcionários tem o MEC, cujo número, segundo dados colhidos, pode alcançar 12 mil pessoas. f) Em meio a este universo burocrático, de órgãos se sobrepondo a órgãos e estes a conselhos e departamentos, um exército de funcionários se desloca do nada para o nada fazer. Enquanto isso, os professores percebem aviltantes salários e a universidade se debate em crise em face da inexistência de condições mínimas para o seu funcionamento.

O deputado Braga Ramos, presidente da Comissão da Educação e Cultura da Câmara dos Deputados, abre a sessão convocatória do ministro Eduardo Portela, conforme requerimento do deputado Agassiz Almeida.

– Com a palavra, o autor da proposição, Agassiz Almeida.

– Deputado Braga Ramos, quando a nação assiste aos primeiros clarões no horizonte desta longa noite ditatorial, com a Lei de Anistia, reconforta, senhores parlamentares, receber, nesta hora, o professor e ministro Eduardo Portela, vulto que sabe pensar o universo do saber, do qual a universidade é a fonte inspiradora e produtiva, núcleo de pensadores livres e críticos no exercício das suas funções profissionais. Esse pensamento, Sr. ministro, é incompatível com a cegueira da mediocridade, com a ignorância que não quer aprender e nem ver. A sua tese de que o pensamento humano é linear e nasce da contemporaneidade, do tempo presente que as circunstâncias norteiam, desperta estudo e reflexões. Desde a implantação da ditadura militar no país, ano após ano, a universidade brasileira vem sofrendo um processo de corrosão e enfraquecimento, que atinge o seu corpo docente e funcional. A redução dos recursos financeiros para o funcionamento da sua máquina administrativa, a não abertura de concursos para professores, o achatamento salarial que faz do docente um condenado à caridade pública, tudo isso tem levado a universidade à exaustão. Quais as providências do ministro de Educação e Cultura para deter esta sangria que nos levará, inevitavelmente, à formação de verdadeiros rebanhos humanos, incapazes de pensar com inteligência e produzir? Outra interrogação, nesta linha de raciocínio: que decisões foram adotadas pela pasta de Vossa Excelência para a abolição de leis, decretos e portarias que asfixiam e amedrontam a comunidade universitária? E mais: o que impede o Ministério de enviar ao Congresso Nacional um plano de reestruturação da carreira do magistério superior? A Lei nº 6.733, que retirou da comunidade universitária o direito de escolher os seus dirigentes, quais as perspectivas para a sua revogação? Uma pausa, sr. Presidente. Antes da exposição do ministro, olhemos esses anos sombrios que se abateram sobre o nosso país. Cercearam as liberdades democráticas, renegaram os direitos básicos da cidadania, subjugaram a arte e a ciência como párias. E, neste arrastão autoritário, amparam-se no terror e se desandam em mortes nos porões dos quartéis, delegacias e casas do horror. No entanto, alegra-nos vivenciar que, mesmo nos pântanos mais lodosos, nascem plantas resistentes, e, projetando a metáfora, vemos a aprovação da Lei de Anistia, passo inicial da reconciliação nacional. Eduardo Portela, cuja visão transcende a temporalidade do poder, faz-se, por sua formação, um defensor do Direito e da força dos direitos, sobretudo daqueles que integram a universidade brasileira.

O Sr. presidente da sessão se manifesta.

– Com a palavra, o ministro Eduardo Portela.

– Sr. presidente, senhores deputados, inicialmente agradeço as palavras elogiosas do ilustre deputado Agassiz Almeida, mas ressalto que não vivo um drama pessoal. Quando aceitei desempenhar as funções de ministro da Educação e Cultura, o fiz com o propósito de contribuir para uma melhor educação do nosso país, sem me limitar a contingências políticas ou ideológicas. Não sou ministro, estou ministro.

A partir de certa altura da explanação, passou a responder aos questionamentos. Deixo de transcrevê-los pelos limites deste livro de "Minhas Memórias."

COMISSÃO PARLAMENTAR DE INQUÉRITO PARA APURAR AS CAUSAS DO EMPOBRECIMENTO DO NORDESTE

Agassiz Almeida, deputado federal infrafirmado, amparado no art. 36 e seguintes do Regimento Interno da Câmara Federal, vem requerer a constituição de uma Comissão Parlamentar de Inquérito, fixando-se o seu funcionamento de acordo com as normas dos arts. 69 e 70 do Regimento Interno. Seus objetivos são estudar, avaliar, investigar e apontar as causas e os responsáveis pelo empobrecimento do Nordeste, particularmente na zona rural, partindo-se do pressuposto de que, para além do fenômeno climático, razões de ordem política são as verdadeiras causas do empobrecimento da região.

Requer, outrossim, a designação de treze membros desta Câmara, a fim de compor a Comissão Parlamentar de Inquérito, bem como que esta comissão tenha transcurso no prazo de 90 dias.

Justificativa. Da vasta região nordestina, deparamo-nos com dois Nordestes, bem diferenciados e contrastantes, desde o solo, até a estabilidade do clima, o índice pluviométrico e o teor de evaporação de água. É o Nordeste da faixa litorânea, do Rio Grande do Norte ao sul da Bahia. Terras férteis e úmidas, com regularidade de chuvas, predominando a monocultura de cana-de-açúcar, e, na Bahia, o cacau, com baixa produtividade e relações de trabalho semifeudais.

Essa faixa de terras férteis, partindo do litoral, tem uma média de 50 a 80 km adentrando pelo interior. E, segundo análise da UNESCO, implantando uma autêntica reforma agrária nessas terras, teríamos condições de abastecer o país de legumes, frutas e verduras e ainda exportar. Esta área alcança 126.766 km², correspondendo a 7,7% da região Nordeste, que é de 1.646.423 km².

Por outro lado, a maior concentração demográfica se situa nessa área, onde se acham as capitais dos estados nordestinos, cujos altos índices populacionais agravam os prementes problemas urbanos. Região densamente povoada, 55 hab./km², concentra em sua extensão os principais centros de desenvolvimento urbano-industrial.

Da população nordestina de aproximadamente 34 milhões de pessoas, na zona da mata habitam 12 milhões, concluindo-se, assim, a importância do enfoque desta região na problemática nordestina. Ressalte-se também que é nessa faixa litorânea onde ocorre a maior disparidade de renda, concentrando-se a riqueza nas mãos de alguns poucos latifundiários.

A satisfatória dotação de seus recursos naturais, junto a uma intensa e bem distribuída precipitação pluviométrica, de 1.500 a 2.000 mm anuais, faz desta região – já privilegiada por sua localização costeira/urbana e por incorporar valiosos recursos naturais – um grande potencial de riquezas.

O outro Nordeste é o semiárido, com quase 900.000 km² e uma população de 15.210.000 de pessoas. É nessas regiões que ocorrem as secas, com as suas implicações e consequências.

A partir de 1950, foram abertos grandes, médios e pequenos açudes no Nordeste semiárido, e, atualmente, segundo informa a SUDENE, o volume de água represado é de 16,5 bilhões de metros cúbicos.

Citemos este fato. Segundo a SUDENE, só 1% do total das famílias rurais nordestinas controla 425% da superfície total. Este reduzido extrato de pessoas – historicamente privilegiado – é também o beneficiário da atual política de incentivos administrada pela SUDENE.

O INCRA classifica os imóveis rurais brasileiros em pequenas, médias e grandes propriedades. As duas primeiras categorias são passíveis de desapropriação para fins de reforma agrária.

No Nordeste úmido, região litoral-mata, 81,5% das terras estão nas mãos do latifúndio. Além disso, toda a canalização de recursos e empréstimos do governo na região, na sua totalidade, beneficia privilegiados grupos.

Que Nordeste podemos olhar com enorme concentração de riquezas, e, contrastantemente, de abismal desigualdade social? Onde sobrevive uma população aproximada de 12 milhões de habitantes.

Olhemos o Nordeste das estepes semiáridas, situado numa área de 839.395 km², onde o sertanejo, um calejado resistente secular, enfrenta as intempéries da vida e o fenômeno das secas. E o mais grave e o pior, abate-se contra este "teimoso" a mão da perversidade humana, das elites políticas e econômicas, que arrancam dele o seu voto e seu trabalho. Apoiadas no sertanejo e fortalecidas pelo poder estadual e federal, essas elites se investem como coronéis, donos de vastos latifúndios, de gado e algodão, de mulheres e votos de cabresto, na expressão de Victor Nunes Leal.

As longas estiagens se transformaram numa verdadeira indústria da seca. Senhores deputados, e assim se forma um conluio danado, de coronéis, deputados, senadores e governadores. Órgãos públicos instalados na região, como a SUDENE e EMBRAPA, são dominados e usurpados pelos senhores do poder.

Constroem-se grandes barragens do porte de Sobradinho, Orós, Coremas e Boqueirão, para as quais são direcionados elevados recursos públicos. Quem são os beneficiados? Os encastelados no poder, os donos de vastos latifúndios, margeando estas barragens, e os políticos que deles vão buscar apoio e votos. O que ocorre na contraface deste cenário geopolítico? Milhares de trabalhadores rurais, pequenos agricultores contra quem se abate a ignorância e miséria, na época das longas estiagens assumem um aspecto dantesco, os flagelados das secas, retratados em obras como *Vidas secas*, *O quinze*, *A bagaceira*, e o poema em que a dor e a paciência se transformam numa constância na vida das vítimas da exploração agrária, *Morte e vida severina*.

Onde vamos encontrar, senhores deputados, as raízes desta tragédia que se repete ciclicamente por décadas, ao longo dos séculos, devastando o Nordeste e dizimando animais, a economia e até vidas humanas? Águas estão represadas em grandes barragens e açudes de médio porte. No subsolo existe um enorme potencial de volume hídrico de bilhões e bilhões de metros cúbicos, numa média em torno de trinta a cinquenta metros de profundidade.

No Texas, EUA, essa profundidade é de oitenta a cem metros e a água para irrigação via de regra vem de poços artesianos. Na Espanha, de setenta a cem; na Índia alcança até trezentos metros. A luminosidade do clima e a reduzida infestação de pragas possibilitam à região nordestina produzir frutas, verduras e legumes de boa qualidade. Clima e solos adaptados ao plantio do algodão e da palma forrageira e à criação de caprinos.

O que falam os espertalhões e industriais das secas, os donos de vastos latifúndios situados às margens dos rios e das grandes barragens e açudes, os descarados políticos compradores de votos e balcões da miséria e da ignorância? O que repete a cretinice deslavada? A crise é da natureza do clima. Criou-se a insólita cultura do inevitável, inoculada em toda a população; – é isto mesmo, é da natureza, Deus quis assim, afirmam. Por trás desta ribalta armada por sórdidos interesses, medra uma ação criminosa que procura abafar a verdadeira solução: a implantação de um planejado e audacioso projeto de irrigação, iniciando-se com a desapropriação de terras margeando os açudes públicos, e, como meta principal, a transposição das águas do São Francisco para as várias bacias hidrográficas de rios que banham o Nordeste setentrional.

Vamos romper este esquema, senhores deputados, e defender, como prioridade nacional, a transposição das águas do São Francisco, projeto já abraçado por Dom Pedro II, na década de 1840.

Tenho em mãos dados que refletem claramente a triste realidade do Brasil. Regiões desérticas semiáridas existem em várias partes do mundo. A maior faixa desértica do planeta é o Saara; cobre quase todo o norte da África; o deserto de Atacama alcança extensa área costeira, estendendo-se do Chile ao Peru. Outros desertos existem, mas estes são os mais destacados.

Em diversas partes do mundo, ocorrem bolsões de regiões semiáridas, com condições de solo e clima inferiores ao do Nordeste. E, no entanto, elas são produtivas e de alta qualidade as suas culturas agropastoris.

Em grande parte da costa leste dos EUA, onde se situam os estados do Texas, Kansas, Colorado e Oklahoma, predominam terras semiáridas, mas com elevado índice de produtividade, agropastoril e mineralógica. Que plano político foi adotado em relação a elas com determinação e coragem? Um projeto inteligentemente implantado de irrigação. O que está faltando para o Brasil implementar um plano geral de irrigação? Somos governados por um militarismo incapaz e temos uma elite conceituada entre as piores do mundo.

Na Espanha, as regiões do Monegros e as bordas de Murcia e Albacete, sul do país, são semiáridas, mas altamente aproveitadas pela irrigação e pelo plantio de frutas, leguminosas e verduras. Israel e Indonésia implantaram irrigação em suas terras semiáridas.

O que podemos deduzir deste cenário? Será que somos condenados ao atraso? Será que temos que nos deixar vencer por este subdesenvolvimento, expulsando do país as inteligências realizadoras, teóricas e tecnológicas, por força de um anticomunismo idiotizado, inoculado na mente dos que não conseguem pensar?

Somos governados por um besteirol prepotente, que não quer aprender e nem olhar para o horizonte. Só olha as suas notas e o seu quintal.

O fenômeno da falta de chuva no Nordeste não é uma causa, mas um problema facilmente removível. Portanto, Sr. Presidente, vamos investigar e responsabilizar aqueles que provocam o secular empobrecimento do nordestino.

Encaminhei à Mesa Diretora da Câmara dos Deputados o requerimento para a constituição de uma Comissão Parlamentar de Inquérito (CPI), a fim de apurar as causas do subdesenvolvimento do Nordeste. O requerimento para a constituição dessa CPI foi liminarmente indeferido, sem nenhuma fundamentação. Não existe via recursal. Essa é a ordem autoritária.

Diante de derrotas e atropelos, não podemos desistir ou recuar, salvo em certas situações políticas, como ressaltado pelo revolucionário russo Lenin: dois passos à frente e um atrás.

Num ritmo metodizado e persistente, em meio a estudos dos problemas nacionais e reuniões políticas, centrei a minha atuação parlamentar.

Houve uma reunião no gabinete do senador Tancredo Neves com a participação de deputados da oposição e alguns senadores, inclusive Marcos Freire, na qual ocorreu este diálogo:

– Senador Tancredo Neves, parabéns por sua atuação.

– Olhe – prossegue o senador mineiro – o lençol freático próximo ao rio Paraíba, em Cabaceiras, tem uma profundidade próxima a oito metros.

– É isto mesmo, senador – comentei.

Ignorava esses dados, mas dei a entender que os conhecia.

Em certa altura, um deputado do Ceará intervém.

– Senador, o senhor leu muito a literatura brasileira?

– Não, eu parei em Machado de Assis. O que li e ouvi foi a alma humana. Esta é a literatura que nasce no dia a dia do ser humano – disse Tancredo.

A discussão sobre as eleições diretas para presidente começava a ganhar força. Debates se realizavam em centros universitários, sindicatos e associações. A ditadura se esgotava por seus desmandos e crimes infames, perpetrados nas masmorras dos quartéis, nas delegacias de polícia, nas casas da morte.

A nação se traumatizou com os "suicídios" forjados do jornalista Vladimir Herzog e do operário Manoel Fiel, deste último ocorrido nos porões do II Exército, sob o comando do general Ednardo D'Ávila Melo, então comandante do 15, em João Pessoa, o mesmo que, ardilosamente, tramou a cassação do meu mandato de deputado estadual, com o golpe militar de 1964, e a minha prisão na ilha de Fernando Noronha, à época, presídio de segurança máxima. Foi durante o seu comando, em setembro de 1964, que os presos Pedro Fazendeiro e Alfredo Dias, logo após libertos da prisão no 15 RI, foram engolfados pela triste estatística dos "mortos e desaparecidos".

Trouxe ao conhecimento da Câmara dos Deputados e denunciei o plano de enfraquecimento da universidade brasileira, no objetivo antipatriótico de arrancar da mente da juventude acadêmica a sua capacidade de pensar e criar.

Que tamanho crime contra o futuro dos jovens brasileiros! Apontei que o sucateamento dos sistemas ferroviário, marítimo e fluvial se norteava por inconfessáveis propósitos e interesses: abriria espaço para o fortalecimento do sistema rodoviário, e, consequentemente, para os empresários fabricantes ligados a esse setor na fabricação de caminhões, ônibus e automóveis.

O regime militar estendeu as mãos a esse desmantelamento do desenvolvimento do país. Quem levantou a voz contra essa política? A ditadura censurava os veículos de comunicação. Da tribuna parlamentar e das praças públicas, levantei o manto que acobertava a Lei da Anistia: a sua nulidade, porquanto se fundamentou em norma jurídica elaborada e decidida por um congresso castrado. Eis alguns textos de um pronunciamento sobre a matéria:

> Senhores, choca-se com o mais elementar imperativo da justiça, uma lei cujas portas se abrem à passagem conjunta de bravos resistentes à ditadura armada e criminosa de lesa-humanidade, que, à sombra do poder, institucionalizaram o genocídio e a tortura. As matas do Araguaia se fizeram sepulcros de um punhado de jovens torturados e assassinados, que tiveram seus corpos lançados ao desaparecimento *ad infinitum.*
>
> É excrescente a impunidade, pela anistia, de genocidas e torturadores. Enquanto, em outros países onde crimes desta natureza ocorreram, seus autores, sanguinários da humanidade, foram arrastados às barras dos tribunais e condenados, Argentina, Chile, Portugal, Grécia, Uruguai e outros, aqui se

impõe o desfile da impunidade satisfeita. Os criminosos são até glorificados, como este bufão ditatorial, Emílio Médici.

Anistia é a reconciliação nacional com aqueles que resistiram ao poder armado, empunhando apenas a força do seu idealismo. Centenas pagaram com a liberdade e a vida o preço das suas utopias. Heróis por uma causa, os seus nomes flamejam no panteão da história, entre eles, os heroicos martirizados do Araguaia. Como estender o manto ensanguentado da reconciliação aos torturadores e genocidas, criminosos de lesa-humanidade, para os quais a Corte Interamericana de Direitos Humanos nega a anistia e o direito à prescrição? Onde estão eles? Fujões da verdade e da justiça, e outros tantos, soltam gritos tenebrosos crestados pelo fogo do inferno. São os condenados por Dante e retratados na sua obra "A divina Comédia".

O deputado Audálio Dantas, de São Paulo, pede uma parte.

– Ouço com especial atenção a palavra da imprensa livre – comentei.

– Quando os sinos da Catedral da Sé, em São Paulo, anunciam, na palavra do cardeal Dom Evaristo Arns, a celebração da missa de sétimo dia em sufrágio da alma do jornalista Vladimir Herzog, assassinado nas masmorras dos porões do DOI-Codi, quartel do II Exército, sob o comando do general Ednardo D'Ávila Mello, o país se levantou num clamor de indignação e dor: basta da ditadura criminosa.

Ali, naquele 1975, fincava-se o marco da liberdade e novos tempos iriam surgir.

– Eu estava lá e ouvi o chamamento da nação. Muito obrigado – disse a ele.

Um tema que afrontava e feria o sentimento cristão do nosso povo brasileiro era a insana violência, com prisões e torturas contra sacerdotes católicos que pregavam a doutrina da Teologia da Libertação, cuja evangelização se norteava na opção pelos pobres. Aqui, no Brasil, seguiam por esse caminho teológico Dom Helder Câmara, Dom Evaristo Arns, Dom Antônio Fragoso, Dom Pedro Casaldáliga, Frei Leonardo Boff e Frei Betto.

Da tribuna da Câmara dos Deputados, denunciei a repressão do regime militar contra sacerdotes, como o Bispo Pedro Casaldáliga, da Diocese de São Félix do Araguaia, no Mato Grosso.

Dominavam o elitismo e o militarismo no país. Havia um obscurantista anticomunismo, às fronteiras do paranoico. Medíocres e suas mentes estreitas, aliados a um infantilismo desatinado, fizeram da truculência a sua ação governamental. A ação pastoral de apoio a tribos indígenas, os ensinamentos das condições básicas aos nativos para evitar enfermidades no contato com os invasores, a defesa das terras onde os indígenas habitam e trabalham contra a sanha de marginais garimpeiros, madeireiros e fazendeiros, a toda essa ação de extraordinária grandeza humana assiste a nação, vendo escorrer das mentes que governam este país a baba do ódio dos donos do poder. Esta é a cartilha do autoritarismo: comunistas! Comunistas!

A mediocridade autoritária afugentou vigorosas inteligências do país. Agora, desaba contra os pastores da fé a violência. Onde chegaremos?!

Assim me situei na defesa dessas causas. O ritmo era de intensa atividade parlamentar, com reuniões, participação em comissões, apresentação de projetos de lei, requerimentos de informações e atuação em plenário, com pronunciamentos e intervenção em debates. Muito aprendi nessa fase da minha vida. Conheci homens públicos de fibra e de amplo conhecimento sobre os problemas nacionais. Também me deparei com sabujos morais, defensores da tortura. São tipos de alma apodrecida. Carregam o triste fardo de pulhas e lacaios da casa-grande.

Vocacionados na arte de bajular e mentir, muitos deles galgam o poder. Fazem fileira na embaixada norte-americana para receber das academias militares dos EUA o galanteio de doutores na arte da perversidade humana. E aí se encontram com seus genis na truculência e na tortura. E até alcançam o generalato dos genocidas.

Dessas academias da morte, como a Fost Bragg, na Carolina do Norte, a West Point, em Nova York, e a Escola das Américas, formaram-se à frente dos DOI-Codi e dos Dops, mergulharam em sinistros crimes de lesa-humanidade. Outros tantos ocuparam cargos de relevo em ministérios e órgãos públicos do governo militar.

Dentro das limitações do presente ensaio autobiográfico, destaco, entre vários projetos que apresentei, este, que dispõe acerca do abuso de autoridade. Apresentado há 40 anos, ontem como hoje, ele tem a marca da contemporaneidade. Datilografado na "velha" Olivetti, com poucos artigos e redação despretensiosa, emblemática pelo momento de trevas ditatoriais que asfixiavam o país, seu propósito era despertar consciências livres para a defesa dos direitos humanos e a volta da democracia, regime que faria do brasileiro um cidadão livre e amparado por instituições democráticas.

PROJETO DE LEI N° 4118/80

Determina o afastamento da autoridade responsável pela violação dos direitos humanos e dá outras providências. Autor: Deputado Agassiz Almeida
O Congresso Nacional decreta:

Art. 1º Ficam os dirigentes dos Poderes Executivo, Legislativo e Judiciário obrigados, na área de sua competência, a determinar o afastamento da autoridade que, a qualquer título, for responsável pela violação dos direitos humanos.

Parágrafo único. Compreende-se por violação dos direitos humanos qualquer ato de restrição ao livre exercício dos direitos da pessoa humana inscritos na Constituição Federal e na Declaração Universal dos Direitos Humanos, bem como todo e qualquer atentado à integridade física, à dignidade e à vida da pessoa.

Pena: Perda do cargo e detenção de 3 (três) a 5 (cinco) anos.

Art. 2º As representações ao Conselho de Defesa dos Direitos da Pessoa Humana, a outras entidades públicas, legalmente reconhecidas, bem como as queixas de qualquer prejudicado serão consideradas suficientes para a instauração do competente inquérito de investigação.

Art. 3º As representações e queixas serão apresentadas, por escrito, ao juiz competente, que, no prazo de 48 (quarenta e oito) horas, requisitará, da autoridade hierarquicamente superior ao acusado, informações sobre a ocorrência do fato, que deverão ser prestadas no prazo de 5 (cinco) dias, acompanhadas das provas que houver.

§ 1º Das informações constará prova de ter sido o acusado afastado do seu cargo.

§ 2º A peça contendo as informações e as provas reunidas será pelo juiz encaminhada ao representante do Ministério Público para prosseguir na investigação ou, se for o caso, oferecer denúncia, iniciando a ação penal, que seguirá o rito sumário.

Art. 4º Será considerado coautor o membro do Poder Judiciário ou do Ministério Público, assim como a autoridade hierárquica do acusado, que não der imediato cumprimento ao disposto na presente Lei.

Art. 5º O Poder Executivo, através do Ministério da Justiça, regulamentará o disposto nesta lei, no prazo de 90 (noventa dias), a contar da data de sua publicação.

Art. 6º A presente lei entrará em vigor na data de sua publicação.

Art. 7º Revogam-se as disposições em contrário.

JUSTIFICATIVA

Do bilinguim policial do quarteirão ao soberbo coronel e sua rede de subordinados, sob o comando do ditador-mor, instalam-se, nas principais cidades do país, verdadeiras casas do horror e da morte, os DOI-Codis, Departamentos de Operações e Informações – Centro de Operações Externas.

Só no DOI-Codi da cidade de São Paulo, na rua da Tutoia, passaram em torno de uns dez mil presos, uns oitocentos foram assassinados. No Recife, funcionava este tipo de matadouro humano anexo ao Comando do IV Exército. À frente dele, o coronel Hélio Ibiapina, encarnando Tomás de Torquemada, o torturador-mor da Inquisição na Espanha.

Malha de terror cobre todo o país, sob o monitoramento do Serviço Nacional de Informações (SNI). Delegacias de polícia nos mais distantes rincões criam Dops – Departamento de Ordem Política e Social.

Este sátrapa da ditadura, o delegado Fleury, que veste a camisa da força de valente torturador e matador de prisioneiros nos cárceres, está por aí arrotando escancarada impunidade.

Hordas de paramilitares egressos dos porões de ministérios, delegacias de polícia e secretarias de segurança formam grupos de extermínio, muitas vezes sob as vistas complacentes de governadores.

Na Paraíba, em Campina Grande, rebenta uma extensão dessas organizações criminosas denominadas "Esquadrão da morte Mão Branca".

Para que este país não se transforme num enorme campo de extermínio, com prisões, torturas, assassinatos e mortos desaparecidos, e ouvindo o clamor de indignação da nação, a apresentação deste projeto de lei se impõe, Sr. Presidente e senhores deputados.

No contexto mundial, estes crimes de lesa-humanidade, perpetrados pelos mais infames meios, enodoam o Brasil como uma republiqueta africana comandada por um Idi Amin Dada.

Sala das Sessões.

24 de abril de 1981

O exercício do mandato me absorvia intensamente. No entanto, fui reconhecendo as rígidas limitações que o regime autoritário impunha à atividade parlamentar. São incompatíveis a liberdade e o arbítrio. O parlamentar se metamorfoseia num servil súdito do monarca fardado ou será expulso do sistema. A sua ação é uma mera exibição teatral. Era como a imprensa, um censor militar se postava como um cão de guarda nos jornais, rádios e televisões. A sua ação era garroteada.

Que grande farsa! Que ópera bufa! Admiro os geniais criadores da dramaturgia, como Shakespeare e Molière. Mas não tenho vocação para a representação teatral.

Era preferível me integrar aos núcleos de resistência, universitários, sindicais, clandestinas atividades panfletárias a me deixar algemar dentro do suntuoso templo legislativo, que nada decidia na época, mas fazia de conta que decidia. A vitoriosa campanha pela anistia irrompeu nas ruas, como um clamor contra o insuportável fardo imposto à nação pelo regime militar.

Onde estão os ecos da nossa palavra censurada, por onde ressoa a ação parlamentar monitorada pela baioneta? Na sala luxuosa de uma minoria que subjuga o país e do poder que se apossou por um golpe. Encurralados numa enorme redoma, biônicos generais, presidentes, governadores, senadores e prefeitos clamam aos despreparados clientes da Marcha da Família com Deus Pela Propriedade. Eis a nossa democracia cristã. Urgia devolver ao povo brasileiro o legítimo direito de escolher o presidente, os governadores e os prefeitos.

AS FUNÇÕES DE PROMOTOR DE JUSTIÇA E PROFESSOR DA UFPB

Numa madrugada modorrenta, desaba sobre a nação atônita a ditadura militar de 1964, que iria envolver o país numa longa noite de vinte e um anos.

O ódio dos golpistas destampou numa fúria dantesca, com cassações de mandatos parlamentares, demissões sumárias, prisões truculentas na calada da noite, torturas infames, assassinatos, corpos desaparecidos, destruição e incêndios de lojas e escritórios de opositores, mortes de camponeses inocentes e destruição de suas casas, sedes de entidades estudantis e operárias incendiadas, como a da União Nacional dos Estudantes (UNE).

Nessa fanática marcha da infâmia, o país conheceria sua própria "noite dos cristais", que ocorreu na Alemanha nazista, em 1938.

Lá, como aqui, a fúria do ódio desconhece fronteiras. Nesse arrastão criminoso, tomaram de mim os cargos de promotor de justiça e de professor da UFPB, o mandato de deputado estadual, negaram a minha inscrição na OAB-PB, restituída pelas mãos de um digno então presidente da OAB-BA, Lourival Torreão. E, como epílogo sinistro dessa caçada humana, desterraram-me e prenderam na ilha de Fernando de Noronha, presídio de segurança máxima à época.

Transporto-me para 1962 relembrando minha posse no cargo de promotor de justiça. Passei no concurso em 1962, juntamente com Antônio Mariz, Ronaldo Cunha Lima e Antônio Torreão Braz. Antônio Mariz e eu conseguimos as primeiras colocações. Num gesto apequenado de Pedro Gondim, fui nomeado para a comarca de Bonito de Santa Fé, nos confins do estado, fronteira com o Ceará. Debaixo de uma empoeirada estrada de terra, que se estendia de Campina Grande a Cajazeiras, chego a Bonito, onde tomo posse perante o juiz da Comarca, Antônio Magalhães.

Com que fato inusitado e ridículo me deparei?! Às duas horas da tarde, bato à porta da residência desse magistrado. Abruptamente, de revólver em punho, ele me recebe.

– O que é isto, doutor juiz? – perguntei.

– Olhe, desculpe, ontem de madrugada defecaram, aqui, na minha porta.

– Que ato cretino, senhor juiz – comentei!

Ele estava altamente nervoso. Fomos ao cartório. Ali assinei o termo de posse perante o juiz da comarca.

– Senhor escrivão – disse – traga-me processos para eu despachar.

Era um amontoado de inquéritos, de cornos se queixando da mulher, de briga de vizinhos, de furto de frutas, enfim, o compadrismo se engalfinhando.

– Senhor escrivão, até agora o senhor só me trouxe lambari, casos que já arquivei. Procure tubarões.

Ficaram irrequietos, ele e o magistrado. De mãos trêmulas, manuseou o livro de distribuição de processos e apontou.

– Este aqui, doutor promotor.

Li, estupefato. Fazia quatro anos que não recebera nenhum despacho. Era um volumoso processo, envolvendo uma quadrilha de matadores de aluguel com ação nos estados da Paraíba e do Ceará, composta por cinco marginais, enquadrados nos arts. 121, 129 e agravantes do Código Penal. Meu despacho: justiça tardia é justiça complacente com o crime. Ouça-se, com urgência, o doutor juiz.

Pensei: aqui tem um conluio do medo com a impunidade.

Nesse momento, datilografei um longo telegrama endereçado ao governador do estado e ao presidente do Tribunal de Justiça. Voltei para a casa do magistrado e fiz esta exposição:

– Doutor juiz, quantos homens o senhor tem aqui para a sua segurança pessoal?

– Dois, um cabo e um soldado.

– Olhe, doutor juiz, datilografei este telegrama, denunciando a situação de insegurança da comarca aos senhores governador e presidente do Tribunal de Justiça.

Começou a ler a mensagem telegráfica, com mãos trêmulas, olhos esbugalhados e faces avermelhadas. Leu e releu. Fitou-me com um olhar de presa frente ao predador.

– Oh, doutor, não vou assinar – disse ele.

– Qual a razão, o senhor desmoralizado na comarca por marginais sórdidos?

Pensei: como posso perfilar este vulto, envergonhando a toga de magistrado. Baixo, cabeça avantajada, perdida visão do olho esquerdo, vesgo, pança de suíno, falava como se pedisse desculpas ao interlocutor.

Eu me deparava com a caricatura de um juiz tangido pelas circunstâncias. Dele me despedi, com certa compaixão daquela condição humana.

Com poucos meses de atuação na comarca, passei a ser acompanhado por três seguranças fortemente armados.

Quando voltava da visita que fiz ao prefeito da cidade de Caju, uma pessoa se aproximou e disse:

— Dona Antonieta Arruda quer falar com o senhor.

— Pois não — respondi.

Numa casa-grande, destacando-se das demais, estava uma senhora bem-vestida, de fina aparência, semblante ditatorial. Ela me recepcionou com voz alta e disparou:

— Olhe, o senhor já veio fazer política aqui?

Surpreso com tamanha ignorância, retruquei:

— O mandato de deputado eu deixei ali em Monte Horebe (cidade próxima de Bonito). Aqui eu sou promotor de justiça.

— Tem alguma denúncia a fazer contra alguém? Se for o caso, traga-me por escrito, que eu tomo as providências agora.

— Desculpe-me, eu já sabia da sua independência.

Era casada com o médico Amorim Zeneti. Conversamos acerca de problemas da região, diálogo permeado de cafezinho e queijo de coalho.

Alguns meses depois, reassumo o mandato de deputado estadual. Agrava-se politicamente a situação nacional. Forças reacionárias mancomunadas com o capital estrangeiro, em 31 de março de 1964, derrubam o presidente constitucionalmente no cargo, João Goulart.

Anos se passaram, e a turbulência provocada pela incompetência e a obsessão anticomunista fizeram do país um bobão mundial. Diante desses fatos amesquinhados, a razão pede passagem, e as forças vivas da nação assistem ao nascimento dos primeiros passos da democracia: a Anistia.

Amparado na Lei nº 6.683, de agosto de 1979, da anistia, encaminho ao governador do estado requerimento acerca da minha reintegração nas funções de promotor de justiça. Publicado o ato, o procurador-geral de justiça me designou para a Comarca de Cabaceiras, de primeira entrância, mas antes abriu vistas ao Conselho de Procuradores. Em meio a esse trâmite burocrático, desnuda-se a máscara de um infeliz da condição humana. Oferece parecer contra a anistia. Que ato de sabujice! Abre vistas para eu me manifestar sobre esse parecer. Eis a resposta:

— A latrina é o destino deste papelucho, e seu autor deve ser tratado de hemorroida.

Para a comarca de Cabaceiras fui nomeado. Naquela terra dos meus antepassados, um sentimento se sobrepõe bem alto: o reencontro com os meus 20 anos, embalado de sonhos e marco inicial de uma longa caminhada pela vida afora. Conheci o fel dos porões da ditadura e os saltos atapetados dos palácios. Estendi as mãos a um João Gomes, infortunado pela sociedade, e denunciei um coronel torturador. Este pedaço do Cariri me fala muito por seus xiquexiques, juremas-pretas e facheiros e me aconchega na sombra frondosa do centenário umbuzeiro.

Pelo torrão natal dos meus antepassados, caminhei para abraçar aqueles que me ofereceram o sentimento da grandeza humana: Inácia Madureira, cujos braços embalaram minhas primeiras horas no mundo; Antônio Merêncio, que trazia nos seus costados o fardo secular da escravidão; Manoel Farias, o velho tabelião; Cícero Nóbrega, tranquilo e forte como os dignos. Fui à Ribeira visitar aquele povoado onde plantei a marca do desenvolvimento da região, com o apoio da plantação de alho, fundando a criação dos Plantadores de Alho do rio Taperoá.

Decorridos três meses do exercício na promotoria, ocorre um crime de natureza infame. Na mesma estrada de terra, de Ribeira a Cabaceiras, dois indivíduos, um deles filho de um poderoso dono de curtume, da família Alves, em Campina Grande, estupraram uma jovem deficiente mental de 15 anos. A barbaridade criminosa abalou a região. Imediatamente procurei o delegado de polícia de Cabaceiras, sargento Amadeus, para a abertura do inquérito policial, levantamento do local, identificação dos acusados, oitiva do curador da incapaz, laudo pericial do ato carnal e outras providências. Coloquei uma viatura e um motorista à disposição do delegado com autorização para o abastecimento de combustível.

Após oito dias, li o inquérito, um amontoado de falseamentos da verdade, testemunhas forjadas e laudo pericial não realizado, invencionice cretina de que a vítima imaginou a relação conjugal, por ser deficiente. Saltou-me à mente o *fumus boni iuris* da correição.

– Sr. delegado, trouxe a relação destas seis testemunhas para serem ouvidas, providenciei esta viatura para conduzir a vítima a Campina a fim de fazer exame pericial. Faço esta advertência ao senhor: caso este inquérito não seja apurado de acordo com a legislação, serei obrigado a requerer a designação de um delegado especial para apurar o crime. Entendido, senhor sargento?

– Doutor promotor, suas determinações serão cumpridas – disse ele.

Acompanhei o depoimento de três testemunhas. De todos os lados me pressionaram, de secretários de estado ao próprio procurador-geral. Não cedi. A universidade da vida me deixou esta lição: transigir em certas circunstâncias, jamais. Quando o ato se desfecha, impulsionado pela perversidade do agente, almejando alcançar um resultado, a fim de satisfazer as suas taras sexuais, notadamente em relação a uma indefesa jovem especial, a população rústica e simples de Cabaceiras se traumatizou e se revoltou.

Para aqueles "filhinhos de papai", a famigerada conjugação carnal com a jovem deficiente se transvestia de um momento macabro em que o ser humano era mera peça de diversão. Sabendo que o delegado era um pau mandado do coronel Ernesto do Rego, acompanhei, passo a passo, a tramitação do inquérito policial. Quando pressentia que sobre alguns depoimentos baixava a mão da corrupção, tornava esses atos imprestáveis. Na denúncia, enquadrei os acusados nos arts. 184 e 213 do Código Penal, denúncia acompanhada do pedido de prisão preventiva. Aceita a peça acusatória, o magistrado decretou a custódia preventiva, com a prisão dos acusados. A sociedade dos "intocáveis" estremeceu ali, onde habitam os deuses do Olimpo que as leis penais não alcançam.

Na vida, paguei sempre um alto tributo por essas atitudes. Poucos meses depois, um camponês rústico e moreno, Manoel Filó, foi submetido a julgamento perante o Tribunal do Júri por crime de homicídio. Dois anos antes, o acusado, ao lado da sua companheira, estava trabalhando num roçado de milho, quando deles se aproximou Zé da Macaxeira, que foi logo apalpando as nádegas da mulher.

– Que é isto, Zé? Respeite minha mulher!

– Que nada, isto é uma rapariga!

Imediatamente, Manoel sacou de uma peixeira e atingiu o agressor mortalmente. No Tribunal do Júri, pedi ao corpo de jurados a liberdade para Manoel Filó, que a concedeu num *veredictum* de sete a zero.

Cada pedaço de realidade social tem a sua cultura, os seus costumes, os seus valores. No Nordeste daquela época, o código da honra era um patrimônio sagrado, um verdadeiro altar diante do qual homens e mulheres se curvavam. Que legado cultural é esse! Talvez a miscigenação das raças, tão criticada por certa intelectualidade elitista, explique o temperamento indomado e resistente do homem nordestino.

Quando as mutações históricas são abastadas pelas perdas de suas liberdades, aí a vida pública se abisma na mediocridade e na incapacidade. A sociedade está cansada de inválidos morais, de enfermos áulicos do poder da força, dos tipos que perderam a capacidade de olhar o futuro, e, o pior, de não se indignar diante das injustiças e, assim, transformar-se em verdadeiros carneiros de Panúrgio.

As gerações vão se sucedendo sob o fanal luminoso de novas conquistas e descobertas. A ditadura militar, pela incapacidade de pensar alto e longe, arrancou da juventude esta grandeza que lhe é imanente: olhar o porvir e abraçar utopias.

No bairro de Bodocongó, em Campina Grande, atravesso os portais da universidade, após 16 anos, para reassumir as minhas funções de professor. O que vejo? Paira sobre aqueles blocos de concreto a sombra do medo. Jovens se cruzam, entreolham-se e se reúnem como meros autômatos para receberem goela abaixo enlatado aprendizado para o mercado de trabalho, vagando por salas e corredores desprovidos de visão crítica.

Que ditadura delinquente! Transvestiu-se numa infame castradora de gerações. Disse a um general, meu contraparente, em Recife: que crime ignominioso a ditadura praticou contra um punhado de jovens de 17 a 20 anos na floresta do Araguaia. Por que não os prenderam, deixando passar neles o fragor da mocidade? Não obtive resposta.

Quando se nega a uma geração a sua força criativa, ela será condenada, sem dúvida, a uma maturidade precoce. Aqueles que não tiveram mocidade, a liberdade de descortinar os desafios da vida, andam em busca de prazeres imediatos, e, ao primeiro grito de um falastrão ou de um salvador da pátria, lá vão eles engrossar a fileira dos idiotas.

Tristes dos povos cujos destinos caíram nas mãos desses paranoicos! Paulinho Almeida, com quem estava, me despertou:

– Agassiz, olha os grupos de jovens sentados nos bancos, como conversam de voz baixa.

– Paulinho – comentei –, é o medo de a palavra livre cair na boca de um informante do regime. A ditadura emascula a liberdade de pensar.

Dirigi-me ao departamento de Economia e Ciências Sociais, para o qual fui designado. Numa sala espaçosa, onde os professores se reúnem, recebo de vários colegas parabéns pelo meu retorno ao convívio acadêmico. Um deles se levantou e se dirigiu a mim, apressado e furtivo como um camaleão, dando-me um abraço:

– Parabéns por sua volta.

– Pois é, tenho o dom da ressureição – respondi.[37]

Esses tipos vivem às furtadelas, temerosos das suas próprias indignidades. Alimentam-se das desgraças dos outros e aí se espojam de satisfação. Lacaios do

---

[37] Abro espaço nestas "Minhas Memórias" para um tartufo. Logo nos primeiros meses do golpe militar de 1964, este tipo, à frente da direção da Faculdade de Ciências Econômicas, da qual fui um dos fundadores, ofereceu ao professor Heitor Cabral, inteligente homem de letras, a minha cadeira de professor desta instituição.
– Não posso aceitar, Agassiz não foi demitido, nem afastado – disse Heitor.
– Aceite, ele está preso em Fernando Noronha e de lá só volta num caixão.
Tomei conhecimento depois que este tartufo era um informante do Exército.

poder, servem aos homens fortes, num desvario de uma megera desencontrada. Falta-lhes a voz, que é apenas eco da vontade dos outros. Abominam os homens que se levantam contra as injustiças sociais. Para eles, verdadeiros mandriões, quem limparia as suas latrinas, quem desceria nos subterrâneos dos esgotos das cidades ou conduziria material para a construção dos metrôs? A arte do viver tem um sentido para além do imediatismo, onde medeiam e executam a mediocridade.

À certa altura da vida, entendemos que as adversidades, os embates pela sobrevivência, as incompreensões, o testemunhar a avidez do egoísmo, os fracassos, tudo isso nos torna melhores para olhar o mundo. Do somatório desses fatores, extraí lições para construir e alcançar a realização das minhas aspirações, fosse participando de uma Assembleia Nacional Constituinte, registrando minhas inquietações em livro ou enfrentando os poderosos em cada passo da minha caminhada. Nunca almejei riqueza ou efêmeros prazeres materiais, mas deixar uma história de luta e coerência.

Desde os meus 19 anos, quando participei da campanha "O Petróleo é Nosso" e me elegi vereador por Campina Grande, sempre busquei alcançar os meus ideais. Fui viandante de um caminho e dele não me afastei. A brutal desigualdade social do Brasil, o egoísmo de uma elite atrasada, hipócrita e mentirosa me revoltava. Oh, que pesada carga tributária pagamos, dizem seus representantes. Que cretinice! Abracei um ideal e o sobrepus a todos os apetites. Urge se ter um ideal, defender uma causa, sob pena de nos transformarmos em joguetes do mercado consumidor.

Povoei minha mocidade de ideais renovadores e os mantenho até hoje. Assim caminhei pela vida. Em qualquer atividade humana, do magistrado ao porteiro, do professor ao operário, existe espaço para enxergar a realidade e abraçar uma causa. Somos cúmplices de nossos destinos. Infeliz é aquele que os mercadeja no balcão dos interesses vis.

Ao caminhar para a sala onde ministraria a disciplina Ciência Política, toca-me uma certa sensação de reencontro pela volta ao convívio com novas gerações, mesmo num ambiente de insegurança funcional e de liberdade de pensar tolhida. Que surpresa! Ao me aproximar da sala, dezenas de estudantes me aplaudiram sob um ritmado coro: queremos votar para presidente! Queremos votar para presidente! Num instante, uma flama me transporta aos tempos juvenis das minhas utopias e lutas. Emociono-me. Um eco se distende pela sala, tomada totalmente por uma juventude indignada: basta de ditadura! A palavra entrecortada de emoção queria calar. Acabei fazendo um discurso que se tornou uma aula improvisada:

> Jovens universitários, antes da palavra que ensina, quero ouvir as suas aspirações, as suas angústias, aprender qual o caminho que devo seguir na

ministração da disciplina de Ciência Política. Dezesseis anos me separam do ano em que me arrancaram da universidade pelo golpe militar. Fui despojado das minhas funções de professor, de promotor de justiça e do meu mandato de deputado estadual e, como epílogo, desterraram-me para o presídio de segurança máxima da Ilha de Fernando de Noronha. Na vida somos constantes aprendizes, professores e alunos. Impulsiona os jovens a energia renovadora. Nós, professores, devemos ser um motor centralizador desta energia.

De jovens sem entusiasmo vão se formar súditos bajuladores de vontades "superiores". Estudar, pensar, saber ouvir, submeter a realidade a uma visão analítica e crítica, eis o caminho. Nunca desistir, quando se abraça uma causa. Integrar-se ao rotineiro dia a dia é uma imposição da sociedade, mas jamais uma forma de vida.

É tarefa da juventude o poder da renovação, mesmo enfrentando a ira dos retardatários e de ungidos privilegiados do poder econômico ou político. Um jovem despido de energia renovadora já nasceu velho. Jovem é aquele que na maturidade e na velhice não perde a capacidade de pensar e de se indignar.

O suceder das gerações é uma tocha que jamais se apaga. Num ontem não muito distante, eu embalava em diversas pelejas as minhas utopias. Hoje, em suas mãos, encontro novos sonhos e ideais. Aprendam a olhar alto e a aspirar sempre. A vida é uma passagem efêmera entre duas eternidades: a do nascer e a do morrer. Esta é sempre a primeira lição.

A nação suporta o fardo de uma ditadura que está apodrecida. Cabe a cada um de nós, professor e estudantes, para o amanhã que há de vir, uma grande responsabilidade. É mister de todos nós, sobretudo dos jovens, remover os entulhos institucionais desta carcomida ditadura.

É próprio do jovem o apanágio de abraçar as causas justas. Só os indolentes se quedam indiferentes. Desprovidos de ódio, os jovens rebeldes possuem o condão de desconhecer a transitoriedade da vida. Têm a povoá-los um pouco de imortalidade.

As amarras deste autoritarismo que nos governa atormentam as novas gerações. Sem a liberdade, o jovem é um pássaro que lhe cortaram as asas. É de uma juventude servil olhar o ontem e temer o futuro. Aí, nessas condições, vão engrossar o rebanho dos incapazes e indolentes. Mas vocês resistirão.

A tirania fardada me distanciou desse convívio, como se arrancasse a minha capacidade de pensar e de lutar.

Interrompi minha fala. Do meio da sala apinhada de uma juventude inquieta, ouvi um brado:

– Professor, os esbirros da ditadura espalham por toda a cidade que o senhor é um materialista e um subversivo. O senhor acredita em Deus?

Respondi:

Subversivo é ser contra os que negam a liberdade e atraiçoam a justiça. Acredito no Deus de Spinoza, no Deus que se revela nas leis da natureza, nos mares e no tempo que corre. Descreio do Deus que, passivo, aceita os genocídios, a morte covarde nos porões dos cárceres, a mortandade do Holocausto, as doenças congênitas nas crianças. O Deus em que eu creio está para além do mundo e não neste planeta, onde um terço da humanidade se debate na fome.

Jovens universitários! Ouçamos a palavra de Paulo Freire, um dos grandes educadores do nosso tempo. Desconhecer a realidade em que nós estamos inseridos e repetir lições enlatadas é formar jovens como meros joguetes do mercado de trabalho, sem nenhuma capacidade analítica. Olhem a história, a *Mater et Magistra* da vida. É sob a inspiração e norteamento do pensamento político que o ser humano se organizou em sociedade, criou o Estado, constituiu os poderes, com normas e regras de ação.

Veio do pensamento grego antigo, a partir do século VI a.C., o marco estruturante da forma cultural do Ocidente, das várias áreas das atividades humanas, nos campos político, filosófico, educacional, da dramaturgia, das artes humanistas etc.

Nomes de pensadores helênicos se projetam até hoje, influenciando a nossa formação: Sócrates, Aristóteles, Platão, Epicuro, Eurípedes, entre outros. É vasto o campo de estudos da Grécia antiga, para o qual dedicaremos várias aulas, mas saliento *A República*, de Platão, como a reflexão por excelência sobre a organização de um governo com fundamentos utópicos.

Saltemos para o século XV, na região de Florença, Itália, onde Nicolau Maquiavel nasceu, escrevendo *O Príncipe e os Discursos Sobre a primeira Década de Tito Lívio*, cuja repercussão o situa como o fundador da Ciência Política, por analisar o Estado, o poder e governo sob aspectos que os afastava da moralidade cristã.

Em *O Príncipe*, baseado na visão de que o ser humano é egoísta, individualista e visa sempre o poder, o pensador florentino salienta a perspectiva de que o governante, para se manter no poder, deve ser temido ou amado. Para tanto, precisa aparelhar um bom exército, não dispensando, no entanto, a satisfação popular. De certo modo, criticou *A República*, de Platão, na parte referente à formação de um governo assentado em bases distantes da realidade, conceituando-o, assim, com uma utopia.

Na sequência da formação do pensamento político, resumidamente, trazemos à análise o nome de Thomas Hobbes, nascido na Inglaterra nos finais do século XVI. A sua obra, *Leviatã*, norteia-se pela ideia de que, por sua própria natureza, os seres humanos vivem em constantes disputas no estado de natureza, razão por que se faz necessária a constituição de um Estado dirigido por um governante forte, absolutista e centralizador. Ainda que indiretamente, este livro norteou regimes ditatoriais que se estendem do monarca absoluto até o totalitarismo nazista.

Numa ampla visão do ser humano no contexto sociopolítico, Espinosa, filósofo holandês do século XVII, analisou sob aspecto do direito natural do qual o homem é a causa primeira.

No seu *Tratado Político e Teológico*, o pensador sustenta que a liberdade é imanente à vida humana. No último capítulo desta obra, desdobrada em onze, conceitua três formas de governo: monarquia, aristocracia e democracia.

Adentramos o século XVIII. Nesse século, iria irromper a revolução que redirecionaria os rumos da história, rompendo carcomidas estruturas sociopolíticas, a Revolução Francesa. Vários pensadores, como Diderot, Voltaire e Condorcet, se destacaram na defesa de novas ideias de caráter revolucionário, mesmo aqueles, como Rousseau, que não eram propriamente iluministas.

Em *O Contrato Social*, Rousseau parte do pressuposto de que o ser humano é bom, sendo corrompido ou desnorteado pela sociedade. A desigualdade social é o núcleo central dessa distorção e possui dois pilares: a desigualdade que emana das próprias características de cada indivíduo e a desigualdade imposta pela própria sociedade, cenário que beneficia poucos em detrimento da maioria.

O século XIX iria conhecer o pensador revolucionário e o filósofo que dinamitaria as bases estruturais da sociedade liberal: Karl Marx. Para este pensador, a sociedade humana se sustenta nestas categorias sociais: as elites burguesas, ou seja, as classes dominantes que detêm os meios de produção e o poder da força legitimado pelo próprio Estado; e as classes operárias, os camponeses, os profissionais liberais, os comerciantes etc.

A espinha dorsal da sua doutrina é a teoria do materialismo histórico e dialético, com alcance político, econômico e sociológico. Se as classes dominantes detêm os meios de produção, as matérias-primas, os meios de comunicação e o comando do Estado, ocorrerá, decerto, um choque de interesses entre elas e as classes trabalhadoras. E este choque inevitavelmente conduziria ao processo revolucionário.

Um exemplo prático que vivenciei. Em finais da década de 1950, eu, Francisco Julião, Assis Lemos e João Pedro Teixeira lutamos por melhores condições de vida para os trabalhadores rurais do Nordeste, que sobreviviam às fronteiras da miséria e da morte. Desfechou-se o choque com os latifundiários, usineiros, enfim, com os detentores dos meios de produção.

O que resultou desse embate e de outros tantos esforços de companheiros por todo o Brasil? Os trabalhadores, após anos de resistência, perdas de liberdade e até de vida, conquistaram o seu Estatuto do Trabalhador Rural, promulgado em 2 de março de 1963, durante o governo João Goulart. Paguei pesado tributo a esta causa que abracei, e tantos companheiros seguiram o mesmo caminho.

– Professor, um momento – interrompeu um aluno –, dizem que o senhor defendia a invasão de terras, é verdade?

– Olhe, toda terra tem que ter sua função social. Do contrário não haverá alimentação para a população. Na minha visão, intimado o proprietário para trabalhar a terra num prazo de cinco anos, se não produziu, essa terra deveria ser desapropriada para fins de reforma agrária. Jovens, mais de duas horas se passaram neste encontro com vocês, o que me faz, ao mesmo tempo, mestre e discípulo. Eu carrego nos costados os embates com as agruras da vida; vocês detêm a energia florescente que procura novos horizontes.

– Professor, quem são os seus heróis na infância?

– Tom Mix, Batman, Zorro e outros – respondi.

– E depois?

– Não exatamente heróis, mas referências são Che Guevara, o revolucionário que conheci em Cuba, em 1963; Leonel Brizola, o reformador; Darcy Ribeiro, o educador, de quem recebi apoio para a criação desta Faculdade de Ciências Econômicas; e Juscelino Kubitschek, idealizador e construtor de um novo Brasil. Animado pela presença, aqui, de um elevado contingente de jovens, deixo estas palavras: "A mocidade é maior do que Deus; Deus faz santos e a mocidades faz deuses."

REASSUMO O PROCESSO MINERALÓGICO

SOB IMPERIOSA PRESSÃO DA DITADURA MILITAR, VI-ME IMPELIDO A UM EXÍLIO na própria pátria por quase dez anos. E assim me distanciei das atividades mineralógicas.

Quando deixei a Paraíba, em 1966, procurei preservar a reserva mineralógica da argila bentonita, deixando-a nas mãos da família, evitando, assim, que grupos econômicos se apossassem da jazida, baseado na Constituição Federal de 1946, que disciplinava, como bens jurídicos diferenciados, o subsolo, pertencente à União, e o solo, ao proprietário da terra.

Portanto, qualquer cidadão brasileiro apto ao exercício dos direitos civis pode requerer em seu nome alvará de pesquisa com área de hectares determinada para a argila bentonita, neste caso são de 500 hectares; por outro lado, cabe a cada cidadão o direito de requerer cinco alvarás de pesquisas, concedidos pelo Departamento Nacional de Produção Mineral (DNPM). Transcorridos três anos dessa concessão de pesquisa, poderia então constituir empresa de mineração para lavrar, decreto esse expedido pelo Ministério das Minas e Energia.

Antes de viajar, requeri cinco áreas em nome do meu pai, uma para Langstein, e caberia ao meu pai fazer a partilha com as minhas irmãs.

Por solicitação minha junto ao governador João Agripino e ao Ministério das Minas e Energia, consegui uma máquina de pesquisa do DNPM, a fim de fazer levantamento da reserva bentonita, situada no então distrito de Boa Vista, Campina Grande.

Durante o exercício do meu mandato de deputado federal, mantive com o doutor Moacir Vasconcelos, diretor do DNPM, cordiais relações no objetivo comum do melhor aproveitamento do minério bentonita. O Engenheiro de Minas, Vasconcelos, possuía uma ampla visão do potencial mineralógico do Nordeste, ressaltando que trabalhara dez anos no aproveitamento da fosforita, em Olinda. Com ele, muito aprendi sobre essa palpitante matéria.

Na minha volta à Paraíba, como encontrei o cenário mineralógico nos cariris de Boa Vista? Saltou-me à mente esta passagem bíblica: Moisés, ao voltar do Monte Sinai, onde fora receber de Deus os dez mandamentos, encontrou os hebreus, seus companheiros da longa e penosa jornada pelo deserto, a adorar um bezerro de ouro. Desta forma me deparei com os mineradores de bentonita, inclusive o meu pai, por quem tenho afetiva admiração por seu humanismo e capacidade de se doar aos infortunados.

Pensei comigo diante daquela idolatria: é a natureza humana condicionada por este selvagem capitalismo. Fui à fazenda Lages, recanto telúrico do velho e estimado patriarca dos Almeida, o meu pai. O ruído do meu carro o despertou.

De longe me olhava como o filho pródigo que volta à casa paterna. Emocionado me abraçou. No semblante estampava algo de místico e de surpresa.

– É, meu velho, não me perdi no caminho da volta, estou aqui pisando este solo empedrado e sagrado do cariri. Esta paisagem bucólica em que o caririzeiro sobrevive num pugilato constante com a natureza, esta casa-grande, por onde passaram e viveram os nossos antepassados, com os seus sonhos e projetos me acompanharam como um chamamento permanente de jamais desistir da minha caminhada e dos meus ideais.

– Meu velho, parabéns – continuei –, Paulinho Almeida me informou que o senhor está se dedicando a escrever uma obra de pesquisa genealógica, sob o título *Os Oliveira Ledo*. Um dia, ainda escreverei um livro de âmbito nacional, ainda não me sinto capacitado.

– Estou muito orgulhoso da sua atuação na Câmara dos Deputados. Por toda parte, só recebo elogios. Encontrei-me em Campina com o vereador Polion Carneiro, de Patos, e ele destacou a sua destemida atuação na Câmara dos Deputados.

– Eu tenho por Polion especial estima e admiração.

– Olhe, meu pai, reassumi as minhas funções de promotor de justiça e de professor da UFPB, amparado na lei de anistia. Agora eu pretendo me integrar ao processo mineralógico.

– Olha, Agassiz, eu fundei uma empresa: a Lages Mineração. Nela participam as suas irmãs e Tonito. Langstein não participa, porque não se interessa por minério, e você estava ausente.

– O senhor agiu correto, as meninas são esforçadas e enfrentam o mundo com personalidade, sem rastejarem diante dos donos do poder, econômico e político.

E por falar nas meninas, como se saiu Ana Lúcia como promotora adjunta de Cabaceiras? Segundo me falaram, bem.

– Sobre a sua participação na empresa vou conversar com as suas irmãs e darei uma resposta.

– Fique à vontade, não me move a ambição de enricar, quero apenas um posto de soldado. Tomei conhecimento de que o preço da bentonita na jazida está aviltante, inferior à areia de rio.

– É, está muito baixo. Quais as suas aspirações políticas, Agassiz?

– Nos encontros que tive com Leonel Brizola, Ulysses Guimarães e Tancredo Neves, eles me asseguraram que, encerrada a ditadura, será instalada uma Assembleia Nacional Constituinte. Serei um deputado federal constituinte, este é o meu grande sonho, não vou medir esforços para alcançá-lo. Voltando ao assunto da mineração, preciso ocupar um espaço na atividade mineralógica, e vou ocupar. A resposta do senhor eu espero.

Conversamos horas e horas acerca de assuntos triviais, relembramos da nossa pegada de bois em meio a juremas-preta e xique-xiques, com os vaqueiros Simão e Mazagão.

– Lembro-me muito bem quando íamos a cavalo na altura do serrote da Siriema, a uns três quilômetros daqui, o senhor, eu, Langstein, Simão e Mazagão com a burra Espoleta nos seguindo. Eu disse a Langstein baixinho: parece que Mazagão tem alguma "coisa" com esta burra, ela não larga os pés dele.

Dina, mãe de Ivan Gomes, estava ouvindo por trás da porta e saiu rindo muito. Tocado pela descontração daquela vida bucólica, me despedi. Por um instante, vieram-me à mente os pensamentos de Rousseau: quão espontânea é a vida na natureza, na sociedade ela é torturante e esmagante, abate os fracos e, muitas vezes, consagra os lacaios, pensei. Nessa Lages o "velho" construiu o seu templo.

Dois meses se passaram da proposta que fiz ao meu pai. Como resposta o silêncio. Entrei em contato com um amigo, diretor de uma conceituada empresa de mineração em Brasília, e pedi para ele acompanhar passo a passo, no Diário Oficial da União, as vigências de alguns alvarás de pesquisa, e a data exata do término de suas validades. Para tanto enviei a data da publicação. Transcorridos seis meses, e faltando trinta dias para o término de um deles, mandei preparar o processo para a concessão da área. Pontualmente, na data certa, dei entrada no requerimento de pesquisa no 4º distrito do DNPM, em Recife. Três meses depois, ganhei o direito de prioridade de outra área para extrair bentonita, na localidade de Pedra de Fogo, e a outra em Canudos. Publicado o direito de concessão dessas áreas no Diário da União, viajei à fazenda Lages, para informar ao "velho".

— Que surpresa boa, você a estas horas por aqui, meu filho.

— Tive saudades das madrugadas neste cariri, quero me reencontrar com o menino treloso que fui e, ao amanhecer, tomar banho no açude e assistir às mulheres de pernas abertas lavar roupa.

— Lourdes, prepare um cuscuz com coalhada para Agassiz e dê uma rede para ele dormir.

Perguntei pelo pessoal e os vaqueiros. Ele me respondeu:

— Mazagão pegou carrapato com a burra Espoleta, foi preciso eu receitar uma dose de tetrex, um antibiótico pesado na época.

— Que negão sacana, se ele pega um jumento ciumento por aí, olha lá.

Rimos muito com as histórias do Mazagão.

— Meu pai, esperei a resposta do senhor e não veio. Tenho a concessão de duas áreas de pesquisa, poderia ter requerido outra, mas o dever de consciência me limitou. Vamos trabalhar em conjunto com os outros mineradores, João Paulo e João Azevedo, formar uma associação ou cooperativa. – Olhou-me perplexo, com um semblante indefinido.

— Meu filho, você é um obstinado, nasceu para olhar alto e longe.

— Eu tenho os genes deste humanista com quem interajo e que se despojou de riquezas e está construindo uma monumental obra genealógica, *Os Oliveira Ledo*, e que fez das terras caririzeiras o seu templo de viver. Meu pai, eu venho do bandeirante Teodósio de Oliveira Ledo, fundador de Campina Grande e desbravador dos sertões nordestinos, eu venho desta valente mulher batizada de Josita, uma verdadeira Maria Quitéria. Assim, meu velho, não tenho ambições de riquezas, estou construindo um nome para a História, com risco da liberdade, suor e lágrimas. No horizonte, descortino a Assembleia Constituinte, vou alcançá-la.

— Não é muito sonho, meu filho? Sonhar é um devaneio, um pouco paranoico; acomodar-se é fraqueza. Dentro da nossa realidade, qual seria a sua ideia para uma melhor valorização do mercado da bentonita *in natura*?

— Meu pai, o senhor tem muita credibilidade junto aos mineradores. Leve para eles a proposta para a formação de uma cooperativa ou empresa, em que todos participem igualitariamente.

— Não pretendo participar da direção deste empreendimento, serei apenas um associado.

— Meu pai, na semana passada, doutor Ulysses me telefonou informando da entrada do projeto de lei do deputado Dante de Oliveira admitindo as eleições diretas para presidente, governadores e prefeitos das capitais e me convidou para participar da campanha de mobilização nacional. Prontifiquei-me.

– Se a vida pública é a sua vocação, construa a sua história; agora saiba que você já pagou pesado tributo por querer voar alto.

– A mediocridade conluiada poderá me abater, jamais me vencer.

– Se caso não der certo o nosso plano, o que você almeja fazer?

– Constituir uma empresa de mineração, entregar a Gizeuda, a sublime menina-moça de ontem transformada na calejada companheira de hoje. Podemos vencer a apequenada cultura do individualismo. Vi nos EUA e na Europa como está avançado o processo de organização societária das pequenas e médias empresas. Todos querem dividir responsabilidades para diminuir preocupações. Que grande estupidez acumular riquezas sob constante estresse, com sacrifício da saúde e liberdade. Aprendi com o mundo, ouvindo aqueles que souberam abrir caminhos.

– Meu pai, esta paz que o senhor construiu com a dadivosa mãe natureza não tem preço. Inteligentes, compreensivas, viajadas e, sobretudo, com ampla visão de mundo, as minhas irmãs saberão se integrar num forte esquema societário. Não seremos meros fornecedores de bentonita bruta, a fim de empanturrar a pança de ambiciosos grupos econômicos. Desta forma, seremos condenados a nos debatermos no atraso.

– Você esteve com Lansgstein, Agassiz?

– Há cinco dias, estive com ele na sua fazenda, em Sapucaia. Estava bem, naquela solidão que adora, curtindo o gado dele e novos cavalos que iriam correr em vaquejadas.[38]

---

38 Trago para as páginas, destas "Minhas Memórias", o meu irmão Langstein, um personagem que vive singular forma de vida, em que a vontade do seu eu dita as regras do seu convívio com os humanos; assim, identificou-se com o "selvagem nativo" de Rousseau. Na sua solidão telúrica, fez da casa-grande de "Sapucaia", rodeada de alpendres, com salas e quartos amplos, um templo em que se distanciou das conversas e futricas e salamaleques sociais. Porte físico médio, rosto arredondado, careca, Langstein se despojou de vaidades pessoais. A ditadura militar de 1964 golpeou a sua carreira política. Deputado estadual, descortinava a prefeitura de Campina Grande como a sua realização. Abatido pelo golpe militar, tomou o rumo das festividades rústicas das vaquejadas, em que ele próprio derrubava boi. Católico, os costumes mulçumanos o fascinavam, sobretudo o harém de mulheres, com as suas vestimentas de árabe e burga. Expus o plano de mineração e ele pouco se interessou. Este é um resumo na limitação deste ensaio.

CAMPANHA PELAS DIRETAS JÁ E A ASSEMBLEIA CONSTITUINTE

Longos anos de cerceamento das liberdades, de arrogância autoritária a ditar regras e comportamentos à sociedade, o esbanjamento imoral dos recursos públicos em obras faraônicas, o desfile satisfeito da impunidade dos genocidas e torturadores, os "suicídios" fabricados nos desvãos dos quartéis e delegacias de polícia, a juventude esmagada no seu vigor juvenil, a formação de uma rede de deduristas e informantes por todo o país, sobretudo nas escolas e universidades. Tudo isso levou a ditadura militar a se abismar na imoralidade e nos crimes de lesa-humanidade.

Um forte grito se estendeu por todo o país, e um eco de revolta alcançou o mundo: basta de ditadura, Diretas Já, e constituinte sim!

Uma geração enferma e medrosa, tocada pela centelha da liberdade, revigora-se e conduz com destemor o facho da rebeldia. Um Brasil, até então ajoelhado aos pés dos ditadores e tiranetes, levanta-se como uma força renovadora. Um novo Brasil amanhece.

Num trabalho de denodado convencimento junto aos parlamentares, o deputado Dante de Oliveira, após colher em torno de cento e setenta assinaturas de deputados e de trinta e um senadores, apresenta, de sua autoria, o projeto de emenda constitucional para a eleição direta do presidente da República, em dois de março de 1983.

Como uma centelha radiante, o país emerge de uma longa noite de 20 anos; um clamor ecoa num ribombar de vozes: queremos votar para presidente. Grupos de civis e militares, encastelados no poder, verdadeiras vivandeiras dos quartéis, procuram deter, por meio de atos terroristas, a marcha da liberdade.

Em certo dia de abril de 1983, recebi da direção do PMDB, telefonema me convocando para participar de encontro a se realizar no auditório Nereu Ramos, na Câmara dos Deputados. No dia marcado, estava lá. Lideranças de todos os estados participaram, e uma frente de forte determinação foi se formando. Doutor

Ulysses Guimarães abre o encontro com o auditório repleto de militantes, que calorosamente o aplaudiam.

Numa certa altura, doutor Ulysses conclama a nação a formar uma frente ampla pela democracia. Aplausos frenéticos ecoam e gritos retumbam: Diretas Já, constituinte sim. Líderes a nível nacional usam da palavra, entre eles, Fernando Henrique Cardoso, Valdir Pires, Franco Montoro, Orestes Quércia e Humberto Lucena. Encerrando, Mário Covas vai à tribuna. Vulto de rosto rústico e forte, voz de barítono, eloquente oratória de lógica persuasiva, Covas se transfigurava num verdadeiro Danton da Revolução Francesa. Representativos líderes sindicais, universitários e artistas discursavam. No meio do auditório, levanta-se a voz de uma mulher valente, cujo tom emocionante e enérgico silenciou a todos:

– Sangra o meu coração de mãe, pesadelos abalam as minhas noites, desde julho de 1974, quando monstros da ditadura militar mataram nas selvas do Araguaia a minha Diná (Dinalva de Oliveira) e lançaram o seu corpo juvenil aos abutres, como dezenas de outros jovens que sonhavam com um Brasil liberto da tirania.

Num impulso de apoio e solidariedade, o auditório em peso se levanta. Sob aplausos calorosos e gritos frenéticos, todos gritam: diretas já!!

O encontro se encerra com esta decisão: formação de uma frente democrática com a participação de partidos, intelectuais, artistas, trabalhadores, representantes dos mais amplos segmentos da sociedade, em defesa de eleições livres e diretas para presidente e a instalação de uma assembleia constituinte.

Volto à Paraíba. Aquele burburinho no auditório, a movimentação frenética de homens e mulheres em busca da liberdade, a palavra de eloquentes oradores, o grito lancinante de uma mãe, tudo isso me chega como um chamamento para a luta. No horizonte do tempo, antevi a flama luminosa da Assembleia Constituinte e a arrebatadora campanha: quero votar para presidente; diretas já!!

Encorajei-me. Fiz das noites e dias um despertar de consciências. Convoquei os fortes para a legião das liberdades democráticas, distanciando-me dos indignos e fugindo dos mercenários e trânsfugas.

Dos púlpitos dos salões paroquiais, das tribunas de auditórios, de bancos em feiras livres, da carroceria da velha caminhonete de Zé Américo, levantei a minha palavra em defesa de eleições diretas para presidente, restituindo ao povo brasileiro o direito de escolher o mandatário da nação e a convocação de uma Assembleia Constituinte no propósito de elaborar um novo ordenamento político, jurídico e social. Se não me ouvirem, falarei aos peixes, como pregava o padre Antônio Vieira, no sermão da *Quarta-feira de Cinzas* em São Luís, Maranhão. O prioritário pensamento da lei humana é confiar em si, saber enfrentar adversidades e não se abater nas primeiras derrotas. Olhava a Constituinte como um facho luminoso após esses anos de trevas. Os temperamentos firmes abraçam ideais e por eles lutam, vencendo obstáculos: os homens se ajoelham à espera da primeira ordem.

Paro nessas reflexões. Ouço uma voz a ecoar da arquidiocese da Paraíba e que se estende pelos campos e cidades do estado a pregar a palavra do Deus do Gólgota aos infortunados. Que voz pastoral era essa? De Dom José Maria Pires. A quem perguntei se a palavra de um defensor das liberdades democráticas poderia ser ouvida dos púlpitos paroquiais.

– Toda a palavra que tenha o anseio de liberdade será bem-vinda.

O regime autoritário definhava como um enfermo terminal. A Medusa de mil tentáculos, que asfixiou a nação por anos e anos, cambaleava e os seus sequazes fugiram como ratazanas de um navio em naufrágio.

Existia na consciência dos brasileiros um sentimento represado de liberdade, que o medo do poder autoritário impunha – o medo de que fala Mira y Lopes. De todos os rincões do país, até do Xingu, Araguaia, São Borja, de pequenas cidades dos cariris paraibanos, Boa Vista, Cabaceiras, Barra de Santana, vozes ecoam num brado uníssono: basta de ditadura, queremos votar para presidente, diretas já!

Sob o signo de um libertador e de repúdio a uma data fatídica, a campanha das Diretas Já teve marco inicial no dia 31 de março de 1983, na cidade de Abreu e Lima, Pernambuco. Passo a passo, a bandeira da libertação tremulava e ia se agigantando nas mãos de milhões de brasileiros, em cujos semblantes estampavam a chama da esperança.

Que momento histórico! Tive a ventura de participar da memorial convocação cívica e expressar os meus sentimentos. A ditadura arrancou pedaços da minha juventude. Não me apequeno em odiar os meus algozes, lamento a nação não ter punido os torturadores e genocidas. Essa cumplicidade dolosa mancha os anais da história.

Retornemos à marcha pela campanha das Diretas Já. Em 15 de junho, realiza-se concentração popular em Goiânia, convocada por Iris Resende, onde estive presente. Em 10 de fevereiro, com a participação de doutor Ulysses Guimarães, Teotônio Vilela, Humberto Lucena, Tancredo Neves, Ronaldo Cunha Lima, Agassiz Almeida, Antônio Mariz, a cidade de João Pessoa ouviria a voz destes oradores. Deixei estas palavras:

– A liberdade é a força motora que move o ser humano; é irmãmente a sua razão de existir. Este momento nos fala bem alto; desperta consciências algemadas por décadas de autoritarismo.

Em 1930, a pouca distância deste histórico Ponto de Cem Reis, um vulto num gesto de indignação abalou o país, e despertou as consciências livres: nego governos que se ajoelham diante do poder central; nego aos usurpadores do poder o direito de fazer da soberania popular uma megera de suas vontades. No panteão da história, reluz o nome deste vulto: presidente João Pessoa. Transcorridas décadas e décadas daquele gesto, que momento sombrio vivemos hoje!!! Que este clamor se faça ouvir. Vilipendiadores da soberania popular, devolvam ao povo brasileiro o direito de escolher o seu presidente, votando em eleições livres. Generais, oh, generais, restituam à nação a liberdade, usurpada por baionetas, o direito de determinar o seu destino. Até a vitória da liberdade, conterrâneos!

Cresce a mobilização por todo o país da campanha pelas Diretas Já. Um burburinho cívico sacode a nação, partindo de homens, mulheres e crianças. A alma do povo brasileiro regurgita em todas as camadas sociais. De grandes e de pequenas cidades e distritos, ouve-se o clamor: basta de ditadura, Diretas Já.

Em sete de setembro, Salvador recebe a caravana da liberdade; Curitiba, em 25 de outubro; São Paulo e Porto Alegre, em novembro; Fortaleza, 3 de dezembro. Em 11 de janeiro de 1984, grande concentração mobiliza o Recife, com mais de duzentos mil participantes. Nos dias 10 e 16 de abril, no Rio de Janeiro e São Paulo, o fervor pela liberdade de o povo brasileiro escolher o seu destino alcança o auge com a presença de um milhão de participantes no Rio de Janeiro e um milhão e quinhentas mil pessoas, em São Paulo. Um mar de libertários se concentram na praça da Sé, com enorme passeata até o Vale do Anhangabaú. Irmanam-se no mesmo sentimento da chama democrática cariocas e paulistas. Nessas históricas concentrações, baluartes líderes de resistência à ditadura, artistas e cancioneiros da alma popular.

Fizeram-se presentes num coro uníssono que retumbou por todo o país, entre outros, Ulysses Guimarães, Leonel Brizola, Tancredo Neves, Luiz Inácio Lula da Silva, Orestes Quércia, Fernando Henrique Cardoso, Franco Montoro e os artistas Chico Buarque de Holanda, Milton Nascimento, Caetano Veloso, Martinho da Vila, Fernanda Montenegro e a musa das Diretas Já, Fafá de Belém, com o canto melodioso do Hino Nacional, soltou de suas mãos uma pomba branca. E abraçado à minha companheira Gizeuda, lacrimejei.

Que momento de grandeza histórica! Saltou-me à mente o 14 de julho de 1789, a queda da Bastilha na França.

Os fatos históricos sempre me nortearam. Poucos dias depois, 25 de abril, a nação iria assistir mais um ato apequenado e tacanho das elites atreladas ao poder. Desabou como um petardo na consciência dos homens livres o *veredictum* vergonhoso: a Câmara dos Deputados rejeita a emenda pelas Diretas Já.

Gritos de revoltas ecoam das galerias, em meio ao canto retumbante do Hino Nacional. Enorme pranto de dor cobre a nação.

No dia D uma ressaca cívica de abatimento envolve o país, deixando nos anais da história esta mancha; o Dia da Vergonha Nacional: 25 de abril de 1984.

De volta à Paraíba, no voo São Paulo-Recife, passageiros e tripulantes se entreolham como vindos de um velório.

Refaço as minhas forças emocionalmente abatidas. Pensei: a vida é assim, um mar revolto de derrotas e vitórias. Retorno a campanha pela Constituinte. Na universidade, fonte legítima do borbulhar das novas gerações, encontro revigorante incentivo. "Professor... Professor, que vergonha aqueles deputados, mercenários e traidores"; ouvia estas palavras de uma juventude indignada, os respondia: vamos caminhar e olhar para frente; desistir jamais.

A derrota da emenda constitucional das Diretas Já imposta pelos deputados deixou no povo brasileiro um sentimento de frustração desabafado nas eleições de 15 de novembro de 1986, na escolha de grande parte de deputados federais constituintes, entre aqueles que marcaram a sua história na resistência à ditadura militar.

São as sagradas indignações cívicas, na expressão de Dom Helder Câmara no momento em que me visitava no Forte das Cinco Pontas, em Recife, em abril de 1964.

A campanha de mobilização para a escolha dos constituintes em 1986 ocorreu num crescente despertar de consciência. De vários setores, universitários, clericais e sindicais, convites me eram dirigidos – verdadeiros chamamentos – para encontros e reuniões.

Queriam ouvir a palavra de um viandante que viveu os tortuosos caminhos na luta contra o regime autoritário.

Em certo dia, num salão paroquial, em setembro de 1984, quando falava ao lado de Polion Carneiro e Rui Gouveia, um doente fanático disparou gritos histéricos: "satanás... satanás, a sua palavra vem das profundezas do inferno". Gritei "calma... calma!". "Você está desvairado" – ele berrava possesso. Uns cem participantes se levantaram e expulsaram o tresloucado.

Aprendi: o fanatismo é uma síndrome desfigurante da capacidade de pensar do ser humano. Nas minhas peregrinações, algumas vezes me deparei com esses tipos; são lunáticos. Quando o pensamento do interlocutor ou ouvinte perde a lógica, a resposta é calar. O silêncio se torna eloquente. Esses vultos, quando se apossam do poder ou alcançam altos escalões, são destrutíveis. O que os move? A morte, a dor dos outros, o sofrimento da população, a tortura, a degradação das minorias. Olhemos a história: Hitler, Alemanha, decidindo pela solução final: *exterminem os judeus*. Franco, Espanha, o *viva la Muerte*. Mussolini, Itália, *pátria ou morte*. Idi

Amin Dada, Uganda, *eu sou a salvação*. Videla, Argentina, *morte aos traidores*. Bolsonaro, Brasil, *"viva a tortura, e daí? Eu não sou coveiro, todo mundo vai morrer um dia"*. Isto num deboche em face de mais de quinhentas mil mortes pela COVID-19. A psiquiatria os define como psicopatas: indivíduos de comportamentos impulsivos, agressivos, manipuladores, egocêntricos, desprezam os outros e falta empatia com a população. Ensanguentam comunidades com torturas coletivas e mortes impulsionados por um prazer mórbido. Basta aprofundar a análise sobre esses deformados. A História é implacável com esses genocidas.

Em 15 de janeiro de 1985, o colégio eleitoral, integrado por parlamentares da Câmara dos Deputados e do Senado, elege Tancredo Neves presidente da República. Alguns meses depois ele vai a óbito, assumindo o vice José Sarney.

Numa sessão histórica e sob grande expectativa da nação, a Câmara dos Deputados e o Senado Federal se reúnem no dia 27 de novembro de 1985, na sede do Congresso Nacional, e conjuntamente, por meio de suas Mesas Diretoras, promulgam a emenda constitucional de número 26, de 27 de novembro de 1985. Convocam Assembleia Nacional Constituinte livre e soberana, a ser instalada no dia 1º de fevereiro de 1987, propositura convocatória subscrita por Ulysses Guimarães, pela Câmara dos Deputados, e José Fragelli, pelo Senado Federal.

Com o passar dos meses, a minha campanha vai ganhando impulso. No dia 21 de abril de 1986, o PMDB realiza convenção estadual, sob a presidência do senador Humberto Lucena, na sede do clube Astreia, em João Pessoa, e, com aprovação unânime dos convencionais indicam Tarcísio Burity candidato a governador, Humberto Lucena e Raimundo Lira candidatos a senadores e as chapas de deputados federais e estaduais. Concorreram como candidatos à Assembleia Nacional Constituinte estes nomes: Antônio Mariz, Agassiz Almeida, Aluízio Campos, Cássio Cunha Lima, João Agripino Neto, Eurico Rangel, Edvaldo Mota e outros.

Mobilizo a minha equipe de publicidade e organização de eventos, sob a coordenação de Machado Bittencourt, Carlos Alberto. Publicidades são lançadas.

"Constituinte livre, constituição progressista"; "Agassiz tem história"; "Agassiz é um calejado nas lutas"; "Agassiz, um democrata já aprovado".

A caravana da liberdade, sob o comando do senador Humberto Lucena, avança por toda a Paraíba, nas grandes e pequenas cidades, alcançando distritos e zona rural. Disse Ulysses Guimarães, no grande comício de encerramento no dia 28 de outubro, no parque da Lagoa, em João Pessoa: "só dois caminhos existem para o povo brasileiro, um que leva a democracia a iluminar um novo Brasil; o outro nos conduz a sustentar a servidão ditatorial que garroteou a nação por 21 anos".

Deixei estas palavras:

Paraibanos! A ditadura por anos e anos algemou a consciência do povo brasileiro pelo medo, e o fez servil de seu autoritarismo. Quebramos as algemas e estamos traçando o destino de um povo livre. Façamos a hora e não esperemos acontecer, na canção do poeta compositor Geraldo Vandré. Com estas palavras, peço passagem a juventude: é ela que renova o amanhã deste país. Não recebam migalhas, oh, jovens, nos banquetes dos poderosos, com estudo e perseverança construam o seu próprio destino. Como foi tão rápida a passagem do tempo; ontem embalava sonhos, hoje vislumbro tão perto o raiar de uma Assembleia Constituinte.

Em suas mãos, paraibanos, a escolha daqueles que irão elaborar um novo ordenamento político e jurídico para a nação, pontuando a sua decisão na independência e capacidade de decisão do Constituinte. Diz a história que a liberdade é apanágio dos povos que aspiram construir um grande futuro. O autoritarismo obscureceu, este ideal; vamos refazê-lo e torná-lo forte. O 15 de novembro é agora, o ano de 1986 amanhã.

Discursaram ainda naquela monumental concentração de uns oitenta mil participantes Antônio Mariz, Humberto Lucena, Ronaldo Cunha Lima, Carneiro Arnaud e, encerrando, o velho timoneiro da resistência democrática, Ulysses Guimarães.

A campanha ganhava intensidade e eu me desdobrava num ritmo alucinante. Tudo que eu tinha conseguido de apoio até agora me dava uma sensação de que estava fazendo a coisa certa. O tempo se afunila. Somos impelidos a uma maratona e nos transformamos em verdadeiros centauros aflitos em que a meta de chegada se vislumbrava numa miragem no deserto. Comícios, passeatas e reuniões se sucedem num ritmo em que os dias se prolongam nas noites. Desconheço o descanso e tento driblar o cansaço tomando Coca-Cola com café quente, mistura energética que aumenta a resistência orgânica. Perco o apetite. Em poucos dias pareço com um faquir indiano.

Tião, meu motorista, um moreno forte, definha; algumas vezes ele cochilava no volante. Da caminhonete dupla cabine fiz um apartamento ambulante e, no banco traseiro, cama de dormir em que as poucas horas de sono se entrecortam com fugazes despertar.

Numa noite de chuva, estrada lamacenta, me assalta este pesadelo a me lançar no purgatório de Dante, descrito na sua obra *A Divina Comédia*, em que sou empurrado num sombrio corredor por deformados tipos humanos, com chifres, barba de bode e olhos de hidra. Soluço, um soluço abafado. E, em meio a uma macabra dança, esses fantasmas humanos pulgavam num dialeto misto de português e mandarim: bandido, bandido serás julgado pelo nosso *pater eterno*, uma voz ecoou da caverna de Platão. Agora será jogueteado infinitamente por noites intermináveis, entre o inferno e paraíso, num verdadeiro suplício de Sísifo. Debato-me, bato na lataria da caminhonete, e Tião se agita, doutor está passando mal? Acordo todo suado.

– Tive um pesadelo danado, Tião.

Refleti: a vida política nesse período de campanha retrata o drama do purgatório de Dante, constantes incertezas e fugazes horas de alegria. Aos encontrões com circunstâncias inesperadas por tipos humanos desencontrados; poetas, lunáticos, vendedores de ilusão, mitômanos inveterados, tresloucados tribunos – doutor Mário, Moacir Tier e Mocidade – Messalinas, vivandeiras de palanques. Essa galeria humana me lembra a atração que os insetos têm pela luz.

No entanto, em contraponto a esse quadro, encontrei pujantes idealistas, em valentes mulheres e homens dignos, abraçados com empenho às justas causas. Nas escolas, nas faculdades, nos templos religiosos e até em palanques, conheci homens altivos e jovens insurgentes contra as brutas injustiças de uma sociedade selvagem, em que uma minoria encastelada no poder, econômico ou político, sangra a seiva produtiva da nação.

Na viagem, procurei me encontrar no espaço-tempo.

– Tião, que dia é hoje?

Dominava-me esgotamento físico e mental, a capacidade de criar pensamentos se diluía, repetia chavões e bordões nos comícios, tinha dificuldade na articulação da lógica. Fui me tornando um sonâmbulo de mim mesmo e recordações me vinham de festivos momentos dos carnavais no Clube Cabo Branco em João Pessoa, da noite de vermelho e branco, com ar aromatizado do lança-perfume, acompanhado de Gizeuda, meus irmãos e irmãs eu tomava homéricos porres de lança-perfume.

Retornei à realidade cruel e desafiadora da campanha.

– Onde estamos, Tião?

Perto de Pombal.

– Que horas?

– Nove horas.

– Vamos para a residência de Dona Dalva Carneiro (mãe de Carneiro e Rafael Arnaud).

Que senhora educada e inteligente:

— Chateaubriand, Agassiz está aqui. É uma satisfação recebê-lo. Os meninos gostam muito de você, e Rui também gostava.

— Doutor Rui deixou um legado de trabalho e espírito público.

Dona Dalva mandou preparar um lanche reforçado, coalhada com cuscuz.

— Dona Dalva, tenho que sair já, vou a comícios em Antenor Navarro e Cajazeiras. O Tião tem um pé firme. Recomendações aos "meninos".

Sábado à noite, um entusiasmo cívico se derramava pelas ruas de Antenor, numa efervescência popular contagiante, embolada por esta musa da liberdade: a democracia pipocava foguetões, de carros de som ouviam músicas de campanha, e este bordão ecoava: *Para frente Paraíba, o governador é Burity, e o senador Humberto Lucena.*

Estavam no palanque Humberto Lucena, Tarcísio Burity, Carneiro Arnaud, João Agripino Neto, Ronaldo Cunha Lima e Agassiz Almeida.

Dali, segui com a caravana do PMDB para Cajazeiras. Quase duas horas da madrugada, uma onda de sentimentos represados se estendia por todo o estado, em Cajazeiras ela se agigantou e um grito ecoou: Constituinte livre e soberana.

Sob o pálio deste legendário bordão – a cidade que ensinou a Paraíba a ler, Cajazeiras, manda esta mensagem ao Brasil: liberdade acima de tudo! Os líderes pmdbistas que discursaram em Antenor Navarro deixaram palavra de altivez em Cajazeiras. O meu discurso encerrei com esta expressão: foi aqui, em Cajazeiras, nesta fonte do saber, que o padre Cícero Romão aprendeu a ler.

O calendário marcava dez de novembro, no dia quinze ocorreriam as eleições. Logo ao amanhecer, como diz o matuto, "botei o pé no mundo". Assumi com os meus amigos e correligionários o compromisso de que estaria presente no encerramento dos comícios em Esperança, Alagoa Nova e Guarabira.

— Tião, você está firme, tome o rumo de Campina.

— Doutor, o negão aqui tá de orelhas acesas.

— Paquerou alguém por aí?

— Vontade eu tive, mas o trabalho não deixa.

— Cuidado, fique com o revólver perto de você, aqui atrás eu me garanto no Magnum 45. Esta região de fronteira está infestada de pistoleiro.

— Doutor, fique tranquilo, pra esta gente tô acordado. Em Antenor dei o fora em dois cabras mau encarados.

De vez em quando, tenho uma fome danada.

— Não tenha acanhamento, pare o carro e se alimente. Não se esqueça, em Patos abasteça a caminhonete e a caixa de alimentos e água gelada. Passe na casa de Polion e deixe este bilhete. Se eu tiver dormindo, não me acorde.

— Doutor, já ia me esquecendo: em Cajazeiras duas moças bonitas disseram que iam votar no senhor e perguntaram se as mechas brancas do seu cabelo eram pintadas. Eu disse: pergunte a ele.

— Ora, Tião, não é assim que se responde às pessoas. Agradeça o voto e sobre o cabelo fique calado.

— Tá certo, doutor, me desculpe, agora aprendi.

— Em Juazeirinho quero falar com Genival Matias e com o presidente do Sindicato Rural. De Juazeirinho vá para Esperança, a sua terra, onde a campanha se encerra hoje à noite.

O cansaço me abatia. Fiz do banco traseiro uma cama e dormi o sono de Morfeu. Já anoitecia quando cheguei a Juazeirinho. Zé Macedo, o presidente do sindicato, abraçou-me efusivamente:

— Doutor, a sua campanha está vitoriosa, o povo quer votar no senhor e diz: é um homem sofrido que não abriu para a ditadura e tem uma história de luta.

O serviço de som do sindicato anunciava: está em Juazeirinho o deputado federal da Paraíba. Genival não estava na cidade, mas deixei um bilhete para ele.

— Vamos, Tião, hoje à noite vou amanhecer o dia e virar tetéu.

Em Esperança, na praça de frente da igreja matriz se realizava o comício. Ouvi a voz eloquente do tribuno Raimundo Asfora, candidato a vice-governador. Suas palavras ecoavam: a Paraíba olha o futuro e já escolheu o caminho, o outro atraso, é marcha ré. José Torres e o padre Palmeira me esperam. Abraçam-me.

— Vamos pra frente, o seu nome é muito leve. Universitários que estudam em Campina vão votar em você — Padre Palmeira falou. — Visitei Dom Helder Câmara, em Recife, e ele perguntou pelo senhor, e lhe elogiou. Dom José Maria Pires também. Se tiver tempo, venha fazer uma palestra aqui, no salão paroquial.

— Depois da eleição eu faço.

Estavam no palanque Humberto Lucena, Burity, Cássio Cunha Lima, João Agripino Neto. Deixei estas palavras: a ditadura arrancou do povo brasileiro a sua liberdade, dos jovens a sua esperança, e dos trabalhadores, operários e servidores públicos o suor do seu rosto. A ditadura odeia greve de trabalhadores e é crime.

Deixei o comício quase correndo.

O tempo corria. Toquei a máquina para Alagoa Nova. Nesta cidade, recebo calorosa recepção comandada pelo prefeito Evaldo Morais, ex-prefeito Otavio Leite e o tabelião Alípio Bezerra. Discursaram e já viajaram Tarcísio Burity, Humberto Lucena, Raimundo Lira e João Agripino Neto. Anuncia o locutor num estridente som:

— Está chegando em nossa terra Agassiz Almeida, a voz altiva da Paraíba, e futuro deputado constituinte.

Um eco se distende na multidão de dez mil vozes; Agassiz, o deputado federal da Paraíba. Estavam no palanque, Ronaldo Cunha Lima, Aluízio Campos, Robson Dutra e Félix Araújo. Ivaldo Morais discursou:

– Agassiz Almeida conduz a chama de um revolucionário social e venceu as adversidades que a ditadura lhe impôs. É madeira que o cupim não rói.

Deixei estas palavras:

– Venho de Cajazeiras, do alto sertão da Paraíba, quase 500 quilômetros daqui, varei a madrugada, mas não podia faltar ao chamamento de Ivaldo Morais e Otávio Leite, dois semeadores do bem nesta aguerrida Alagoa Nova. Daqui vejo dezenas de calejados trabalhadores do campo, entre eles, Mané Sampaio, Zé Cotó, Pedão do Serrado, e este devotado Manoel João, que esteve ao meu lado na vitoriosa luta pela desapropriação e na minirreforma agrária das terras do Serrado, um latifúndio improdutivo. Alegra-me saber da alta produtividade agrícola desse assentamento. Olhem, companheiros do Serrado, depois das eleições vou passar um dia com vocês, dançando forró, comendo buchada de bode e tomando cachaça Pitu.

Gritei:

– Manezão, Zefinha sabe preparar uma buchada? Muito obrigado pelo caloroso apoio, até o dia da vitória. Virei um bacurau.

Toquei para Guarabira. A caminhonete só não fazia voar. Antes da meia-noite, me aproximo da "rainha do brejo", e logo ao entrar na avenida Dom Pedro II um impacto emocionante. Que multidão! Deu-me a sensação de que a população do brejo desagua ali, de Araçagi, Cuitegi, Alagoinha, Pirpirituba.

Bandeirolas tremulavam, milhares de braços se erguiam ritmados ao som da canção, "está chegando a hora e vai raiar o dia da liberdade". Faixas se estendiam por vários cantos, uma delas estampava: "O senador é Humberto e o constituinte Agassiz". Em discurso inflamado, ouvia a voz de Assis Lemos, companheiro de tantas jornadas; irmanados, enfrentamos juntos pesadas adversidades e desafios. Inabalável nas suas convicções, abraçou a causa camponesa numa devoção apostolar. Velho companheiro, juntos a baba odienta dos golpistas de 64 nos atingiu. Conhecemos as fronteiras da animalidade humana. No palanque, lá estavam o timoneiro Osmar de Aquino, Antônio Mariz, Humberto Lucena, Ronaldo Cunha Lima, Raimundo Asfora, Tarcísio Burity, Carneiro Arnaud. Num palanque anexo, e com uma pança avantajada, Genival Lacerda e o seu conjunto musical tocava a música *Severina Xique-Xique*.

Entusiasticamente, o locutor anuncia:

– Atenção, guarabirenses, atenção; vai chegando o constituinte da Paraíba, Agassiz Almeida.

Do tablado, vi naquelas milhares de cabeças a explosão de um sentimento: a liberdade, apanágio do próprio ser humano.

Do seu semblante, que algumas vezes se avermelhava de emoção, Osmar de Aquino irradiava a chama de um vencedor. Estive ao seu lado em várias pelejas empunhando a bandeira das reformas estruturais para o país. Genival Lacerda, de repente, pega o microfone e anuncia:

— Vamos ouvir o cancioneiro das madrugadas guarabirenses, o tribuno da Paraíba, Osmar de Aquino.

Fixamente, olhou a multidão, pegou no cinturão, num toque nervoso, e disparou:

— O que posso fazer pela minha Guarabira, em cujo berço embalei os meus sonhos de adolescente, elegendo-me deputado federal constituinte em 1946, num consagrado prêmio? De vossas mãos, oh, Guarabirenses, me levastes em 1946 ao palácio do Monroe, no Rio de Janeiro, e de lá falei ao Brasil. E num empenho de integração nacional elaboramos a Constituição democrática de 1946.

— Desta praça, palco de tão memoráveis pelejas, estendo as mãos aos guarabirenses, e falo num sentimento fraterno. Vamos vencer os sequazes da ditadura, que fizeram do nosso país um campo de tortura, mortes e desaparecimentos de presos. Até à vitória, companheiros.

O locutor continua:

— Agora tem a palavra um caminhante carregado de cicatrizes e espinhos, mas não se curvou, fala Agassiz Almeida, a patativa da Borborema.

— Guarabirenses! Nesses últimos trinta dias de campanha, desconheço o alvorecer do dia e o entardecer da noite. Ontem, de madrugada, parti de Cajazeiras, que nos separam quase 500 quilômetros. Como um tropeiro da Borborema do século XVII, após longa jornada, chego a Guarabira, terra onde aprendi a lutar, e clamo que chegou a democracia, devolvendo ao povo brasileiro o soberano direito de escolher o seu próprio destino, usurpado pela ditadura por 21 anos. Pelas mãos de um povo livre, e seguindo as pegadas de Osmar de Aquino, constituinte de 1946, eu serei uma voz altiva como constituinte de 1988. Até a vitória.

— Vamos, Tião, o amanhecer nos espera.

Noites mal dormidas e dias de intensas atividades, sinto a cabeça pesada. Deito-me na poltrona improvisada do banco traseiro da caminhonete e caio num profundo sono.

— Doutor, doutor, chegamos a Campina.

Tonto, ainda sonolento indago:

— Já é Campina, Tião?

O meu organismo se intoxicava do excesso de café e Coca-Cola. Ouvi as rádios Borborema e Caturité anunciarem o comício de encerramento para o próximo dia 12 (quinta-feira), sob o som da música: *Paraíba, mulher macho, sim senhor*. Cambaleava de cansaço, tomei um banho quente e dormi. Às onze e meia, acordei, um esmorecimento me domina, sinto o corpo quente.

– Gizeuda, traz um chá de alho, limão e mel de abelha.

Reanimo-me um pouco. Um temor me chega como um eco de um trovão ao longe. Não, não posso fraquejar. Logo agora às portas das eleições, farei como El Cid, o libertador da Espanha, que, quase morto, comandou uma batalha decisiva. Febre de mais de 39 graus e dor de cabeça aguda me atingiram. Sobressalta-me um grande medo; o medo de não poder participar do comício de encerramento de Campina. Um pânico me arrasta a um rodopiar de interrogações temerosas. Vi cair sobre o meu mundo de utopia, embalado desde os meus 20 anos, um medo enorme: não serei constituinte; um eco destas palavras ribombava nos meus ouvidos.

O fantasma da derrota me apavora. Como um suplício chinês, ouço um murmúrio soturno: constituintes nas vidas dos povos são raras. Gizeuda telefona para doutor Firmino Brasileiro, médico e amigo da família. Em pouco tempo, chegou e soltou:

– Você, Agassiz, é baraúna do cariri, suporta secas e tempestades. Receitou alguns medicamentos e recomendou repouso. Lentamente, fui perdendo a lógica do raciocínio e caí no sono. Poucas horas depois, um enorme pesadelo me lança na caverna de Platão. Ali a escuridão é trevosa. Avantajadas aranhas de mil tentáculos e formigas monstruosas me rodeiam, e um inseto hipertrofiado levanta as suas garras, é o metamorfoseado de Kafka. Um eco dantesco ruge: aqui, nesta antessala do inferno, cessam todas as esperanças em meio a estes monstros, ouço gritos lancinantes de milhares de judeus no crematório nazista de Auschwitz. Um tipo sádico, com a suástica nazista na camisa, assiste inebriado àquela monstruosidade. Platão pergunta ao mestre Sócrates: *Quem é aquele infame?* É lá do Brasil, viveu na segunda década do século XXI, e matou por sua anormalidade e incúria mais de seiscentos mil compatriotas, durante a pandemia de Covid-19. Qual o destino dele? O Tribunal Penal Internacional de Haia.

Rolo na cama e abruptamente me levanto todo suado. Depois que eu fui preso pela ditadura fiquei tendo estes pesadelos.

– O que é isto, meu filho? – Gizeuda me pergunta.

– Que pesadelo terrível!

– Olhe, falei com Humberto Lucena, e acertei com ele para Agassiz Filho falar no comício de encerramento de Campina Grande. Tudo certo.

Dia 12 de novembro (quinta-feira). A cidade se veste de democracia envolta pela magia da liberdade a pulsar por novos tempos. Parece um arrastão patriótico impulsionado por milhares de mãos na praça da Bandeira, dois palanques são armados iluminados por feéricas luzes. Sob os sons das músicas *Bandeira branca*, *Asa branca* e *Súplica cearense*, cantadas por Elba Ramalho e Capilé, tem início a esperada festa democrática.

O prefeito Ronaldo Cunha Lima, em vibrante e poético pronunciamento, conclama as consciências livres a elegerem Burity, Humberto Lucena e Raimundo Lira. Oradores se sucedem e a multidão ouve a palavra do consagrado tribuno Raimundo Asfora. O locutor, em exaltado tom, anuncia: em nome das crianças e adolescentes, fala Agassiz Almeida Filho.

– Campinenses! Nesses meus 12 anos, como me alegra viver estes anos, como me alegra viver este momento de festa democrática. Abatido por uma forte gripe, represento o meu pai neste memorável encontro cívico dos descendentes dos tropeiros da Borborema. Nesta hora, mando um abraço aos meus colegas do colégio Domingo Sálvio e a todas as crianças de Campina Grande e, ao mesmo tempo, faço este apelo: peçam aos seus pais para defenderem no próximo domingo a democracia, elegendo os candidatos do MDB e também o meu pai, que lutou tanto pela democracia e pelos direitos dos trabalhadores e direitos humanos. Esta noite de tanta beleza democrática ficará na minha lembrança, e eu levarei pela vida afora. Até domingo, campinenses.

Chegamos ao 15 de novembro, o dia D. Ligeira brisa sopra ao amanhecer. Cessa a maratona, o vale-tudo de comícios e viagens, chega a preocupação do transcorrer das eleições nos municípios onde espero ser bem sufragado.

Avançam as horas; correligionários vão à minha residência no Alto Branco. A todos transmito confiança na vitória: vamos ganhar. Cresce o vai e vem de eleitores às sessões eleitorais. Telefono aos líderes que me apoiam em vários municípios e procuro saber o desenrolar da eleição. A votação se encerra às dezessete horas. Inicia-se o processo de apuração, contados maquinalmente voto a voto. A abertura das primeiras urnas em Campina Grande me entusiasma, mantendo a minha colocação entre o segundo e o terceiro colocado, com Cássio Cunha Lima, filho do prefeito, com expressiva votação. Aluízio Campos vai sendo bem votado em vários bairros.

De João Pessoa, recebo informações de constante e expressivo resultado. De Patos, o companheiro Polion Carneiro solta o seu desabafo: do empenhado chão dos sertões nasce um legítimo constituinte.

– Muito obrigado, Polion, antevemos um raiar de novos tempos.

Essa intensa expectativa me esgota. Pesado sono me domina. Avança a apuração. No dia dezessete se define a vitória esmagadora de Burity, governador, e Humberto Lucena e Raimundo Lira, senadores.

Elejo-me deputado federal constituinte. Ideal alcançado. No cair da tarde do dia dezessete de novembro, minha mãe, entre risos entrecortados de lágrimas, muito emocionada, e numa eclosão do recôndito de sua alma, derrama estas palavras:

– Meu filho, acabei de ouvir pela rádio Borborema, em boletim expedido pelo TRE, há poucos minutos em resultado oficial, a tua eleição para deputado. Oh, conquistastes o teu ideal, sonhado desde a tua mocidade, és constituinte do Brasil.

Gizeuda, a companheira de tantas jornadas, abraçou-me e caiu em pranto. Petrificado, solucei um soluço abafado.

Minha mãe recorda passagens da minha juventude.

– Quantas vezes te vi debruçado nos livros de Carlyle e Louis Blanc (autores que retratam a Revolução Francesa). Quantas vezes tu me falavas da Queda da Bastilha, dos Estados Gerais, da Assembleia Nacional Francesa, da Declaração dos Direitos do Homem e do Cidadão. Parecia que tu estavas lá, ao lado de Danton, Robespierre e Marat. Oh, meu filho, conheceste as galés trevosas dos condenados sem culpa, e hoje, pelas mãos divinas, recebes o troféu de um vencedor.

Por instante, paraliso a minha mente. Olho e não vejo nada. Irrompe dentro de mim uma fagulha a acender recordações, a saudade da partida sem volta, o enorme vazio ausente neste momento: o meu velho pai, que partiu da vida em 18 de janeiro de 1980; por estar viajando pelo Oriente Médio, à época, região de difícil comunicação, não pude deixar o meu infinito adeus. No entanto, cumpri o seu último desejo: preservar a sua obra *Genealogia dos Oliveira Ledo* e, para tanto, consegui publicar a 2ª edição desse livro pela gráfica do Senado.

Por dias e meses, numa maratona quase interminável, não consigo permanecer acordado. Caio num profundo sono de Morfeu, por três dias. Desperta-me o sentimento de gratidão; preciso agradecer aos amigos e correligionários que sufragaram o meu nome.

– Vamos viajar, Tião, o meu destino é a de um cigano. – Por mais de dez dias, varei a Paraíba, estendendo as mãos e um abraço de agradecimento a um criador de bode, no cariri, a um camponês calejado no eito da cana-de-açúcar, em Sapé, a um gesto de sensibilidade a Dom Helder Câmara.

A natureza humana se diferencia das demais espécies por estas singularidades: pensar com sabedoria e ter gratidão. Brutamontes são os que desconhecem os gestos de apoio e solidariedade. Vegetam numa caverna individualista, correm os dias; o fardo da responsabilidade histórica começou a pesar sobre mim.

Debruço-me em estudos e pesquisas acerca dos fatores e circunstâncias que provocaram a convocação das assembleias constituintes e dos pactos legislativos e das cartas constitucionais deles emanadas.

Ressalto também que dediquei leitura das assembleias constituintes brasileiras de 1824, 1891, 1934, 1946 e da carta outorgada de 1967, mero decreto ditatorial.

Eis alguns congressos constituintes que pautaram o nosso roteiro de trabalho: Convenção constitucional de Filadélfia, EUA, de 1787; Assembleia Nacional Francesa, de 1791; Pacts de Moncloa, Espanha, 1975, após a queda de Francisco Franco; Tratado de Versalhes, de 1919, após a Primeira Guerra Mundial; Assembleia Constituinte de Portugal, de 1976. Analisei também as Declarações dos Direitos do Homem e do Cidadão, de 1789, durante a Revolução Francesa, e a Declaração Universal dos Direitos Humanos, de 1948, proclamada pela Organização das Nações Unidas (ONU).

Repassei, em leitura, obras destes constitucionalistas: Pontes de Miranda, Pinto Ferreira, Manoel Gonçalves Ferreira, José Afonso de Sousa e dos juristas portugueses J. J. Canotilho e José Casalta. Dos espanhóis se destacam Afonso de Castela e Juan Cruz.

Face à responsabilidade histórica de integrar um Poder Constituinte originário projetado na Assembleia Nacional, procurei balizar a minha atuação de acordo com a visão histórica de como os povos despertaram, em algum momento, para definir ou redefinir os rumos políticos, sociais e até religiosos dos seus destinos.

É a partir do século XVIII que a humanidade iria conhecer a conjugação de forças sociais e políticas para estabelecer, em caráter definitivo, postulados e normas limitando o poder do Estado, das suas organizações estatais, assegurando, ao mesmo tempo, direitos e deveres iguais a todos os cidadãos integrantes da nação, por meio do documento público definido pela constituição, ou Carta Magna.

Duas fortes correntes influenciaram a formulação, nos países ocidentais, do norteamento do poder constituinte originário formalizado numa Assembleia Nacional, integrada por representantes eleitos pelo povo por meio de sufrágio livre e universal.

Uma dessas correntes é promanada da Convenção Constitucional da Filadélfia, EUA, em 1787, e a outra se inspirou no sistema de estruturação da Assembleia Nacional Francesa, de 1791, nascida num impacto da Revolução Francesa, que aboliu toda a ordem política, econômica, social e religiosa da Monarquia, destacando-se este postulado inscrito no pórtico da Carta Magna como a própria razão do novo estado: *o poder emana do povo e em seu nome será exercido.*

Antes desse ordenamento constitucional, o poder monárquico se originava e era urgido por dádiva divina, estendendo-se também ao poder alcançado por força das armas, no qual se justificavam as ditaduras. O poder constituinte é a própria soberania em ação. Ele cria, organiza e mantém o Estado, delegando ao poder revisor, o derivado, as prerrogativas e condições para a apresentação de emendas.

O poder constituinte originário, do qual advém o derivado e o decorrente, investe-se destas características: é soberano, autônomo, incondicional e ilimitado, valendo ressaltar, no entanto, que esta última característica é limitada por procedimentos de ordem moral e ética inscritos nos tratados e convenções internacionais.

Na obra de Emmanuel Sieyés *O terceiro estado*, encontrei ampla análise referente ao poder constituinte originário e os seus desdobramentos, os poderes derivados e o decorrente, ambos inscritos e autorizados pela Carta Magna, elaborada pela Assembleia Constituinte Francesa. No derivado, cabe ao legislador comum formular emendas reformistas, obedecendo a determinadas normas, como votação e aprovação, com quórum privilegiado. Abrigam o poder decorrente os países federalizados, os quais, por intermédio dos seus estados, condados ou províncias, elaboram, por meio de assembleias constituintes, suas constituições, adequadas aos postulados do Constituição Federal. Sob o enfoque do direito internacional, os tratados e convenções expressamente condenam os crimes de genocídio e tortura. Sob esse aspecto, cabe ao poder constituinte originário recepcionar ou não normas condenatórias.

Defendo, na Assembleia Constituinte, que a integração normativa internacional da nossa Carta Magna não fere a soberania do poder constituinte. Permeando estudos a vivenciar com a realidade, concluí nos entrechoques que a universidade da vida me impôs o quão atrasadas e egoístas são as elites do país.

Essa formação vem desde o Período Colonial, quando o senhor de engenho e o oligarca do café exportavam os produtos agrícolas colhidos na vastidão de suas terras para o mercado internacional, arrancados ao preço da miserabilidade do povo brasileiro.

Sob esse enfoque, defendi na Constituinte que os direitos fundamentais do cidadão, a serem postulados na Constituição Federal, deveriam se abrigar no leque das cláusulas pétreas, destacando a forma federativa dos estados e as garantias e deveres individuais, a exemplo, o direito à ampla defesa, presunção de inocência de todo o cidadão até sentença condenatória transitada em julgado, o cumprimento do devido processo legal, sob a coordenação de um juiz natural, imparcial e de ilibada conduta.

Na parte referente à presunção de inocência, como promotor de justiça, conheço *interna corporis* o mecanismo de funcionamento da máquina judicante e do órgão do Ministério Público. A liberdade é apanágio da própria condição humana e, portanto, deve ser salvaguarda em qualquer estatuto internacional e interno como bem supremo da própria humanidade; sem ela, resvala-se na irracionalidade.

Desde a Declaração dos Direitos do Homem e do Cidadão, de 1789, no seu art. 9º, até outros tratados e convenções que se seguiram no curso do tempo, entre eles o da Organização das Nações Unidas (ONU), proclama-se que se presume inocente todo o cidadão, até sentença penal condenatória transitada em julgado.

Está pressuposto que há na Constituinte parte da realidade prática que os entreveros da vida forense nos ensinam. Podemos conceituar essa visão empírica para todas as atividades humanas. Analisem o alcance desta lógica: incumbir a jovens inexperientes juízes e promotores a coordenação de processos de crimes complexos de acusados contra os quais se movem conflitantes poderes e interesses econômicos e políticos.

É a primeira instância o marco inicial dos jovens operadores da justiça. É nessa instância judicante que todo o processo probatório se realiza, ressaltando-se que os atos e a sentença são monocráticos. As Instâncias Superiores de primeiro e segundo graus são meras câmaras revisoras, concernente à parte formal do processo, por exemplo, suspensão do juiz e negativa de ampla defesa.[39]

---

39 Trago para estas "Minhas Memórias" momentos dos meus vinte e poucos anos, em que a vida se abre cheia de sonhos, ideais, amores da noite, leitura, peraltices. Tudo parece ferver num caldeirão de inquietudes.

A vanguarda do entreabrir anos das décadas de 1950 a 1960 fez-se a Meca de uma juventude rebelde que buscava encontrar o seu destino na política, na literatura, no escrevinhar indigente, enfim, ponto de partida e chegada de idealistas embalados em suas utopias. A rua das Estrelas, no coração de Guarabira, povoava-se de todos os tipos de amantes da madrugada, políticos, intelectuais, boêmios inveterados, belas e jovens mariposas, entre as quais, a *boate* de Estelita se fez a musa de arrebatados e apaixonantes amores, vestindo-se de uma minissaia musseline *rouge* parisiense sob luzes coloridas, num palco de madeira, jovens bailarinas vestidas de longas e armadas saias, sapatilhas, brancas e fofas, e laços de fita no cabelo, dançavam tangos e boleros *La cumparsita, Camirito, Beija-me muito, Perfídia*. Guarabira parecia um pequeno país, a transpirar política, cultura, artes e boemia. Osmar de Aquino conhecia o pulsar de sua cidade e, em especial, deste recinto de sonhos, a rua das Estrelas.

– Olhem, companheiros, sábado Nelson Gonçalves está em Estelita – falava Osmar.

A noite se fazia dia; lá estavam Osmar de Aquino, Ronaldo Cunha Lima, Solon Benevides, Agassiz, Virgínius da Gama e Melo, Assis Lemos, Porfírio. Nelson Gonçalves soltava o seu vozeirão e cantava: *O meu último desejo, Naquela Mesa, Boemia*. Cai o pano da ribalta, que fiquem estas palavras: a mocidade é a força renovadora na evolução da humanidade.

DIA 1 DE FEVEREIRO DE 1987, TOMO POSSE NA ASSEMBLEIA NACIONAL CONSTITUINTE

Numa sexta-feira, ao entardecer do dia 1 de fevereiro de 1987, caminho em passos que pareciam pisar em sonhos e utopias, numa passarela em meio a verdejante gramínea e espelho d'água remanso, olho inebriado, num olhar de espanto, o monumental Templo do Congresso Nacional, onde vai se instalar e funcionar a democrática 5ª Assembleia Nacional Constituinte do Brasil.

Tenho ao meu lado aqueles que vão me conduzir para o futuro a flana que hoje empunho: Gizeuda, minha esposa, e os meus filhos Agassiz Filho, Gardênia e Gizele. Chega-me, com ternura e altivez, o eco de uma voz vinda da Rainha da Borborema, e me fala:

– Oh, meu filho, abraças hoje o ideal que sonhaste desde a tua adolescência. Vejo o menino a criar maribondos, pombos-correio, soltando pipas e jogando bola de gude. Vejo o menino-adolescente a bradar "o petróleo é nosso" e assumindo o mandato de vereador por Campina Grande. Vejo o jovem de palavra inflamada nas praças públicas e nos tribunais parlamentares. Vejo, dedo em riste, a desafiar o latifúndio e o coronelismo. Que dádiva divina ilumine os teus passos.

Chego ao *hall* do majestoso edifício, a olhar naquelas imponentes paredes nas quais se projetam quadros históricos de consagrados pintores. Sento-me numa poltrona isolada. Devaneio, transporto-me para longínquos tempos como um andarilho no espaço, e lá me encontro a pelejar ao lado dos revolucionários da Independência norte-americana; ombro a ombro luto ao lado dos combatentes da Revolução Francesa de 1789; empunho a bandeira vermelha, luto junto com os valentes lidadores da Revolução Russa de 1917; estendo as mãos aos patriotas brasileiros da Revolução de 1930.

Esses momentos históricos gestam as Assembleias Constituintes, que definem os rumos e destinos dos povos. Eles deixaram os seus nomes no panteão da História dos seus países. Orgulhosamente eu deixarei o meu.

Desperto. Soluço tocado por um misto de felicidade e temor da responsabilidade que pesa sobre mim. Num instante, ouço o menino que todos nós somos, a chamar, lá da serra do Monte nos cariris de Boa Vista: "vem companheiro para cá, tu esqueceste de ti, vem ouvir o gorjear da asa branca no pé do umbuzeiro, vem ouvir o canto do sabiá no alvorecer do dia, vem ouvir o pio da seriema no entardecer". Desperto. Como tudo foi tão rápido. Hoje estou aqui cumprindo o chamamento do destino, no *hall* desta monumental obra simbolizada nestas duas grandezas, que a genialidade de Oscar Niemeyer projetou: a concha embala a esperança, o espigão vertical descortina o porvir, onde todos os seres humanos depositam os seus sonhos. Subo ao pavimento superior da Câmara. Ao pisar o tapete esverdeado, conhecido como Salão Verde, um impacto me domina, num cenário que tem a povoá-lo uma magia envolvente de passados tempos históricos e o borbulhar flamejante das horas presentes. Daqui a poucos minutos, quando as portas deste plenário se abrirem, vou escrever um pouco a história do meu país.

Dia 17 de fevereiro, 1987, 16h, terça-feira, toca-me o lampejo do ideal conquistado. Antes de atravessar o Rubicão, que separa o Salão Verde do plenário, olhei os meus três filhos e vi reluzir na minha mente arcanjos a povoar o meu universo de vida, diferentes dos arcanjos de Alexandre Dumas, que vieram ao mundo para o embalar.

Estendo o olhar e encontro, na sua ternura, a companheira de tantas pelejas, a abnegada Gizeuda, com quem varei abismos, desafiei adversidades e conheci a gratidão dos dignos e o fel da ingratidão dos lacaios e fariseus. Aos meus filhos, na bela pureza da infância-adolescência, deixo este legado construído passo a passo: o saber e a altivez moral. Acredito que o futuro é hoje, o amanhã uma esperança. Esta Constituinte, que ora se abre ao povo brasileiro, vai ouvir o seu pulsar e tem a liberdade, a democracia e o desenvolvimento.

Abre-se a ribalta do grande espetáculo, presidido pelo ministro Moreira Alves, presidente do Supremo Tribunal Federal (STF), e com assento à Mesa o presidente da República, José Sarney, o presidente do Senado Federal, Humberto Lucena, e o presidente da Câmara dos Deputados, Ulysses Guimarães, tem início com o termo de posse dos constituintes, a instalação da Assembleia Nacional Constituinte.

Ressoa o Hino Nacional e todos se levantam. Um traço comum marcou a palavra dos representantes dos três poderes: a defesa do regime democrático.

O deputado Haroldo Lima levantou esta questão de ordem: os senadores eleitos em 1982 não podem participar do processo constituinte. No meio do plenário se ouviu uma voz: eles são biônicos, presidente. A questão de ordem foi indeferida pelo presidente sob o fundamento de que a sessão não é deliberativa. No dia seguinte, realiza-se a 2ª sessão da ANC para a escolha dos dirigentes da Mesa Diretora, sob a presidência do ministro Moreira Alves. Eleitos: Ulysses Guimarães, presidente, Mário Benevides, vice-presidente, 2º vice Jorge Albage, 1º secretário, Marcelo Cordeiro. Proclamados os eleitos, o ministro Moreira Alves transmite a presidência a Ulysses Guimarães. Questões de ordem se suscitam. Eu levantei esta: com a instalação da Constituinte e posse dos seus membros, esta Assembleia se investe de plena soberania, de acordo com a emenda constitucional nº 26, as normas constitucionais, ordinárias e regimentais até então vigentes não serão recepcionadas por esta ANC, cabendo à presidência providenciar a elaboração de um Regimento Interno.

Nessa linha de raciocínio, um constituinte levantou a questão de um Regimento Provisório. Atendidos os pedidos, foi designado Fernando Henrique Cardoso como presidente da Comissão a ser coordenada por ele. Dentre os melhores escolhidos, eu fui um deles. Após dois dias, reuniu-se a comissão regimental com a apresentação e o recebimento de inúmeras emendas. Ressalte-se que o marco inicial do PR1/87 foi um anteprojeto do Regimento Interno apresentado por Ulysses Guimarães como sugestão.

Encerrando a reunião, uns seis constituintes acompanharam Fernando Henrique. Num certo momento, o senador Raimundo Lira, ao avistar Fernando Henrique, a ele se dirigiu:

– Mas, Fernandinho, mandei preparar uma carne de sol para você, que eu trouxe da Paraíba.

Edvaldo Mota, constituinte da Paraíba, no seu jeitão brincalhão, soltou esta:

– Lira, esta carne de sol é de bode pai de chiqueiro ou de pescoço de touro?

Todos riram, Lira se desvencilhando disse:

– Edvaldo é assim mesmo, Fernando.

Em meio à tensão desses últimos dias, essa galhofa me descontraiu. O PMDB, como força hegemônica, assegurava a presidência e o comando dos trabalhos. Na temática da soberania, começava a definir o perfil conservador ou progressista dos constituintes.

Nos dias iniciais do processo constituinte, debate-se acerca de uma Comissão Provisória de Estudos Constitucionais, presidida pelo jurista Afonso Arinos, calejado nas articulações que levaram ao suicídio do presidente Getúlio Vargas, em 1954 e, mais tarde, o golpe militar de 1964.

Essa comissão constituída pelo presidente Sarney foi amplamente criticada por setores progressistas da sociedade, entre eles a Ordem dos Advogados do Brasil (OAB), a Associação Brasileira de Imprensa (ABI), a Conferência Nacional dos Bispos do Brasil (CNBB) e por todos aqueles, inclusive me incluo, que defendiam uma Constituinte Exclusiva, desvencilhada de normas que viciaram e impregnaram a cultura política do país – patrimonialismo, nepotismo, coronelismo e apego a um oficialismo ultrapassado.

Define-se, logo nos primeiros passos dos trabalhos, a força hegemônica do PMDB, com a eleição de 21 dos 22 governadores; das 536 cadeiras na Constituinte, elegeu 307 membros, numa ampla frente em que abrigava progressistas, conservadores, caciques da velha política, artistas e intelectuais de esquerda, enfim, a Arca de Noé. Na outra vertente partidária. PFL, PDS, PTB e PDC, legendas egressas da ARENA, partido que deu sustentação política ao regime militar. E, no espetro partidário à esquerda, PDT, PT, PC do B e PCB.

As legendas com assento na ANC, aos poucos, por intermédio dos seus líderes, sobretudo nas questões de ordem, iam caracterizando as suas tendências ideológicas. E se sobressalta a capacidade de aglutinação dos partidos PDT, PT e PC do B e, mais tarde, da ala progressista do PMDB na condução do processo constituinte, fato que se fez constante durante todo o curso da ANC.

José Jesuíno, como o personagem de Kafka, metamorfoseou-se numa verdadeira "purga" e zumbia diuturnamente como um vigilante indormido. Nessa mesma linha, mas não com a mesma presença, também Haroldo Lima, Roberto Freire e Brandão.

Um novo elemento ia se desenhando no âmbito interno do PMDB: a excessiva concentração de poderes nas mãos de Ulysses Guimarães, notadamente após a sua eleição para presidente da Câmara dos Deputados e, posteriormente, para presidente da Assembleia Nacional Constituinte, coroando, assim, o que se denomina o "tripresidente".

A eleição de Mário Covas à liderança do PMDB, derrotando por larga maioria Luiz Henrique, foi uma resposta à hipertrofia presidencialista. Defendi esta postura: o partido precisava se diversificar nos seus quadros de comando.

Nas sessões iniciais dos trabalhos, questões de ordem se sucedem, uma, no entanto, despertou a atenção do plenário, o tema referente à soberania da ANC, ou melhor, a extensão dos poderes. Abria, assim, esta matéria os traços iniciais dos dois campos de atuação dos constituintes, durante todo o percurso da ANC, os blocos progressista e conservador.

Frente a essa matéria, o velho timoneiro Ulysses Guimarães perfilava, fundamentando-se neste pretexto: ainda não temos Regimento Interno, e assim encerrava a sessão. Assim agia quando as matérias requeriam maior aprofundamento para a sua decisão. Com sua capacidade de saber ouvir, ouvia as lideranças.

Lembra o personagem Ulysses, da *Odisseia*, de Homero. Não enfrentava as tempestades. Enquanto no campo interno os trabalhos do processo constituinte iam ultrapassando etapas, inclusive com o recebimento de emendas do substantivo do PB 1/87, ou seja, do Regimento Interno, um fato externo despertava atenção e perplexidade: a intervenção do governo Sarney, de início sutil, depois escancarada, personificada num vulto misto de Mirabeau e Rapunchline, perfilado com estas características: alto, esguio, rosto afilado de um predador voante, passos sorrateiros, insinuante comunicador filiado à Arena, serviu à ditadura militar com domesticidade, desse partido migrou para o PMDB, médico cirurgião, fez-se um curandeiro da política. Seu nome: Carlos Santana, impondo-se como "líder do governo Sarney", lentamente, decerto aceito nessa condição extralegal.

Quanto à elaboração do Regimento Interno, além do tema sobre soberania, estes se destacavam: a participação popular e a competência das comissões temáticas. As emendas do PB-1/87 alcançaram em torno de 900, ressaltando-se estas: questões de ordem relativas à apreciação de proporções pró-soberania e à convocação de ministros da Fazenda; requerimentos de informações ao Executivo; condições e casos de recurso do plenário em face de decisão contrária do presidente da ANC.

Com 67 artigos, a PB-2/87 propunha as seguintes medidas, entre outras:

- entre outras atribuições do presidente da ANC, propor a ordem do dia, submeter as matérias em discussão e votação, definir soberanamente as questões de ordem, como também os pedidos de destaque;
- a elaboração do Anteprojeto da Constituição caberia inicialmente a cinco comissões;
- os membros seriam indicados pelos líderes de bancada, obedecendo à proporcionalidade partidária;
- publicado o Anteprojeto da Constituição, em 48 horas, o plenário decidirá por sua aceitação ou não;
- poderia encaminhar votação o primeiro signatário da emenda, o relator, por 10 minutos cada;
- o quórum de presença para o início da sessão será de 94 constituintes e para o início de votação de 280 (esse quórum caiu em plenário, com início de votação de 154);
- cada constituinte poderia usar a palavra pela ordem para retificar a ata e apresentar proposições, encaminhar votações ou apresentar explicações pessoais (o presidente determinará o tempo do uso da palavra);
- qualquer constituinte poderá requerer ao presidente verificação de votação simbólica;
- requerimento de informações às entidades públicas serão decididas pelo presidente, com recurso ao plenário;
- as emissoras de rádio e televisão privadas cederão 90 minutos diários e publicarão 180, noticiando a atuação dos trabalhos da ANC.

Ressalte-se, contudo, que a maior mudança diz respeito ao processo de elaboração da nova Constituição, diferente das anteriores constituições brasileiras. As comissões temáticas seriam em número de 8, subdivididas cada em 3 subcomissões, num total de 24. A Comissão de Sistematização seria composta pelas relatorias das comissões e subcomissões, dos presidentes das comissões e de 49 constituintes. Na Comissão de Sistematização, caberia ao relator a elaboração do anteprojeto, que poderia receber emendas de qualquer constituinte, a partir da qual o relator apresentaria o Projeto de Constituição.

Em plenário, o projeto receberia emendas de qualquer constituinte, proibida a apresentação de substitutivo. Após intermináveis reuniões e negociatas dos líderes e a apresentação de mais de mil emendas, em meio a calorosos debates, os atores desse grande palco marcariam as suas convicções, vários deles inebriados com os holofotes televisivos. A vida pública produz heróis e vilões, vindos da sociedade, que é, enfim, a grande *mater et magistra*.

A sessão de 24 de março marca a promulgação, pelo presidente Ulysses Guimarães, da Resolução nº 2/87, que estabelece o Regimento Interno da Assembleia Nacional Constituinte.

Venceu-se mais uma etapa. É por esse fanal regimental que partirá o desenrolar do processo constituinte. Esses fatos iam se configurando durante os trabalhos da ANC: as pretensões tutelares de Sarney no processo constituinte, notadamente acerca do prazo do seu mandato, e, por outro lado, a postura de Mário Covas com a sua retórica arrebatadora a se identificar com a ala progressista do PMDB. Com a consagradora eleição de sete milhões de votos para senador, a maior da história do país, até então, chega à Assembleia Constituinte como um El Cid, o campeador. Movimentação inusitada e salas das lideranças partidárias despertaram minha atenção, pareciam um enxame se agitando em torno da colmeia. Semblantes preocupados e passos apressados se entrecruzavam. Na sala da liderança do PMDB, a voz tonitruante de Mário Covas ecoava. Constituintes se atropelavam na avidez de conseguirem a indicação dos seus nomes para compor os cargos das comissões e subcomissões temáticas, como mariposas em torno da luz que atrai e encandeia. E assim se repetia nas salas das demais lideranças.

Articulou-se um pacto consensual entre lideranças partidárias na designação dos membros das oito comissões e vinte e quatro subcomissões, obedecendo à proporcionalidade do número de constituintes eleitos por legenda. Designaram-me para membro da comissão da organização dos poderes e membro da Subcomissão do Poder Executivo. Marcou-se para um mesmo dia e hora a eleição das mesas diretoras de todas as comissões e subcomissões.

No dia 2 de abril, foram realizadas reuniões para a instalação das comissões e subcomissões, a fim de eleger as suas mesas diretoras. Na comissão de organização dos poderes, da qual eu era membro, foi escolhido para presidente dos trabalhos de preparação Saldanha Derzi, por ser o mais idoso. Aberta a reunião, ele ressaltou o acordo que tinha sido firmado pelas lideranças, inclusive com a distribuição dos cargos da Mesa, presidente e vice-presidentes entre os partidos, e o relator a ser escolhido pelo presidente. Os nomes constam nas chapas distribuídas.

Uma sensação surpreendente sobressalta o ambiente, olhares se entrecruzam.

– Ilustre presidente *ad hoc*, levantei esta questão de ordem. Quero, inicialmente, ressaltar os esforços e o trabalho das lideranças dos vários partidos na conclusão de um acordo, marco de confluência necessária ao andamento do processo constituinte. A distribuição dos membros pelas várias comissões obedecendo ao critério da proporcionalidade, inclusive os cargos das mesas aos partidos estão nas atribuições dos líderes; no entanto, nomes já previamente escolhidos nos conchavos de gabinete violam a nossa liberdade. Não prego a ruptura do acordo, cuja presidência deve caber a um constituinte do PFL, e as vice-presidências ao PMDB, a serem escolhidos por esta comissão, em escrutínio secreto. O presidente eleito se compromete, desde já, a priorizar o nome indicado pela liderança do PMDB.

Antes de terminar as minhas palavras, lá vem Mário Covas, passos largos, num corpo entroncado, semblante de uma aguerrida tranquilidade, aproximou-se e num vozeirão de barítono mansamente explicou o acordo.

– Olhem, senhores, o acordo que conseguimos costurar foi obra de um enorme esforço no objetivo de atender às várias legendas. Temos pela frente a elaboração de uma constituinte que atenda aos anseios da nação, baseada nos princípios democráticos e no desenvolvimento econômico.

Patenteei esta ressalva:

– Ilustre líder, não pretendi cargo na Mesa, defendo o princípio democrático de escolha, de acordo com o pacto firmado pelos líderes, dos nomes dos que comporão a mesa.

Alguns constituintes pediram a palavra e apoiaram o pacto do qual foi o principal articulador o senador Mário Covas. Em face das evidências, pesei as circunstâncias e ponderei:

– A obra constitucional que estamos construindo fala mais alto do que qualquer postura pessoal; portanto, senador, toque o nosso barco para frente.

Após deixar a sala da reunião, cujo resultado contrafeito aceitei, diante do rolo compressor, e analisando os últimos acontecimentos ocorridos no processo constituinte, pensei: a elaboração de uma carta constitucional emanada de uma Assembleia

Constituinte apoiada na força do povo, detentor pleno de sua soberania, tem a perenidade dos séculos, na expressão colhida de Victor Hugo, a legenda dos séculos.

O efêmero poder dos cargos e funções projetados sob os holofotes televisivos e impactados nos ruídos das ondas radiofônicas é tão passageiro como um meteoro nos espaços siderais. O poder é definido por Jean-Paul Sartre e Marchel Mauss como uma dádiva que ao mesmo tempo ilumina e encandeia. O poder, desde os primórdios da humanidade, quando os seres humanos se reuniam em bandos e grupos, já marcava o seu existir na pessoa de um chefe, que detinha o comando pela habilidade ou pela força. Assim é da própria condição humana e se desencadeia em todo o curso da história até os dias atuais.

Lembrei-me de um pedreiro que estava a construir uma catedral e, ao lhe ser perguntado o que estava fazendo, ele respondeu: uma obra para os séculos que hão de vir, uma catedral. Pensei: serei um dos artífices dos postulados constitucionais, fanal norteador da nação, político e jurisdicional. Para este monumental trabalho, não medirei esforços. Dele e para ele serei um escravo indômito.

O que deduzi deste cenário que acabei de vivenciar? O engalfinhar cego por efêmeros cargos, a maioria deles ornamentais, nas comissões. A apequenada visão da monumental obra constitucional que estava a se construir. Não vou me perder no labirinto que me leva ao oportunismo momentâneo e às benesses do poder federal. Preciso olhar alto e longe como um construtor de catedral. Coloquei o meu trabalho nos artigos da nossa Constituição. Segui as lições da História.

Certa tarde de abril, recebo um telefonema da presidência da ACN me convidando para um almoço com doutor Ulysses, no restaurante Piantela, às 11 horas do dia seguinte. Às 11h30, estava lá juntamente com uns quinze constituintes. Alguns minutos depois, chega o "velho" timoneiro.

Todos eram do PMDB e ele conhecia a todos pelos nomes. Abre-se um bate-papo regado a *whisky,* vinho e cachaça de pera e tira-gosto. Ele começou a fazer perguntas sobre vários assuntos, entre os quais, regime de governo, ordem econômica, função da terra, papel do Estado na economia, direitos sociais, trabalhistas, indígenas e meio ambiente. A mim, disparou esta: qual a sua visão sobre regime de governo? Defendi o parlamentarista por duas razões básicas: flexibilidade em face das crises institucionais e descentralização do poder, um chefe do Estado eleito soberanamente pelo povo, e o chefe de governo, representado pelo ministro, escolhido pelo Congresso Nacional.

– Esta, doutor Ulysses, é a minha visão política doutrinária da matéria.

Alguns comensais irromperam: a nossa posição é a de Vossa Excelência. Fui conhecendo o nível político, moral e cultural daqueles constituintes. Acredito, decerto, que esta foi também a percepção do "velho" comandante. Parlamentares vindos de remotos rincões do país, e alguns até por vocação patativa, inebriavam-se com Brasília, ruas largas e extensas sem se cruzarem, organizadas, planejadas. Mansões à margem do Lago Paranoá e, sobretudo, o poder e os corifeus que o detinham, Ulysses, Sarney, Tancredo Neves, Mário Covas e Fernando Henrique, transvestia-se Brasília, paraíso postado acima da nação, onde os circunstantes se encontram e se desencontram num permanente festival de Salomé. Ali se glorificam e se decapitam cabeças, de acordo com os vendavais da política.

O militarismo deixou a marca de sua mediocridade delirante ao confundir comando com liderança, naquele se ordena, nesta se ouve e se decide. Dois dias depois, encontro-me casualmente com Ulysses Guimarães.

– Gostei da sua posição. Você já visitou Sarney?

– Não, respondi.

Poucos minutos depois, comecei a me interrogar: o que significa "já visitou Sarney"? Entendi. A presidência da República é um polo magnético de atração, e Sarney encarnava esse poder. Ulysses e Sarney travavam uma surda disputa no âmbito da Constituinte, com Sarney apoiando o bloco conservador, o "Centrão".

Num esforço de concentração mental fui, lentamente, distanciando-me dos convescotes, das futricas do poder, dos inebriantes holofotes televisivos e dediquei meus esforços e estudos no preparo das emendas aos anteprojetos das comissões, inclusive a de sistematização presidida por Afonso Arinos. Mergulhei num laborioso trabalho hermenêutico das várias cartas constitucionais de outros países: França, Espanha, EUA, e as brasileiras de 1934 e 1946.

Algumas noites, as madrugadas me encontravam debruçado em livros, papéis e documentos.

Logo cedo, ao despertar do dia, como uma liturgia, ia caminhar com Gizeuda, minha esposa. Obedecia a este preceito filosófico: mente sã, corpo são. Tudo é movimento no universo, dos subátomos às galáxias, ia apresentando as emendas de acordo com o desenrolar do processo constituinte, em algumas delas, fazia-se sustentação oral nos foros das comissões e do plenário.

No gabinete, ao chegar, fui informado pela secretária Ana Gondim de que Fernando Gasparian queria falar comigo. Liguei para ele.

– Diga, colega.

– Olhe, doutor Ulysses já telefonou para você?

Uma hora depois, doutor Ulysses telefona.

– Preciso conversar com você, às duas horas aqui, no gabinete da ANC.

Lá nos encontramos, eu, Gasparian, Domingos Leonelli e Fausto Fernandes.

Falou o corifeu da Constituinte. As ditaduras, no mundo, estão caindo: Portugal, Espanha, Grécia e na América Latina, com exceção do Chile, recebi mensagem de Mitterrand, Gonzalez, Álvaro Cunhal e Carlos Dupré, solicitando apoio do Brasil por intermédio da sua Assembleia Nacional Constituinte para uma Assembleia Parlamentar de Inquérito pela democracia a se realizar em Santiago, Chile, nos dias 4, 5 e 6 de setembro. Espero contar com o apoio dos colegas. – Gasparian solicitou. – Conte comigo, presidente. Eu ressaltei:

– A democracia no Chile é uma luta dos povos livres.

Leonelli, inteligência fecunda, pontuou:

– Defender a democracia é um imperativo dos povos livres.

Fausto, reservado nas palavras, acentuou:

– Não posso faltar à sua convocação, presidente.

Estamos em 2 de setembro de 1987, no aeroporto de Guarulhos, São Paulo, de onde embarcamos para Santiago. A Gasparian, velho navegador de mares ignotos, coube a coordenação do grupo.

Após duas horas de voo, um fato nos desperta. Três cidadãos sentados nas últimas poltronas da aeronave levantam-se, tipos morenos esmaecidos, semblantes de tensa preocupação, vestidos com longos roupões a alcançar os pés, de cor branca, conhecidos por kandoora, turbantes ao nível do pescoço, e rapidamente se genuflexam no corredor do avião, cabeça ao chão, as nádegas para cima, braços articulados, soltam estas palavras: Alá, Alá, Ala é grande. Levantam-se e olham em direção a Meca, Santuário da Pedra Kaaba, na Arábia Saudita. Com mais de três horas de voo, vislumbramos as primeiras nesgas da enorme cadeia de montanhas, torna-se mais gélida a temperatura interna da aeronave. Sobrevoamos os Andes.

Que paisagem deslumbrante e majestosa! Neves eternas, como coroas diamantinas, magnífica obra com que a natureza circunda o Aconcágua, o cume mais alto das Américas, com seus sete mil metros de altura, cumes alcantilados, vales profundos, platôs de um verde esmaecido entrecortam e sucedem todo o curso da cordilheira de mais de 7.000 quilômetros, da Venezuela à Terra do Fogo.

Nas planícies de um verde amarronzado, onde se erguem capitais como Bogotá e La Paz, a araucária, a árvore dos Andes, nos deslumbra ao alvorecer; à época do verão, um manto de encantadora beleza, de rosas amarelas, azuis e brancas. Salta-me a lembrança num toque nostálgico a imagem da resistente árvore, símbolo no Nordeste, o umbuzeiro. A araucária andina suporta por longos meses baixas temperaturas e ela se cobre de folhas. O velho umbuzeiro resiste impávido a inclementes estiagens, com os seus tubérculos de água se desfolhando. Ambas se encontram e se irmanam, na capacidade de resistir, uma, nos cumes andinos, outra, nos chapadões ressequidos do Nordeste.

Na minha obra *A República das elites*, eu homenageei essa resistente árvore, onde debaixo de sua sombra sonhei tantos sonhos e li geniais pensadores.

Contemplamos inebriados, varando os espaços andinos de mais de seis mil metros, a ave símbolo nacional do Chile, o Condor dos Andes, asas com envergadura de mais de três metros de largura, cor preta, penas brancas nas asas, bico recurvado e garras afiadas. Solitário, carnívoro, caçador de presas como o veado, o coiote e o coelho, é capaz de avistá-las de uma altura de quatro mil metros, habita clivosos picos montanhosos onde constrói os seus ninhos. Reina soberano na amplidão dos Andes. Avança a aeronave. As neves eternas reluzem ao sol poente. A natureza moldou este painel de encantos mil, pincelado no pincel genial de Picasso e decantado em estrofes grandiloquentes por Pablo Neruda, a quem conheci na sua Isla Negra em El Quisco levado por Darcy Ribeiro, em 1963.

Ele via em Castro Alves e Luiz Carlos Prestes o canto libertário latino-americano. A eles dedicou poemas que ficaram nos anais dos séculos.

Vai se descortinando nos espaços celestes a grandeza dos Andes, a pouco mais de 200 quilômetros, contempla-se o soberbo Pacífico, a ribombar as suas ruidosas ondas nos penhascos: que imensidades a natureza encerra! Os Andes, que se elevam nos espaços por quase sete mil metros, e o Pacífico, que mergulha nas profundezas abissais em profundidade equivalente a tal altitude.

Avistamos Santiago. A aeronave reduz a velocidade e perde altura para o pouso. Do aeroporto fomos para o hotel Tupahue, no centro da cidade. No outro dia, 4 de setembro, no auditório do hotel, com quase duzentos participantes, é instalada a Assembleia Parlamentar Internacional pela Democracia no Chile sob a presidência do ex-deputado chileno, Luis Pareto, que em breves palavras agradece a presença dos parlamentares representantes de cento e seis países, e ressalta a importância deste conclave nos destinos democráticos no Chile e na América Latina.

Fernando Gasparian, integrante da Mesa dos trabalhos, pontuou.

– A luta pela democracia no Chile nos trouxe até aqui.

Disse ainda:

– O peso ditatorial sufoca o povo chileno.

Encerrando, leu a mensagem de apoio de Ulysses Guimarães aos parlamentares democráticos de todo o mundo. Ouvimos a tradução simultânea da palavra dos oradores que se sucediam.

Com a palavra, o deputado constituinte Agassiz Almeida, do Brasil. Eis alguns trechos do meu pronunciamento:

– A tirania ditatorial asfixia o povo chileno por quase duas décadas; calar é coonestar com uma ditadura genocida. Esta Assembleia Internacional é a confluência de vozes democráticas, que ecoam de uma centena de povos do mundo. Ditaduras ensanguentaram o solo latino-americano com torturas e mortes infames nos porões dos quartéis em Córdoba, Montevideu, São Paulo, e aqui, em Santiago, com um olhar estendido ao ano de 1973, no Estado Nacional, nesta capital, quando transformaram um campo de futebol em uma arena genocida onde milhares de presos eram executados e os seus corpos lançados no desaparecimento *ad infinitum*. Pioneirismo criminoso de lesa-humanidade adotado pelos ditadores sul-americanos, até então desconhecido nos anais dos séculos. Pinochet, o genocida chileno, como Videla, Médici, Stroessner e Alvarez, se fizeram pioneiros neste terrível holocausto: matar e condenar o morto a uma sombra nostálgica a atormentar os entes queridos, retratada esta dor infinita na pena genial de Homero, na Ilíada. Sr. Presidente Luis Pareto e senhores parlamentares, apresento estas moções e, ao mesmo tempo, encaminho à Mesa este requerimento vazado nestes termos. Que esta Assembleia Parlamentar Internacional designe uma representação para visitar os presos políticos encarcerados do presídio Colina II, nesta capital.

Moção número 1

Na atual conjuntura mundial, quando a maioria dos países em desenvolvimento se debate em grave crise, originada sobretudo pelo endividamento junto a banqueiros vinculados a Estados que detêm a manipulação da quase totalidade das reservas financeiras internacionais, encaminho esta moção.

As dívidas contraídas pelos países devedores, muitas das quais de formas ilegítimas, contribuem, decerto, para agravar a situação sociopolítica dos seus povos, propiciando o surgimento de regimes ditatoriais ou a sua sustentação, como ocorre com o Chile e o Paraguai, na América Latina.

Requer, o ora signatário, que esta Assembleia Parlamentar aprove *moção de apoio* aos países devedores, comunicando às direções da Organização das Nações Unidas – ONU e Organização dos Estados Americanos – OEA o teor desta decisão.

Sala das Sessões, 5 de setembro de 1987.

Moção número 2

A defesa dos direitos humanos transcende as fronteiras dos países e as conotações ideológicas para se projetar como um compromisso de todos os povos e um dever do próprio homem, perante a História.

A violação desses direitos por qualquer governo é uma afronta e desrespeito a todos os povos e, em face desse pressuposto, proponho que seja aprovada *moção de condenação* ao governo do General Augusto Pinochet, pela afrontosa violação dos direitos humanos, e, sobretudo, por dirigir um governo ditatorial.
Que esta moção seja comunicada às direções da Organização das Nações Unidas – ONU e Organização dos Estados Americanos – OEA.
Sala das Sessões, 5 de setembro de 1987.

Aprovadas as duas moções e o requerimento pelo plenário, o deputado francês Jean Pierre pede a palavra para uma questão de ordem.

– Comunico à presidência e ao plenário que acabo de ser informado da presença do senador cassado Gonsalez, que se encontra na fronteira da Argentina. Solicito que seja designada uma comissão de parlamentares para com ele se encontrar.

Posto em votação, foi aprovado o requerimento.

Inicia-se a constituição de várias comissões temáticas para estudos e análises dos problemas que afetam a ordem política e econômica chilena e mundial. Destacamos estas: "Causas do endividamento dos países em desenvolvimento"; "Causas do subdesenvolvimento"; "Educar é investir no futuro"; "Nacionalidade, preconceito e racismo"; "Democracias e a nova ordem social"; "Militarismo e subdesenvolvimento". Coube a mim essa problemática.

A presidência comunicou ao plenário que, a partir das 10 horas do dia seguinte, está à disposição dos parlamentares para atendimento dos seus requerimentos de apoio aos presos políticos e ao senador cassado. Acentuou o presidente:

– Temos um papel perante a história e ela nos julgará.

À tarde, fui à biblioteca pública central para ler alguma matéria sobre o militarismo.

– À noite – disse a Gizeuda – vamos conhecer as noitadas chilenas com os seus tangos, rumbas e *rocks*, nas *boites* Bela vista e La Feria.

Éramos relativamente jovens e com um bom condicionamento físico. Toda manhã religiosamente fazíamos caminhadas pelas ruas de Brasília.

Descemos para o *hall* do hotel, por volta das 9 horas, onde se encontravam, entre parlamentares e hóspedes, umas cinquentas pessoas. Ambiente descontraído. As noitadas chilenas tinham um toque de magia. Todos se preparavam para abraçar a madrugada, sob o império etílico do *whisky* e das *calientes* músicas latino-americanas. De repente, todos param. Um contingente de carabineiros (polícia militar, tipo SS nazista) adentra no hotel, empunhando armas pesadas, inclusive metralhadoras. Um oficial, peito estufado de medalhas e comendas, cabelo e bigode à la Hitler, nervosamente berra:

– *No visitaran a ningun preso y tampoco el criminal Gonsalez.*

Que impacto! O furor tirânico escancara as suas garras e dispara sobre nós um jato de gás lacrimogêneo. Ação tóxica desfechada em recinto fechado preceituam os tratados internacionais como ação criminosa. Nuvem tóxica cobre todo o pavimento. Meus olhos ardiam e lacrimejavam, as mucosas das narinas e garganta queimavam, a cabeça se torna pesada. Mulheres e crianças gritavam desésperadas, uma delas, próxima a mim, desmaia e cai. O marido, um deputado italiano, entra em pânico histérico com palavras atordoadas, uns rolavam pelo chão esperneando como animal nos estertores da morte.

Procuro conter o meu pavor. Olho para Gizeuda, os seus olhos avermelhados, lágrimas escorrem do semblante de uma palidez mortífera. O horror me domina. De máscara apropriada, chega um segurança. Suplico:

– Venha aqui, ajude a salvar a minha esposa que está morrendo.

Eu coloquei Gizeuda nos braços e a conduzi, mesmo cambaleado, a uma poltrona. O segurança imediatamente vai cuidar de um homem e duas mulheres que estão desmaiados no chão. Salta-me a sensação de um campo de batalha, mortos e feridos a rolarem, ecoam gritos alucinantes de socorro... socorro... Ambulâncias de vários hospitais chegaram e suas sirenes pressagiam vidas em perigo.

Um médico e dois enfermeiros, paramentados com roupas próprias, priorizaram os intoxicados mais graves para o atendimento, determinando remoção urgente para os hospitais. Um parlamentar, amparado numa grossa coluna, vomita patacas de sangue. Conhecia, nas várias manifestações de que participei, a toxidade deste gás em áreas a céu aberto, num recinto fechado é ato criminoso. Em macas, eu e Gizeuda fomos conduzidos para a ambulância. No hospital recebemos atendimento.

Em todo o mundo, o drama criminoso vivido pelos parlamentares causou ampla repercussão. A grande imprensa a estampa em manchete: *Le Monde*, Paris, *El Pais*, Madri, *The Times*, Londres, *Washington Post*, EUA, seguindo esta linha editorial: ditadura Pinochet lança gás lacrimogêneo em parlamentares do mundo.

Estremeceu a ditadura, e o ministro do Interior, em entrevista, admite a possibilidade de um plebiscito. Com um discurso de alta significação histórica, Luis Pareto, presidente da Assembleia Parlamentar Internacional, encerra o conclave no dia 6 de setembro.[40]

---

40 No "Memorial Agassiz Almeida", UFPB, encontra-se ampla matéria acerca dos trabalhos da Assembleia Parlamentar Internacional realizada, em Santiago, Chile. Disponível em: https://

No dia seguinte, ainda impactado pela ação criminosa dos carabineiros nazistas, desperta-me a sensação de escalar os Andes, a soberba cordilheira, no sopé da qual dormita a capital chilena. O grupo de parlamentares brasileiros e suas esposas e alguns jornalistas estrangeiros que cobriram os trabalhos da Assembleia Parlamentar concordaram em visitar.

Uma agência de turismo, recomendada pela gerência do hotel, organizou o passeio, com partida marcada para as 19h30. Logo cedo, eu e Gizeuda fomos a uma loja de roupas para frio e nos preparamos. Conhecia, por leitura, todo o cenário geofísico que iria trilhar para alcançar 3.200 metros de altura. Na hora aprazada, estávamos todos nós na agência.

Naquela hora, algo me veio à mente: estamos a selar um pacto com a irresponsabilidade, quando vi as condições do veículo que iria nos transportar. Perguntei ao agente da empresa:

– Não tem outro veículo?

– Não, os outros já estão contratados.

Com jaquetas de proteção térmica, gorros de pele de carneiro, calças, botas e luvas apropriadas estávamos eu e a companheira preparados, como verdadeiros montanheses para a desafiante aventura. Rumamos para a escalada da cordilheira que imponente nos contemplava. Gizeuda, por descuido, jogou um rolinho de papel na rua, silenciosos olhares reprovaram. Temperatura amena e saudável, contrastando com o estado de espírito das pessoas com quem conversei, tristes e preocupadas. É o selo opressor da ditadura.[41]

Caía, no momento, um chuveiro fino, e o nosso automóvel dançava na pista, parecendo um bailarino de circo de terceira categoria. Ao nos aproximarmos dos setecentos metros de altitude, pressentimos a gravidade da empreitada em que nos metemos. Rodovia estreita e sem ciclovias, cravada entre as encostas andinas e desfiladeiros abissais, curvas que se sucediam uma após a outra contrastavam com uma paisagem majestosa e espantosa de picos alcantilados e vales profundos. Nossos olhares se perdiam ao descortinar aquelas grandiosidades.

Vegetação rasteira de um verde esmaecido, conhecida por ichu, espécie de capim, cobria grande parte do percurso, entre árvores de porte médio e retorcidas, entre elas acalcaria, a amêndoa dos Andes, e castanheiras de macacos. Lembrei-me das árvores do semiárido nordestino, retorcidas, mas de um exuberante verde. Ultrapassamos os mil e quinhentos metros de altitude e a audição sinalizava a

---

youtu.be/DX_VIeVUVCg.
41 Praça dos 3 Poderes, centro de João Pessoa.

mudança atmosférica. O rosto de Gizeuda empalidece como os dos companheiros. Um fenômeno me encantou, nessa altitude, de neves eternas a coroar os picos alcandorados das montanhas.

Alcançamos a altura dos dois mil metros e paramos num restaurante, bem aparelhado, com calefação e sala com instrumentos e medicamentos de primeiros socorros. Ao lado esquerdo, uma pista de esqui onde alguns alpinistas esquiavam. Nessa hora Gasparian me pegou pelo braço e chamou Fausto. Visivelmente abatido, falou:

– Estou com dor de cabeça e vontade de vomitar. Não posso mais continuar.

– Olhe, fique tranquilo, ali atrás naquela garagem tem uma ambulância, inclusive com enfermeiro para atender estes casos.

Procurei o gerente e expus a situação, ele prontamente nos atendeu. Com boa comodidade, inclusive oxigênio na ambulância, Gasparian voltou a Santiago.

Após registrarmos em fotos a nossa passagem por ali, continuamos a jornada. Na altura dos dois mil oitocentos metros, deparamo-nos com um platô, espécie de planície, onde pastava um rebanho de lhamas, algumas brancas e outras marrons e lanosas; domesticadas, são empregadas nos transportes de carga e pessoas. Os incas, povo que habitava os Andes, antes do domínio e colonização espanhola, delas muito se utilizaram.

Paramos num pequeno restaurante e saltamos. Que paisagem de contrastante grandeza; montanhas de cumes nevados e abismos profundos; na mesma dimensão das profundezas do Pacífico, com os seus cinco, seis e sete mil metros. Aqui, o espaço aberto por onde a Cordilheira dos Andes se estende, lá o manto oceânico do Pacífico onde vive o mundo rumorejante dos peixes.

Nesse momento, um abatido jornalista português se aproximou do grupo e falou:

– Sinto náuseas e vontade de vomitar.

Uma falta de ar e dor de cabeça se abatiam sobre nós, sinalizando que devíamos encerrar a jornada.

Não estávamos aclimatados para elevadas alturas. Fausto transmitiu ao motorista a nossa preocupação e ele informou que, logo à frente, a três quilômetros, tinha o restaurante "El Paloma", para onde seguimos e fizemos um lanche de sanduíche de pernil com leite de lhama achocolatado. Decidimos voltar.

A queda nos níveis da altura vai tornando mais densas as moléculas de oxigênio no ar e, consequentemente, normaliza-se a nossa capacidade respiratória. Em marcha lenta, fomos descendo a cordilheira, em caracol, varando curvas de mais de cento e setenta graus por entre contrafortes.

Chegamos ao sopé da montanha, paramos num posto de gasolina. Olhei a enormidade da cordilheira e me perguntei: valeu a pena ter deixado os trabalhos na Assembleia Constituinte, no Brasil, e ter vindo para aqui? Valeu, quando a alma não é pequena. Esse cântico poético de Fernando Pessoa celebra os feitos dos navegadores lusitanos por mares desconhecidos.

Desferi um pequeno golpe na hidra chilena que sangra a alma do povo latino-americano. Esta Medusa de mil tentáculos tem um nome: Augusto Pinochet.

Similares a esta do Chile, outras como a da Argentina, Brasil, Uruguai e Paraguai ensanguentaram o solo sul-americano. Cometeram um crime monstruoso, até então não tipificado nos anais dos séculos: matar e lançar o corpo do morto no *ad infinitum.*

No Brasil, os genocidas e torturadores desfilam a sua impunidade satisfeitos. Este episódio muito me marcou. Ocorreu em Goiânia, Goiás, na noite do dia 10 de setembro de 2010. Após a apresentação do meu livro *A ditadura dos generais*, por Cristovam Buarque, uma senhora de cabelos brancos e face enrugada a retratar uma velhice precoce se aproxima e me abraçou entre prantos e palavras entrecortadas de dor.

– Oh, deputado, desculpe-me, eu sou um cadáver ambulante, fantasma perdido em noites que se fazem sem fim. Tenho este seu livro *A ditadura dos generais* na minha cabeceira como uma Bíblia. Ele escancara as vísceras podres dos genocidas e torturadores. Eles mataram o meu Agostinho, o único filho que eu tinha, uma criança de 16 anos; sonhava com um novo Brasil, pátria da igualdade. Ele foi lutar no Araguaia, levando os seus sonhos. Os monstros fardados o mataram e lançaram o seu corpo aos abutres da floresta. Deputado, até hoje eu carrego esta enorme dor. Bato de porta em porta no Ministério da Defesa, no Planalto, nos quartéis, suplicando apenas um pequeno fio do cabelo do meu menino, para eu cultivar no altar da saudade. Negaram-me este sagrado direito de uma mãe morta-viva.

Lacrimejei. Sou um emotivo. Adiantei-me precipitadamente, pensando em a consolar.

– Olhe, tem um dispositivo na Constituição Federal, artigo 8º das Disposições Transitórias, aliás, emenda da minha autoria, concedendo direito de indenização a familiares de vítimas da ditadura militar.

Olhou-me com olhar reprovador.

– Não, não é isto não. Eu quero um pedacinho de minha criança.

Aqui no Chile este drama tem a dimensão de uma tragédia. Na porta do hotel Tapuhe, onde me hospedo, mães correm a derramar um soluço de dor e ódio contra os genocidas, a suplicar condenações para eles. Uma delas clamou: *ya perdi mi vida, que los monstruvos pierdan su libertad* (já perdi a minha vida, que os monstros percam a sua liberdade). Cresciam a pressão internacional e a mobilização interna contra a ditadura no Chile, que se debatia nos seus últimos estertores. A economia se enfraquecia e a alta da inflação se tornava incontrolável. Cai vertiginosamente a exportação do cobre, base de sustentação da economia chilena. A Medusa militarista, que torturou e devorou tantas vidas, tombava como um monstro afrangalhado e, afinal, aceitou se submeter a um julgamento do povo, através de um plebiscito, para manifestar se aprovava ou não o regime autoritário.

Transcorre o tempo. Um certo dia recebo importante documento subscrito por Luis Pareto, Sergio Paez e Carlos Dupré, organizadores do plebiscito no Chile, no qual exaltam a minha atuação na 2ª Assembleia Parlamentar Internacional e, ao mesmo tempo, escolhem-me como um dos observadores desse importante chamamento popular para a democracia no Chile. Transcrevo o teor da mensagem.

Señor Agassiz Almeida Deputado Câmara dos deputados BRASÍLIA - BRASIL

Estimado amigo.
Como es de su conocimiento, la Segunda Asamblea Parlamentaria Internacional por la Democracia 3 en Chile (APAINDE), efectuada em Santiago entre 4 y el 6 de septiembre de 1987, acordo solicitar a los Parlamentos de Europa y América la designación de comisiones para que, em calidad de observadores internacionales, concurran a presenciar el Plebiscito que se realizará em Chile em 1988.
Nos valemos de la presente oportunidad para invitarle como observador parlamentario a este Plebiscito. La fecha de este importante arto electoral aún no se conoce, pero La Junta Militar de Gobierno, organismo que tomará la decisión, ha anunciado que será entre la segunda quincena de septiembre y la primera de diciembre de este año. Por tanto, le rogamos tomar nota de estas fechas para los efectos de programar vuestro viajen a Chile.
Con cargo a nuestra organización, APAIDEN, los observadores parlamentarios dispondrán de traductores, alojamiento y alimentación en los respectivos lugares electorales.
La presencia de los observadores parlamentarios internacionales será muy importante para que el Plebiscito sea libre y transparente, de modo que refleje la verdadera expresión democrática del Pueblo chileno con lo cual se evitará que el Gobierno de Pinochet intente efectuar algún fraude electoral.

> *Estamos seguros que usted nos brindará una vez más, la solidaridad que necesitamos em este momento tan fundamental de nuestra historia, en el que esperamos retornar a la democracia después de quince años de dictadura militar. Confiados em contar com vuestra presencia, le saludan cordialmente,*

Luis Pareto – Presidente
Sergio Paez – Coordinador
Carlos Dupré – Secretario General.

Companheiros latino-americanos da resistência democrática, não poderia faltar a esta convocação histórica. Vi-me num embate de imperiosas circunstâncias. O plebiscito no Chile fora marcado para o segundo semestre de 1988, período final dos trabalhos na Assembleia Constituinte, aqui no Brasil. Que dilema! A liberdade de um povo sangrando nos seus direitos e, por outro lado, a colocação das últimas pedras da nossa catedral constitucional.

Meus pensamentos vagaram por estes embalos poéticos. Doutor Ulysses e Mário Covas me telefonaram. Receberam informações de minha indicação para observador do plebiscito. Apelam para minha presença no plenário da fase final do processo constituinte. Respondi:

– Preciso ouvir os companheiros chilenos e estudar se posso compatibilizar as datas. Os fatos se desencadearam me fazendo atender à convocação dos valorosos democratas chilenos.

Transponho para estas páginas, no original, a convocação dos companheiros andinos, como também no original, justificando as razões da minha impossibilidade de atender ao pleito.

Ilmo. Sr.
Deputado Ulysses Guimarães
D.D. Presidente da Assembleia Nacional Constituinte

Os Constituintes que este subscrevem, no uso de suas prerrogativas, irmanados no mesmo sentimento de solidariedade com o valoroso povo chileno, hoje submetido a um impiedoso regime opressivo, que suprimiu as liberdades públicas, atenta aos princípios mais elementares do Direito e agride as garantias individuais pela ação terrorista de um Estado subverto da ordem jurídica que desponta no cenário das Américas como uma das mais deploráveis exceções no processo democrático a que está engajada a

Carlos Dupré Secretario General Apainde
Santiago, 5 septiembre 1988
Tl número 34.253, Câmara dos Deputados, Brasília D.F. em 8 set. 88.

Carlos Dupré
Assemblea Parlamentaria intern. Por la democracia em Chile, Santiago
– Chile.

Impossibilitado de comparecer como observador parlamentar realização plebiscito próximo dia 05 de outubro, em virtude nesta data estar sendo promulgada nossa Constituição após dezenove meses exaustivos trabalhos. Faço-me presente sua pessoa e transmito mensagem solidariedade ao povo chileno nesta hora de histórica significação quando forças democráticas vencerão longa ditadura que vem esmagando o país andino durante 15 anos. Venceremos porque o Chile buscará os caminhos da democracia pela altivez do seu povo.
Todos os povos do mundo acompanham a realização do plebiscito que aponta o raiar da liberdade nas terras andinas. Saudações democráticas. Agassiz Almeida, deputado federal.[42]

Membro da Comissão da Organização dos Poderes da Subcomissão do Poder Executivo, entre os meus esforços estava o objetivo de estruturar um sistema de poderes adaptados à nova realidade, suporte legal e prerrogativas bem definidas, sobretudo o poder Judiciário e o órgão do Ministério Público, ambos arcaicos e dependentes política e financeiramente do Poder Executivo.

Essa mazela vem desde os tempos imperiais, quando o procurador de justiça era um servil súdito do rei. Organizamos um grupo extraformal formado por

---

42 No "Memorial Agassiz Almeida" se encontra documentação mais detalhada sobre este importante conclave, a 2ª Assemblela Parlamentar Internacional, uma das causas que provocou o plebiscito, no Chile, e consequentemente a queda da sanguinária ditadura militar.
No Chile, após a volta ao regime democrático, os genocidas e torturadores foram julgados, condenados e presos, com o apoio das Forças Armadas daquele país. No Brasil o país dos pactos nefastos, a elite civil-militar produziu uma insensatez contra a História: os genocidas e torturadores receberam o prêmio da impunidade e se alcançou o absurdo: em 2018 se elegeu um defensor escancarado da tortura e dos torturadores. Que destino? Nós marchamos na contramão da humanidade e da História.

maioria das nações do hemisfério, manifestam sua irrestrita solidariedade ao movimento de resistência à Ditadura do militarismo naquele país amigo. Externam, ainda, através desta Moção, a sua esperança de que o plebiscito para o final do ano seja um decisivo passo no caminho da libertação do povo chileno e do seu reencontro com a democracia.

Solicitam, os parlamentares subscritores, que seja esta Moção transcrita nos anais da Assembleia Nacional Constituinte.

Brasília, 19 de maio de 1988 Deputado Agassiz Almeida
Brasília, 2 de junho de 1988

Exmo. Sr.
Deputado Agassiz Almeida
Nesta

Prezado Deputado,

Venho, pela presente, comunicar minha adesão ao "COMITÊ PARLAMENTAR PELA DEMOCRACIA NO CHILE", organizado no âmbito do Congresso Nacional.

Gostaria de parabenizá-lo, bem como a todos aqueles que assumiram a brilhante iniciativa de criação desse Comitê, pela firme disposição de construir a Democracia na América Latina, fazendo cumprir o nosso verdadeiro papel.

No ensejo, reitero meus protestos de elevada consideração e apreço, colocando-me ao seu inteiro dispor.

Atenciosamente
Maguito Vilela, Vice-líder do PMDB
Câmara dos Deputados

URGENTE
Diputado Señor Agassiz Almeida

Informamos, aun, que junta militar fijo el dia 5 de octubre proximo para plebiscito em Chile.

Rogamos estar em Santiago proximo dia 3 de octubre para participar actividades de observadores parlamentarios dicho plebiscito. Esperamos confirmacion vuelo y hora. Hemos reservado habitacion Hotel Tupahue, Santiago. Atentamente.

agentes do Ministério Público e de outras instituições dispostos a se integrar num trabalho conjunto, do qual nominamos estes: Plínio de Arruda Sampaio, Antônio Mariz, Agassiz Almeida, Ibis Pinheiro, Theodoro Mendes. Norteamos o nosso trabalho tendo como diretriz construir um Ministério Público livre e fortalecido em princípios, garantias e prerrogativas constitucionais, partindo desta premissa: função institucional permanente, ou seja, insere-se na Carta Magna como cláusula pétrea implícita.

Partimos de um embasamento histórico para redirecionar a instituição ministerial aos nossos tempos. Em 1871, com a Lei do Ventre Livre, todo filho de escravo seria livre. Ao Ministério Público coube salvaguardar o cumprimento dessa norma jurídica. Vamos romper o papel de um mero robô acusatório, instrumento do ódio. Inspiramo-nos em Campos Sales, patrono do Ministério Público, à época Ministro da Justiça.

Nestes três pilares, apoiamos o nosso trabalho:

Princípios fundamentais institucionais:
- Vitaliciedade, após dois anos da função, ou seja, estágio probatório;
- Unidade;
- Indivisibilidade;
- Irremovibilidade;
- Irredutibilidade dos vencimentos.

Garantias:
- Independência funcional;
- Autonomia política, administrativa e financeira.

Para tanto, caberá ao Ministério Público encaminhar a sua proposta orçamentária, obedecendo ao duodécimo, prefixado em lei, como também a criação do seu quadro de servidores.

Prerrogativas:
- Detém a exclusividade da ação penal;
- Promover ação direta de inconstitucionalidade;
- Promover ação cível pública em defesa do patrimônio público, do meio ambiente, de direitos coletivos e de direitos individuais indisponíveis;
- Controle externo das atividades policiais.

Para nos orientar na parte financeira e, sobretudo, acerca da fixação do duodécimo, solicitamos a assessoria de um funcionário do Banco Central. O que é duodécimo? É a arrecadação executada pelo Poder Executivo, uma parte é destinada a outro poder ou órgão estadual.

Tocou-nos uma preocupação: investidos, o poder Judiciário e o Ministério Público, de plena autonomia administrativa e financeira, quem há de fiscalizar a aplicação desse recurso? Antônio Mariz, com o alto espírito público, alertou sobre esse aspecto. Numa reunião da Comissão de Orçamento dos Poderes levantei essa matéria. Um dos seus membros contestou:

– Aí vai tolher a independência do Judiciário e do Ministério Público.

Ponderei:

– Todo poder ou instituição pública ou privada precisa de um controle externo que o fiscalize. É de todo ser humano, por mais honesto que seja, certos momentos relaxar com o manuseio dos recursos financeiros. É da própria condição humana, se não criarmos um órgão de controle externo para esta instituição, o Judiciário e o Ministério Público, os senhores assistirão constrangidos construções de obras faraônicas por este Brasil afora. Se depender de mim este apocalipse não ocorreria, mas conheço o espírito corporativista das nossas instituições e o descaso das elites deste país com os recursos públicos.

As minhas palavras se fizeram vaticínio. Está aí, espalhado por este Brasil, o espetáculo do festival babilônico. Grupos até formaram bolhas independentes dentro das instituições. A Lava Jato perfila bem esta sombria odisseia, cujos atores, combinados com sórdidos interesses norte-americanos, provocaram sangria econômica no país, levando à desestruturação de grandes empresas nacionais. Centrados no esforço de sistematizar em normas institucionais a organização dos poderes, notadamente do Judiciário e do Ministério Público. No apartamento de Ibis Pinheiro, eu, Antônio Mariz, Plínio de Arruda Sampaio reunimo-nos para elaborar a emenda de estruturação do Ministério Público. Recebemos dos dirigentes da Associação Nacional do Ministério Público (CONAMP) e de Antônio Fleury, procurador de justiça e, à época, Secretário de Segurança, valiosas sugestões e ideias.

Entre as normas estruturantes do Ministério Público, instituímos a criação do Conselho Nacional de Justiça e do Conselho Nacional do Ministério Público. Por sugestão de alguns constituintes, esses órgãos de controle externo foram se aperfeiçoando. Este é o laborioso e paciente trabalho do legislador constituinte: por várias cabeças passa uma norma constitucional. Sabemos o fundo da responsabilidade histórica que carregamos.

Seria como um grupo de engenheiros a construir um edifício de cem andares. Pressões se desencadeiam, de ministros de instância judiciária, desembargadores e juízes, de procuradores e promotores de justiça. É desafiante romper um sistema judicante livre secularmente de qualquer controle externo. Como diz um matuto nordestino: trago cicatrizes e carrapichos de passadas pelejas. Deparo-me com um procurador de justiça, do Amazonas, no corredor da Câmara dos Deputados.

– Colega, este Conselho vai limitar a nossa independência.

– Não, colega, rompe as amarras do corporativismo e o torna mais fortalecido.

Numa certa tarde, no meu gabinete, a secretária me avisa: deputado, um telefonema da presidência do Supremo Tribunal Federal.

– Passe o telefonema.

– Oh, deputado, é o ministro Rafael Mayer (então presidente do STF).

– É com satisfação que lhe ouço.

– Antes de mais nada, informo-lhe que as nossas raízes ancestrais são as mesmas; eu sou de Monteiro.

– Muito me orgulho de ter a mesma consanguinidade.

– Lendo o livro do seu pai, *Genealogia dos Oliveira Ledo*, tomei conhecimento dos nossos laços de parentesco.

– Qualquer dia vou ao seu gabinete conhecê-lo pessoalmente.

– Olhe, deputado, eu queria solicitar do caro conterrâneo que pondere acerca da emenda criando o Conselho Nacional de Justiça (CNJ) e, se possível, retire a sua assinatura.

– Caro ministro, posso lhe atender, mas a emenda tem seus autores e, segundo o Regimento Interno da Constituinte, assim que ela é protocolada e deu entrada numa comissão ela se torna coletiva. Agora, se todos os autores pedirem a retirada dos seus nomes, neste caso ela será arquivada. Caso o ilustre ministro consiga a concordância dos demais signatários da emenda, eu não serei obstáculo.

Passados alguns dias, chega ao meu gabinete um colega da adolescência, com quem muitas vezes atravessei as noitadas, nas célebres boates de Hozana e Irene. Extremamente reservado e estudioso, o companheiro das madrugadas Rivandro Bezerra Cavalcante ingressou na magistratura e nela escalou brilhante carreira.

– Mas, Rivandro, você por aqui! – e lhe dei um grande abraço. – E as nossas homéricas farras, Rivandro!

– Tá tudo tão distante, Agassiz. Eu sou presidente do Tribunal de Justiça da Paraíba.

– Parabéns, você vai almoçar comigo lá no "Porcão".

— Olhe, Agassiz, a emenda criando o Conselho Nacional de Justiça está preocupando a magistratura, em face de limitar a nossa independência.

— Rivandro, pense bem, a Constituinte está estruturando o Judiciário e o Ministério Público com amplas garantias e autonomia administrativa e financeira.

Soltei esta brincadeira:

— Se não houver um rígido controle externo, as nossas funções vão se transformar num festival das Hozanas e Irenes, com construções de obras faraônicas e paraíso do nepotismo.

— Já conversei com Mariz (deputado Antônio Mariz). Ele tem a mesma posição sua.

— Esqueça este assunto. À noite vamos ouvir Ângela Maria e Nelson Gonçalves, na base do Chivas.

Que impacto a votação da emenda, em plenário. Doutor Ulysses tinha prometido a mim e a Mariz que ia colocar a matéria da criação do Conselho, logo após o artigo caput referente ao poder Judiciário, prerrogativas e garantias, da mesma forma com o Ministério Público. O velho timoneiro não cumpriu o prometido e pôs a matéria na última pauta de votação. Fomos derrotados por seis votos.

Outra matéria que provocou polêmica na parte referente ao Ministério Público foi o controle externo das atividades policiais. Agentes policiais se movem pelos corredores do Congresso Nacional e gabinetes dos constituintes no objetivo de impedir a aprovação do controle externo. Vários coronéis da polícia e delegados estiveram no meu gabinete.

Um destacado membro do comando da polícia de São Paulo, de sobrenome Sampaio, expôs o ponto de vista da polícia referente ao controle externo pelo Ministério Público. Ele salientava que a corporação militar era mantedora da ordem pública, assim também os agentes investigativos como os delegados, e vão ficar manietados nas suas arriscadas atividades.

— Coronel — destaquei — o Ministério Público exercerá uma função colaboradora com os mantedores preventivos e investigativos da ordem pública, debelando excessos que podem ocorrer em qualquer instituição e poder precisam de um controle extra *interna corporis*. Na nova Constituição, coronel, o Ministério Público se investirá como defensor da ordem jurídica e do regime democrático. Ordem pública é um braço integrativo da ordem jurídica. O cumprimento da lei, em qualquer esfera de poder, Executivo, Legislativo ou Judiciário, a sua fiscalização caberá ao Ministério Público.

Ele admitiu o meu raciocínio, mas intimamente não aceitou. É o mal crônico que corrói a formação das nossas instituições, o corporativismo.

Em plenário, o controle externo das atividades policiais foi agraciado e hoje se insere como dispositivo na vigente Carta Magna, o processo constituinte que estamos elaborando no objetivo de construir uma ordem constitucional que atenda aos novos tempos, aliada também a uma visão de mundo e do futuro. É obra de um esforço ingente apoiada nestes dois pilares: persistência e uma paciência de Jó.

A nossa formação, desde o Período Colonial, tem raízes fincadas no senhor de engenho e nos oligárquicos do café e do açúcar, ambos apurados nos costados da escravidão. Pesa sobre o nosso desenvolvimento o fardo, até os dias de hoje, de um elitismo tacanho e egoísta, que abarca os setores civis, militares e religiosos dominantes.

Alguns constituintes, entre eles Florestan Fernandes, Bernardo Cabral, Antônio Mariz, Maurício Correia e Aluízio Campos, debateram a história das Forças Armadas do país, apoiadas num sistema ultrapassado de segurança e defesa nacional, sob a cartilha doutrinária de Golbery do Couto e Silva.

As Forças Armadas deverão se nortear para a salvaguarda da defesa nacional e da ordem constitucional. Quando a instituição armada usurpa o poder civil, renega a sua elevada missão e, como primeiro passo, escancaram as portas dos quartéis as vivandeiras oportunistas e carreiristas políticos.

A longa ditadura militar, da qual ainda sentimos o bafo, dimensiona bem esse cenário. Ouço o circunspecto e culto Florestan Fernandes:

– Estamos estudando a criação do Ministério da Defesa.

Olhou-me com aqueles óculos de pesado grau, serenamente me falou:

– A sua proposta é uma forma de democratizar o sistema das nossas forças militares. Olhemos a história. Desde a gestão do ministro da guerra Pandiá Calógeras, governo Epitácio Pessoa (1919-1922), que o historiador Calógeras analisava a criação do Ministério da Defesa, unindo Marinha e Exército, o da Aeronáutica não existia. O marechal Hermes da Fonseca se insurgiu contra essa ideia e foi preso. Houve resistência de setores militares e o projeto não avançou.

Com o golpe militar de 1964, o presidente Castelo Branco articulou a criação de um ministro das Forças Armadas, não logrou êxito. Sangrado por uma elite civil-militar egoísta, fomos sempre um retardatário na marcha da história, com toda essa miserabilidade cívica, da arcaica ditadura militar de 21 anos.

Depois de ouvir vários constituintes, entre eles Abigail Feitosa, Itamar Franco, Fernando Santana, Augusto Campos, e especialistas em defesa nacional, como José Comblin, prefaciador do meu livro *A República das elites*, apresentei a emenda criando o Ministério da Defesa e substituindo os ministros do exército, marinha e aeronáutica, em comandos militares.

Poucos dias depois, recebo em meu gabinete um coronel do exército representando o então ministro do exército, Leônidas Pires. Abre-se este diálogo.

– Deputado, venho à sua presença, em nome do ministro Leônidas Pires, para transmitir a V. Ex.ª a posição do ministro contrária à criação do Ministério da Defesa.

Levantei para o oficial do exército esta premissa:

– Coronel, a unificação das três armas num único ministério abre uma nova visão da defesa nacional; por outro lado, facilita a aquisição e uso conjunto de equipamentos bélicos, facilita as manobras e operações militares, faz-se representar com mais relevância nos conclaves mundiais, facilita a intercomunicação de estudos e pesquisas, na carreira mundial por novas tecnologias. Por fim, coronel, todos os países democráticos já operacionam com o Ministério da Defesa. Transmita ao general Leônidas a minha admiração por sua postura equilibrada na fase da transição democrática, e leve também esta mensagem: não poderão deter a marcha evolutiva da História.

Que destino? Nós marchamos na contramão da humanidade e da História. O meu vaticínio se realizou: em 1999, no governo Fernando Henrique Cardoso, criou-se o Ministério da Defesa. Fiquei sempre ao lado da História, desde a campanha "O petróleo é nosso".

Avança o processo constituinte. Mário Covas, líder do PMDB, convoca ao seu gabinete alguns constituintes, entre eles Sigmaringa Seixas, Célio de Castro, Abigail Feitosa, Osvaldo Macedo e Agassiz Almeida. Na reunião solicitada, ele nos relata que pretende apresentar uma emenda definindo a anistia, a ser inserida no ato das Disposições Transitórias. Solicitou de nossa parte sugestões acerca dessa matéria. Falar de anistia mergulha fundo nos meus sentimentos, leva-me a proscênio onde não posso me encontrar, no momento em que em abril de 1964 uma hidrofóbica fúria militarista me atingiu na condição de cidadão brasileiro.

De mim, arrancaram as funções de promotor de justiça, professor da UFPB e o mandato de deputado estadual, até o direito de sobreviver, negaram a minha inscrição na OAB da Paraíba, por fim, como epílogo desse vômito de ódio, lançaram-me no presídio da ilha de Fernando de Noronha, à época, masmorra para condenados de alta periculosidade. Não me venceram, pelo contrário, retemperaram-me. Instrumentalizaram o Estado, ente supremo da nação, e se desandaram em crimes oprobriosos, muitos deles de lesa-humanidade; prenderam, torturaram, mataram e, por fim, retrocederam à época medieval, ao estender aos entes queridos dos assassinados a dor infinita do desaparecimento. Homero, na *Odisseia*, descreveu essa infâmia. Recuso admitir a anistia como ato benevolente do governo, mas sim o direito do cidadão de ser reparado nas suas perdas, como dever de justiça.

Milhares de brasileiros, no arrastão, regressos da ditadura, foram atingidos por atos de exceção. Golpearam-se as carreiras e promoções funcionais, decepam-se os projetos políticos. Quantos sonhos se perderam na vertigem odienta?

A mediocridade autoritarista afugentou brilhantes e esperançosas inteligências. Eis algumas das sugestões que encaminhei ao líder Mário Covas. Todos aqueles que foram atingidos por ato repressivo nos seus cargos, empregos, mandatos, postos e graduação serão promovidos como se na ativa estivessem obedecendo aos parâmetros de suas funções, com efeitos financeiros reparatórios referentes ao período em que estiveram afastados. Acrescentei mais esta sugestão: o período de afastamento será computado para efeito de aposentadoria e previdência.

Em plenário, a emenda da anistia adicionada a outras sugestões foi aprovada. Por pressão do bloco parlamentar do "Centrão", que congregava em suas legendas agentes da ditadura militar, a vigente Constituição Federal recepcionou a Lei 6.683, de 28 de agosto de 1979, sob o amparo da qual os genocidas e torturadores receberam o passaporte da impunidade.

Carregamos este DNA na nossa formação: coonestar com um elitismo egoísta e atrasado. Direcionamos os nossos trabalhos para uma seara na qual pulula um viés ultrapassado e arcaico, de raízes seculares, que vem desde o Período Colonial: o sistema fundiário no país; nestes pressupostos, o anacronismo fincou os seus tentáculos: monopolista, exclusivista, eiva de escravismo, relações de trabalho feudais e, o pior, planta e produz com a obsessão de exportar para o mercado externo. Essa anomalia sociopolítica vem desde o século XVII, com os senhores de engenho exportando açúcar para a Europa.

Para formular postulados constitucionais bem definidos sobre essa matéria, formamos um grupo de constituintes identificados com a problemática agrária. Ou se abraça uma causa, pública ou privada, com entusiasmo e abnegação, ou não se alcançam os objetivos almejados. Eis os legionários dessa causa: Plínio de Arruda Sampaio, Antônio Mariz, José Genuíno, Luiz Henrique, Edmilson Valentin, Osvaldo Lima. Procuramos ouvir a palavra de "velhos" lidadores das lutas camponesas nos embates com o latifúndio: Francisco Julião, Clodomir Moraes, Assis Lemos, Gregório Bezerra, Aluízio da Hora e Paulo Cavalcante. Como romper um paredão com quatro séculos de latifúndio, cujas relações de trabalho se fizeram semiescravocratas até os finais de 1970? Foi uma epopeia no processo constituinte.

Na Constituição Federal de 1934 constava a expressão *função social* como mera exposição. Começamos a esboçar a proposta de emenda ao Capítulo da ordem econômica e financeira, sob o nome política fundiária e reforma agrária.

Caso o imóvel rural não cumpra a sua função social, será desapropriado por interesse social ou público, com indenização paga mediante título da dívida agrária, com garantia de salvaguardar o valor real. Ressalte-se: as benfeitorias úteis e necessárias serão indenizadas em moeda corrente.

Procuramos definir claramente o que é função social: uso adequado do imóvel rural; aproveitamento dos recursos naturais, e do meio ambiente; cumprir as relações de trabalho; procurar manter o bom relacionamento entre proprietários e trabalhadores. Expomos a Mário Covas essas diretrizes e ele fez algumas sugestões, aduzindo:

– É uma batalha dura, procurem conversar com Cardoso Alves, vinculado ao setor industrial de São Paulo, e José Lourenço.

Marcamos reunião com essas duas "feras" do Centrão. Cardoso esbravejou:

– Pagar indenização com tributos da dívida agrária é uma afronta.

– Ora, Cardoso – salientei –, pagar em dinheiro não será desapropriação para fins de interesse social, mas um negócio agrário.

Mariz acrescentou:

– Ou se moderniza a política fundiária no país, ou as cidades vão se transformar em centros de miséria e violência.

Osvaldo Lima pontuou:

– O parque industrial no país vai se atrofiar com essas estruturas fundiárias.

Cardoso Alves concluiu:

– Vou ouvir os meus correligionários.

Aduzimos esta hermenêutica: caso seja aprovada essa emenda, todas as garantias e prerrogativas concedidas pelo direito brasileiro à propriedade estão subordinadas ao cumprimento da função social. Em plenário, a emenda foi aprovada com algumas modificações. Hoje se insere no corpo constitucional da Carta Magna.

Encontro com o presidente Sarney. Em meio às atribulações das lides parlamentares, surge este fato. O meu gabinete na Câmara se situava próximo ao do deputado Albérico Filho, sobrinho de José Sarney. Daí, ocorreu amistosa relação entre nós. Certo dia, Albérico me perguntou:

– Agassiz, você já teve audiência com Sarney, não?

– Oh, a minha posição política me impede.

– Se você quiser, eu marco para você uma audiência reservada, fora da agenda oficial.

– Desta forma, marque a audiência.

No outro dia ele me comunicou:

– Oh, amanhã, às nove horas. No palácio procure Marlene e ela o encaminhará ao elevador privativo.

Ao chegar à sala presidencial, de ampla visão para a Praça dos Três Poderes, lá estava aquele vulto, porte pequeno e ereto, rosto e cor de um moreno claro, mas de uma postura presidencial própria de um nordestino; formalmente se levantou e secamente falou:

– Sente-se, deputado.

– Presidente, não estou aqui movido por propósito de ordem pessoal, mas para oferecer pequena contribuição ao seu governo.

Surpreso, estampou no semblante reações fisionômicas em face das minhas rústicas palavras, que feriam, decerto, a sua postura litúrgica de presidente.

Procurou descontrair e conciliar (pensei comigo: será que fui intempestivo...), pegou-me pelo braço e me levou para umas poltronas, onde se sentavam quando chegavam, chefes de Estado e embaixadores.

– Deputado – com um ar de consideração falou – o meu avô paterno, João Leopoldo Ferreira, trazia no sangue a marca de um revolucionário, residiu alguns anos na Paraíba, na região de Ingá do Bacamarte. Foi um herói, participou da batalha do Jenipapo, às margens do rio com este nome, no Piauí pela independência do Brasil, contra as tropas portuguesas comandadas pelo major José Fidié, em 13 de março de 1813. Na Paraíba o meu avô dizia: conheci "cabras" valentes, alguns deles me acompanharam e lutaram na Batalha do Jenipapo. Falava de Campina Grande e tinha por Teodósio de Oliveira Ledo grande admiração, e exaltava: foi o bandeirante das caatingas nordestinas.

– Presidente, tenho pelos revolucionários de todos os tempos, de João Ferreira, o seu avô, a Danton, da Revolução Francesa, um misto de idolatria e admiração, pois foram eles que mudaram o curso da História. Tenho pela cultura ibérica e por sua formação política especial identificação, sou descendente de Teodósio de Oliveira Ledo, capitão-mor e desbravador dos sertões paraibanos e fundador de Campina Grande. A resistência dos povos ibéricos contra os mulçumanos no século XVI, em batalhas memoráveis de Aljubarrota, em 14 de agosto de 1385, e de Trancoso, em 29 de maio de 1385, deixou-nos um legado de grandes façanhas históricas.

– Então, deputado, o senhor tem no sangue o DNA de um desbravador.

– Não tanto, presidente, mas de um reformador político. Por que estou aqui, nesta sala presidencial? O seu governo marca um momento histórico da nossa nacionalidade. Transição do autoritarismo para a democracia. Em razão desta circunstância me aprofundei na análise do Pacts de Moncloa, tanto teoricamente como conhecendo *in loco* como este relevante acordo foi penosamente elaborado. Ouvi vultos do naipe de Santiago Carrilho e Adolfo Suarez e Felipe Gonsalez. As feridas ainda estavam sangrando, presidente, de uma apaixonante e furiosa guerra civil que envolveu o mundo. Aqui mesmo no Brasil partiram para lutar contra o franquismo Apolônio de Carvalho e David Capistrano. Falou mais alto o sentimento patriota e democrático espanhol. Representantes dos mais variados setores, políticos, empresários, sindicatos, militares, reuniram-se e se sentaram numa larga mesa de negociações. Repetidos encontros ocorriam no palácio de Moncloa. Conheci o cenário onde se desenrolavam as longas reuniões. Das veias estudantis, de um mar de sangue, a guerra civil espanhola, que estremeceu o mundo, produziu-se um pacto de alta relevância histórica e se fez fanal para todos os povos. Está nas suas mãos, presidente Sarney, despertar as forças vivas da nação. Cada um cede um pouco a ambição pelo poder. Simón Bolívar nos deixou um legado de estadista e estrategista militar que se projetou na História.

Desabafou num misto de espanto e consideração.

– E o Ulysses, deputado?

– Não tenho resposta e nem experiência para caminhar por esta seara.

Dele me despedi e levei a imagem deste encontro: sua capacidade de ouvir. Raciocinei comigo mesmo: que força o processo cultural carrega na nossa formação! Com vasta visão humanista e obra literária, a pontuar a sensibilidade de um desenvolto romancista, José Sarney quedou arraigado aos circunlóquios da política maranhense. No pacto de Moncloa ele projetou uma contida quimera não realizada. Passados alguns dias, encontrei-me na constituinte com o senador Álvaro Pacheco, que ao me ver exclamou:

– Ministro Agassiz Almeida...

– O que é isto, Pacheco?

– Você vai ser o ministro da Reforma Agrária. Marcos Freire, então ministro da Reforma Agrária, faleceu há poucos dias num desastre de avião no Pará. Sarney teve ótima impressão a seu respeito e conversou comigo.

– Pacheco, fico muito sensibilizado com esta informação.

No outro dia, o deputado Carlos Santana, líder do governo, telefonou-me e solicitou a minha presença em seu gabinete. Com um forte abraço, exclamou:

– Nordestino de guerra! Olha, Agassiz, preciso de algumas opiniões suas acerca da reforma agrária, para um estudo que estou fazendo.

Resumidamente, expus o meu ponto de vista sobre esta matéria por imaturidade política minha, comuniquei este fato a terceiros. Esta cogitação articulada por reacionários figurões da bancada de Minas Gerais, aliados a atrasados grupos do açúcar e do algodão da Paraíba, desabou contra mim sórdida campanha de perigoso comunista enquadrado na lei de segurança nacional. Com altivez, resisti. Como o albatroz, ave marinha, tornei-me forjado em atravessar tempestades oceânicas. O objetivo da trama maquiavélica foi alcançado. Leopoldo Bessone, com raízes na medieval estrutura fundiária mineira, foi nomeado ministro da Reforma Agrária.

Por momentos, parei os meus trabalhos na Constituinte e mergulhei em reflexões, eu e as minhas circunstâncias, em face da matéria a ser incorporada ao Texto Constitucional: a punição aos torturadores, criminosos oficiais e genocidas de lesa-humanidade. Conheci o bafo da ditadura e os tipos humanos que trafegaram por ele. Sórdidos, sádicos, covardes, estes infames formam um mundo de sombras, onde se alimentam e se inebriam com a dor, o sangue e a morte.

Vermes que pululam nesta podridão. Victor Hugo descreveu em magistrais páginas este subterrâneo humano. Nos corredores da Assembleia Nacional Constituinte, de passos lentos e alguns tropeços, olhares perdidos no infinito, semblantes marcados de incertezas, eram os familiares de torturados, mortos e desaparecidos, em que o amanhã será sempre uma esperança de punição aos bandidos instrumentalizados pelo Estado. Em meio a essas minhas reflexões, recebo um telefonema de Audálio Dantas, meu ex-colega, na Câmara dos Deputados.

– Agassiz, vão ao teu gabinete familiares de torturados e mortos pela ditadura, você pode atendê-los?

– Claro. A qualquer dia e hora, Audálio.[43]

Numa tarde esmaecida de Brasília, chegaram ao meu gabinete dois pais e quatro mães, entre elas, Elza, mãe de Dina de Oliveira, a heroína do Araguaia, Elzita, mãe de Fernando Santa Cruz. Que impacto à minha sensibilidade! Naqueles rostos precocemente envelhecidos havia algo profundo e insondável. A infinita saudade, olhares esmaecidos em rostos marcantes rugas, soltavam palavras das

---

43 Abro esta página nas "Minhas Memórias" para deixar estas palavras acerca de Audálio Dantas. Nordestino dos sertões alagoanos, onde se formou logo cedo com as intempéries da vida, Audálio Dantas carrega a fibra de um forte. Da busca pela verdade fez o seu apanágio; desconhecia onde estavam o medo e a covardia. A morte por um criminoso suicídio de Vladimir Herzog nos porões do IV exército, em São Paulo, em 25 de outubro de 1975, nos irmanou na resistência ao regime militar. Em 1980 nos encontramos na Câmara dos Deputados, sob a mesma bandeira do MDB – Movimento Democrático Brasileiro. Apontamos que as torturas e mortes foram institucionalizadas pelo Estado Militar. Denunciei: no comando do cel. Ednaldo D'Avila Melo, no 15 RI, em João Pessoa, desapareceu do quartel, Pedro Inácio de Araújo.
No comando do II Exército o "suicídio" de Vladimir Herzog. Audálio engrandece a sua história ao presidir a Federação dos Jornalistas de São Paulo, no período oprobioso do autoritarismo militar.

quais ecoavam um misto de dor pela perda do ente querido e uma raiva sufocada pela impunidade dos matadores dos seus filhos.

Na via-crúcis pelas salas e gabinetes dos mandões da República, alguns deles, infames mandantes de tenebrosas ações criminosas, aqueles viandantes da dor desconheciam o cansaço. A seiva sacrossanta do amor os movia. Fizeram-se viventes de um mundo que só os pais e mães dos mortos desaparecidos habitam. Sob a inspiração divina, olham a eternidade como berço dos seus amados onde os cultuam.

Falavam a linguagem que a dor irmana.

– Deputado, o senhor é um padecente dos porões da ditadura, por isto estamos aqui para desabafar, um homem marcado a não se curvar.

Elzita adiantou: um nordestino da heroica Paraíba da Revolução de 1930. Emocionado, ouço o drama pujante de cada um.

Elza, a mãe de Diná, deixou estas palavras de dor:

– A minha menina-moça tinha um sonho de um Brasil sem injustiça, e este sonho ela lutou por ele nas matas do Araguaia, até que esbirro covarde da ditadura a matou. Esfomeada, esfarrapada e picada de insetos, presa, Diná gritou para o seu algoz: atire, covarde. Tombou a heroína do Araguaia.

No "Memorial aos heróis do Araguaia" está cravado este epitáfio: "Em vida não se curvou, morta se fez heroína da liberdade". Trêmula, Elzita falou:

– Desde o momento em que os sicários desapareceram com o meu Fernando, que eu perdi a vida. Que destino deram a ele? Queria apenas um fio do seu cabelo.

Sob forte impacto emocional, ouço aqueles dramas lancinantes que me transportam para a antecâmara do inferno, por Dante Alighieri, na *Divina Comédia*.

> Gritos, clamores e vivos se destroem
> Na antecâmara infernal.
> São almas penadas da terra que se
> Fizeram centropédias do mal.

Eu acrescento de minha lavra: – De onde vêm? – pergunta Satanás.

> Vêm dos porões sinistros dos quartéis
> Do Brasil e da América Latina.
> São torturadores e genocidas, mestre.
> Como se chamam? Pinochet, Médici
> Ustra, Bolsonaro e Id Amin Dada.

Neste instante, a secretária me avisa:

– Deputado, reunião na Comissão dos Poderes.

Ao me despedir deixei estas palavras:

– Orgulhem-se dos seus filhos, eles se projetam na história como mártires da liberdade.

Despedi-me deles. Obcessivamente, dediquei-me ao trabalho de incorporar à Carta Magna, como princípio fundamental, o crime de tortura com as consequências dele advindas, morte e desaparecimento do corpo dos mortos. As anteriores constituições do país não preceituavam essa matéria. A Declaração Universal dos Direitos Humanos de 1948, elaborada pela Organização das Nações Unidas (ONU), no seu art. 5º, conceitua a tortura como crime de lesa-humanidade imprescritível, inafiançável e não passível de indulto ou de anistia.

Outros tratados e convenções internacionais seguem essa diretriz. Preparada a proposta de emenda, fomos eu, Antônio Mariz e José Genoino falar pessoalmente com Bernardo Cabral, relator da Comissão de Sistematização. Em plenário, com a resistência de setores do autoritarismo, a proposta foi aprovada, com a exclusão da cláusula da imprescritibilidade.

Diuturnamente, dedicava-me ao processo constituinte, varando sábado e domingo, estudando e pesquisando na elaboração de emendas. Era um domingo, fui para o gabinete, e o meu assessor Robson, lá para as 13h, murmurando falou:

– Deputado, estou arrebentado de fome.

Rumamos para um restaurante próximo à Câmara.

– Só vou fazer um lanche – disse ao garçom.

– Oh, garçom, traga um filé à la Fidel Castro – pediu Robson.

– Que diabo de filé é este?

– É um filé grosso com ovos em cima.

– Você não vai mais trabalhar.

– Vou, deputado.

Pouco mais de uma hora, eu assisti a um desastre orgânico, pálido, com um suor frio escorrendo pelo rosto, tremendo se cagou todo. Concluí que o organismo humano não suporta simultaneamente, esforço mental e metabolismo digestivo. Nesses tropeços, a vida vai nos ensinando. Num outro dia, o galego estava no batente. Era competente e esforçado.

Os trabalhos no processo constituinte se intensificavam e se avolumavam. Os meses avançavam. Apresentei duzentas e vinte emendas, das quais consegui aprovar sessenta e sete. Exaustivo esforço para além da minha capacidade laboral. Das propostas de emendas já abordadas, destaco estas apenas pelo limitar do espaço deste ensaio memorialista. Muitas delas elaborei individualmente, outras tantas emendas, em conjunto com colegas:

- **Habeas-data** – Mandado judicial que instrumentaliza a todo o cidadão o direito de solicitar, perante qualquer entidade, pública ou privada, dados e informações a seu respeito.
- **Universidade** – Desde a primeira universidade do mundo, a de Ez-Zitouna, na Tunísia, no ano de 737 da era cristã, centro de estudos e pesquisas, deve ser, sobretudo, autônoma e livre, com escolha independente dos seus dirigentes.
- **Presunção de inocência** – Ninguém será considerado culpado até o trânsito julgado da sentença condenatória.
- **Juiz natural** – Todo cidadão só poderá ser processado e julgado por juiz com jurisdição funcional e territorial determinada por lei. Veda-se, assim, o concluso de juízes e promotores, avocando processos de outras jurisdições com objetivos políticos ou econômicos. Lava Jato, no Brasil, e as Mãos Limpas, na Itália, escancararam propósitos ilícitos. Os resultados foram calamitosos para a economia desses países.
- **Individualidade da pena** – Nenhuma punição penal passará da pessoa do acusado. No Brasil, durante a ditadura militar, se violou esse postulado constitucional. Eis a trilogia criminosa. Torturaram, mataram e faziam desaparecer os corpos dos mortos. Com esse sinistro procedimento, os criminosos puniam os entes queridos dos mortos desaparecidos. Institucionalizada pelo próprio governo militar, essa forma de crime se fazia até então desconhecida nos anais dos séculos. Eu conhecia o fardo histórico da responsabilidade que abarcava.

Nos países democráticos, são raros os momentos de convocação de assembleias constituintes. No Brasil, no século XX, só duas constituintes, a de 1934 e a de 1946. No século XIX, apenas a Constituinte de 1891, após a queda do império. A Constituição de 1988 nasceu com a força do sentimento de um povo, garroteado por 21 anos de ditadura. Toca-me um orgulho de ter vivido aquele instante raro na vida de uma nação. De todos os rincões do país, índios da Amazônia, vaqueiros do Nordeste, campeadores dos pampas gaúchos chegavam ao Templo da Constituinte. Traziam esperanças de novos tempos.

Em meio a essa flama, lá estavam poderosas corporações, Forças Armadas, Poder Judiciário, Federação de profissionais liberais, advogados, médicos e outras,

Ministério Público, Polícia Militar e Civil, organizações sindicais, o poder do capital financeiro representado pelos maiores bancos do país, associações da comunicação, imprensa e televisiva, enfim, todas que tinham o mínimo de organização associativa chegaram à Constituinte.

Os sem voz e sem vez estavam lá na palavra de Dom Helder Câmara. O regime democrático embala esse momento. Pessoas se entrecruzam nos corredores e salas, algumas tantas com semblantes preocupantes. Era um verdadeiro labirinto de encontros e desencontros de interesses. Assisti horas de grandeza e de afrouxamento moral. Comecei a conhecer um pouco da alma humana. Avança o tempo. Chegamos ao vértice da nossa escalada constituinte, impregnado de uma convicção: conseguimos construir, diante das forças retrógadas do "Centrão", uma construção com grandes avanços progressistas.

Numa tarde esmaecida de Brasília, de 5 de outubro de 1988, com um plenário repleto de participantes, Ulysses Guimarães, com passos lentos sobe os poucos degraus que o levam ao proscênio, senta-se na cadeira na qual por centenas de dias presidiu a Assembleia Nacional Constituinte e faz um pronunciamento de relevância histórica, do qual destacamos este texto.

> Há, portanto, representativo e oxigenado um sopro de gente, de rua, de praça, de favela, de trabalhadores, de empresários, de menores carentes, de índios, de posseiros, de estudantes, de aposentados civis e militares, atestando a contemporaneidade e autenticidade do texto que ora passa a vigorar. Como o caramujo, guardará para sempre o bramido das ondas de sofrimentos, de esperanças, de reinvindicações, de onde proveio.
> Esta Constituição, que denomino "Constituição Cidadã", nasceu da alma do povo brasileiro. Ela não é perfeita. Poderão criticá-la, contestá-la até, mas jamais desrespeitá-la.

Ao encerrar o discurso, ergue com o braço direito um livro de cor verde e com um triângulo amarelo, encimado com o nome Constituição da República Federativa do Brasil.

Que momento histórico estou vivendo! Toca-me um sentimento de orgulho que vai fundo na minha alma. Altas autoridades fazem parte da Mesa ao lado de Ulysses Guimarães: o presidente da República, José Sarney, o presidente do Supremo Tribunal Federal, Raphael Mayar, o presidente da Assembleia Constituinte Portuguesa, Henrique Barros. Abraços e cumprimentos calorosos se sucediam. Somos atores de um espetáculo cívico raro nos anais dos países democráticos.

Perguntei-me como um dos criadores desta obra concluída: que destino terá pelos caminhos do mundo, no amanhã dos tempos? Renovar-se-á, decerto, através de emendas, mas não será violentada por algum tirano ou aventureiro.

Ela será preservada pelo poder de comunicação e interlocução das futuras gerações. Os minutos giram em minha mente. Faço indagações e reflexões. Sinto-me um construtor de catedral ao ver concluída a obra e, ao mesmo tempo, um alpinista ao escalar os Andes. Brado silenciosamente: elaboramos a obra constitucional do século, a Constituição Federal de 1988. Para tanto, contamos com as forças vivas da nação, desde um velejador de canoa do Amazonas, ao valente vaqueiro nordestino a romper as caatingas na pega do boi.

Esta pergunta não calava dentro de mim: como uma minoria de constituintes, verdadeiros legionários, articularam forças para elaborar uma Constituição Progressista, enfrentando o "Centrão" majoritariamente poderoso? Avançamos muito nos princípios fundamentais, na ordem dos direitos sociais e trabalhistas, na ordem econômica em defesa da economia nacional.

Não conseguimos reformular e renovar o Estado, um pesado paquiderme a onerar a nação. O "Centro" levantou um paredão que não conseguimos romper. Estados ostentando o atraso, eis aí: o Supremo Federal Militar, os tribunais eleitorais e do trabalho, uma universidade pública para ricos (votei erradamente). Um sistema tributário egoísta e elitista que recai mais de 60% no consumidor final, pesando nas camadas sociais de baixas remunerações. No entanto, os operadores do capital financeiro, que tributos pagam!? Irrisórios. Aí está uma das razões do fosso abismal da desigualdade social no país. E centenas de cargos que a burra estatal carrega.

Cerram-se as cortinas, do grande palco da soberania popular; ficam, no entanto, nos dias que correm, as tocantes recordações dos democráticos entreveros, e, no amanhã dos tempos, o berço da história. Caminho pelo salão verde e ainda ouço ressoar o som das campanhas na voz de Ulysses Guimarães: constituintes, todos ao plenário, vamos votar. Despeço-me e deixo esta peroração: *ventu venturi*, que os ventos levem pelos séculos afora esta Carta Constitucional como luzeiro do povo brasileiro.

UM NOVO IDEAL A SE ALCANÇAR: SER ESCRITOR

Dia D, 5 de outubro de 1988. Após a obra constitucional do século XX concluída, olho os caminhos que percorri na vida desde a campanha "O petróleo é nosso", em 1954, até o término da Constituinte.

Atravessei desfiladeiros e conheci os porões da ditadura militar, desafiei, nos meus 20 anos, arcaicas estruturas sociais e políticas do coronelismo e do latifúndio nas várzeas férteis do Nordeste. O golpe militar de 1964, como um furacão, arrancou as minhas funções de promotor de justiça e de professor universitário e o meu mandato de deputado estadual. Os servis do regime autoritário me negaram a inscrição na OAB-PB. Fiz-me um exilado na própria pátria. Em 1979, retornei às minhas funções pela anistia e deixei as lides da vida pública, que levou os melhores anos de minha juventude. Reconforta-me ter realizado este ideal: Constituinte do Brasil de 1987-1988.

Fui sempre movido por uma energia fronteiriça à loucura. Nos embalos utópicos da adolescência, fiz-me um idólatra dos revolucionários que desafiaram as tiranias e dos pensadores que iluminavam os povos.

Nas minhas intermináveis leituras, procurava estudar os condutores dos fatos, os criadores da arte e os descobridores da ciência e da tecnologia. Esses homens abriram os caminhos da evolução humana. Uma ideia ia me fazendo um obsessivo, como um cantochão em minha mente: ser escritor. Essa imaginação me chega como uma miragem.

Interrogava-me. Como alcançar este ideal e realizar este projeto de vida? Queria ser um criador de pensamentos, um formulador de princípios como um observador da condição humana e conseguir compreender este fantástico fenômeno da vida, em especial, o fenômeno humano.

As distorções e injustiças sociais dos povos, sobretudo do povo brasileiro. Como uma minoria instrumentalizada nos artifícios, na religião, no engodo e na força criou o Estado para servir aos seus objetivos, em detrimento da maioria da população; desde jovem fui um iconoclasta deste selvagem-sistema.

Como materializar em livro um cabedal de ideias e divulgá-las pelo país. Desconheço os caminhos que levem a esse projeto. Não pertenço a nenhum círculo literário. Vou ouvir aqueles que alcançaram o cume de cordilheira onde os pensadores habitam e com quem tenho bom relacionamento: Paulo Freire, Paulo Cavalcante, Darcy Ribeiro, Ariano Suassuna e Cristovam Buarque.

Quase todos responderam: faça leituras com reflexão e sempre pautado por uma lógica dialética e criativa. A cultura literária e científica é a base de um sólido pensamento. Darcy Ribeiro soltou esta:

– Você já foi um demolidor de arcaicas estruturas, vá em frente.

Que contraste! Deixo o mundo das turbulências políticas e vou abraçar a legião dos novos e silenciosos companheiros: os livros. Eles não falam, mas transmitem a eloquência do silêncio. Comecei a caminhada pensante pela Grécia antiga, berço da civilização ocidental, nas obras Ilíada e Odisseia, do condoreiro poeta pré-socrático Homero, que viveu há mais de 1.000 anos, das quais descortino o legado de grandeza pensante e literária que a civilização grega nos transmitiu. A guerra de Troia, retratada na Ilíada, nos leva a esta reflexão. Norteava os gregos, àquela época, como os romanos, viver heroicamente, vencer ou morrer nas batalhas. O herói grego simbolizava essa cultura, que alcançou até o século XX. Heitor se projetou como o herói troiano. A ambição humana sempre desconheceu fronteiras. Ontem, naqueles idos tempos, como hoje. As riquezas de Troia atiçaram a cobiça grega, e o rapto de Helena do palácio, no reinado de Agamenon, foi um mero pretexto para a guerra.

No épico poema Odisseia, Homero retrata a aventura como imanente da própria condição humana. Ulysses é o Hera desta condição de existir. Quando ele partiu para a guerra de Troia, Penélope, sua esposa e o filho ficaram no palácio. Depois da guerra, permaneceu por dez anos numa ilha, tido como desaparecido. Durante esse período, uns cem homens se apossaram do palácio e os chefões tentaram conquistar Penélope, que não cedeu às abordagens amorosas. Na volta Ulysses se faz de mendigo e mata, um a um, os usurpadores. E, afinal, o reencontro com Penélope, descrito com uma grandeza da épica genialidade, tão marcante a presença da cultura helênica no mundo ocidental, que obras do porte de "Os Lusíadas", de Camões, "Divina Comédia", de Dante, "O Canto Geral", de Neruda, "Espumas Flutuantes", de Castro Alves, receberam a sua influência.

Chego nas minhas leituras, nos anos 300 a 400 a.C. com esta trilogia: Sócrates, Platão e Aristóteles. É desses pensadores o marco inicial da cultura política e filosófica da civilização ocidental, sobretudo na construção de um sistema em que o ser humano seja o princípio e o fim da sociedade, tendo a liberdade como apanágio. Os *Diálogos* de Platão com Sócrates, o seu mentor, é um imenso depositário de ideias que estão presentes entre nós, nos dias atuais. Os limites desse ensaio me impõem resumir os comentários sobre esta matéria.

Fiz do romance *Os Miseráveis*, de Victor Hugo, um dos maiores da literatura universal, o meu livro de cabeceira, nos idos da minha adolescência. Os personagens que se entrecruzam e interagem nessa obra, Jean Valjean, Jarvet, Cosette e Francine, parece que estão caminhando nas ruas das atuais grandes cidades do mundo, nos fóruns, nas igrejas, nas escolas. Obra monumental transportada numa humana dor, de infortúnio, de injustiça social, da insensibilidade social diante da miséria, mas também de amor, esperança e compreensão. Os personagens saltam das páginas e nos falam no desespero de Jean Valjean, condenado às galés por 19 anos por furtar um pedaço de pão para alimentar a sua família.

Depois de longos anos de trabalho forçado, deixa a prisão. Revoltado, encontra uma sociedade que o abomina e o despreza: sangra a sua dor numa trágica solidão, a sua família desapareceu. Mas encontra uma alma pura, aberta a todos os sofrimentos do bem, o bispo Charles François; carregando um outro destino de dor, Francine, a mãe solteira de Cosette, repudiada por uma sociedade egoísta e hipócrita, debate-se no infinito desespero de ver a sua filha abatida pela fome.

Com genialidade, Victor Hugo mergulha no insondável mundo da alma humana. Francine deixa Cosette com um casal, os Thénardier, e vai trabalhar em outra cidade, de onde remete numerário para os Thénardier. Como a hipocrisia humana se transveste de mil disfarces! Aparentando para Francine uma angelical bondade, o casal contrastantemente era perverso. Frágil e infortunada, a criança de oito anos, Cosette, suportava indefesa constantes maus-tratos. Agrava-se a sua condição. Francine, sua mãe, falece e faz a Jean Valjean, com quem vivia, este pedido: procure se informar das condições da filha e faça tudo por ela. Homem de imensos sentimentos, Valjean partiu para atender ao maternal pedido.

No dia seguinte, viajou a Montfermeil, onde residiam os Thénardier. Vestido de mendigo, solicitou hospedagem e pagou, e assim conheceu o estado de miserabilidade em que vivia a criança. Desembolsou elevada quantia aos hospedeiros e resgatou Cosette das mãos dos algozes; daí, partiram para Paris, com Valjean assumindo condição de pai adotivo da criança. Uma sombra vingativa acompanhava os seus passos; o inspetor de polícia, Jarvet, o perseguia.

Fugiram para um mosteiro onde se passaram alguns anos. Encerramos essa narrativa, desculpe-me o leitor.

Página imortal da literatura universal, a batalha de Waterloo descrita por Victor Hugo. Preso na ilha de Elba de onde foge, Napoleão Bonaparte reorganiza as forças francesas num contingente de cento e quinze mil homens e enfrenta exércitos de sete nações aliadas com uma força militar de duzentos e quinze mil soldados. Com solo enlameado por ter chovido à noite, desfecha-se a histórica batalha de Waterloo, no dia 18 de junho de 1815, às 11 horas, próximo à cidade de Montgeron. A fatalidade atmosférica se alia às forças estrangeiras contra o corso de tantas vitórias, dificultando Napoleão movimentar as suas tropas, sobretudo os canhões, a fim de alcançar os pontos estratégicos que planejava. Nessa hora, o imponderável conduz o sangrento entrevero, e a tragédia da morte se abate sobre todos os combatentes, num pugilato de bárbaros. De minha parte, encerro esta narrativa. Deixo com a genialidade de Victor Hugo a descrição da histórica batalha. Derrotado, Napoleão foi desterrado para a ilha de Santa Helena, onde morreu.

Vou permeando as minhas leituras, de filósofos a romancistas, de poetas a ensaístas, de um Tolstói, de *Guerra e Paz*, a um Graciliano Ramos, de *Vidas Secas*, de um *Canto Geral*, de Neruda, a *Espumas Flutuantes*, de Castro Alves, da *Crítica da Razão Pura*, de Kant, à monumental obra *O Capital*, de Karl Marx.

Simultaneamente, enquanto opero no universo dos pensadores, desempenho as minhas funções de promotor de justiça em João Pessoa, reassumidas em 1991; direciono-me sempre pelo múnus fiscalizatório e, predominantemente, pela defesa do social contra qualquer tipo de injustiça. Na Constituinte fui um dos formuladores de um renovado e atualizado Ministério Público, sem contemporizar com subterfúgios fraudulentos de um juiz, ou com um agente do Estado, detentor de mandato popular e de um executivo de alto escalão praticando corrupção ou prevaricação.

Não sou mero acusador para servir a interesses escusos, nem admito manipulações de provas, arrancar sob torturas físicas ou mentais declarações de testemunhas com objetivos de condenar acusados. Respeitar, antes de tudo, o devido processo legal e a dosagem justa da pena. Não admito o espetáculo midiático e expor o acusado à execração pública, condenando-o antecipadamente. E, pior, penalizando a família com a dor e o abalo moral perante a opinião pública. Um juiz de nome Severino liberava, às escondidas, para a mídia televisiva trechos de depoimentos, a fim de servir a certo grupo político. Telefonei para ele:

– Doutor, caso continuem estas notícias tendenciosas na imprensa, o denunciarei à Corregedoria do Tribunal de Justiça.

Pensei comigo: que falta está fazendo um rigoroso Conselho Nacional de Justiça projetado por alguns constituintes.

De outra feita, defendi um juiz como testemunha por ter liberado um veículo do depósito público. Aberto processo administrativo, disse: quem deveria estar aqui no banco do réu é o Tribunal de Justiça da Paraíba, porque o depósito público é um sorvedouro dos bens penhorados. Dorgival Terceiro Neto foi também testemunha desse caso. Nunca me curvei como promotor de justiça ao oba-oba da opinião pública. O homem público deve ouvir o clamor e rumor das ruas, os agentes da justiça, juízes e promotores não, sob pena de violarem a própria Justiça.

Certa tarde recebo, no meu gabinete, notificação da Procuradoria de Justiça, a fim de responder pela 2ª vara do Tribunal do Júri, de João Pessoa. De imediato antevi o cenário com que ia me deparar. Dois meses depois tem início a sessão de julgamento dos réus. Tenho em mãos o processo-crime contra João dos Santos, conhecido por Joãozinho do Cangote do Urubu, bairro-favela de João Pessoa, do qual foi vítima Tião da Silva, vulgo Tião da Cuia Grande. Estou no plenário do Júri e me aproximo do juiz William, que presidia o julgamento. Nesse momento chega o acusado, escoltado por dois policiais. O magistrado sussurrou:

— Olhe, promotor, esta gente quando bota os pés neste plenário, eu jogo logo 50% de culpa.

Respondi:

— Doutor juiz, de minha parte, pelo contrário, eu libero com 50%.

Que vulto chegava ali. Cabeça recurvada para baixo, desgastada sandália japonesa, vestimenta com tecido de saco de açúcar, cabelos desalinhados, face parda e escaveirada, passos trêmulos. Olhava, mas não conseguia ver aquela parafernália de sisudos. Homens se entrecruzando num piso de madeira entre móveis de estilo colonial. O juiz, com o olhar de predador insaciável, toca a campainha. Inicia-se o julgamento. O réu interrogado relata o fato delituoso. Trêmulo olha para os circunstantes, com um olhar perdido e indefinido e soluça.

— Eu amo a minha negrinha Maria José, seu doutor. Matei aquele sujeito porque ele queria fazer mal a Mariazinha.

Com a palavra o promotor de justiça, Agassiz Almeida.

— Doutor juiz, ilustres membros do Tribunal do Júri, colega de defesa doutor Severino Tavares, acusado João dos Santos. Chego aqui, nesta Casa das leis e da Justiça, onde o Direito define destinos para a liberdade ou o cárcere.

— Por alguns anos caminhei, transpus abismos, enfrentei adversidades e conheci o fel da incompreensão humana. Com alegria, reencontro o meu, então suado, Ministério Público, instalado num moderno e novo Templo.

Volto as minhas vistas ao acusado.

– Como posso analisar e compreender João dos Santos? Filho sem pai da favela do Cangote do Urubu, onde habitam insetos, vermes, ratos e todos os tipos de animais peçonhentos, num esgoto a céu aberto, onde crianças vivem em meio a fezes e urina. Ali os seres humanos sobrevivem da pesca do caramujo e de pequenos assaltos. Só conhecem este destino: a morte ou o cárcere. A história de João dos Santos, o Joãozinho, é uma página de dor e, ao mesmo tempo, o lado podre de uma sociedade egoísta e hipócrita. O princípio e fim da vida de Joãozinho está ali, naquela sua Mariazinha, e juntos construíram o seu mundo com dois filhos catadores de papéis, é a sua profissão, cedo madruga em revolver latas e sacos de lixos.

Um poema de Neruda decanta o catador de papéis. Eis a história: certa noite, na bodega de Manoel, Joãozinho e Maria tomavam carraspanas de cachaça. Quando Maria se levantou, Tião, um negrão forte, tido como um valentão, bateu nas nádegas da companheira de João, e disse: "Ô bunda boa de se comer". Pequeno e frágil, com uma facada, possuído da energia de um David, abateu o violentador do seu mundo. Leio na peça da denúncia a agravante do motivo fútil. Onde está o motivo fútil, senhor juiz? O que define o fato são as circunstâncias e os agentes envolvidos na contenda. O *iter criminis* tem como causa Maria, o relevante mundo onde o acusado começa e termina o seu dia, entre sexo e comida.

E, finalmente, levantei a exceção de incompetência desta jurisdição por *ratione loci*, em razão do lugar. Como podemos condenar um acusado que vem de um mundo de sombras, onde não existem educação, saúde e moradia digna?

– Senhores jurados, Joãozinho dos Santos é um condenado da vida desde o ventre de sua mãe. Libertem para ele reencontrar a sua Maria e os seus dois filhos. Ao catador de papéis que o destino ilumine os seus passos.

Tavares se levantou e disse estas palavras:

– O constituinte de 1988 honra o Ministério Público e a Paraíba.

Com o resultado de 7 x 0, as portas da liberdade se abriram para João dos Santos. Tocados pela baixa que a miséria e a ignorância embalam, abri as portas do cárcere para outros dois condenados do mundo. Dois dias depois, recebo um telefonema da Corregedoria do Ministério Público solicitando o meu comparecimento. Lá encontrei, à frente desse órgão, Artur Gonçalves, meu colega dos bancos acadêmicos da Faculdade de Direito. Levantou-se e falou como um acérrimo corifeu do moralismo social.

– Agassiz, você está escancarando as portas do Roger para os bandidos.

– Olhe, Artur, ali não é presídio. É uma indústria de transformação de seres humanos em animais e, depois, adestrá-los em jaulas. A nossa sociedade se nega a olhar a pústula que ela mesma criou. Engana-se. Homens não se adestram, educam-se. Muitos que estão ali naquela pobreza humana e por este Brasil afora são negros, pobres e analfabetos arrastados pela miséria para a marginalidade.

– Um punhado de constituintes, Artur, ainda ouço o rumor da nossa luta, plasmou e reformulou o Ministério Público para defender a "ordem social" e não para servir de *longa manus* de uma sociedade egoísta e injusta. Cabe ao Estado humanizar o sistema penitenciário. Este sistema, que está aí pelo país, é um esqueleto prisional do século XIX. Olha, Artur, não vou coonestar com nenhum tipo de injustiça social. Ponho nas mãos da Procuradoria a tarefa que me incumbiu.

– Encerramos o nosso diálogo.

– Amanhã, "velho", vamos almoçar no Cassino da Lagoa.

– Tá certo, Tutuca. – Apelido dele no Liceu Paraibano, onde nós estudamos.

Certa vez, Darcy Ribeiro me disse:

– Olha, Agassiz, é esforço homérico a transformação cultural de uma geração e do próprio indivíduo.

Pensei: como Artur, milhares de agentes do Estado por este país, promotores, juízes, parlamentares, congelaram as suas visões do mundo na década de 1970. A Constituição de 1988 assegurou direitos, deveres, prerrogativas e garantias e, também, reformulou poderes e instituições. Urge atender aos novos desafios, senão seremos retardatários da história. Educar o jovem logo cedo a olhar o mundo sob uma visão dialética. A ditadura militar asfixiou a capacidade criativa de gerações, e este foi um grande crime. Em meio ao empedramento mental de uma elite de costas para o Brasil e admirada por uma classe média incauta, vou tocando o barco da vida. Procuro conciliar as minhas atividades funcionais com as leituras, quando então desperta a chama do ideal: criar pensamentos e expressá-los em livros e, assim, levo ao país e às futuras gerações um pequeno despertar para o seu desenvolvimento.

No silêncio da madrugada, as reflexões me chegam com mais facilidade. A criação de ideais é uma obra solitária. Abraço esta trilogia de geniais construtores da arte de pensar: *O Corcunda de Notre-Dame*, de Victor Hugo, *Os Sertões*, de Euclides da Cunha, e o poema *Morte e Vida Severina*, de João Cabral de Melo Neto. Como se entrelaçam com os mesmos sentimentos estes personagens: Quasimodo, Antônio Conselheiro e Severino! O corcunda nasceu na catedral de Notre-Dame e ali viveu. Horrivelmente feio, parecendo um fantasma da ópera, corpo recurvado, cego de um olho, surdo pelo badalar dos sinos. Certa feita, num alvorecer, encontra a sua quimera, a linda cigana Esmeralda, e, a partir daí, fez da vida um sonho platônico.

Outro personagem que viveu no entreabrir dos séculos XIX e XX, dentro de um camisolão preto, barba longa, saiu das caatingas cearenses, com um cajado na mão direita a pregar a palavra de Cristo, em vilas e povoados. Os fanáticos fiéis que ia congregando nessa peregrinação o batizaram de Antônio Conselheiro, o profeta dos sertões.

Um poema da década de 1940 moldou este personagem: Severino. Expulso do seu empedrado pedaço de chão nos sertões pernambucanos por inclemente seca, Severino, desesperado pela fome, bate em retirada em busca da terra da promissão. Desconhecendo caminhos, segue o leito do rio Capiberibe, com extensão de 240 km. É uma epopeia de resistência e sacrifício. Logo nos dois primeiros dias, depara-se com um cortejo fúnebre. Pergunta: quem morreu? Foi Severino de Maria. Ajuda os poucos acompanhantes. Segue em frente, alimentando-se de preá, lagartixa e gafanhoto e bebendo água de poço. Andarilho incansável, aproxima-se da região litorânea. Entusiasma-se. Avista um mar verdejante a cobrir todas as terras. "Eureca, eureca" – bradou: é a terra da promissão. Por uma vereda, adentra nos canaviais e encontra uma mulher jovem, mas envelhecida precocemente. Indaga:

– Que terras boas para trabalhar?
– Não, aqui o senhor só tem direito a sete palmos de terra, e mais, em cova rasa.
– De quem é aquela cruz ali?
– De Severino de Doca.

Chega a Recife, a cidade o atordoa. Espanta-se com o oceano. Pergunta a um transeunte:

– Vosmicê sabe informar de quem é este açudão?
– Do diabo, seu imbecil.

Sem encontrar emprego, abateu-se. Dirige-se para uma das pontes que corta o Capiberibe e olha as águas remansosas e desabafa: não vale a pena viver. Neste momento, um carpinteiro de nome José lhe pergunta:

– O que é isto, companheiro?

Ouve-se um grito:

– O menino Jesus nasceu.

O que identifica estes personagens? Quasímodo, Antônio Conselheiro e Severino? A esperança, essa quimera que move a alma humana. Vou tocando o barco da vida, amadurecido na universidade da vida. As leituras me ajudam a compreender melhor os entreveros e vaidades humanas.

Época de alta tensão política, com as manobras insidiosas do nazismo e do fascismo, é lançada, em 1933, a obra *Casa-Grande e Senzala*, do sociólogo Gilberto Freyre. Egresso do estrato aristocrático pernambucano, o irrequieto jovem, nascido em 1900, irá estudar nos EUA, por dez anos, e, posteriormente, na Europa. De Franz Boas, antropólogo americano, recebeu forte influência na sua formação educacional. Pioneira no estudo da nossa formação racial, a obra gilbertiana despertou amplos debates, em face de sua análise sobre a miscigenação do nosso povo, ressaltando as qualidades advindas da função destas raças: o branco, o negro e o índio. Enfim, negou a superioridade da raça branca.

A volumosa obra se atropela, quando Freyre perfila o patriarca da casa-grande, dono de vastos latifúndios, escravos e votos, como o senhor da combalida nos seus embates com os escravos. O intelectualismo vindo da aristocracia rural abraçou com entusiasmo este desconexo que serve de base para as elites do país defenderem uma falsa "democracia racial". O patriarca da casa-grande, de sexualidade luxuriante, arrebentava o harém de submissas escravas e o rebanho dos condenados da escravidão, tratados sob chicote e brutal violência.

Fugitivos da dor, da fome e da morte, os desesperados negros africanos das terras dos oligarcas do açúcar e café se embreavam pelo interior do país, fundando centenas de quilombos que estão por aí, até hoje. A hipócrita cordialidade gilbertiana gerou esta elite, provocadora de abismal desigualdade social no país. Paro por aqui, senão esta terra vai levar uma banda do livro.

No ritmo das minhas leituras reencontro a obra *Raízes do Brasil*, de Sérgio Buarque de Holanda, lançada em 1936, cuja visão sociopolítica gerou amplos debates mormente quando o sociólogo foca estas características da nossa formação: o homem aventureiro, o homem cordial é, desde as raízes greco-romanas, baseado em Aristóteles, embala a sua cultura e perfila o seu DNA. Quem é este "aventureiro"? Tipo individualista, inadaptado às regras sociais, não teme as consequências de suas decisões.

Os sistemas políticos dos países europeus, diferentemente de Portugal e Espanha, estruturam-se obedecendo a uma hierarquia social: rei e nobreza, clero e senhor feudal, os demais estratos sociais, segundo Rousseau, compunham o estado geral. Os sistemas português e espanhol desconheciam essa pirâmide social personalista e relativamente liberta das amarras políticas. Nessa visão sociológica, Sérgio Buarque não incorporou a participação do muçulmano, que dominou a Península Ibérica por quase 800 anos, trazendo estas relevantes contribuições: a pólvora e o sistema de irrigação, existentes na China. Ressalte-se: o árabe, desde os idos dos séculos, foi um andarilho com suas caravanas de camelos.

O destemido navegador lusitano, decantado por Camões, e o colonizador de terras ignotas são protótipos desse "aventureiro". O brasileiro tem um pouco dessa alma cigana. Resumidamente, pincelemos o homem cordial de Buarque de Holanda. As relações de comunicabilidade do brasileiro são, em sua maioria, cordiais e amistosas; mesmo entre os diferentes estratos sociais aparentam uma fraca sensibilidade humana, contrastando com os povos anglo-saxônicos.

– E por que esta abissal desigualdade social no Brasil? – pergunta um estudante de sociologia.

Somos dirigidos por uma elite, ou seja, classe dominante, desde o Período Colonial, personificado num patriarca dono de vastos latifúndios, escravos, mulheres e votos, atravessamos séculos e hoje com que nos deparamos? O dominante baronato do agronegócio conjugado com o poderoso capital financeiro encastelado nos grandes bancos. Que hipócritas e egoístas elites temos? Sangram este infortunado país e vão esbanjar as suas riquezas nos cassinos de Las Vegas, Estoril, Mar del Prata e em tantos outros. Patrocinadores dos meios de comunicação, sobretudo os televisivos, fazem-se aves de rapina da opinião pública e, aí, manipulam à sua vontade.

Antes de ler Caio Prado Júnior, tocou-me um sentimento da juventude e eu rabisquei estas metáforas. Quando os homens não pensam, os rios dialogam. Os subúrbios de Manaus são nascentes do rio Desassossego, afluente do rio Madeira, cujas águas remansosas ele as conduz ao rio Amazonas. O Desassossego tem este fadário: carregar lixões, monturos apodrecidos, fezes humanas, pedaços de árvores, esqueletos de animais e até corpos humanos, como um casal de náufragos que morreram abraçados.

– Que é isto, companheiro? – O Madeira fala. – Você hoje tá danado, despejou uma montanha de entulhos.

O afluente responde:

– Mas eles vão pagar caro. Fiz um catimbó para Exu e ele vai fazer cair um temporal nas minhas cabeceiras, e aí, eu inundo rios e casas daqueles mal-educados. Eles vão ver o vampiro da maldição baixar neles.

Assim é o destino de todos: dos homens e das coisas. Que perfil tenho de Caio Prado Júnior? De forte estatura moral e política, pertence à família aristocrática de São Paulo, nasceu em 1907. Um dos mais importantes intérpretes latino-americanos do marxismo, em 1933 publicou a sua primeira obra: *Evolução Política do Brasil*, seguida de outras; *URSS – um novo mundo*; *Formação do Brasil Contemporâneo*, obra clássica; *História Econômica do Brasil*. Militante político, participou das articulações da Revolução de 1930. Anos mais tarde, ingressou no Partido Comunista Brasileiro (PCB). Sob a visão do materialismo histórico, Caio Prado focalizou a formação social do país, a partir do Período Colonial, durante o qual o patriarca era detentor dos meios de produção, senhor das vontades e dono de vasto latifúndios, escravos e mulheres. Contrapõe-se à conceituação de Gilberto

Freyre acerca das relações amistosas entre o poderoso empregador e os escravos tratados como mulas num trabalho selvagem por quinze horas diárias.[44]

Dou os passos iniciais na elaboração de um livro. Interrogo-me. Será que estou preparado para enfrentar tamanho desafio? Almejo uma obra de alcance nacional e ao mesmo tempo me atropelo em reflexões negativas. Não! Será que este fardo não está para além de minhas forças intelectuais? Saio da arrebatante seara da vida pública em que por tantos anos militei e abraço o mundo plácido dos pensamentos e das reflexões, do qual por poucos momentos me separei.

Trago dentro de mim a obstinação pelas grandes causas, ou como construtor ou demolidor. Nos longínquos ontens, pelejei contra o coronelismo, o latifundiário e a ditadura militar; hoje, aspiro este ideal de criar pensamentos. E, para tanto, repito Castro Alves: eu sou pequeno, mas só fito os Andes. A obra que estava a elaborar centrava no homem nordestino: suas esperanças, angústias, adversidades e capacidade de resistência. A impiedosa dureza da natureza o fez um valente; "antes de tudo um forte" na expressão euclidiana. Talentosos pensadores que nasceram e viveram no solo empedrado do semiárido deixaram em páginas magistrais a epopeia dos legionários das secas. Eles abriram caminhos entre caatingas e xique-xiques, por onde passaram os Severinos, os Fabianos e a valente Lindu, de Caetés.

Ademar Teotônio, lá do Vale do Piancó, sugeriu este título para o livro: *O homem do Nordeste e os novos tempos*. Mãos à obra. E lá fui eu abraçar essa jornada. No silêncio das madrugadas e nas iniciais horas matinais, criava ideias e as lançava no livro. Que obra solitária a construção literária! Sou eu e as minhas circunstâncias, de que nos fala Ortega y Gasset. Não tenho paciência para longas pesquisas, sobretudo aquelas que envolvem estatísticas. Capítulos vão se formando desordenamente. Move-me o impulso do iniciante, a pressa de alcançar o fim, a correria de concluir.

Na política, a lógica está nas oportunidades; no mundo literário, no encantamento das reflexões. A obra está concluída com o prefácio de Washington Aguiar. Sinto-me um realizado. Como criador olho para a criatura e me pergunto: que destino terá? Ia conhecer a *via-crúcis* e o Olimpo onde os corifeus de algumas celebradas editoras habitam. Olhar os pretensos escritores como pedintes da caridade literária. Estendo as mãos, mas recuso a caridade. Não procurei recomendações dos amigos, a fim de receber o beneplácito editorial. Norteio-me pelo caminho do mérito.

---

44 Ressalte-se. Esta relação de trabalho escravocrata alcançou até as décadas de 50 e 60 do século XX. Nessa época, a partir dos anos de 1954, participei, ao lado de Francisco Julião, Assis Lemos, João Pedro Teixeira, da mobilização dos camponeses e os despertamos contra a criminosa espoliação de seu trabalho. Hoje, desde o ano de 1997, descortino o meu olhar àquela conflitante época e encontro a verdade histórica da caminhada dos trabalhadores rurais do país.

Assim agi: para as dez principais editoras do país, remeti por Sedex cópia do livro. Os encastelados deveres me deram a resposta: o silêncio e a indiferença. Um deles tomou conhecimento da minha biografia e me elogiou; no entanto se justificou em não publicar o livro. Passaram-se alguns dias e raciocinei: faltou mérito na obra e, ademais, eu coloquei a minha biografia como passaporte para a publicação. Faltou-me a humildade do samaritano e a paciência de Jó. Senti o golpe da não publicação. Por alguns dias, uma certa frustação me dominou. Fiz autocrítica para corrigir onde errei e quais os próximos passos. Comecei a reorganizar o meu abalado ego. Estamos em maio de 1997, próximo da virada do século. Sob uma visão crítica, vou trabalhar uma obra focando na nossa formação sociopolítica e os fatores que a influenciaram.

Que legado recebemos desde os primeiros passos da colonização! Na obra clássica *Raízes do Brasil*, de Sérgio Buarque de Holanda, as características e elementos que definem o perfil do brasileiro. Sob o enfoque do ensaísta: o homem aventureiro. Para tanto, projetou esse "aventureiro" embasado na cultura greco-romana. No entanto, omitiu, na marcha evolutiva até a colonização do Brasil, a influência islâmica que dominou a Península Ibérica por quase 800 anos. De onde veio esse individualista e inadaptado às regras sociais, segundo Buarque?

Dominavam Portugal nos anos da colonização duas poderosas ordens: política e religiosa: a Coroa monárquica e o Clero, fortalecido com a implantação do terrível tribunal da Inquisição, pequeno país com área territorial de 88.500 km e população de um milhão e quinhentas mil pessoas, das quais 80% habitavam a zona rural. Cinquenta por cento das terras estavam nas mãos da Corte aristocrática, 30% com o clero, 10% com senhores feudais; e, com pequenos produtores agropastoris, 10%, sobre quem pesava toda a carga tributária de impostos e dízimos.

É desta gleba dos oprimidos que partem os contingentes humanos para a temerosa epopeia da colonização. Essa é a dimensão histórica do "homem aventureiro", de Sérgio Buarque de Holanda. Não perfilado pelo ensaísta. Um elitismo caolho, herdado da aristocracia lusitana, distorceu a visão histórica da formação social e política do Brasil.

"A carta de Pero Vaz de Caminha", escrita da armada de Pedro Álvares Cabral – o descobrimento da Terra de Vera Cruz retrata bem o maquiavelismo da aristocracia lusitana. Pelo momento histórico é reconhecida como a certidão de nascimento do Brasil. Eivada de erros e de omissões propositadas, salta-nos, à primeira vista, que a missão foi elaborada em duas situações: Lisboa e a bordo da capitania do capitão-mor semianalfabeto. O escriba não atropela a gramática. Citemos algumas gritantes distorções. Nomina três vezes que fora descoberta uma ilha. Como? Navegando 100 quilômetros por águas próximas à costa da Bahia. A partir do Porto Seguro, existem dois rios: o Buranhém, de mais de 600 quilômetros de curso d'água, na foz de mais de 300 metros de largura, e o rio João Tiba, com curso d'água de 300 quilômetros e largura a foz de mais de 200 metros. Calculem-se as bacias hidrográficas desses rios e se conclua da excrescente afirmativa de Caminha da descoberta de uma "ilha". A "descoberta" foi arquitetada previamente em Lisboa e teve como objetivo esta mentira: imbuir os países na corrida náutica. Rebatemos estas. A frota de Vasco da Gama chega a Lisboa de volta da viagem das Índias, em 29 de agosto de 1499; em 9 de março de 1500, a fim de aproveitar as monções de março e abril, zarpa de Lisboa a frota de Pedro Álvares Cabral com dez navios e três caravelas. Depois de ter "descoberto" o Brasil, navega para Calicute, Índia, e desse país retorna a Lisboa, apenas com quatro embarcações. Nove se destroçaram e naufragaram na travessia transoceânica. Quais as causas?

A corrida frenética do rei Dom Manoel para construir as treze embarcações fez com que, para tanto, todo tipo de material fosse empregado, desde madeira não curtida, até vedações de madeira incorretas nos cascos das embarcações, que não suportaram a pressão das águas oceânicas. Com dez dias da partida da frota cabralista de Lisboa, desaparece nas proximidades do arquipélago de Cabo Verde a nau de Vasco da Gama, ocorrência de tamanha gravidade à qual o escriba do rei faz apenas ligeira referência.

Mortes de dezenas de tripulantes por escorbuto, provocadas por carência de vitamina C, bem como o esforço torturante e desumano dos grumetes no esgotamento das águas que penetravam pelas fendas nos cascos dos navios, tudo isto propositadamente foi omitido. Nenhuma palavra sobre esta miserável condução humana. Mergulhei fundo nas pesquisas. Fui até Lisboa num voo direto do Recife, e lá pesquisando na Torre do Tombo, o maior arquivo histórico do mundo, encontrei o *Diário a bordo*, de Gaspar Correia, no qual ele relata o infernal mundo dos porões nos navios na armada de Pedro Álvares Cabral a bordo.

Exala uma intensa podridão, em meio a águas fétidas em que verdadeiros fantasmas humanos pelejam em esgotá-los aos berros de brutamonte com chicote em punho: vamos, cambada, trabalhem, cambadas. Ali, a borra humana despejava a sua última condição, onde pululavam cadáveres, cobras, ratos, aranhas e insetos de todas as espécies, tudo ao som de um grunhido sinistro de morcegos.

Caminha se fez um surdo e cego nos bacanais de Cleópatra. A historiografia luso-brasileira preferiu o caminho de aplaudir o consagrado cunhado pelo poder dominante. Num encontro em São Paulo, revelei a Saramago esta minha visão. Surpreende o que o missivista cabralino falseou nessas passagens: que Bartolomeu Dias num batel pescou um tubarão; que Nicolau Coelho levou dois índios à capitania de Cabral onde lá conversaram e depois dormiram; que os nativos desconheciam a agricultura, ignorando que eles já cultivavam o inhame, o milho e a macaxeira: fez referência quatro vezes sobre as "vergonhas" das índias dando a entender que Dom Manoel era um libidinoso. Amiudou-se em detalhes pessoais e não teve olhar para a pujante grandeza e biodiversidade da Mata Atlântica, contrastando com as uniformes florestas europeias.

Na sequência do livro que escrevia em 1998, um acontecimento me despertou a atenção, como também um vulto inexplicavelmente analisado pela historiografia luso-brasileira: o degredado. Quando Tomé de Souza chegou a Salvador, na condição de primeiro governador-geral do Brasil, trazia na sua frota, entre passageiros e tripulantes 1000 pessoas, dentre as quais 400 degredados, que ajudaram a construir Salvador e assumiram diversas atividades, na agropecuária, no comércio; alguns se fizeram exportadores e donos de engenho de açúcar no recôncavo baiano, outros tantos criadores de gado às margens do rio São Francisco.

Quem eram esses condenados e que crimes cometeram? Não pertenciam à privilegiada aristocracia e nem aos abençoados discípulos de Cristo. Fiz-me um piolho em revolver arquivos na capital de Portugal. Da Torre do Tombo para o Arquivo de Lisboa, deste para o Arquivo Nacional do Imigrante.

O trabalho de preservação, de enumeração e informação se desenvolveu em absoluta ordem. Tudo é catalogado. Nas Ordenações Manuelinas, conhecidas também como "Código Manuelino", do século XVI, encontrei 220 dispositivos referentes a crimes de degredo. Citei alguns, e por aí concluí quais eram esses crimes: blasfêmias, comprar colmeias e matar abelhas, viver em concubinato, caçar aves selvagens (privilégio dos fidalgos da Corte), cortar árvores, fruteiras, desobedecer a altos escalões da aristocracia, como conde, barão, marquês, desrespeitar os limites das terras do reino e do clero.

Pena de morte: criticar o rei, praticar sodomia (homossexual), crime este com morte na fogueira, falso testemunho. Quem eram os sentenciados ao degredo no Brasil? No Arquivo Nacional dos Imigrantes, em Lisboa, encontrei os seus nomes, as atividades que exerciam e os motivos da condenação eram pequenos produtores agrícolas e criadores, e outros tantos do ramo do comércio.

A sentença ao exílio nas novas terras foi como uma carta de alforria da liberdade. No Brasil, na vastidão das florestas e das águas, transfiguravam-se em verdadeiros titãs na criação de gado, plantadores de cana-de-açúcar, algodão, e outros donos de engenhos de açúcar e mineradores. Fica esta interrogação. Será que os fidalgos e apaniguados da Corte e os sacerdotes da fé teriam a têmpera de varar mares na desafiadora travessia oceânica? Com longos estudos e laboriosas pesquisas, o livro que escrevia abarcava uma visão crítica.

Estamos em março de 2000. Recebo do meu colega de Constituinte Fernando Gasparian um telefonema.

– Agassiz, parabéns, o teu filho, o Agassiz Filho, publicou na revista *Política Externa*, da qual sou diretor-presidente, artigo que teve ampla repercussão nos meios acadêmicos.

– Gasparian, sensibiliza-me muito o que você me informa. Oh, Gasparian, concluí um ensaio calcado numa visão crítica do nosso período colonial, até a Revolução de 1917.

– Oh, Agassiz, remeta-me, que eu mandarei o conselho editorial fazer uma análise. Depois te darei o resultado. Recomendações a dona Gizeuda.

Por volta de um mês, ele me telefona.

– Eu sabia que o gladiador de Pinochet não falharia. O pessoal do Conselho elogiou o trabalho. Estou à sua disposição para publicá-lo. Já tem prefaciador, Agassiz?

– Vou falar com Cristovam Buarque, meu amigo. Transcrevo este prefácio na íntegra. Cristovam Buarque salta dentro das páginas dos *500 anos do povo brasileiro* como um cavaleiro da esperança, com a mensagem de um pensador que abraçou a causa por um justo e grande Brasil.

A Aventura do Brasil

Este é um livro de aventura. A aventura de fazer um país.

Não é apenas um livro de história do Brasil, mas um livro diferente, porque nos faz sentir a grande aventura do povo brasileiro em sua marcha a um destino ainda não bem definido, como são indefinidas todas as aventuras. E nos faz partícipes da aventura.

Agassiz Almeida nos consegue fazer perceber esta marcha de uma maneira inédita na historiografia brasileira. Tanto no método que usa, quanto na abrangência que faz.

No método, ao intercalar fatos pessoais de sua própria luta no meio da caminhada do passado. É instigante ver, no meio de capítulos sobre o passado distante da história brasileira, referências à sua própria vida e à de outros brasileiros de tempos diferentes, como participantes dela em cada momento. Como se a luta de cada um de nós, não importa o momento em que vivemos, se intercalasse com a história do País.

Na abrangência, porque Agassiz não limita a história do Brasil a partir de 1500, nem a descrever o que acontece dentro de nosso território. Ele começa desde o momento em que, na Europa, um pequeno povo começa a alçar o voo das conquistas. Mesmo depois, ao longo dos nossos 500 anos, ele descreve com cuidado o que acontece na Europa e nos diz respeito, como quando Napoleão interfere no que se passa em Portugal e através desta ação repercute na história do Brasil.

Para realizar esta sua própria aventura de mostrar a aventura brasileira, Agassiz divide a marcha brasileira em partes que compõem a história do Brasil.

Em primeiro lugar, o romance do que pode ter sido a maior de todas as aventuras do gênio humano até este momento, a marcha de Portugal para as grandes descobertas. O Brasil, como toda América, somos filhos daquele gesto ousado que empurrou Portugal ao desconhecido além do horizonte do mar, em busca não apenas de ouro, nem da conversão cristã de pagãos, mas sobretudo da aventura de fazer uma nação ir além de suas próprias fronteiras.

É emocionante ver como, para Agassiz, a história do Brasil começa no século XIV, com a batalha de Aljubarrota, onde o império português ganhou "as energias que iriam realçar a participação do povo português nas descobertas dos séculos XV e XVI". Não fosse aquela vitória, as descobertas poderiam ter levado mais alguns séculos e ter sido realizadas por outra nação.

Estes capítulos mostram as características básicas do livro de Agassiz: a interconexão entre o Brasil e o mundo, e o ritmo de aventura como a história se desenrola.

Não apenas isso, o livro traz a característica central de descrever analisando o que acontece.

Nos capítulos em que trata do momento da descoberta, Agassiz nos dá um relato cuidadoso de como dois povos se encontram, vai além e faz uma análise cuidadosa de toda a carta de Pero Vaz de Caminha, que ele transcreve na íntegra. Ali, na certidão de nascimento do Brasil ele mostra como a elite, desde o início, despreza o povo, identificado então com nossos índios e os degredados que foram aqui deixados. A partir daí a maior parte de nossa história foi escrita por "cortesãos", dos monarcas europeus, das grandes empresas mundiais, da elite rica brasileira, ou mesmo dos intelectuais nacionais prisioneiros do pensamento das universidades estrangeiras, com raras exceções, desprezando o povo.

Nenhum momento de nossa história é deixado de lado. Cuidando de analisar o que foram as capitanias, quem eram os degredados, como foram os primeiros governos, o que foi a invasão e o governo holandês, a beleza de nossa restauração pernambucana. Em cada um destes momentos, Agassiz mantém o ritmo de aventura e desfaz mitos antigos.

Cada fato histórico não é apenas uma referência, é um momento a ser descrito naquilo que se passa por trás dos fatos, na alma dos heróis que constroem o futuro do País. Talvez esta seja a maior característica que diferencia este livro de muitos outros: a emoção como os fatos são descritos.

Esta emoção se apresenta na descrição do papel das bandeiras e sobretudo no momento culminante da Inconfidência. Na sua descrição, Tiradentes e seus companheiros não são apenas nomes históricos, são heróis descritos sem a frieza de um historiador, mas com a convicção de um participante da história. Agassiz descreve os fatos históricos como se cada um deles fosse contemporâneo conosco.

Este é um grande mérito do livro de Agassiz. A história fica permanente. Ela ocorreu antes, mas é como se estivesse no nosso tempo. Como se 500 anos atrás fossem parte de nosso horizonte. Não há no leitor o sentimento de distanciamento além dele; ao contrário, passa o sentimento de que estamos vivendo a mesma aventura de nossos antepassados. Como ao contar fatos de amigos, conhecidos e parentes vivos, em nosso tempo. Porque o tempo de um povo é permanente.

Com isso, podemos dizer que este livro traz mais do que o conhecimento dos fatos do passado, passa, especialmente, um sentimento da continuidade desses fatos em uma marcha da qual todos fazemos parte. Ficamos todos contemporâneos de todos aqueles que deram contribuições para fazer o Brasil como ele é.

Este deveria ser o principal objetivo do ensino da história em nossas escolas: passar o sentimento de que somos parte de um processo sem o distanciamento secular. Dedicamos um longo esforço e exigimos sacrifícios de nossas crianças para decorarem datas e nomes, que adquirem um conhecimento da história, como algo distante, separado delas, e esquecemos de lhes passar o sentimento de história: elas estudam a história dos outros e não a história delas próprias, como uma aventura, uma marcha ao futuro, da qual cada um faz parte. Nossas crianças terminam sem gostar do estudo de história, sem sentir que são parte dela, adquirindo o conhecimento do que aconteceu mas sem viver o sentimento de estarem navegando nos mesmos mares das caravelas, pisando no mesmo chão dos bandeirantes, pensando as mesmas ideias dos inconfidentes. O mais importante de toda a história, vendo os outros líderes e gente do povo, soldados e sacerdotes, empresários, trabalhadores, artistas como participantes de sua mesma grande aventura pessoal de fazer um País.

O livro de Agassiz nos passa este sentimento. E este é um mérito que não encontramos em outros livros de história. O passado é passado, mas faz parte de nosso tempo, de nossa vida. Isso é feito graças a um truque, talvez espontâneo, que ele usou: fazer citações dele próprio, sua luta, sua prisão e exílio, no meio da história do passado. Dele próprio e outros personagens de nosso tempo. É emocionante quando ao lado de Padre Roma, este herói da Revolução de 1817, ele cita Lamarca; ao lado de dona Bárbara de Alencar, cita sua própria mãe, dona Josita Almeida. A mesma história nos unindo. Quando fala da ilha de Fernando de Noronha dos primeiros descobridores, fala da Fernando de Noronha onde ficou preso. A mesma ilha nos unindo. O que falta é passar o sentimento de futuro, por exemplo, a lição que tira da fuga de dom João VI para o Brasil, ao dizer: "Na concepção da realeza acovardada, lutar ao lado do povo contra o invasor era uma loucura. É assim também a elite brasileira do ano 2000, que se acumplicia às forças financeiras e econômicas contra os interesses do povo".

Ficamos à espera da continuação desta aventura, mostrando como hoje nós somos, em cada gesto ou omissão, os construtores do futuro de nosso país: em busca de uma proposta de destino, de uma estratégia para enfrentar o desafio.

Agassiz deu sua contribuição como militante, com sua participação política, sua luta pelas reformas, nos idos de 60, sua batalha pela redemocratização, nos anos 70, sua contribuição em nossa Constituição, nos anos 80, e agora, nos 90, sua enorme contribuição com este belo livro de aventura histórica da qual todos somos personagens.

Esperamos, nos anos 2000, a continuação do livro, a manutenção de seu exemplo de vida.[45]

---

45 Abro as páginas da minha aventura, para falar um pouco deste polivalente Cristovam Buarque. Nordestino, nascido em Recife na década de 1940, diplomou-se engenheiro mecânico. Logo cedo se fez cidadão do mundo, doutorando-se em economia pela Universidade de Paris, e exerceu funções em instituições internacionais, entre elas, o Banco Internacional do Desenvolvimento (BID). Volta ao Brasil e se elege governador do Distrito Federal, deixando na sua gestão a marca de um educador: criou a bolsa-escola. Foi eleito por duas legislaturas Senador da República, engrandecendo com sua retidão e visão de mundo o parlamento brasileiro. Trazia no seu DNA a chama indormida de pensador a borbulhar um talento expresso nas suas dezenas de obras, entre elas, *O berço da desigualdade*, *A aventura universitária*, *Por que falhamos*. Ocupando as mais diversas atividades, pulsou sempre dentro de si a alma do educador. Foi reitor da Universidade Federal de Brasília, cuja aura abriga o nome do seu fundador, o antropólogo Darcy Ribeiro, de quem recebi total apoio para a criação da Faculdade de Ciências Econômicas

Depois de quase dois anos de longos estudos e pesquisas, recebo um telefonema de um diretor da editora Paz e Terra, uma das mais conceituadas do país, informando que a edição do livro *500 anos do povo brasileiro* foi concluída e seu lançamento está na grade de programação da passagem do ano. Que impacto! Constrito de emoção, antevejo um sonho de juventude a se realizar: sou um semeador de ideias a povoar a mente de gerações para estudos e reflexões.

Circunavego a mente por espaços infindos. Por anos e anos embalei este ideal: ser um criador de pensamentos a se projetar *ad tempora*. Li clássicos da literatura universal e obras de escritores que dos rincões da província olharam o mundo. Mergulhei nas reflexões dos filósofos procurando compreender o fenômeno humano e o destino do homem na Terra.

Estamos nos dias natalinos de 1999. Ressoam os sinos de igrejas, catedrais, mesquitas e sinagogas em todos os recantos do mundo, ouvem-se cânticos de aleluia a ecoarem nas naves dos templos religiosos; sob luzes feéricas a iluminarem os céus do mundo, os povos se abraçam num amplexo universal, e o papa da sacada da basílica de São Pedro profere a homilia *urbi et orbi*.

Assisto tocado de emoção, ao lado da esposa e filhos, irmãs e irmãos, ao crepúsculo e alvorecer dos séculos. Neste momento algo me toca profundamente como conhecimento de que a obra da minha criação, os *500 anos do povo brasileiro*, se estampou em todas as livrarias e bancas de revistas do país. Afinal, como disse um pensador francês: debaixo de suor, sacrifícios e lágrimas, chego ao fim da jornada. Antevia o que ia acontecer, alguns sátrapas do poder elitista derramar a baba da imbecilidade raivosa, inclusive um tal de Tavares dos Santos, da UFRJ. Que pretensão querer mudar a visão da nossa formação social, desconhecendo um clássico como Sérgio Buarque de Holanda. Não dei resposta. Respondo argumentos e não a chavões. Relato ideias, e não palavrórios inconsequentes. Da crítica justa admito os meus erros. Dos aplausos, guardo o sentimento do reconhecimento e da gratidão.

Por dois meses, guardei as minhas sandálias de caminhante e fui repousar nos meus cariris de Boa Vista, Cabaceiras e Barra de Santana, ouvindo histórias de vaqueiros e caçadores. Chicão, lá de Barra, soltou esta:

– Doutor Agassiz, dona Josita, sua mãe, deu umas chibatadas no cangaceiro Antônio Silvino.

– Como foi isto, Chicão?

---

de Campina Grande. Tenho por Cristovam Buarque laços de amizade que se consolidam com o passar do tempo. Tombou no chão do ostracismo político, mas se eleva por sua história de vida.

– Dona Josita, quando tinha 12 anos, assistiu Antônio Silvino, aqui, em Barra de Santana, dar uma surra de chibata no pai dela. Liberto Antônio Silvino da prisão, já idoso, dona Josita lhe ofereceu um almoço. Na ocasião perguntou a Antônio Silvino:

– O senhor se lembra da surra que deu em meu pai?

– O que é isto, dona, isto não aconteceu.

– Dona Josita puxou uma chibata e plantou três chibatadas na cara do cangaceiro que o sangue espirrou.

Falei:

– Olhe, Chicão, há um pouco de exagero nisto.

As histórias se sucederam. No outro dia, fui caçar com eles mocó e preá em rochedos próximos ao rio Paraíba. Debaixo da frondosa sombra de um umbuzeiro, tomávamos cachaça Pitu com tira-gosto de mocó, a ouvir piadas de cornos e gays. Que vida! Quero envelhecer com essa tranquilidade. Rejuvenescido, volto ao batente. Olho a caminhada que já fiz com meus livros, fracassos e vitórias.

Vencendo graves adversidades, alcancei os ideais que tanto embalo e sonhei na juventude: seu um constituinte do Brasil e um escritor de nível nacional. Em meio aos entreveros, acompanhava, na condição de pai, os passos dos meus filhos pelos caminhos do mundo. Sob o vigor da juventude, abraçavam os estudos com responsabilidade e dedicação.

Só o estudo liberta o ser humano para encontrar o amanhã com tranquilidade. Depois de seis anos mergulhado em estudos em diversas universidades europeias, a de Coimbra, Portugal, e a de Salamanca, Espanha, Agassiz Filho volta ao Brasil com o mestrado na universidade lusitana e o preparo do doutorado na Espanha. No Direito e na vida dos direitos, como constitucionalista, ele encontrou a sua vocação e paixão. Aqui, no Brasil, lança *Introdução ao direito constitucional*, sob uma visão de que o direito emana da vontade soberana da sociedade, e não do poder, do qual não seria direito, mas ordenação. Poucos meses depois, traduziu e prefaciou a obra clássica da literatura jurídica *O Sentimento Constitucional*, de Pablo Lucas Verdu. Ambos pela editora Forense.

Tocado do mesmo sentimento paterno, olho a minha menina-moça, Gardênia, impulsionada por uma flama para construir o seu futuro. Tem algo de devoção nesse vocacionar. Varando noites e dias, e até madrugadas, ela fez dos livros de direito os seus companheiros inseparáveis. Devorava os estudos com a avidez de um beduíno por água no deserto. O Ministério Público era o seu fascínio, como instituição de salvaguarda da ordem jurídica e democrática.

– Quando olho o Ministério Público – dizia ela a mim –, que ermanou fortalecido e revigorado da Constituinte da qual o senhor participou, tenho vontade de pertencer aos seus quadros.

O ano 2000 chegou a mim com uma chama reconfortadora a um combatente de tantas pelejas. Gardênia recebeu o prêmio por seu devotado estudo; foi aprovada no concurso para promotora de justiça, aureolado, assim, o seu ideal. Agassiz Filho se projeta no país como um constitucionalista de ampla visão contemporânea. E este calejado viandante alcança o troféu de escritor nacional com a obra *500 anos do povo brasileiro*. E a minha caçula, Gisele, o destino a marcou e a fez de prendas domésticas.

Trago para o meu círculo também a minha estimada sobrinha, Higyna Josita, uma desafiadora de adversidades. Acompanhei os seus passos desde quando residiu com Gardênia no meu apartamento por mais de dois anos. Com olhar fito no porvir, Higyna pertence hoje aos quadros do Poder Judiciário da Paraíba como Juíza de Direito.

EM BUSCA POR NOVOS MARES

Tenho a inquietude de um navegante sempre em busca por novos mares. Por meses, passa na minha mente como um filme de longa-metragem construí uma obra sobre as elites do país, partindo da cultura greco-romana, a dominação dos mulçumanos na Península Ibérica, do século VII ao XV, até a época das navegações, período durante o qual centenas de pequenos produtores e criadores rurais e comerciantes foram oprimidos por um perverso sistema tributário e tendo a sobrepairá-los as garras do Tribunal da Inquisição. Como abarcar tamanho desafio?

Onde se encontram as raízes da estrutura político-econômica que vêm desde o Período Colonial com o patriarca da casa-grande, dono de vastos latifúndios, escravos, mulheres e votos até os dias atuais, com o poderoso senhor da soja e do boi, cujos alicerces de sustentação se assentam na exportação para o mercado externo. Ambos se identificam: o patriarca da casa-grande e os reis da soja e do boi da avenida Paulista e da 5ª avenida em Nova York.

Ontem, como hoje, sempre se cevaram da burra estatal; não pagam impostos de exportação, destroem rodovias com suas pesadas carretas, imunes a qualquer tipo de pedágio. Sob a visão desses oligarcas, o povo brasileiro é apenas uma mera peça de produção e o Brasil um vasto campo de trabalho. Embalados nas suas vidas de verdadeiros marajás sauditas, reconfortam-se nas suas mansões nos alpes suíços, nos balneários de Mônaco, e se derramam em festejos em castelos franceses. Aqui, no Brasil, que fenômeno os vinculam por séculos? A visão ideológica forjada num longo processo cultural.

Mergulhei em estudos para encontrar as bases da obra que pretendia escrever. Comecei a ouvir com mais frequência o Pe. José Comblin, um dos grandes teólogos da atualidade, residente na Casa de Retiro São José, em Bayeux, próximo a João Pessoa. Era uma enciclopédia de sabedoria e experiência, com quase cinquenta obras publicadas. Naquele bucólico recanto aureolado por árvores e livros, aquele ser humano, dentro de uma paz angelical, parecia dialogar com Deus, a estampar na face um misto de alegria e interrogação. Assim me recebeu:

– Professor Agassiz, como vai a elaboração do seu livro?

Por mais de duas horas conversamos sobre os rumos do meu livro. Ponderado e tranquilo, ia deixando nas suas palavras o missionário que era. Não tinha pressa em desenvolver pensamentos ou emitir conceitos. Levantou esta ideia:

– Já que você está aprofundando estudo sobre as elites do país, por que não estende esta análise pontuando o papel do intelectual a partir do século XIX?

Na literatura, pouco encontramos acerca desta matéria. Agradeci a oportuna sugestão e a incorporei ao livro. Com dias e dias debruçado sobre o trabalho, vou varando os meses; um ano já ultrapassei. Não me falta energia. O que ocorre em certos dias é a indisposição para criar.

Envolveu-me um apagão intelectivo, e aí eu me refugiei nos fúteis convescotes. Foi quando me deparei com a seara onde vicejam os corifeus da arte literária, sobretudo a partir do final do século passado, com os mentores da "semana da arte moderna", da qual se fizeram pioneiros Graça Aranha, Alcântara Machado, Mário de Andrade, Oswald de Andrade e Manuel Bandeira. Proclamaram-se criadores de uma literatura genuinamente brasileira, livre de qualquer influência estrangeira. Mas pertenciam às oligarquias do café; o mecenas Paulo Prado lança no Teatro Municipal de São Paulo o livro *Retrato do Brasil* – ensaio sobre a tristeza do brasileiro.

Sob a sua visão de baronato do café, a tristeza do brasileiro tem como causa a sua incapacidade para o trabalho. O teatro lotado o aplaudiu. Que grande sociólogo!

Irrompe a revolução comunista na Rússia, em 1917. Por essa época, ocorre a primeira greve de operários, no Brasil, obrigando a indústria e comércio da cidade de São Paulo a suspender suas atividades por dias. Pânico dominou a alta elite paulista. Numa forte reação, mobilizaram-se os donos dos cordéis financeiros a investir na publicação de obra literária no escopo de retratar o trabalhador brasileiro como preguiçoso, mentiroso e até ladino. Numa campanha insidiosa, o brasileiro era execrado pelo ridículo deboche, sob chacotas e piadas.

Editada em Paris, *Macunaíma*, de Mário de Andrade, puxou o bloco da literatura "modernista". Nas páginas desse livro, desfilam personagens disformes dos brasileiros caracterizados em Macunaíma, Maanape, Jiguê e tantos outros. Manuel Bandeira, em algumas de suas poesias, deixou um laudatório aos barões do café. Alcântara Machado na sua poesia solta esta infâmia: uma menina maltrapilha corre em uma rua de São Paulo, bate e amassa um ônibus. É uma afronta à pessoa humana. Esse é o racismo e o preconceito estruturado da nossa sociedade. Relato esse fato de servilismo ao poder.

Irrompe da Europa e em vários países do mundo expressiva mobilização liderada pelo escritor Romain Rolland, no objetivo de libertar Luiz Carlos Prestes dos cárceres da ditadura Vargas. Manifesto apoiado por centenas de escritores e jornalistas foi dirigido ao presidente Getúlio Vargas. No Brasil, o intelectualismo mostrou a sua cara. Apenas Graciliano Ramos, Jorge Amado e mais dois escritores assinaram o manifesto. Esta frase do "Manifesto": "Luiz Carlos Prestes pertence à humanidade. Encarcerá-lo como um animal é aprisionar a liberdade humana".

Dois anos se passaram. A obra está concluída e tem um nome sugerido por Ariano Suassuna: *A república das elites – ensaio sobre o elitismo e o intelectualismo*. Conhecedor do esforço que fiz na elaboração dessa obra, o consagrado teólogo e missionário Pe. José Comblin a prefaciou. Eis alguns trechos.

> De fato, este livro nada tem de acadêmico, embora possa vir a ser mais tarde objeto de trabalhos acadêmicos.
>
> Como definir o seu gênero literário? Podemos dizer que pertence ao gênero de panfleto revolucionário. Mas esses panfletos são geralmente breves. Este livro é uma avalancha. Traz consigo uma imensa avalanche. Traz consigo uma imensa erudição e transforma todo esse material numa torrente irresistível.
>
> Podemos dizer que se trata de um panfleto revolucionário que passou pela exuberância nordestina: excessos de calor, excessos de seca, excessos de enchentes, um sol que tudo queima e a teimosia dos habitantes em desafiar uma natureza que os submete a uma provação constante.
>
> Ora, a indignação do autor se concentra em primeiro lugar nas elites intelectuais que durante séculos e até hoje bajulam as oligarquias, desprezam o povo e falam mal do seu país. As elites intelectuais não são inocentes. Têm uma responsabilidade na continuidade de um sistema social que criou um povo vítima de todas as formas de opressão.
>
> O professor Agassiz Almeida fala a partir de sua vida e do seu compromisso fiel. Fala a partir das suas esperanças, das suas desilusões, da opressão que viu na sua vida, a partir da indignação pessoal vivida. Esteve nas origens das Ligas Camponesas.
>
> O professor Agassiz fala como os revolucionários do século XIX. Muitos deles morreram defendendo a causa dos injustiçados. Desejo que a voz dele seja ouvida, seja comunicada bem longe e possa repercutir na consciência de todos os homens e todas as mulheres que têm um sentido de justiça e de fraternidade humana.
>
> Obrigado, Agassiz Almeida, em nome dos milhões que ainda esperam a justiça.

Na sua missão apostolar, Comblin percorreu vários países, fundando seminários rurais e escolas, seguindo os passos do padre Ibiapina, criador pelo Nordeste de casas de caridade e escolas. Certa feita me revelou: eu desejo ser sepultado no Santuário da Santa Fé Padre Ibiapina, em Solânea, Paraíba. Comuniquei esse seu desejo à Diocese de Guarabira.

A apresentação nas capas internas está a cargo do professor João Luiz dos Santos, doutor em Economia do Desenvolvimento, pela Sorbonne, Paris, e doutor em engenharia de produção. Escrevi com a paixão de um nordestino que não renega as suas origens.

Com a publicação do meu livro *500 anos do povo brasileiro* pela editora Paz e Terra, recebi o passaporte para ingressar no mundo das letras, telefono para Sérgio Machado, diretor presidente do grupo editorial Record, que conheci na Comissão da Educação da Câmara dos Deputados, e exponho as minhas ideias do livro concluído.

– Mande uma cópia diretamente para mim, que darei resposta em poucos dias.

Da superintendência da editora Bertrand Brasil recebo comunicado da aprovação do livro *A república das elites*. Que momento! Toca-me o reconfortante sentimento a revolver o meu ego, que me fala: enfim, mais uma jornada concluída. Emoções me petrificam. Recolho-me à solidão, sobrepaira em minha mente a aura de um vencedor de uma desafiante refrega. Amanhã é outro dia. E aí, mergulho no sono dos exaustos.

Publicada a obra, ouço um silêncio eloquente e raivoso dos semideuses do Olimpo literário. Rasguei a máscara de um mundo onde vicejam os arautos do pensamento brasileiro. Recuso uma arte que embala uma estética para deleite de privilegiados grupos sociais, num país em que metade da sua população se debate nas fronteiras da miséria e da ignorância. A editora Bertrand Brasil propiciou lançamentos em diversas capitais do país: Recife, livraria Cultura; São Paulo, livraria Cultura; Rio de Janeiro, livraria Argumento, com a apresentação de Hélio Jaguaribe; Brasília, livraria Café com Letras, com a análise de Cristovam Buarque.

De todo o país chegam serenas palavras de análise acerca da obra recém-lançada. De São Paulo, a altivez de Audálio Dantas deixou estas pegadas: "'A república das elites' escancarou as vísceras de uma elite egoísta e atrasada, e do seu braço inteligente, o intelectualismo". Do Rio de Janeiro, do escritor Hélio Jaguaribe, estas palavras: "Obra de erudição, 'A república das elites', de Agassiz Almeida, retrata a paixão de um militante político, aliás de brilhante trajetória na vida pública".

De Recife, meu companheiro de cárcere na ditadura militar, Paulo Cavalcante: "'A república das elites', como diz o padre José Comblin, é uma avalanche a desabar contra o patriarca da casa-grande, que ainda persiste na mente da individualidade e hipócrita elite do país". De Lanzarote, das Ilhas Canárias, chega-me uma mensagem que expressa um toque de humanismo e universalidade. Quem a enviou? José Saramago. Naquele recanto de ilha cercado por um mar azul e um chão empedrado por lavas vulcânicas, ele olhava o mundo e os seus circunstantes. Salientou: "'A república das elites' é para se analisar com paixão e indignação".

Com sua morte, em 2010, endereçei mensagem de condolências à esposa, jornalista Pilar Del Rio, sintetizada nestas palavras: "Tomba um gigante da literatura universal. Ele trouxe para a arte literária uma nova visão entre cenários trágicos e histórias de desencontrados destinos, a caminhar por estas searas: *O evangelho segundo Jesus Cristo* e *Ensaio sobre a cegueira*".

Estamos em maio de 2007. Vou bracejando, como diz o poeta Neruda, nas águas da vida. O mundo das letras me atrai, como as mariposas pela luz. Nele sou eu e os meus pensamentos, as minhas criações, e personagens com quem dialogo por horas; alguns deles desaparecem. Quantos companheiros da infância e da adolescência desertaram da nossa vida, e nunca mais encontramos! Uma civilização selvagem prega, assim, com os nossos destinos.

Dei a vida pública os anos juvenis e vigorosos de minha vida; hoje sou prisioneiro de um templo onde vivem pensadores, poetas, ensaístas e humanistas. Tornei-me um condicionado, como na Teoria de Pavlov, em estudar, pesquisar e escrever. Já antevejo o nascimento de uma nova obra. Lanço um olhar retrospectivo sobre a recente história do país.

Vêm-me os vinte e um anos de enxurrada autoritária que sufocou o desenvolvimento do país e, principalmente, castrou a força criativa de gerações. As ditaduras produzem rebanhos humanos. Recordações me chegam do golpe militar de 1964 e o meu desterro à ilha de Fernando Noronha, à época presídio de segurança máxima. Preso incomunicável num pequeno cubículo e o terror de ser fuzilado provocando a perda da minha razão por alguns dias, reduzindo-me à condição de idiota e tudo isso se conjuga para escrever uma obra sobre a ditadura militar.

Neste interregno de tomada de decisão, relembro o meu encontro com o escritor argentino Ernesto Sábato, em 1984, acompanhado pelo escritor Jorge Hermida, no seu casarão em Santos Lugares, onde viveu por mais de 60 anos e escreveu monumentais obras que marcaram a literatura latino-americana, entre elas: *Sobre Heróis e Tumbas*, *Antes do fim*. O escritor e os seus fantasmas naquele casarão, cercado por plantas, árvores, móveis coloniais e livros, o pensador fazia as suas meditações. Dizia: aqui, nesta solidão, preferencialmente no silêncio da noite, eu elucubro mentalmente a construção dos meus livros.

Nomeado em 1983 pelo presidente Raul Alfonsin para presidir a Comissão de Presos e Pessoas Desaparecidas, Sábato, após a conclusão dos trabalhos desta comissão, escreveu o livro *Nunca Mais*, uma verdadeira bíblia de dor, sangue e lágrimas.

Serenamente, olhou-nos. Que palavras ouvi do genial pensador? Elas ecoavam em mim como se a raça humana fosse arrastada ao inferno por Tifão, monstro da mitologia grega. Trinta mil mortos desaparecidos foram lançados no *ad infinitum*, crime desconhecido nos anais dos séculos, suplantando o nazismo nessa faceta, de lançar os condenados ao desconhecido e, assim, punindo os entes queridos, com a dor pungente de não cultuar os seus mortos.

Ao me despedir, Sábato fitou-me serenamente e falou:

– Oh! Escreva um livro sobre a ditadura militar no Brasil.

Os genocidas argentinos, cegos por um fanatismo monstruoso, transformaram Buenos Aires num sinistro campo de concentração e extermínio nazista. No pórtico deste infernal centro da morte este infame deboche: "O trabalho liberta". No outro dia, fui conhecer a base militar de Moron, campo de aviação, de onde partiam aviões conduzindo presos que eram lançados no alto-mar. Os hediondos genocidas fizeram do oceano a sepultura de mais de 6.000 condenados. Após a derrubada do nazi-militarismo argentino, Buenos Aires enlutada chorou os seus milhares de mortos e desaparecidos, e o tango silenciou nas noites portenhas. Nos dez dias que passei por lá pesquisando em universidades e livrarias, Buenos Aires parecia ter perdido a sua alma boêmia. A sombra da tristeza pairava sobre todos. Nos olhares enervados medos e incertezas ante o amanhã.

Nas minhas longas reflexões concluí: aqui, neste solo, os criminosos de lesa--humanidade cometeram um genocídio ideológico. Mataram a seiva juvenil de uma geração nos seus 20 anos. A hidra nazista alemã assassinou o povo judaico num genocídio racial. Essas recordações vieram de Buenos Aires no ano de 1984 e se fizeram presentes nas palavras de Ernesto Sábato: por que você não escreve um livro sobre a ditadura militar no Brasil?

Revivo fatos e me situo nos anos ditatoriais. Tudo me chega à mente: deformados tipos humanos, que até poucos dias atrás se curvavam diante dos vencidos, hoje esbravejam a hipocrisia dos Calabares a incensar caninamente os vitoriosos.

No outro lado da borra humana, conheço os fortes: Francisco Julião, Assis Lemos, Gregório Bezerra, Paulo Cavalcante e outros companheiros que atravessam com altivez a tempestade da burrice que assolou o país por 21 anos. Lanço, nas páginas do meu livro, os dignos que engrandecem a História, e os canibais sabujos da ditadura. Apunhalo a cara dos genocidas e torturadores que medraram nos porões dos quartéis, das delegacias de polícia, e nos DOI-Codi, farei este estudo. Onde estão as raízes do militarismo latino-americano, destacadamente do Brasil? No prussianismo alemão, de onde surgiu uma corrente doutrinária militar que influenciou a formação de oficiais do Brasil, Argentina, Chile e Peru. Os golpes militares ocorridos na segunda metade do século XX receberam influência desta doutrina.

Ao passar dos meses, a obra vai tomando corpo, obedecendo a uma sequência metodológica. Em certa altura da sua elaboração, ouço a palavra dos companheiros Assis Lemos e Abelardo da Hora e do meu irmão Langstein. Eles opinaram neste sentido: abra um capítulo no livro e relate a sua *via-crúcis* na prisão, com o golpe militar de 64.

A cada dia, vou me adentrando numa selva de horrores onde prisões, torturas, mortes e desaparecidos se desfechavam por estratégia do Estado militar no Brasil, Argentina, Chile e em outros países. Por decisão do Pentágono norte-americano, os sátrapas ditadores institucionalizaram os crimes de lesa-humanidade.

Cesso a pena que a dor soluça ao conhecer as monstruosidades ocorridas nos porões do DOI-Codi, no Rio de Janeiro, na rua Barão de Mesquita, no DOI-Codi de São Paulo, na rua Tutóia, vi estarrecido a antessala do inferno descrito por Dante: gritos lancinantes varavam a noite da bestialidade humana.

Vultos paridos do ventre de uma serpente, mãos ensanguentadas, olhares de víbora executavam a tortura e a morte de jovens, muitos deles adolescentes, estraçalharam como verdadeiros abutres uma menina-moça, empurrando um pedaço de vassoura na sua vagina. Morta, enterraram o seu corpo numa vala comum e rasa, alimento para felinos.

Sentado no seu pedestal de infâmia, o comandante do I Exército, se fazia de surdo; um criminoso mercador de Veneza. Como estes, outros tantos fatos vou trazendo às páginas do livro que escrevo. Repito Camões: cesse tudo que a musa canta, uma dor mais forte se ouvirá. Parece que estamos numa sociedade de eunucos, que perderam a capacidade de indignação, conduzidos ao primeiro grito, por oportunistas e falastrões.

Em Buenos Aires, li este pranto de dor: "Meu pai, um genocida". E aqui? Aqui, os abutres dos porões receberam o alvará da liberdade. Nos outros países, Argentina, Chile, Uruguai, os criminosos de lesa-humanidade foram arrastados às barras da justiça e condenados, alguns com prisão perpétua, como Vilela e Massera.

Num trabalho constante, a obra está prestes a ser concluída. Conhecendo a operosidade do grupo editorial Record e do seu presidente Sérgio Machado, a Assembleia Legislativa da Paraíba o homenageou com o título de "cidadão paraibano", por pedido meu ao deputado João Fernandes. À editora Bertrand Brasil entreguei a publicação da obra. Preciso ouvir o rumorejar da nova geração, suas ideias e a sua visão de mundo. Ela tem muito a oferecer de sua seiva renovadora.

Após discussão de alguns dias, ouço dos meus filhos Agassiz Filho e Gardênia sugestões para o título do livro, aprovado por mim e pela editora: *A ditadura dos generais* como subtítulo: *Ensaio militar na América Latina. O calvário na prisão.*

O prefácio teve a chancela de Jorge Hermida, pensador do Uruguai, do qual destacamos este texto:

> Esta obra, como todas as grandes obras, tem algo de grave e melancólico; leva-nos a sombrios cárceres e, ao mesmo tempo ao cume das montanhas, onde gerações de intimoratos deixaram as suas liberdades e vidas.
> Lendo-a, dá-nos a impressão de que o autor visualizou todo um mundo turbilhonante que sacudiu o continente latino-americano na última metade do século XX.
> A ditadura dos generais revela em Agassiz Almeida um espírito indagador e atento ao analisar a tortura e o desaparecimento dos mortos como uma vertente perversa da fenomenologia humana. Carrega a paixão dos indignados.

Numa certa tarde de setembro de 2010, fui comunicado pelo superintendente da Bertrand Brasil que a edição do livro foi concluída com tiragem de 6.000 exemplares. Que tocante momento! Pensamentos circunavegam a mente com interrogações. É como um pássaro a assistir o primeiro voo do seu filhote do ninho. Distribuído o livro pelas livrarias de todo o país, pergunto-me: que destino terá a minha obra a que dediquei quase três anos de estudo e pesquisas!? Em qual cidade está mais aceita e vendida: São Paulo, Recife ou Porto Alegre? Um amigo meu, Airton, me telefona:

– Agassiz, comprei o teu livro *A ditadura dos generais* no aeroporto, em São Paulo, quando estava a viajar para Paris. Que alegria!

Acompanhava os seus passos, como um filho a engatinhar. A editora me comunica da programação de lançamentos do livro para São Paulo, Curitiba, Florianópolis, Porto Alegre, Brasília e Recife. Não podendo viajar para Porto Alegre, Ibis Pinheiro, meu colega de Câmara dos Deputados, me representou.

Na ocasião, o "velho" Pedro Simon deixou algumas palavras.

De Brasília, chega da Câmara dos Deputados, então presidida pelo deputado Arlindo Chinaglia, convite para lançamento do livro *A ditadura dos generais*. Na sala de eventos, ao lado do salão verde, lá estavam, na tarde de uma quarta-feira, colegas lidadores da vida pública, alguns da Assembleia Constituinte.

O tempo, na sua irreversibilidade, vai escrevendo a história de cada um. Tudo tão rápido, os anos correm. Envelhecemos. Que força magnética nos empurra este carrilhão!? Não temos resposta, é uma incógnita que está para além da ordem das coisas. Nesta indagação eu fico com o Deus de Spinoza, ou nesta expressão de Alceu de Amoroso Lima: tudo é mistério.

Naquele lançamento de uma obra de contundente análise crítica, encontravam-se dezenas de parlamentares, entre eles Cristovam Buarque, Cícero Lucena, José Maranhão, Válter Pereira, José Genoino, Luiz Couto, Leonel Brizola Neto e Edmilson Valentim.

De Genoino ouvimos estas palavras:

– O irrequieto constituinte de 1988, após longa ausência, retorna a este Congresso oferecendo ao país esta monumental obra *A ditadura dos generais*.

Luiz Couto, missionário da esperança, falou:

– Agassiz Almeida tem uma história de luta contra a tirania e as injustiças sociais. E, nesta sua caminhada pelos chãos empedrados do nosso Nordeste, ele carrega a simplicidade de um penitente e a coragem de um justo. Parabéns por sua obra, Agassiz.

Brizola Neto destacou:

– Lá do Rio de Janeiro, eu acompanho a tua caminhada. A tua obra *A ditadura dos generais* tem a marca da indignação e coragem.

Valter Pereira salientou:

– Agassiz Almeida, nesta hora não consigo distinguir onde está o verdadeiro constituinte de 1988 e o escritor desta surpreendente obra *A ditadura dos generais*.

Edmilson Valentim destacou:

– Que alegria, companheiro Agassiz, este encontro. Este seu livro se destina a ser um clássico para estudos acadêmicos pela profunda análise do militarismo.

Outros parlamentares falaram.

Emocionado, encerrei:

– Faltam-me palavras, nesta hora, para expressar os sentimentos que me dominam. Sinto-me como um caminhante na estrada de Damasco ao se deparar com o clarão das luzes. Curvo-me diante das palavras que ouvi dos companheiros de longa amizade. Vou continuar a jornada, empunhando na mão direita a pena e na esquerda o bastão da verdade.

No outro dia, em sessão da Câmara dos Deputados, vários parlamentares se manifestaram sobre a obra *A ditadura dos generais*, entre eles, Rômulo Gouveia,

Luiz Couto, Jô Morais, Edmilson Valentim.[46] Esses discursos foram gravados, dos quais destaquei estes textos. Alguns, por estarem inacessíveis, restaurei, sem, contudo, modificar o conteúdo. A obra teve ampla repercussão no país. Certo dia, recebo da editora Bertrand Brasil informação de que um delegado de polícia de São Paulo e um filho de um general iam me processar. Respondi a Rosemary, superintendente da Bertrand:

– Olhe, transmita a eles que estou aguardando o processo, e aviso que a primeira providência que tomarei é requerer a abertura dos arquivos do exército e da polícia, em São Paulo.

Esse assunto sumiu.

Exausto, repousamos eu e a família por mais de um mês no *resort* Holiday in Algarve, em Portugal.

Nos meados da década de 2010, um fenômeno de natureza literária e ao mesmo tempo popular cresce e ganha ampla divulgação em vários países, inclusive no Brasil com centro de irradiação no Reino Unido, liderado pelo biólogo e escritor Richard Dawkins, autor do livro *Deus, um delírio*, traduzido para mais de quinze idiomas. Esse livro alcança tiragem em torno de dois milhões de cópias. Ateístas tarimbados engrossam o movimento com as obras *Deus não é Grande*, de Chistopher Hitchens, e *Deus não existe*, de Jean-Yves. Uma verdadeira febre bovina atingiu vastos setores da humanidade; em certos momentos da história esse fenômeno ocorre na política e na religião.

Um fanatismo obstrui a capacidade de pensar. O ateísmo na palavra de pensadores e palavrões redivive o bezerro de ouro, na diáspora de Moisés pelo deserto. As vitrines das livrarias das principais capitais europeias e americanas estampam livros dos iconoclastas da fé a inundarem prateleiras e mesas de estudos. Diretores de consagradas editoras se agitam.

Arautos do cristianismo na palavra de bispos, padres, pastores e até de cardeais renegam irados dos púlpitos religiosos a epidemia herética; um pastor apoplético esbraveja a sua indignação: Satanás... Satanás, foge de nós. Padre abraçado a um crucifixo em Cristo na cruz murmura: Senhor, leve os hereges para a profundeza do inferno.

Inebriadas com a vendagem desse tipo de obra, editoras entram em contato com escritores para ouvir as suas opiniões e sugerem a publicação de obras para

---

46 Disponível em https://youtu.be/ys1cSuezHE8. E também no "Memorial Agassiz Almeida", antigo prédio da Faculdade de Direito da Paraíba.

se contrapor ao ateísmo delirante, com dados científicos e não religiosos. Ouvido, ponderei: a matéria é complexa, preciso de alguns meses para responder.

Ouço Dom José Maria Pires e o frei Leonardo Boff. Leio obras sobre o surgimento da vida no planeta Terra. Relembro – já tinha estudado essas matérias dos inteligentes professores da UFPB e UFPE, com quem aprendi os princípios básicos da biologia e da química.

Lentamente, vou formando com quem aprendi minha visão sobre fascinante matéria. Chega-me à mente um diálogo que tive com o padre Mariano, de Campina Grande, sobre a obra *A origem das espécies*, de Charles Darwin, nos meus 14 anos de idade, ao ler *Viagem de um naturalista ao redor do mundo*, do mesmo autor; certos relatos e contradições me despertaram. Aprofundei o estudo e a análise. O que encontrei? Tudo foi maquiavelicamente arquitetado pelo Reino Unido. O objetivo principal da viagem de Darwin não era pesquisar espécies, mas levantar os recursos minerais e econômicos dos países sul-americanos, recém-libertos do jugo espanhol.

Enorme farsa sob a máscara científica da viagem de um naturalista. Apenas este relato. Em quatro de maio de 1832, Darwin desembarca no Rio de Janeiro. Quatro dias depois, ele viaja para Macaé, a 180 km do Rio de Janeiro, enfrentando desafiadores perigos. Com que fim? Conhecer o porto clandestino por onde embarcavam o ouro e outros minérios para o Reino Unido.

Instado pela editora Contexto, de São Paulo, expus o projeto do meu livro. Na primeira parte, analiso e critico a viagem de Charles Darwin ao redor do mundo; na segunda, admito a evolução das espécies, mas não como fator exclusivo a seleção natural, ademais, elenquei em torno de 30 argumentos no sentido de que o ser humano não poderia ser descendente do macaco, especificadamente, do chimpanzé. Contesto o fator acaso, defendido teses ateístas como explicação do surgimento da vida na Terra.

Diferente de outras editoras, a Contexto admitiu reunir, num mesmo livro, as matérias sobre a viagem de Charles Darwin no Brasil e a contestação do acaso, fenômeno sustentado pelos escritores ateístas como desencadeador da vida na Terra.

Eis os elementos levantados de que uma poderosa inteligência ou energia ainda inalcançável pelo pensamento humano norteou a formação da vida na Terra. Todo efeito tem uma causa que o impulsiona ou gera; o nada não pode produzir uma causa; tudo no universo se movimenta, desde uma partícula subatômica a uma galáxia; existe um ordenamento perfeito das espécies, o ser humano, o animal, o vegetal, todas as coisas. Ora, se um ser não pode nascer do nada, o desenvolvimento científico e tecnológico do ser humano chegaria onde?

No nada. Se não começou do nada, não pode terminar no nada. Entre outros argumentos, acrescentei este: na terra primitiva, quatro bilhões de anos atrás, as moléculas de nitrogênio e outras se uniram, a fim de formar a primeira célula viva, orientado por estes fatores: necessidade de elemento externo para sobreviver, ciclo biológico definido, apego à vida e, por fim, transmissão dos genes a outra célula e, assim, sucessivamente.

O arcebispo Dom José Maria Pires batizou a obra: *O fenômeno humano*, com o subtítulo: *os reais objetivos da viagem de Charles Darwin no H. M. S. Beagle*. Antes que me falem, temos no país uma cultura, que vem de séculos, do acomodamento mental e do oportunismo. Um grupo de intelectuais elogia uma obra literária, surge hoje um cortejo dos que aplaudem, um falastrão da política se investe de um falso moralista, e lá vai o rebanho de carneiros de Panúrgio como fanáticos cegos a aplaudir e seguir o redentor da coisa pública.

Esta obra, *O fenômeno humano*, é desafiadora, como disse Maurício Azêdo, então presidente da Associação Brasileira de Imprensa (ABI). Lançada em todo o país, provocou as mais diversas reações, principalmente dos ateístas profissionais, ancorados nos argumentos de Stephen Jay Gould no seu livro *O acaso*.

De Audálio Dantas veio a lógica de um pensador.

– A tua obra, Agassiz, é para ser pensada e analisada pelo inusitado que ela contém.

De Ariano Suassuna, ao analisar a obra *O fenômeno humano*:

– De Agassiz Almeida, tive de escalar uma montanha. De lá vi a sua excepcionalidade de dedicada pesquisa.

De Langstein Almeida:

– Mano, tu foste mexer em caixa de maribondo. Este teu livro é uma fogueira numa noite de densa escuridão. Lembrei-me da nossa infância criando maribondos.

De José Comblin. Antes dele falecer lhe mostrei o arcabouço da obra *O fenômeno Humano*:

– Se este livro for publicado, iria revolver as entranhas de uma cultura secular inoculada em toda a América Latina.

Em meio a este reconhecimento que muito me sensibiliza, assisti à baba da mediocridade raivosa, principalmente vinda das barricadas ideológicas. Busquei sempre as tempestades, como o albatroz, ave oceânica. Por dias, refugiei-me nas paisagens do meu velho cariri. Em Boa Vista, Paraíba, no Roçado do Mato, Egberto e Conceição se harmonizam com a natureza, e ali ouço os cânticos dos passarinhos.

No casarão do "velho" Tota Lacerda, em horas vespertinas em algum domingo, ouvi as palavras de Paulinho Almeida e Cida Lacerda, carregadas de sensibilidade e sinceridade, durante os almoços de galinha de capoeira cozinhadas pela nossa Inácia, tão dedicada, desde o tempo do "velho" Almeida.

Em Cabaceiras, Inácia Madureira recebe no seu casarão o menino que ela embalou em seus braços quando criança. Naquele ambiente fraterno, vou ouvindo Luiz Gonzaga, comendo buchada de bode, rapadura, carne assada e bebendo cachaça Rainha. No curso da vida, não me afastei das minhas origens; nelas retempero as energias à sombra do umbuzeiro, árvore símbolo do Nordeste.

NÃO PODIA CALAR

Ainda sob a repercussão da obra *O fenômeno humano*, ouço uma persistente catilinária de uma elite corporativista de certos setores das Forças Armadas. Encrustadas numa casta se julgam intocáveis na sua Torre de Marfim. A partir do governo Médici, a tortura e a morte de opositores foram institucionalizadas como estratégia do Regime Militar, de acordo com a operação Condor, plano criminoso criado pelas ditaduras do Chile, Argentina, Uruguai e Brasil. Não existia, o segundo plano.

Desencadeou-se a maior caçada humana na segunda metade do século XX. Em plena guerra fria entre EUA e Rússia, quem planejou a Operação Condor foi o Pentágono norte-americano. Que absurdos estava a ouvir de alguns setores das Forças Armadas? A Comissão Nacional da Memória, Verdade e Justiça encerrou o seu trabalho de investigações e apontou as vísceras do Regime Militar com centenas de prisões, torturas, mortes e desaparecimento de presos ocorridos nos porões de dez instalações das Forças Armadas, notadamente nos DOI-Codi do Rio de Janeiro, na Barão de Mesquita, e em São Paulo, na rua Tutóia, Casa da Morte em Petrópolis e na Ilha das Flores.

Generais derramam raivosas declarações à imprensa. O brioso ex-ministro do exército Leônidas Pires (aquele que na Constituinte se opôs à criação do Ministério da Defesa) proclama a sua revolta e solta impropérios contra a Comissão da Memória, Verdade e Justiça. Solicitado por várias entidades defensoras dos direitos humanos, lancei um manifesto em face de não quererem punir os criminosos de lesa-humanidade e os genocidas: "Generais, peçam desculpas à Nação".

O que nos leva a esta mensagem em que expresso a posição de várias entidades defensoras dos direitos humanos? Por décadas, esta interrogação angustia o povo brasileiro. Por que em todos os países, como Portugal, Chile, Argentina e Grécia os torturadores e genocidas foram arrastados às barras da Justiça e no Brasil, não? O que responde o corporativismo? Houve anistia e uma guerra suja. Que anistia emanada de um Congresso castrado! Que guerra suja! Algumas centenas de delirantes jovens frente a um milhão de homens armados.

Quem eram aqueles resistentes nascidos nos chãos da Latino-América? Carregavam a obsessão dos místicos e magia dos utópicos e o heroísmo dos revolucionários. Para o encontro da verdade com a História, o que espera o povo brasileiro das suas Forças Armadas? Abram os arquivos do terror e apontem os nomes daqueles que, à sombra do poder, desandaram-se em crimes monstruosos.

Quem nos julgará hoje e amanhã, comandantes? A história, instituições e homens carregam erros e deformidades. O que objetiva o povo brasileiro, por meio da Comissão Nacional da Memória, Verdade e Justiça? Conhecer os acontecimentos daquele período sombrio (1964/85), em que circunstâncias se desfecharam e os nomes dos personagens. Em todos os tempos, o homem sempre lutou contra a besta humana. Certos tipos carregam um Roubaud (personagem de "A besta humana", de Émile Zola).

Olhemos os militares sul-americanos a partir do século XIX, especialmente o Exército e a Marinha do Brasil. O que vamos assistir? O cooperativismo militar impregnado da cultura do intocável, herdada do expressionismo alemão, agita-se e se indigna, o Clube Militar, centro saudosista dos nostálgicos da ditadura fardada raivosamente se reúne e dentre eles o general Leônidas Pires de quem parte a coordenação de vinte e nove generais e lançam o desproposítado manifesto ao país: *"Não pedimos desculpas"*.

Diante da prepotência, cala a sensatez. Tratar os crimes de lesa-humanidade, renegar a Justiça diante da verdade escancarada pela Comissão investigadora, e se pôr no Olimpo onde os semideuses habitam. O sentimento da verdade me impulsionou a não silenciar. Na enorme tumba dos mortos desaparecidos, um eco se distende a clamar por Justiça, ainda que tardia. As consciências livres do país se manifestam a expressar a indignação. Levantei a minha voz retratada neste manifesto.

Generais, até quando abusareis da nossa paciência?

Em face do manifesto "Não pedimos desculpas", subscrito por 29 generais e coordenado pelo ex-ministro do Exército Leônidas Pires, o escritor Agassiz Almeida, representando entidades defensoras dos direitos humanos, lança esta mensagem à nação:

Afronta a nação o manifesto "Não pedimos desculpas", carregado de ódio e prepotência, que os senhores dirigiram ao país. No momento em que, após exaustivo trabalho da Comissão Nacional da Memória, Verdade e Justiça conclui que ocorreram torturas e desaparecimento de mortos em dez instalações das Forças Armadas, durante a ditadura militar, destacando entre outras as da rua Barão de Mesquita, RJ, na rua Tutóia, SP, Casa de Petrópolis, RJ, e Ilha das Flores, RJ.

O que sobressalta o povo brasileiro, com este manifesto, é o fantasma de um passado sombrio em que se ultrajava a ordem constitucional e na escolada do regime as baionetas determinavam a vontade da nação.

Que fantasma se exuma? Ei-lo. A insubordinação do marechal Hermes da Fonseca contra o presidente Epitácio Pessoa, há quase 100 anos, pelo fato deste estadista ter nomeado o escritor Pandiá Calógeras Ministro da Guerra, hoje aquele inconformismo se expressa naquele manifesto "Não pedimos desculpas".

Reconheçam, senhores generais, todos aqueles que se investiram de intimorato patriotismo e lutaram, aqui no Brasil e no mundo, contra o poderoso Estado Militar. Quando o golpe militar desabou sobre a nação, em 1964, ainda sentimos o calor dos crematórios nazistas. Quais generais assinaram aquele manifesto? Leônidas Pires e outros.

Estamos em março de 2015. Algo me toca, como uma chama a despertar recordações de pessoas, momentos, encontros musicais e passagens em Buenos Aires, tem um pouco desta mística cidade das paixões e dos arrebatamentos fortes.

É a alma latina no ritmo mágico do tango. Viajei com Gizeuda, minha companheira na vida, para lá. Hospedamo-nos no hotel. A cidade se abraça nas suas noitadas. As luzes multicoloridas anunciam o esquecer do dia, e se abrem as portas dos sonhos. Os sinistros monstros da ditadura militar não conseguiram matar esta alma boêmia, de sonhos e ilusões.

Fomos para o Piazzolla Tango. Mundo de encantadora magia, a reluzir em múltiplas cores o embalo do som que a música portenha inspira e envolve, a sensação de que o ontem de longínquos anos se irmana com o presente.

E o cantochão da vida no constante perdurar, no hoje que se vive e no amanhã que se espera. Lá pela meia-noite, luzes se apagam e um feixe luminoso descortina em meio do salão num palco redondo; um esbelto casal, que se dá as mãos, cruza as pernas e fixamente se entreolham, e, ao som mágico de *La cumparsita*, bailam a dança dos deuses, o tango; o circunavegar das luzes reflete na fisionomia do dançarino a imagem de Antônio Banderas e o rosto lindo de uma Andaluzia espanhola. Ritmo apaixonante e frenético a nos levar para um tempo além do presente.

A chama rediviva da mocidade nos leva a dançar inspirados na magia do tango. Cerram-se as cortinas da noitada no Piazzolla. No outro dia, pela manhã, leio no jornal *El Clarin*, de Buenos Aires, esta manchete: "preso Marcelo Odebrecht, diretor-presidente da Odebrecht e diretores da Andrade Gutierrez e OAS no Brasil.". Pensei comigo: está em marcha o maquiavélico plano arquitetado pelo Departamento de Justiça dos EUA, através do FBI, de destruição das grandes empresas de engenharia pesada no Brasil.

Por que logo as principais? Esta era a tática dos corifeus da Lava Jato. Imobilizar a capacidade de produzir e investir das empresas; rescindir contratos com órgãos públicos e empresas estatais; sob alegações de superfaturamento, proibição de contrair empréstimos junto a bancos públicos e privados. Por fim, o mais grave. Decretação de prisão preventiva sem prazo definido de diretores e altos executivos das empresas.

Quando voltei ao Brasil, com que me deparei? O país quedava-se atordoado e abestalhado ante o maior espetáculo da terra, peça encenada pelo antigo "Circo Nerino". Forma-se conglomerado de aplausos dos meios de comunicação: poderosas redes televisivas, cadeias radiofônicas, a internet por suas variadas plataformas, grandes jornais e revistas impressas. Ouvia-se um verdadeiro coro sinfônico a ressoar por todo o país: agora a corrupção vai acabar, os grandões estão sendo presos. Do solo da pátria amada de Curitiba, nasciam novos deuses, redivivos da antiguidade grega; com uma diferença: os de Curitiba excretavam um plano criminoso. Onde chegaram?

Todas as noites às 8 horas, como uma leitura, a Rede Globo, no Jornal Nacional, abre noticiário com o logotipo da boca de um cano a jorrar dinheiro, e logo a voz barítona de William Bonner destampa a execração pública de mais um condenado. Ressoa o noticiário. Oh, estão esquartejando a Petrobras. O PT acabou o Brasil. Pensei: que grandes farsantes e criminosos de lesa-pátria. Quem está por trás desta ribalta e tem os cordéis do comando? Acionistas da Petrobras, representados por grandes bancos e empresas petrolíferas.

O plano devastador obedece a etapas. Conjugam-se, numa manobra golpista, setores reacionários do Congresso Nacional, agentes da FBI-Lava Jato personificados no juiz Sérgio Moro e procuradores com ramificação no Supremo Tribunal Federal (STF) e, como força mobilizadora da opinião pública, uma mídia mercenária emaranhada por sua estreita visão política, a presidente Dilma Rousseff cai, golpeada pela borra de uma elite atrasada e egoísta. O que gestaram? Isto que está aí.

Avança para o seu desfecho o maquiavélico plano. O que objetivam? Impedir a candidatura do metalúrgico Lula à presidência da República, nas eleições de 2018.

Informações que me chegam de Curitiba (residi quase dez anos em Londrina) relatam que agentes do FBI, destacadamente George Mclachen, Leslie Backschies e Gabriela Hardt, trafegam nos bastidores da Lava Jato, em articulações com o juiz Sergio Moro e o chefe da Força-Tarefa, procurador Deltan Dallagnol, no propósito de forjar provas contra o ex-presidente Lula.

Arma-se o complô. Arranca-se, sob tortura psicológica de desesperados presos, imaginárias delações premiadas. Abatido nos seus setenta e poucos anos, Leo Pinheiro, diretor presidente da OAS, se torna presa fácil para a matilha. À noite, o Jornal Nacional, já informado por via clandestina da Lava Jato, detona: Lula envolvido em corrupção num triplex, em Guarujá. Alardeia-se a campanha difamatória por todos os veículos de comunicação como um rastilho de pólvora. Envenena-se o país. Impregnada por uma mídia venal e uma classe média bestificada pela raivosa publicidade contra o PT comandada por uma elite burra, cresce a legião da idiotia e Lula se transforma num "flagelo de Deus" revivendo o Átila, o huno das estepes russas do século V. Nas hostes lavajatistas não se sabe divisar as fronteiras do cinismo e a criminalidade escancarada.

O boquirroto procurador Deltan Dallagnol, no auditório da Federação das Indústrias de São Paulo, dá um verdadeiro *show* de um delinquente a afrontar a verdade e a justiça, cercado por procuradores e agentes de segurança. Apoiado numa grande mesa, ele aponta como um comandante vitorioso o organograma de uma organização criminosa tendo como chefão o conhecido Lula. Na história do país, nunca se chegou a tamanha difamação, nem na ditadura militar contra Juscelino.

Em contraposição a este jato de lama, os jornais *Le Monde*, de Paris, e *El País*, da Espanha, relatam que, no governo de Luiz Inácio Lula da Silva, o Brasil conheceu o período de maior desenvolvimento econômico e social. Aqui, o preconceito e o racismo derramam o seu ódio contra o filho de uma retirante da seca, vindo de Caetés, Pernambuco.

Desculpem-me este desabafo. Tenho um temperamento incompatível com injustiças. Enquanto a bufanice se investe de heroína, grandes empresas nacionais sofrem processo de destruição (dados colhidos no Ineep – Instituto de Estudos Estratégicos da Petrobras), que alcançam em torno de 250 bilhões de reais de prejuízos, com milhares de desempregados. Gritavam os farsantes moralistas do interesse público: vamos salvar o Brasil da corrupção! Que cínicos embusteiros! A máscara caiu. Quem eram e quem são eles?

Um enrustido juiz americanizado e um falastrão procurador sob o manto da Lava Jato. Hoje estão por aí como cínicos espertalhões. Domina-me à época, a ira do indignado.

Eis a farsa a despertar a justiça e a opinião pública. Conluio FBI-Lava Jato prende o ex-presidente Lula e destrói empresas. Neste momento, a gravidade do fato nos causa impacto e perplexidade e nos leva a uma incontida indignação.

Nos meandros processuais saltam-nos à vista essas individualidades da justiça, deduzindo as causas e circunstâncias dos atos ilícitos praticados pelo acusado, seus antecedentes, o *iter criminis*, o dolo ou culpa e, por fim, a relação causal entre o resultado alcançado e o proveito auferido. Sérgio Mouro e Dallagnhol, através de quais meios colheram as provas? Violaram o Estado de direito ao colherem provas ilícitas em razão do estado psicológico dos depoentes, especificadamente dos encarcerados.

Que processo-crime ora retrato? O do triplex do Guarujá contra o ex-presidente Lula. Aquilo não é um processo, mas um calhamaço de provas forjadas por um mafioso procurador e um juiz oportunista. Que crime cometeu o acusado? Adquiriu um triplex com 150 metros de área da construtora OAS por corrupção.

Onde estão os documentos em que consta que o acusado é proprietário do triplex, ou mesmo investiu-se na posse? A partir de uma denúncia inepta e de uma sentença fundamentada em fraude, o FBI-Lava Jato gestou uma peça que atende inconfessáveis interesses de grupos políticos internos e externos.

As normas processuais foram violentadas. Um juiz suspeito e incompetente *ratione loci,* prisões preventivas indefinidas, delações premiadas arrancadas sob tortura psicológica, transformados depoentes em psicopatas, segundo Raul Zaffaroni, membro da Corte Internacional dos Direitos Humanos e ex-ministro do Supremo Tribunal da Argentina, em declaração ao jornal *Folha de São Paulo*, penas de condenação estratosféricas de 30 a 40 anos de prisão, afrontam o Estado de Direito. Enfim, a economia do país vai se afundando. Das dez maiores empresas da construção pesada no país, oito foram devastadas e centenas de pequenas e médias empresas, atreladas às grandes, alcançando um prejuízo em torno de 250 bilhões de reais (dados do Instituto de Estudos Estratégicos da Petrobras).

Paremos aqui. Não vou demandar tempo para contestar uma cafajestagem processual em que espertalhões da Lava Jato se mancomunaram com agentes do Departamento de Justiça dos EUA, por meio do FBI, e cometeram crimes de lesa-pátria contra empresas brasileiras e crimes contra a soberania popular, ao prender e impedir o ex-presidente Lula de concorrer às eleições presidenciais de 2018.

O que me estarrece diante desse alçapão criminoso que armaram contra a nação? Aplausos frenéticos dos meios de comunicação a partir das emissoras de televisão, comandadas pela Rede Globo, a aclamação de uma classe média idiotizada e a cumplicidade silenciosa de uma elite egoísta, e assim, nesta marcha da insensatez, transformam vilões do país em heróis da pátria e dos novos tempos. Que grandes embusteiros sangraram o povo brasileiro! Quando, enfim, a poeira do tempo serenar as paixões e a justiça se redimirem perante a nação, condenando os delinquentes do lavajatismo, a história deixará este desígnio: a condenação do ex-presidente Lula será marcada como a *canalhice do século XXI*.

Antes de encerrar este capítulo, trago às páginas destas "Minhas Memórias" algumas palavras sobre um conterrâneo cuja passagem pela vida ele marcou interagindo personagens dos cariris nordestinos com o celestial. Ariano Suassuna é o seu nome. Com ele convivi em alguns momentos. Jamais perdeu a alma de um cordelista com as raízes fincadas nas terras adustas do Nordeste. Foi um inadaptado aos salamaleques da alta sociedade. Nas dramaturgias de Gil Vicente, Ariano encontrou fonte inspiradora. Falecido em 23 de julho de 2014, em Recife, três dias depois escrevi esta matéria ressaltando a sua revolta: tirem-me daqui, não façam da minha posteridade um riso universal.

> Ariano Suassuna veio para a vida não como um desafiador ou contestador, mas um criador de mundos de frenéticas construções utópicas. Não soube odiar e nem amar, sonhou.
>
> Geniais pensadores erigiram as suas obras com raízes fincadas na realidade, onde nela mergulharam, como Camões, Shakespeare, Victor Hugo, Liev Tolstói, Romain Rolland, Dostoiévski, Euclides da Cunha. Ariano Suassuna, não. Partiu do imaginário e nele fez desfilar seus personagens. Lá estão eles: João Grilo, Chicó, Bispo, Pe. João, Vicentão, alegres, simplórios, tresloucados, quase todos fronteiriços à esquizofrenia. Na Ilíada, Homero parte de Ítaca para chegar ao universo fantasmagórico. Dos xique-xique, macambiras, Ariano, com João Grilo e Pe. João, se alça a Cabaceiras e fala ao mundo.
>
> No cenário das terras empedradas dos sertões nordestinos, Euclides da Cunha e Ariano Suassuna, gigantes da nossa literatura, confluíram no imenso anfiteatro em que a realidade e o celestial se interagem. O ensaísta dos chapadões ressequidos de Canudos, no fanatismo místico de Antônio Conselheiro, escancarou a distância abissal dos dois Brasis: o dos oligarcas do café e do açúcar,

e, contrastantemente, a assustadora miséria dos nordestinos condenados à ignorância e à fome.

E o dramaturgo paraibano, como construiu a sua epopeia de risos? Ele cavalgou no misticismo partindo dos rincões caririzeiros, e neles fez a sua Meca.

Voltaire fez a Europa rir da idiotia de Leibniz: este é *o melhor dos mundos possíveis*. Chaplin gargalhou dos boçais. Ariano Suassuna, entre a prepotência do poder e a tolice dos simplórios, riu dele próprio e renegou a estupidez humana. Criou uma nova forma de olhar a existência. Conduziu-se com indiferença face aos entrechoques das entidades humanas.

Assim varou a Ditadura Vargas (1937/45) e a Ditadura Militar (1964/85). Certa feita, indaguei-o sobre os lidadores contra a ditadura. Respondeu-me: "meninos atrevidos brincando de armas".

Em devaneios, embalava-se de Recife a Taperoá; destes dois polos navegava com os seus personagens em meio utópico e aos encontrões com a vida. Dois fenômenos na sua polivalente obra se encontram: o universal e o telúrico. Ariano não deixou apenas um legado literário. Descortinou uma visão cômica do mundo, argamassado no riso dos simples e no desencontro dos homens de boa-fé. Viveu a vida na amplidão de um enorme anfiteatro.

Viajante incansável pelas paragens das solidões telúricas, ele arrancou do drama da vida os justos e simplórios e lançou nos labirintos do misticismo.

Ao apagar das luzes da ribalta do genial utópico paraibano, ele pranteou um enorme soluço a João Grilo e Pe. João: "Oh, companheiros, eu queria ter me eternizado nos sete palmos de terras livres dos meus cariris de Cabaceiras e Taperoá. Paulista foi senzala de escravos. Tirem-me de lá. Rindo eu atravessei a vida. Não façam da minha posteridade uma gargalhada universal, não lancem contra mim esta maldição *in saecula saeculorum*, senão eu grito da tumba: *aleluia, aleluia, aleluia*".

HOMENAGENS RECEBIDAS

Na minha longa caminhada pela vida, desde criança, ao ouvir o rugir do nazismo até os dias atuais, enfrentei adversidades, conheci o pó das derrotas e dos fracassos e a estupidez humana na sua fronteira mais pérfida, e em meio aos entreveros colhi vitórias, algumas tocantes a compor o meu acervo sentimental. Hoje, já no crepúsculo da vida, contemplo a eternidade como o infinito repouso de um combatente. Agora, paro e me pergunto; que mundo construí com as minhas ideias, atitudes e ações? Não tenho condições psicológicas de me analisar. Deixo com o amanhã da história e nas mãos das futuras gerações esta tarefa.

Estas "Minhas Memórias" revelam um pouco do que fui e deixei de ser. Despi-me dos ódios e dos ressentimentos, condão que o calejar dos anos me confere. Neste burburinho da vida, olho os meus filhos, netos e sobrinhos e neles deposito esperanças.

Nas palavras deste viandante, faço esta ponderação: só o estudo e a firmeza de caráter fortalecem o ser humano. Por fim, faço estas reflexões na minha obra *O fenômeno humano*. O ser humano tem um destino a cumprir. Não nasce por um acaso e não terminará num nada.

No fantástico desenvolvimento científico e tecnológico que impulsiona a humanidade, onde estará, alguns séculos à frente, a energia mental que conduzirá o homem à imortalidade? Na fórmula de Albert Einstein está a resposta: $E=mc^2$, em que E = energia, M = massa e c^2 = velocidade da luz elevada ao quadrado.

Entre dezenas de homenagens, elenco estes reconhecimentos públicos.

Universidade Federal da Paraíba (UFPB) Memorial Agassiz Almeida

De acordo com um plano nacional de incentivo à cultura e à história do país, a Universidade Federal da Paraíba (UFPB), por seu Conselho Universitário, inaugurou o "Memorial Agassiz Almeida", instalado no antigo prédio da Faculdade de Direito da Paraíba, na praça João Pessoa, centro, e contém um acervo literário, documental e fotográfico doado pelo homenageado, dentre o qual trezentos volumes da Coleção Brasiliana, que abrange conturbado período da nossa história. Segundo dirigentes do Conselho Universitário, o professor Agassiz Almeida reúne largo cabedal, como educador e homem público. Aluno e professor da UFPB, fundador da Faculdade de Ciências Econômicas de Campina Grande, inspirador da criação da Faculdade de Direito de Campina Grande e do Teatro Municipal (projetos de lei apresentados como deputado à Assembleia Legislativa da Paraíba).

Fundador de cooperativas, foi presidente da de Cabaceiras, criador de associações rurais em defesa dos camponeses e da reforma agrária.

Associação Nacional do Ministério Público (CONAMP)

Sob a presidência do procurador de justiça Victor Hugo de Azevedo, o promotor de justiça Agassiz Almeida foi homenageado com a comenda "Ordem e Mérito", por seu relevante desempenho como deputado federal à Assembleia Nacional Constituinte em defesa das prerrogativas e garantias do Ministério Público, especificadamente por emenda de sua autoria conferindo ao Ministério Público a exclusividade da ação penal. Esse seminário ocorreu em novembro 2017.

IV Seminário latino-americano de anistia e direitos humanos

Em Brasília, realizou-se, nos dias 16 a 19 de novembro de 2010, o IV Seminário latino-americano de anistia e direitos humanos, com a participação de delegações de vários países. Na abertura dos trabalhos, a Associação dos Anistiados Políticos, apoiada por várias entidades defensoras dos Direitos Humanos, apresentou proposta de homenagem a Agassiz Almeida, por sua obra *A ditadura dos generais* e por sua luta contra o regime militar. A proposta foi aprovada por unanimidade.

Descobridor da bentonita

Em setembro de 1963, Agassiz Almeida apresenta ao Instituto de Tecnologia de Pernambuco (ITEP) amostra de uma argila colhida na propriedade do seu genitor Antônio Pereira de Almeida, no lugar Canudos. Quase um mês depois, sou informado pelo corpo técnico deste Instituto, após análise física e química, que a amostra era de bentonita sódica. Os diretores sabendo que o Brasil importava esta argila dos EUA e da Argentina, reservaram-se. Concluí que havia por trás dessas atitudes interesses inconfessáveis. Um ano depois, tornei pública a descoberta. No acervo documental e fotográfico do "Memorial do Roçado do Mato", município de Boa Vista, coordenado pelos dedicados professores agrônomos Egberto e Conceição Araújo, existe uma inscrição numa placa de granito referente ao feito de Agassiz Almeida. Nesse Memorial há também um trabalho de pesquisa acerca da genealogia dos Oliveira Ledo, baseado na obra do doutor Antônio Pereira de Almeida *Genealogia dos Oliveira Ledo* (dados colhidos na Wikipedia).

Câmara dos deputados

O deputado Arlindo Chinaglia, então presidente da Câmara dos Deputados, por intermédio do senador José Maranhão, convida-me a fazer o lançamento de minha obra "A ditadura dos generais" na Câmara dos Deputados. Ao evento compareceram parlamentares de várias correntes partidárias, usando da palavra os deputados José Genoíno, Luiz Couto e Leonel Brizola Neto e, em nome do Senado Federal, o senador Valter Pereira (vídeo no YouTube relata este evento).

Ministério Público de Pernambuco

Em fevereiro de 2013, sob a presidência do procurador-geral de justiça Aguinaldo Fenelon, o Ministério Público de Pernambuco homenageia Agassiz Almeida e outros nomes públicos, como Miguel Arraes, Francisco Julião, Clodomir Moraes, Paulo Cavalcante, com placa alusiva aos seus nomes no Centro dos Direitos Humanos do Ministério Público, sediado na rua do Hospício em Recife, onde funcionou, durante a ditadura militar, a 2ª Companhia de Guarda, do exército, na qual estiveram presos os homenageados, usando da palavra, Agassiz Almeida destacou:

– Oh, companheiros, como a História marca os seus momentos. Nos longínquos ontens de 1964, estávamos ali, naquelas solitárias, eu, Francisco Julião, Paulo Cavalcante, Abelardo da Hora e Assis Lemos, sob o temor das botas militares e das torturas. Hoje, onde estão os algozes? Fujões da justiça e na lata do lixo do esquecimento. São zumbis a grunhirem nas noites infernais (no YouTube retrata-se este evento).

Ministério Público da Paraíba comemora 25 anos da Constituição Federal

Agassiz Almeida fala em nome dos constituintes. Os quinze parlamentares que atuaram na Assembleia Nacional Constituinte de 1987-88 estavam presentes no histórico encontro, os falecidos e ausentes nas pessoas dos seus representantes. Sob a presidência do procurador-geral de justiça Bertrand Asfora e secretariado pela Promotora de Justiça Gardênia Almeida, o Ministério Público da Paraíba abre a sessão comemorativa dos 25 anos da Constituição Federal com a presença do relator da Constituinte, o deputado Bernardo Cabral e autoridades dos poderes Legislativo, Judiciário e Executivo. Momento de perplexidade. No início do discurso de Agassiz Almeida, o locutor da sessão, surpreendentemente pede a atenção do auditório e anuncia:

– Pedro Murilo de Almeida Galdino, criança de quatro anos, vai entregar um exemplar da Constituição Federal ao seu avô, Agassiz Almeida.

E ele diz estas palavras:

– Este livro verde e amarelo é a lei maior do Brasil.

Bernardo Cabral destacou no seu estilo sereno e pausado, a nossa Constituição cidadã, hoje uma menina-moça de 25 anos, emanada da soberania popular, vai cumprindo a sua missão de norteadora constitucional do país. Quando ouço de uma criança palavras de carinho com o livro verde e amarelo, eu acredito no amanhã deste país. Enquanto não me faltar energia, serei um cavaleiro andante de nossa Carta Magna.

Homenageados Dom Helder Câmara e Agassiz Almeida em 1989

Por iniciativa do então interventor do território da ilha de Fernando de Noronha, o jornalista Fernando Mesquita, foram homenageados, em 1989, Dom Helder Câmara e Agassiz Almeida. O arcebispo Dom Helder Câmara percorreu os caminhos de um missionário cristão, semeando o bem e defendendo os carentes de justiça. Abriu as portas da Igreja aos condenados pela ira da ditadura militar.

Agassiz Almeida defendeu na Assembleia Nacional Constituinte a incorporação do território de Fernando de Noronha ao estado de Pernambuco, onde esteve preso pelo golpe militar nos primeiros dias de abril de 1964, Agassiz Almeida marcou uma página de resistência ao golpismo. Hoje o seu nome está inscrito numa placa próxima à sala onde esteve preso – essas palavras foram pronunciadas pelo advogado José Antônio da Silva, presidente da Associação dos microempresários de Campina Grande.

Assembleia Legislativa da Paraíba

Por proposta do deputado Wilson Braga, requerendo um voto de aplausos a Agassiz Almeida por sua obra *O fenômeno humano*, recebeu aprovação unânime da Assembleia Legislativa da Paraíba, com pronunciamento de vários parlamentares.

Câmara dos Deputados

Deputado José Airton, em março de 2015, da tribuna da Câmara dos Deputados prestou homenagem a Agassiz Almeida e Francisco Julião, pela histórica luta que empreenderam em defesa das liberdades, da reforma agrária e dos direitos humanos.

Medalha dos Direitos Humanos a Agassiz Almeida

Em abril de 2015, a Câmara Municipal de Itabaiana, Paraíba, por proposta do vereador Ronaldo Gomes, sancionada pelo prefeito Antônio Carlos, cria e concede a Medalha dos Direitos Humanos a Agassiz Almeida. Justifica o vereador: "esta medalha cravada com o nome de Agassiz Almeida retrata homenagem a um homem público que engrandece a nossa história".

Câmara Municipal de Guarabira, Paraíba.

Por iniciativa do vereador Beto Meireles, a Câmara Municipal de Guarabira homenageia Francisco Julião e Agassiz Almeida, com a Medalha dos Direitos Humanos Dom Helder Câmara. Com o auditório repleto, o vereador Beto Meireles destacou a história dos homenageados em defesa das reformas estruturais do país: Francisco Julião usa da palavra: e Agassiz Almeida despertaram o Brasil e o mundo para a miséria e ignorância em que se debatiam milhões de camponeses.

Agassiz Almeida falou:

– Esta noite histórica me lembra a Guarabira da minha juventude, das minhas utopias, ombro a ombro, com o timoneiro de memoráveis pelejas Osmar de Aquino. Por estes chãos guarabirenses passaram lutadores que nos inspiraram na nossa caminhada, dos quais destacamos Frei Caneca e Peregrino de Carvalho.

Associação Cultural José Martin Homenageia
Agassiz Almeida e Assis Lemos.

Em outubro de 2014, a Associação Cultural José Martin homenageou Agassiz Almeida e Assis Lemos com o apoio da consulesa-geral de Cuba, Laura Pujol, pela defesa da autodeterminação dos povos e liberdades democráticas.

Por um instante paro e olho a construção desta obra de "Minhas Memórias" por meio da qual reencontrei nos longínquos anos companheiros de utopias de um mesmo destino histórico. Somos de uma geração que abraçou ideais, olhou o futuro, não temia as adversidades e desafiou tiranos. Em várias frentes abrimos caminhos que nos conduzem ao fantástico desenvolvimento de hoje.

Na longa caminhada de recordações pelos anos de minha vida, relembro Michelangelo, ao concluir a escultura da estátua de Moisés, libertador dos hebreus da tirania egípcia, dizendo: "Fala!". Vem-me a sensação de lembranças, algumas tocantes, do menino que fui ao criar maribondos, soltar pombo-correio, brincando de bola de gude, soltando pipa e jogando pelada no campo da Ladeira, em Campina Grande, com Boca de Trombone, Carlos Chefe e Elsinho Soares, o

Pelé. Depois flamejaram as utopias embaladas num desfile de sonhos nos cânticos poéticos de Castro Alves, Pablo Neruda e Fernando Pessoa.

Que voraz é o tempo! Somos condenados a dele sermos escravos. E, nesta voragem, curveteamo-nos aos entreveros de uma sociedade ambiciosa que faz do capital uma besta humana de mil tentáculos. Que enorme estupidez! Oh, efêmeros passageiros do tempo!

Tudo passará e se transformará em pó. Talvez, impulsionado por minha inquietude, caminhei sempre à beira dos abismos.

Que sentimento posso expressar aos velejantes que comigo estiveram nas páginas desta obra, ora concluída?

O que poderei falar às gerações que hão de vir? Temos um destino a cumprir. Da caverna, na Idade da Pedra, varamos milhões de anos e hoje navegamos nos espaços siderais. Que fiquem estas palavras: tenham esperança, por mais negra que seja a noite.

Para além da inteligência humana existe um fenômeno profundo e insondável. Conhecemos as forças materiais que se desencadeiam. E a energia e o tempo, como se explicam? Esta obra é uma mensagem de compreensão do que somos.

ADEUS AO MENINO QUE FUI

Ao concluir esta jornada nostálgica de recordações, algo me toca profundamente, em meio às várias facetas da minha vida: o menino que fui de travessuras ao correr por cima de muros, subir em pés de mangueiras e goiabeiras, soltar pipa e jogar bola de gude e pelada no campo da Ladeira, em Campina Grande, tomar banho com a molecada no açude de Bodocongó.

Esse menino foi um idealista de tantas epopeias. Não envelheceu, fragilizou-se fisicamente. Debateu-se em devaneios utópicos, sonhou que estava nos espaços siderais, conheceu novos universos e viajou com as estrelas.

Muitas vezes parei na beira da estrada da vida e me perguntei: que caminho irei trilhar? Fui sempre um viandante interrogante dos homens, fatos e coisas.

O menino dos pombos-correio deixou os folguedos e as fantasias da infância e se fez adolescente e aí iria conhecer os desafiantes embates com a inexorável realidade do mundo.

Abraçou com a convicção de um apóstolo a campanha "O petróleo é nosso" e a tempestuosa luta pela reforma agrária e educação integral para todos os brasileiros. Conheceu a cara da estupidez humana e do poderoso poder econômico. A minha adolescência foi uma sequência de choques e entrechoques. Nos meus ímpetos não recusava mudanças. Enfrentava-os. Norteavam-me novas formas para as relações humanas em que a ambição e o egoísmo não fossem a base da sociedade.

Envelheci, mas o menino que vive em mim permanece abraçado aos meus ideais.

Cerrem-se as cortinas do palco destas recordações e memórias, abram-se os horizontes aos novos tempos que hão de vir.

Hemingway, numa visão pacifista, retratou neste livro um "Adeus às armas"; eu lanço um olhar retrospectivo no longo caminho que percorri e deixo um adeus ao menino que fui.

grupo novo século

Compartilhando propósitos e conectando pessoas
Visite nosso site e fique por dentro dos nossos lançamentos:
www.gruponovoseculo.com.br

‹ns

- facebook/novoseculoeditora
- @novoseculoeditora
- @NovoSeculo
- novo século editora

Edição: 1ª
Fonte: Adobe Garamond Pro

gruponovoseculo.com.br